Gustav Meyrink:
Der Engel vom westlichen Fenster

Roman

Abdruck nach der Erstausgabe von 1927. Die spezifische Eigenart, deren Orthographie und Interpunktion wurde weitgehend gewahrt.

Esoterik

Herausgegeben von Gerhard Riemann

»Sir John Dee of Gladhill! Ein Name, den wohl wenige in ihrem Leben gehört haben! Als ich vor ungefähr 25 Jahren seine Lebensgeschichte las – ein Schicksal, so abenteuerlich, so phantastisch, ergreifend und furchtbar, daß ich kein ähnliches ihm an die Seite zu stellen wüßte –, da fraß sich in mein Gemüt das Gelesene so tief ein, daß ich bisweilen des Nachts hinaufwanderte in die Alchimistengasse Prags auf dem Hradschin, als junger Mensch, und mich in die romantische Idee hineinträumte, aus einer der verfallenen Türchen des einen oder anderen der kaum mannshohen Häuser könnte mir John Dee leibhaftig entgegentreten in die mondscheinnasse Gasse, mich anreden und mich verwickeln in ein Gespräch über die Geheimnisse der Alchimie; nicht jener Alchimie, die das Rätsel ergründen will, wie aus unedlem Metall Gold gemacht wird, sondern jene verborgene Kunst, wie der Mensch selbst zu verwandeln sei aus Sterblichem in ein Wesen, das das Bewußtsein seiner selbst nimmermehr verliert ...«

Gustav Meyrink über *Der Engel vom westlichen Fenster*

Gustav Meyrink wurde 1868 in Wien geboren und starb 1932 in Starnberg. Er verbrachte seine Gymnasiastenjahre in München, Hamburg und Prag. Von 1889 bis 1902 war er als Bankier in Prag tätig. 1903 war er Redakteur des »Lieben Augustin« in Wien und Mitarbeiter des »Simplicissimus«. 1917 erhielt er vom bayerischen König das Recht, sich nach einem Vorfahren offiziell Meyrink zu nennen. 1927 trat er vom Protestantismus zum Majaha-Buddhismus über.
Gustav Meyrink gilt als phantasievoller, erfolgreicher, okkultistischer und romantischer Erzähler, der ganz besonders von E. T. A. Hoffmann und E. A. Poe beeinflußt wurde. Seine in farbiger Sprache geschriebenen Romane und Novellen, besonders aus der gespenstisch-hintergründigen Atmosphäre des alten Prag, stellen Grotesk-Absurdes und Mystisch-Unheimliches nebeneinander, mischen schwermütigen Ernst, grausige Vision, ironischen Scherz und bittere Satire gegen Spießertum, Heuchelei und Bürokratie der Jahrhundertwende.

Von Gustav Meyrink erschien ebenfalls in der
Knaur-Taschenbuchreihe *Esoterik:*

»Das grüne Gesicht« (Band 4110)

Vollständige Taschenbuchausgabe
Droemersche Verlagsanstalt Th. Knaur Nachf. München
Lizenzausgabe mit freundlicher Genehmigung des
Albert Langen · Georg Müller Verlages, München

Umschlaggestaltung Dieter Bonhorst
Gesamtherstellung Clausen & Bosse, Leck
Printed in Germany 6 5 4
ISBN 3-426-04125-1

Sonderbares Gefühl: das verschnürte und versiegelte Eigentum eines Toten in der Hand zu halten! Es ist, als gingen feine, unsichtbare Fäden von ihm aus, zart wie Spinnengewebe, und leiteten hinüber in ein dunkles Reich.

Die Führung des oft verschlungenen Spagats, die sorgsame Faltung des blauen Umschlagpapiers darunter: das alles zeugt stumm vom zielvollen Denken und Handeln eines Lebendigen, der den Tod kommen fühlte. Der darum Briefe, Notizen, Schatullen, angefüllt mit einst Wichtigem, nun aber bereits Gestorbenem, vollgesogen mit Erinnerungen, die lange jetzt verweht sind, sammelt, ordnet, bündelt mit halben Gedanken an einen zukünftigen Erben, einen ihm fast fremden, fernen Menschen – an mich –, der von seinem Hingang wissen und ihn erfahren wird, wenn das geschlossene Bündel, verschollen im Reiche der Lebenden, den Weg in fremde Hand gefunden hat.

Die wuchtigen Rotsiegel meines Vetters John Roger sinds, die es verschließen, und sie tragen das Wappen meiner Mutter und ihrer Familie. Lang genug hatte dieser Mutter-Brudersohn bei Basen und Tanten schon ›der Letzte seines Stammes‹ geheißen, und dieses Wort klang in meinen Ohren immer wie ein feierlicher Titel hinter seinem ohnedies fremdartigen Namen, wenn es mit sonderbarem, ein wenig lächerlichem Stolz ausgesprochen wurde von den dünnen, verschrumpften Lippen, die rundum die letzten waren, einen abgestorbenen Stamm den Rest seines Lebens aushüsteln zu lassen.

Dieser Stammbaum – so wuchert das heraldische Wortbild weiter in meiner grübelnden Phantasie – hat seltsam verknorrte Äste über ferne Länder gestreckt. In Schottland hat er gewurzelt und überall in England geblüht; mit einem der ältesten Geschlechter in Wales soll er blutsverwandt gewesen sein. Kräftige Schossen faßten Boden in Schweden, in Amerika, zuletzt in Steiermark und in Deutschland. Überall sind die Zweige abgestorben; in Großbritannien verdorrte der Stamm. Einzig bei uns hier im südlichen Österreich schoß ein letzter Ast in Saft: mein Vetter John Roger. Und diesen letzten Ast hat – England erwürgt!

Wie hielt noch ›Seine Lordschaft‹, mein Großvater mütterlicherseits, an Überlieferung und Namen seiner Ahnen fest! Er, der doch nur ein Milchbauer war in Steiermark! – John Roger, mein Vetter, hatte andere Bahnen eingeschlagen, Naturwissenschaften studiert und als Arzt dilettiert in moderner Psychopathologie, weite Reisen gemacht, sich mit großer Ausdauer belehrt in Wien und Zürich, in Aleppo und Madras, in Alexandria und Turin bei diplomierten und gar nicht diplomierten, vom Schmutze des Orients starrenden oder im gebügelten Streifhemd des Westens glänzenden Kennern des tieferen Seelenlebens.

Wenige Jahre vor Ausbruch des Krieges war er nach England übergesiedelt. Soll dort Forschungen nachgegangen sein über Schicksal und Herkunft unseres alten Geschlechts. Aus Gründen, die ich nicht kenne; doch immer hieß es, er spüre einem tiefen, seltsamen Geheimnis nach. Da überraschte ihn der Krieg. Österreichischer Reserveoffizier, wurde er interniert. Verließ die Camps nach fünf Jahren als zerstörter Mann, kam nicht mehr über den Kanal, starb irgendwo in London, hinterließ nur geringe

Habseligkeiten, die jetzt unter die Familienangehörigen zerstreut sind.
Mir blieb, mit etlichen Andenken, dies heute eingetroffene Paket; die steile Aufschrift lautet auf meinen Namen.
Der Stammbaum ist erloschen, das Wappen zerbrochen!
Das ist auch nur ein nichtiger Gedanke von mir, denn kein Herold vollzog über der Gruft diesen düster-feierlichen Akt.
Das Wappen ist zerbrochen, — so sprach ich nur leise vor mich hin, als ich die roten Siegel löste. Niemand mehr wird mit diesem Petschaft siegeln.
Es ist ein starkes, prächtiges Wappen, das ich da — zerbreche. Zerbreche? Sonderbar, ist mir nicht plötzlich, als schriebe ich eine Lüge nieder?
Wohl breche ich das Wappen auf, aber, wer weiß: vielleicht erwecke ich es nur aus langem Schlaf! — Im dreiviertelgespaltenen, überm Fuß gegabelten Schild steht im rechten, blauen Feld ein silbernes Schwert, senkrecht in einen grünen Hügel gestoßen — wegen der Besitzung Gladhill in Worcester unserer Ahnen. Im linken, silbernen Feld steht ein grünender Baum, zwischen dessen Wurzeln eine silberne Quelle hervorströmt — wegen Mortlake in Middlessex. Und im grünen Zwickelfeld überm Schildfuß, da steht das brennende Licht, geformt wie eine frühchristliche Lampe. Ein ungewöhnliches Schildzeichen, seit jeher von den Wappenkundigen mit Befremden betrachtet.
Ich zögere, das letzte, sehr schön ausgeprägte Siegel zu zerreißen; ein Vergnügen, es zu beschauen! — Aber, was ist das?! Das ist doch gar nicht die brennende Ampel überm Schildfuß! Das ist ein Kristall! Ein regelmäßiger Dodekaëder, von glorioleartigen Lichtstrahlen umgeben? Ein strahlender Karfunkel also, keine mattleuchten-

de Ölfunzel! Und wieder beschleicht mich ein seltsames Gefühl: mir ist, als wolle sich eine Erinnerung in mir zu Bewußtsein emporkämpfen, die schlafen gelegen seit — seit, ja seit Jahrhunderten.
Wie kommt der Karfunkel in das Wappen? — Und, sieh da: eine winzige Umschrift? Ich nehme die Lupe und lese: *»Lapis sacer sanctificatus et praecipuus manifestationis.«*
Kopfschüttelnd betrachte ich diese unverständliche Neuerung auf dem alten, mir sonst so wohlvertrauten Wappen. Das ist ein Siegelschnitt, den ich bestimmt niemals gesehen habe! — Entweder hat mein Vetter John Roger einen andern, zweiten Siegelstock besessen, oder — — ja, es ist klar: der scharfe, moderne Schnitt ist unverkennbar: John Roger hat sich in London ein neues Petschaft prägen lassen. Aber: warum? — Die Öllampe! Es will mir plötzlich wie selbstverständlich, fast wie lächerlich scheinen: die Öllampe war nie etwas anderes als eine späte, barocke Korrumpierung! Von jeher hat das Wappen einen leuchtenden Bergkristall geführt! — Was aber will die Umschrift sagen? — Merkwürdig, wie der Bergkristall mich so bekannt — irgendwie innerlich vertraut — anmutet. Bergkristall! Ich weiß ein Märchen von einem leuchtenden Karfunkel, der irgendwo zuoberst strahlt, — aber ich habe das Märchen vergessen.
Zögernd zerbreche ich das letzte Siegel und entknote das Paket. Was mir entgegenfällt, sind uralte Briefe, Akten, Urkunden, Exzerpte, vergilbte Pergamente in rosenkreuzerischer Chiffreschrift, Tagebücher, Bilder mit hermetischen Pantakeln, zum Teil halb vermodert, einige Schweinslederbände mit alten Kupfern, gebündelte Hefte aller Art; dann ein paar Elfenbeinkästchen voll wunderlichem Altzeug, Münzen, reliquienartig in Silber- und

Goldblech gefaßte Holzteile, Knöchelchen, sodann, fettglänzend und kristallhaft scharf auf Flächen geschnitten: Proben bester Steinkohle aus Devonshire, und allerhand dergleichen mehr. – – Obenauf ein Zettel mit der steifen, steilen Handschrift John Rogers:

> »Lies oder lies nicht! Verbrenne oder bewahre! Tu Moder zu Moder. Wir vom Geschlechte der Hoël Dhats, Fürsten von Wales, sind tot. – – Mascee.«

Sind diese Sätze für mich bestimmt? – frage ich mich. Es muß wohl so sein! Ich verstehe ihren Sinn nicht, aber es drängt mich auch nicht, ihnen nachzugrübeln; so wie ein Kind sich sagen würde: was brauche ich das jetzt zu wissen! Ich werde später schon alles von selber erfahren! Was bedeutet aber das Wort »Mascee«? Es macht mich neugierig. Ich schlage nach im Lexikon. »Mascee = ein anglochinesischer Ausdruck« – so lese ich dort –, er heißt soviel wie: Was liegt daran! Es ist gleichbedeutend mit dem russischen »Nitschewo«.

Es war spät in der Nacht, als ich gestern nach langem Sinnen über das Schicksal meines Vetters John Roger und über die Vergänglichkeit aller Hoffnungen und Dinge mich vom Tische erhob, um das genauere Durchprüfen der Hinterlassenschaft dem kommenden Tage zu überlassen. Ich ging zu Bett und schlief bald ein.
Offenbar hat mich der Gedanke an den Bergkristall auf dem Wappen bis in den Schlaf verfolgt; jedenfalls entsinne ich mich nicht, jemals einen so seltsamen Traum erlebt zu haben wie in jener Nacht.
Der Karfunkel schwebte irgendwo hoch über mir in der Finsternis. Ein Strahl, der bleich von ihm ausging, traf

meine Stirn, und ich fühlte deutlich, daß zwischen meinem Kopf und dem Stein auf diese Weise eine bedeutsame Verbindung hergestellt war. Dieser Verbindung suchte ich mich, da sie mich ängstigte, zu entziehen und wandte deshalb den Kopf hierhin und dorthin zur Seite, aber es gelang mir nicht, dem Lichtstrahl auszuweichen. Dafür machte ich bei den wiederholten Wendungen und Drehungen des Kopfes eine mich befremdende Erfahrung: es schien mir nämlich, als stünde der Strahl des Karfunkels auch dann auf meiner Stirn, wenn ich das Gesicht nach unten in die Kissen grub. Und deutlich fühlte ich, wie mein Hinterhaupt die plastische Struktur eines neuen Vorderhauptes annahm: mir wuchs aus der Scheitelgegend hervor ein zweites Gesicht. – Es erschreckte mich nicht; war mir nur lästig, weil ich nun auf keine Weise mehr dem Lichtstrahl zu entrinnen vermochte.

Januskopf, sagte ich zu mir, aber ich wußte im Traum, daß das lediglich eine Bildungsreminiszenz aus dem Lateinunterricht war, und wollte mich mit dieser Erkenntnis zufriedengeben; doch es ließ mir keine Ruhe. Janus? – Unsinn, nicht: Janus! Aber was dann? – Mit ärgerlicher Beharrlichkeit heftete sich mein Traumbewußtsein an dieses »Was dann?« – Dabei wollte es mir nicht einfallen, »wer ich war«. – Statt dessen geschah etwas anderes: der Karfunkel senkte sich langsam, langsam aus der Höhe, in der er über mir stand, herab und näherte sich meinem Scheitel. Und ich hatte das Gefühl, als sei er etwas derart mir Fremdes, Urfremdes, daß ich es in keiner Art hätte in Worte fassen können. Ein Gegenstand von fernen Gestirnen wäre mir nicht fremder gewesen. – Ich weiß nicht, warum ich jetzt, wenn ich mir den Traum überlege, an die Taube denken muß, die bei der Taufe Jesu durch den Aszeten Johannes vom Himmel herabgekommen ist. — — Je näher der Karfunkel rückte, desto steiler fiel der Lichtstrahl auf mein Haupt, das heißt: auf die Verbindungslinie beider Köpfe. Und allmählich empfand ich dort ein eiskaltes Brennen. An diesem nicht einmal unangenehmen Gefühl wachte ich auf. — — —

Der Vormittag nach jener Nacht ist mir im Grübeln über den Traum verlorengegangen.

Mühsam und zögernd löste sich mir aus frühestem Kindheitsgedächtnis eine halbe Erinnerung: das Gedenken an ein Gespräch, an eine Erzählung, an etwas Erdachtes oder Gelesenes — oder was es sonst gewesen sein mag —, in dem ein Karfunkel vorkam und ein Gesicht, oder eine Gestalt, die aber nicht »Janus« hieß. — Eine fast erblindete Vision tauchte da langsam vor mir auf:

Als ich, ein Kind noch, auf dem Schoß des Großvaters saß, des vornehmen Lords, der doch nur ein steirischer Gutsbesitzer war, da hat mir der alte Herr, während ich auf seinem Knie ritt, allerhand halblaute Geschichten erzählt.

Alles, was Märchen ist in meiner Erinnerung, das spielt auf den Knien des selbst fast märchenhaften Großvaters. — Und der Großvater erzählte von einem Traum. — »Träume«, sagte er zu mir, »sind größere Rechtstitel als Lordschaften und Erbländer, mein Kind. Merke dir das. Wenn du ein rechtschaffener Erbe sein wirst, vermache ich dir vielleicht einmal unseren Traum: den Traum der Hoël Dhats.« — Und dann erzählte er mir mit geheimnisvoll gedämpfter Stimme, so leise, als hätte er Angst, die Luft im Zimmer könnte ihn belauschen, und nahe an meinem Ohr, aber immer unterm hopsenden Auf- und Niederreiten seines Schenkels, auf dem ich saß, von einem Karfunkel in einem Lande, dahin ein Sterblicher nicht kommen könne, es sei denn, es geleite ihn Einer, der den Tod überwunden hat, und von einer Krone von Gold und Bergkristall auf dem Doppelhaupte des, des – – –? – – ich meine, mich zu erinnern, daß er von diesem Traumdoppelwesen so sprach wie von einem Ahnherrn oder einem Familiengeist. – Aber hier versagt mein Gedächtnis ganz; alles liegt in einen dunkelhellen Nebel gehüllt.

Ich jedenfalls habe nie einen ähnlichen Traum gehabt bis – bis heute nacht! – War das der Traum der Hoël Dhats?

Es hat keinen Zweck, weiter zu grübeln. Auch unterbrach mich hier der Besuch meines Freundes Sergej Lipotin, des alten Kunsthändlers aus der Werrengasse.

Lipotin – den Spitznamen »Nitschewo« haben sie ihm gegeben in der Stadt – war ehemals Hofantiquar S. M. des Zaren, ist aber immer noch ein ansehnlicher, sehr repräsentabler Herr, trotz seines jammervollen Schicksals. Ehemals Millionär, Kenner, Sachverständiger für asiatische Kunst von Weltberühmtheit: jetzt ein alter, rettungslos dem Tod verfallener, armer Winkelhändler mit allerhand zusammengeramschter Chinaware, aber immer noch zaristisch bis auf die Knochen. Ich verdanke seinem nie versagenden Urteil den Besitz einiger hervorragender Seltenheiten. Und – merkwürdig – immer, wenn ich eine besondere Sehnsucht, einen Wunsch nach einem Gegenstand, der mir schwer erreichbar scheint, empfinde, bald darauf kommt Lipotin mich besuchen und bringt mir Ähnliches.

Heute zeigte ich ihm, da ich nichts Bemerkenswerteres zur Hand hatte, die Sendung meines Vetters aus London. Er lobte einige der alten Drucke und nannte sie *»Rarissima«*. Auch ein paar gefaßte medaillonartige Gegenstände fanden sein Interesse: gute deutsche Renaissancearbeiten von

mehr als handwerklicher Güte. Endlich besah er sich das Wappen John Rogers, stutzte und verfiel in Nachdenken. Ich fragte ihn, was ihn bewege. Er zuckte die Achseln, zündete sich eine Zigarette an und – schwieg.
Nachher plauderten wir von gleichgültigen Dingen. Kurz bevor er wieder ging, warf er noch hin: »Wissen Sie, Verehrter, unser guter Michael Arangelowitsch Stroganoff dürfte sein letztes Päckchen Zigaretten nicht mehr überdauern. Es ist gut so. Was sollte er auch noch versetzen? Es tut nichts. Das ist unser aller Ende. Wir Russen gehen wie die Sonne im Osten auf, um im Westen – unterzugehen. Leben Sie wohl!«
Lipotin ging. Ich dachte nach. Also Michael Stroganoff, der alte Baron, eine Kaffeehausbekanntschaft von mir, war nun auch soweit, hinüberzugehen in das grüne Reich der Toten, ins grüne Land der Persephone. Seit ich ihn kennengelernt habe, lebt er nur von Tee und Zigaretten. Als er auf der Flucht aus Rußland hierherkam, besaß er nichts, als was er auf dem Leibe trug. Darunter etwa ein halbes Dutzend Brillantringe und fast ebenso viele schwere goldene Taschenuhren: was sich eben beim Durchbruch durch die Kette der Bolschewiken in die Tasche hatte stecken lassen. – Von diesen Kleinodien lebte er sorglos und mit den Manieren des großen Herrn. Er rauchte nur die teuersten Zigaretten, die er aus dem Orient bezog, wer weiß, über welche Mittelsmänner. »Die Dinge der Erde in Rauch aufgehen zu lassen«, pflegte er zu sagen, »ist vielleicht der einzige Gefallen, den wir Gott tun können.« – Aber zugleich verhungerte er langsam; und saß er nicht in dem kleinen Laden Lipotins, so fror er in seiner Dachkammer irgendwo in der Vorstadt.
Also Baron Stroganoff, ehemals kaiserlicher Gesandter in Teheran, liegt im Sterben. »Es tut nichts. Es ist gut so«,

hat Lipotin gesagt. Mit einem gedankenlosen Seufzer ins Leere wende ich mich den Manuskripten und Büchern John Rogers zu.
Ich greife dies und das wahllos hervor und fange an zu lesen.
Nun habe ich den Tag hindurch John Rogers hinterlassene Dokumente durchstöbert, und das Ergebnis ist, daß es mir aussichtslos erscheint, diese Fetzen von antiquarischen Studien und alten Aufzeichnungen zu einem sinnvollen Ganzen zu ordnen: aus solchem Schutt ist kein Gebäude mehr zu errichten! – »Lies und verbrenne«, raunte es mir immer wieder zu. »Moder zu Moder!«
Was geht mich auch diese Geschichte eines gewissen John Dee, Baronets von Gladhill, an? Bloß, weil der ein alter Engländer mit einem Spleen und vielleicht dazu ein Ahnherr meiner Mutter war?
Aber ich kann mich nicht entschließen, den Plunder fortzuwerfen. Bisweilen haben Dinge mehr Macht über uns, als wir über sie; vielleicht sind sie in solchen Fällen die Lebendigeren und stellen sich nur tot. – Ich kann mich nicht einmal entschließen, die Lektüre abzubrechen. Sie fesselt mich, ich weiß nicht zu sagen warum, von Stunde zu Stunde mehr. Es wächst da aus einem Wirrsal von Bruchstücken ein traurig-schönes Bild aus alter Dämmerung hervor: das Bildnis eines hochgearteten Geistes. Eines furchtbar Getäuschten, eines Menschen: strahlend am Morgen, umwölkt am Mittag, verfolgt, verhöhnt, ans Kreuz geschlagen, mit Essig und Galle erquickt, niedergefahren zur Hölle und dennoch berufen, zuletzt in das hohe Geheimnis des Himmels entrückt zu werden wie nur je eine edle Seele, ein starker Bekenner, ein liebender Geist.
Nein, die Geschichte des John Dee, Spätenkels eines der

ältesten Geschlechter der Inseln, der alten Fürsten und Grafen von Wales, Ahnherrn meines mütterlichen Blutes, — diese Geschichte soll nicht ganz verloren sein!
Aber ich vermag sie nicht so zu schreiben, wie ich möchte, das sehe ich ein. Es fehlen mir dazu fast alle Vorbedingungen: die Möglichkeit eigener Studien, dann das große Wissen meines Vetters auf Gebieten, die einige »okkult« nennen, andere mit dem Wort »Parapsychologie« beiseiteschieben zu können glauben. Es fehlen mir in solchen Dingen Erfahrung und Urteil. Ich kann nichts Besseres tun als mit gewissenhafter Mühe versuchen, Ordnung und einen immerhin verständlichen Plan in dies Durcheinander von Trümmern zu bringen: »behalten und weitergeben«, nach den Worten meines Vetters John Roger.
Es entsteht freilich so nur ein brüchiges Mosaikbild. Aber ist nicht häufig der Reiz der Ruine größer als der einer glatten Bildtafel? Rätselvoll springt da die Kontur vom Lächeln eines Mundes ab zu der tiefen Schmerzensfalte über der Nasenwurzel; rätselvoll starrt ein Auge unter abgesprengter Stirn hervor; rätselvoll leuchtet plötzlich ein Inkarnat auf aus bröckligem Hintergrund. Rätselhaft, rätselhaft — —.
Wochen, wenn nicht Monate wird es mich kosten, bis ich in peinvoller Arbeit diese notwendige Entwirrung des schon halb verrotteten Knäuels geschafft haben werde. Ich schwanke: soll ich es tun? Hätte ich doch nur die Gewißheit, ein Innerer zwänge mich dazu, ich würde aus reinem Trotz ablehnen und das ganze Zeug in Rauch aufgehen lassen, um — »dem lieben Gott einen Gefallen zu tun«.
Dazwischen muß ich immer wieder an den sterbenden Baron Michael Arangelowitsch Stroganoff denken, der seine Zigaretten nicht mehr aufrauchen kann, — vielleicht

weil der liebe Gott seine Bedenken hat, sich von einem Menschen allzuviel Gefälligkeiten erweisen zu lassen.

Heute war der Karfunkel im Traum wieder da. Es ging damit wie in der vorigen Nacht, aber das eiskalte Gefühl beim Niedersteigen des Kristalls auf mein Doppelhaupt bereitete mir keinen Schmerz mehr, so daß ich davon nicht erwachte. – Ich weiß nicht: hing es damit zusammen, daß der Karfunkel schließlich meinen Scheitel berührte? Ich sah jedenfalls in dem Augenblick, in dem der Lichtstrahl beide Gesichter meines Kopfes gleichmäßig überstrahlte, daß ich selbst jener Doppelhäuptige – und dennoch ein anderer war: Ich sah mich, das heißt den »Janus«, die beiden Lippen bewegen auf der einen Kopfseite, während die der anderen Schädelhälfte unbeweglich blieben. Und dieser Stumme war eigentlich »ich«. Der »Andere« mühte sich lange umsonst, einen Laut hervorzubringen. Es war, als ringe er aus tiefem Schlaf nach einem Wort.
Endlich formten die Lippen einen Hauch, und es wehten mich die Sätze an:
»Nichts ordnen! Nicht wähnen, du könntest es! Wo der Verstand ordnet, da bewirkt er Umkehrung der Ur-sache und bereitet Untergang. Lies, wie ich dir die Hand führe, und stifte nicht Zerstörung. – Lies, wie – ich – führe – –«
Die Anstrengung des Sprechens fühlte ich mit in meinem »andern« Haupt mit solcher Qual, daß ich wahrscheinlich davon erwacht bin.
Es ist mir sonderbar zumute. Was will da werden? Löst sich in mir ein Gespenst? Tritt ein Traumphantom in mein Leben? Will sich mein Bewußtsein spalten und

werde ich – »krank«? Einstweilen weiß ich mich bei bestem Wohlsein, und ich kann wachend nicht die geringste Neigung verspüren, mich »doppelt« zu fühlen; geschweige, daß mich irgend etwas »zwingt«, so oder so zu denken oder zu handeln. Ich bin durchaus Herr meiner Empfindungen, meiner Absichten: ich bin frei! – – –

Wieder taucht da ein Stück Erinnerung an die Reiterunterredungen auf dem Knie meines Lord-Großvaters auf: er sprach mir davon, daß der Familientraumgeist stumm sei; einst aber werde er reden. Dann sei das Ende aller Tage des Blutes gekommen und die Krone schwebe nicht mehr über dem Haupte, sondern strahle aus seiner Doppelstirn hervor.

Beginnt der »Janus« zu sprechen? Ist das Ende des Blutes gekommen? Bin ich der letzte Erbe der Hoël Dhats?

Einerlei, die Worte, die mir im Gedächtnis haften, einen klaren Sinn haben sie:

»Lies, wie ich führe!« Und: »Der Verstand bewirkt Umkehrung der Ur-sache.« – – – Sei es, ich werde dem Befehl gehorchen; doch nein, nein, es ist kein Befehl, sonst würde ich mich weigern, denn ich lasse mir nicht befehlen; es ist ein Rat, ja, ja, es ist ein Rat – nur ein Rat! Und warum sollte ich den nicht befolgen? – Ich werde also nicht ordnen. Ich werde aufzeichnen, wie meine Hand greift.

Und ich griff blindlings ein Blatt heraus, das die steile Handschrift meines Vetters John Roger trägt, und las:

> »Alles ist lange vergangen. Die Menschen sind längst tot, die in diesen Schicksalsdokumenten mit Wünschen und Leidenschaften auftreten und in deren Moder zu graben ich, John Roger, mich nun unterfange. Auch sie haben im Moder anderer Menschen

gewühlt, die damals ebensolange schon tot waren, wie die es nun selber sind, in deren Asche ich wühle. Was ist tot? Was ist vergangen? Was einmal gedacht hat und gewirkt, das ist auch heute noch Gedanke und Wirkung: Alles Gewaltige lebt! Gefunden freilich haben wir allesamt nicht, was wir gesucht haben: den wahren Schlüssel zum Schatze des Lebens, den geheimnisvollen, den zu suchen schon Sinn und Wert alles Lebens bedeutet. Wer hat die Krone gesehen mit dem Karfunkel darüber? Gefunden haben wir alle, wir Suchenden: nur das unbegreifliche Unglück und den Blick in den Tod, von dem es doch heißt, er solle überwunden werden! Aber es ist wohl so, daß der Schlüssel im Abgrund des Stromes ruht. Wer nicht selbst hinabtaucht, der bekommt ihn nicht. War nicht unserm Geschlecht geweissagt der letzte Tag des Blutes? Keiner von uns hat den letzten Tag gesehen. War das unsere Freude? So war es auch unsere Schuld.

Mir ist der Doppelköpfige nie erschienen, so sehr ich ihn auch beschwor. Ich habe den Karfunkel nie erblickt. Mag es also so sein: wem der Teufel nicht mit Gewalt den Hals in den Rücken dreht, der wird auf seinem unaufhaltsamen Weg ins Land der Gestorbenen niemals den Aufgang des Lichtes erblicken. Wer aufwärts klimmen will, muß abwärts steigen, dann erst kann das Untere zum Obern werden. Aber zu wem von uns allen aus John Dees Blute sprach denn der Baphomet?

John Roger.«

Der Name »Baphomet« trifft mich wie ein Keulenschlag. Um Gottes willen, der – *Baphomet!* – Ja, das war der

Name, der mir nicht einfallen wollte! Das ist der Gekrönte mit dem doppelten Gesicht, der Familientraumgott meines Großvaters! Diesen Namen hatte er mir ins Ohr geflüstert, rhythmisch den Atem stoßend, als wollte er mir etwas in die Seele hämmern, als ich auf seinem Schenkel – ein kindlicher Reiter – auf und nieder ritt:

Baphomet? Baphomet!

Aber wer ist Baphomet?
Er ist das Geheimsymbol des uralten geheimen Ordens der Tempelritter. Der Urfremde, der dem Templer näher ist als alles Nahe und gerade deshalb ein unbekannter Gott bleibt.
Waren denn die Baronets von Gladhill Templer? frage ich mich. Das könnte wohl sein. Der eine und andere von ihnen, warum nicht? Was die Handbücher, die überlieferten Gerüchte melden, ist abstrus: Baphomet sei der »untere Demiurg«; gnostisch entartete Hierarchientüftelei! Warum wäre dann der Baphomet ein Doppelhäuptiger? Und warum bin ich dann der, dem im Traum die beiden Häupter wachsen? Eines ist wahr von dem allem: Ich, der letzte Blutserbe dieses englischen Geschlechtes der Dees von Gladhill, ich stehe »am Ende der Tage des Blutes«.
Und ich fühle ungewiß, daß ich bereit bin, zu gehorchen, wenn der Baphomet geruhen will zu sprechen. – – –
Hier unterbrach mich Lipotin. Er brachte mir Nachricht von Stroganoff. Unter seelenruhigem Drehen einer Zigarette erzählte er, der Baron sei erschöpft vom Blutspeien. Ein Arzt wäre vielleicht nicht abzuweisen. Vielleicht auch nur, um das Ende zu erleichtern. »Aber« – Lipotin machte, träge die Achseln zuckend, die Gebärde des Geldzählens.

Ich verstand und zog eine Schreibtischschublade auf, in der ich mein Geld verwahre.
Lipotin legte mir die Hand auf den Arm, zog auf unbeschreibliche Art die schweren Augenbrauen hoch, als wollte er sagen: »Nur keine Barmherzigkeit«, und zerbiß seine Zigarette: »Warten Sie, Verehrter.« Er griff nach seinem Pelz und holte einen kleinen, verschnürten Kasten hervor und brummte:
»Letzte Sache von Michael Arangelowitsch. Er läßt bitten, wenn Sie die Güte haben wollen. Es gehört Ihnen.«
Zögernd nahm ich das Ding in die Hand. Ein kleiner, schlichter Kasten aus schwerem Silber. Mit einem System von Vexierschlössern, zugleich dekorativ und solide, überdeckt. Bänder und Schlösser zeigen Muster Tulascher Silberschmiedekunst eines frühen Jahrhunderts. Immerhin ein nicht uninteressantes kunstgewerbliches Stück.
Ich übergab Lipotin einen nach meiner Schätzung anständigen Betrag in Scheinen. Er knüllte ihn nachlässig und ohne zu zählen zusammen und schob ihn in die Westentasche. »Michael Arangelowitsch wird anständig sterben können« – war alles, was er zu dieser Angelegenheit noch bemerkte.
Bald darauf ging er.
Ich habe nun einen schweren silbernen Vexierkasten in der Hand, den ich nicht öffnen kann. Ich probiere stundenlang: er geht nicht auf. Die starken Bänder weichen höchstens der Säge oder dem Brecheisen. Doch dann wäre der schöne Kasten zerstört. Lassen wir ihn also, wie er ist.

Gehorsam dem Traumbefehl, habe ich soeben das erste Faszikel gegriffen und beginne mit Auszügen daraus die Niederschrift der Geschichte des John Dee, meines Urahnen. Und auch diese Auszüge schreibe ich nieder genau so, wie mir die einzelnen Papiere in die Hände geraten. Mag der Baphomet wissen, was dabei herauskommt. Aber ich bin nun einmal neugierig gemacht, wie die Ereignisse eines Lebens abrollen, und seien es auch nur die Schicksale in einem längst vergangenen Leben –, wenn man nicht mit seinem eigenen Willen eingreift und nicht mit dem bessernden Verstand das *corriger la fortune* versucht.

Schon der erste Zugriff der »gehorchenden« Hand möchte mich mißtrauisch machen. Ich muß da mit der Wiedergabe eines Briefes oder Aktenstückes beginnen, dessen Inhalt eine Sache betrifft, die auf den ersten oberflächlichen Blick mit John Dee und seiner Geschichte nichts zu tun hat. Es ist in diesem Bericht von einem Fähnlein der »Ravenheads« die Rede, die, wie es scheint, in den Religionswirren von 1549 in England eine gewisse Rolle gespielt haben.

Das Aktenstück lautet:

Bericht eines Geheimagenten mit Chiffre)+(an S. Lordschaft, den Bischof Bonner in London, seinen Herrn:

Im Jahre 1550.

»— — — Obschon Eure Lordschaft, Herr Bischof, wissen, wie schwierig es ist, einem der satanischen Ketzerei und des krätzigen Abfalls so verdächtigen Herrn wie dem gewissen Sir John Dee auf die Finger zu sehen, wie Ihr mir befohlen habt, – und Euer Lordschaft wissen, daß sogar S. L. der Herr Guwerneur selbst leider mit nur zu gutem Grunde sich diesem schimpflichen Verdachte täglich mehr aussetzt – wage ich es dennoch, Euer Lordschaft diesen gehei-

men Bericht aus meiner derzeit angenommenen Kanzeley durch sichern Boten zukommen zu lassen, damit Euer Lordschaft erkennen, wie eifrig ich Ihr zu gefallen wünsche und damit meine Verdienste im Himmel sich mehren. Euere Lordschaft haben mir mit Ihrem Zorn, mit Bann und Folter gedrohet auf den Fall, daß es mir nicht gelänge, den oder die Anstifter jüngster Frechheiten des Pöbels wider unsere allerheiligste Religion auszumachen. Bitte nun flehentlichst Euer Lordschaft mit dero schrecklichem Gericht über mich armen aber getreuen Diener noch ein kurzes zu verziehen in Ansehung ich heute schon Etzliches zu vermelden habe, daraus die Schuld zweier Bösewichter klar hervorgeht.
Eurer Lordschaft ist das schändliche Verhalten der gegenwärtigen Regierung unter S. L. dem Lordprotektor wohl bekannt, auch wie durch Lässigkeit des obersten Herrn – um nichts ärgeres zu sagen – die giftige Hydra des Ungehorsams, der Empörung, der Schändung der heiligen Sakramente, der Kirchen und Klöster, immer finsterer das Haupt in England erheben darf. Nun sind gar in diesem Jahre des Heils 1549, Ende Decembri, in Wales ganze Banden von aufrührerischem Gesindel, als wie vom Erdboden ausgespieen, ans Licht getreten. Es sind zuchtlose Schifferknechte und Landstörzer, aber auch schon einige Bauern und hirnwütige Handwerker darunter, eine gewürfelte Bande, ohne Zucht und raison, die sich ein Banner gemacht haben; und ist darauf ein greulich schwarz Rabenhaupt abgeschildert, ähnlich dem Geheimzeichen derer Alchymisten – davon sie sich selber die »Ravenheads« zubenennen.

Ist da zuvörderst ein grausamer Haudegen, seynes Zeichens ein gewesener Metzgermeister aus Welshpool, heißet Bartlett Green, welcher als ein Hauptmann und Anführer der Bande herfürtritt, gar grausame Reden wider Gott und den Heyland, fürnehmlich aber entsetzliche Lästerungen wider die allerseeligste Jungfrau Maria tut, sagend, die heilige Himmelskönigin sey nicht besser, denn eine creatura und Aftergeschöpf der allergrößten Gottheit oder besser Abgöttin und Erzteuffelin, so er die »schwarze Isaïs« nennet.
Hat selbiger Bartlett Green auch solche nie gehörte Frechheit und Courage, daß er öffentlich aussaget, es habe seine Abgötzin und Teuffelshure, die Isaïs, gänzlich unverwundbar geschaffen und trage er von ihr zur Gabe einen silbernen Schuh, damit er, wohin er wolle, zu Sieg und Triumph schreite. Ist zu Gott zu klagen, daß auch wahrheitsgemäß selbiger B. Green samt seyner Bande allenthalben unter dem Schutz Beelzebubs und seiner Obersten zu agieren scheint, sintemalen ihm bis kürzlich noch kein Gewehr, Gift, Hinterhalt noch Scharmützel den geringsten Schaden zu tun vermögend gewesen ist.
Noch ist da ein zweites zu vermelden, obschon Gewisses zu eruieren mir bis dato noch nicht völlig gelingen wollte: daß nämlich auch nicht der grausame und erschröckliche Bartlett, sondern ein verborgener Meister die Anschläge, Raubzüge und wohl gar die Abreden mit übelgesinnten Herren im Lande, so von der Bande der Ravenheads ausgehen, dirigieret; auch mit allerley wirksamen Dingen, wie Geld, Brieffen und geheimen Ratschlägen, als ein wahrer Statthalter Satans fördert.

Müßte solch ein Rädelsführer und Strickezieher aber unter den Wohlgeborenen, ja: Mächtigen im Königreich gesucht werden. Mag wohl sein, daß der gewisse Sir John Dee einer von jenen ist!

Letzter Tage hat man so, um das Volk in Wales auf des Teuffels Seite zu ziehen, Angriff auf die heiligste Gnaden- und Wunderstätte, nämlich auf das Grab des heiligen Bischofs Dunstan zu Brederock, getan und selbes gänzlich verwüstet, beraubt, die heiligen Reliquien ruchlos in alle Winde gestreut, daß es ein abgründiger Jammer ist zu melden. Dies aber darum, weil das gute Volk der Sage anhing, es sei des heiligen Dunstans Grab in Ewigkeit unverletzbar und Zorn und Blitz des Himmels vernichte so bald jede Frevelhand, die daran zu tasten wage. Nun hat mit großem Hohn und Spott der Bartlett das Heiligtum ausgerottet und ist ihm davon viel törichten Volks zugeloffen. — — —

Sage und melde ferner nun, was mir soeben zu Ohren kommt: es sei ein landfahrender Moskowiter, ein sonderbarer Gesell, mit mancherley Gerücht und Geraun vielenorts bekannt, nächstens heimlich zu dem Bartlett Green gestoßen und habe mit selbem mehrmalen verdächtig conferrieret.

Ist aber bemeldten Moskowiters Name nicht anders als: Mascee — welches ein Spitznam, weiß nicht, was es heißen soll. Und ist des Moskowischen Zaren Magister, wie sie ihn titulieren, ein hager grau Männlein wohl über die fünfzig Jahre hinaus und von fast tatarischem Aussehen. Er soll als ein Kaufmann und Händler mit allerley merkwürdigen und kuriösen Seltsamkeiten derer Russen und Chinesen ins Land gekommen seyn, — solchem Handel noch

heute obliegen. Ein verdächtiger Gesell, weiß keiner, von wannen er stammt.
Es ist bis dato leider mißlungen, des genannten Magisters Mascee habhaft zu werden, denn er kommt und schwindet wie ein Rauch.
Noch eins ist, das diesen Gesellen angehet und mag es uns zu einer Handhabe dienen, ihn dennoch über kurz zu greifen: es haben Kinder zu Brederock sehen wollen, wie da nach dem ärgsten Tumult jener Moskowiter zu St. Dunstans geschändeter Gruft trat, daselbst zwischen die zerbrochenen Steinplatten griff und zwei schön geglättete Kugeln aus dem Grabe aufhob, eine weiße und eine rote, an Größe handlichen Spielbällen gleich und anzuschauen als wie aus glänzendem köstlichem Helfenbein gedrehet. Er soll solche mit Wohlgefallen betrachtet und dann, die Kugeln in seiner Taschen bergend, eilends von hinnen geeilt seyn. – Denke mir also mit gutem Grund, es werde der Magister selbige Kugeln um ihrer Rarität willen zu sich genommen haben und als ein Händler mit dergleichen curiosa sie baldigst an seinen Mann zu bringen suchen. – Habe demnach sotanen Kugeln scharff Nachfrage ausgehen lassen, inweilen ich aber den Magister selbsten nirgends mehr nachweisen kann.
Bleibet mir zum letzten ein Scrupel übrig, den ich Euer Lordschaft als mir von Gott bestelltem Beichtvater nicht vorenthalten mag. Kürzlich ist mir eine Brieffschaft meines bestellten Herrn, S. L. des Guwerneurs, zu Handen gekommen. Es schien mir ein Wink des Himmels und so nahm ich sie heimlich an mich. Ich fand darinnen einen Bericht eines gelehrten Doktors, derzeitigen Erziehers Ihrer Herrlichkeit,

der Lady Elizabeth, Princessin von England, recht sonderlichen Inhalts. Daneben einen Streifen Pergaments, welchen ich, ohne Schaden und Gefahr eines Verdachtes, der Brieffschaft entnehmen zu können glaube und lege ich ihn meinem gegenwärtigen Berichte *in originali* bei. Es meldet aber der Erzieher an S. L., den Herrn Guwerneur, bei kürzestem folgendes:
Es habe mit zur Zeit abgelaufenem vierzehnten Lebensjahr bei der Lady Elizabeth alles beim besten gestanden. Wunderbarerweise habe die Princessin fast ganz von ihrem ehbevor bekanntem, ausartendem Wesen abgelassen und sich schicklicher Weibeshantierung zugewandt. Insbesonders habe Boxen, Klettern, Kneifen und Traktieren der Mägde und Gespielinnen, auch unterlaufendes Peinigen und Aufschneiden derer Mäuse und Frösche seinen Anreitz für die Princessin fast gar verloren und sey sie in sich gegangen mit Gebet und fleißigem Studio heiliger Schriften – wozu sie der Teuffel und seine Gesellen verführet haben –.
Inmittels klagt dennoch Lady Ellinor, Tochter des Lord Huntington, jetzt bei sechzehn Jahre alt, es fasse sie die Prinzessin öfters unterm Spiel dermaßen heiß an, daß sie an ihrem Weiblichen grüne und blaue Mäler davon habe. Am verwichenen St. Gertrudis-Tage habe Lady Elizabeth von England einen Lustritt mit den Gespielinnen in den Moorwald von Uxbridge befohlen und sey die lockere Gesellschaft ohn alle Obhut dahin über die Heide gejagt – recht als der Hölle Gefolgschaft, ohne Zucht und Anstand, als wie die verdammten, heidnischen Amazonä getan!

Genannte Lady Ellinor hinterbrachte andern Tags, daß Lady Elizabeth dortselbst im Walde zu Uxbridge eine alte Hexe besucht und geschworen habe, sie wolle bei Christi Blut jene Vettel um ihr hochfürstliches Leben befragen, wie einst ihr hochseliger Ahnherr, König Macbeth, desgleichen getan.
Von der Hexe erhielt Lady Elizabeth, Princessin von England, nicht nur allerhand Sprüche, Gemurmel und Prophezeiung, sondern auch einen greulichen Trank, daran man fast an einen teufflischen Liebestrank denken müßte, den sie sogar soll ausgetrunken haben zu ihrer armen Seele Verderbnis. Es soll ihr auch hernach die Hexe ihre Weissagung auf ein Pergament geschrieben haben und wird beiliegendes *corpus delicti* kein anderes seyn, als die Schrift der Hexe, davon ich indessen kein einziges Wörtlein verstehen mag, es ist vielmehr in meinen Augen ein verfluchter Gallimatthias. Der Zettel auf Pergament liegt angeheftet hier bei.
Möchte solches Euer bischöflichen Gnaden zu nötiger Observation dienstwilligst kund getan haben und verharre u. s. w.«

Unterschrift:)+(Geheimagent.

Der Pergamentstreifen, den der Geheimagent seinem Brief an den berüchtigten »Blutigen Bischof Bonner« im Jahre 1550 angeheftet hat, lautet wörtlich wie folgt – mein Vetter John Roger hat als Erläuterung hinzugefügt, daß es sich hier offenbar um eine Prophezeiung der Hexe von Uxbridge an die Prinzessin Elisabeth von England, spätere Königin von England, handeln müsse –:

Pergamentstreifen.

»Habe Gäa, die schwarze Mutter, befragt,
bin getaucht in den Spalt über siebenmal ziebenzig
Stufen:
»Guten Muts, Queen Elizabeth!« — hat die Mutter
gesagt.
»Hast das Heil Dir getrunken!« — hört ich die Hüte-
rin rufen.
»Es scheidet, es bindet aufs neue mein Trank;
er scheidet das Weib vom Manne.
Das Innen ist heil, nur das Außen ist krank:
Das Ganze besteht, wenn das Halbe versank,
Ich schirme — ich füge — ich banne!«

Dir ins Brautbett führ ich den Jüngling zu:
Werdet eins in der Nacht! Werdet Eins in künftigen Tagen!
Nicht zu trennen mehr im Lügen des Ich oder Du!
Nicht hienieden, nicht drüben zu scheiden die königlich ragen!
Das Sakrament meines Liquors macht endlich aus
Zweien den Einen,
der da vorwärts und rückwärts schaut in die Nacht,
der nimmermehr schläft, der in Ewigkeit wacht,
dem Äonen wie Tagwachen scheinen.

Sei getrost! Guten Muts, Queen Elizabeth!
Gelöst ist der schwarze Krystall aus der Mutter! —
versprochen,
Daß er heile die Krone von England, die da — o
seht! —
im Anfang zerbrach — und seitdem liegt zerbrochen:

Halb Dir, halb ihm, der mit silbernem Schwert
auf dem gründenden Hügel sich freue!
Der Schmelzofen harrt und der bräutliche Herd,
daß Gold mit Golde den uralten Wert
und die alte Krone erneue!«

Diesem Pergamentstreifen der Hexe ist folgende Nachschrift des Geheimagenten)+(beigeheftet. Sie besagt in kurzen Worten, daß der im Brief an den Bischof Bonner erwähnte Rädelsführer der Ravenheads: »Bartlett Green« gefangen und eingekerkert wurde. Sie lautet:

Nachschrift: Am Montag nach dem hl. Feste der Auferstehung Unseres Herrn. 1550.

»Die Bande des Bartlett Green ist niedergehauen, er selbsten aber gefangen, unverwundet, was bei dem grausamen Treffen schier wunderbar zu nennen. Dieser Schelm, Straßenräuber und Erzketzer lieget also in guten, sicheren Ketten über und über, tags und nachts bewacht, daß keiner seiner Dämonen, noch selbst seine schwarze Isaïs, seine Abgöttin, ihn daraus möge erlösen. Ist auch über jeder seiner Handschellen dreimal das Apage Satanas gesprochen und mit Kreuzzeichen und Weihwasser wohl salvieret worden. — —
Hoffe nun auch inbrünstig zu Gott, daß dennoch St. Dunstans Prophezeiung möge Kraft und Erfüllung haben, danach er den Schänder und Schändungsanstifter — vielleicht jenen John Dee? — seines heiligen Grabes verfolgen, peinigen und strafen werden bis an dessen unselig Ende. Amen!«

Unterschrift:)+(Geheimagent

Das nächste Bündel, das meine Hand aus der Hinterlassenschaft meines Vetters John Roger blindlings greift, enthält – das sehe ich sofort – ein Tagebuch unseres Urahns Sir John Dee. Es schließt, das ist klar, an den Brief des Geheimagenten an und trägt fast dieselbe Jahreszahl. Das Faszikel lautet:

Tagebuchfragmente des John Dee of Gladhill, beginnend mit dem Tag der Feier seiner Ernennung zum Magister.
St. Antonii Tag 1549.
– – – Magisterfeier soll eine gewaltige Sauferei vor dem Herrn werden. Hoë! Was werden da die besten Geister von Altengland mit Stirnen und Nasen hervorleuchten! Aber ich will ihnen schon zeigen, wer unter ihnen der Meister ist! – – –
– – – oh, verfluchter Tag! Verfluchte Nacht! – – – Nein, oh gebenedeite Nacht, wenn mir recht ist! – Die Feder kratzt erbärmlich, denn immerhin, meine Hand ist noch besoffen, ja besoffen! – Aber mein Geist? Klarheit über Klarheit! Und noch einmal: geh in dein Bett, du Schwein, und unterstehe dich nicht! – Eins ist klarer als die Sonne: Ich bin der Herr der Nachkommen. Ich sehe in endloser Reihe entlang: Könige! – Könige sitzen auf den Tronen von Engelland! – – –
Mein Kopf ist wieder hell. Aber es ist mir, als wolle er bersten, so oft ich der gestrigen Nacht gedenke und dessen, was sich begab! – Es geziemt Besinnung und genaue Rechenschaft. – Von Guilford Talbots Magisterfeier hat mich ein Diener heimgeleitet, weiß Gott, wie. Wenn das nicht das schärfste Zechen war, seit England besteht, so – – –. Nun gut, es genügt

zu sagen, ich war besoffen, wie noch nie in meinem Leben. Noah kann nicht besoffener gewesen sein.

Es war eine laue Regennacht. Das gab dem Wein erst die rechte Schärfe. Ich muß wohl auf allen Vieren nach Hause gekrochen sein, davon reden die verdorbenen Kleider.

Als ich in meinem Schlafzimmer stand, jagte ich den Diener zum Teufel, denn ich mag nicht behandelt sein wie ein Kind, wenn ich mit den Weindämonen kämpfe, lasse auch keinen Mantel um mich breiten wie weiland der alte Noah.

Kurz: ich suchte mich zu entkleiden. Ich zwang es und trat darum mit Stolz vor den Spiegel.

Da sah ich das elendste, jämmerlichste, dreckigste Gesicht, das mir je vorkam, mir entgegengrinsen: ein Kerl mit einer hohen Stirn, aber niedergestrichenen, kaum mehr braunen Locken, wie um anzudeuten die niedrigen Triebe, die aus einem entarteten Hirn niederströmen. Blaue Augen, nicht majestätisch gebietend, sondern vom Weindunst ölig und klein, aber frech. Ein breites, versoffenes Maul mit einem schmutzigen Ziegenbart darunter, statt der dünnen, zum Befehlen geformten Lippen eines Roderichenkels; dicken Hals, geknickte Schultern, kurz: das Spott- und Dreckbild eines Dee, eines Baronets von Gladhill!

Mich befiel eine kalte Wut; ich reckte mich gerade und schrie den Kerl in dem Glase an:

»Schwein! Wer bist du? Drecksau, die du bist, von unten bis oben mit Straßenkot besudelt, schämst du dich gar nicht vor mir?! Hast du nie den Satz gehört: Götter sollt ihr sein? Schau mich an: hast du noch die geringste Ähnlichkeit mit mir, mir, dem Enkel der

Hoël Dhats? – Nein! du mißratenes, verbogenes, verschmiertes Nachtgespenst von einem adeligen Junker. Du ausgeblasene Vogelscheuche von einem *magister liberarum artium!* – Du sollst nicht länger die Frechheit haben, mir ins Gesicht zu grinsen! Du sollst samt diesem Spiegel in tausend Trümmer vor mir niederstürzen! –

Und ich hob den Arm zum Schlag. Da hob auch der im Spiegel den seinen, und es war wie eine Gebärde um Mitleid, wenigstens schien es mir so in meinem dämpfigen Gemüt.

Ein plötzliches, tiefes Mitleid erfaßte mich mit dem Spiegelgesellen, und ich fuhr fort:

»John, wenn du noch diesen Ehrennamen verdienst, du Schwein, – John, ich beschwöre dich bei St. Patricks Loch, geh in dich! Du mußt dich bessern – mußt wieder geboren werden im Geiste, wenn dir noch weiter an meiner Kameradschaft gelegen ist! Raff dich doch auf, verdammter Bursche – – –!«

Und in diesem Augenblick gab sich das Spiegelbild einen stolzen Ruck, wie ja nicht anders zu erwarten war, was mir und jedem bei nüchternen Sinnen klar ist; in meinem Besoffensein nahm ich aber die plötzliche Erraffung des Spiegelkerls für seinen gebesserten Willen und fuhr in äußerster Bewegtheit fort:

»Das also siehst du wenigstens ein, Bruder Drecksau, daß es auf diese Weise nicht weiter geht mit dir. – Und es freut mich, mein Lieber, daß du einer Wiedergeburt im Geiste entgegenstrebst; denn –«

und die Tränen tiefsten Erbarmens stürzten mir aus den Augen –

»– denn was wird sonst aus dir werden?«

Auch der also Angeredete im Spiegel vergoß nun

reichliche Tränen, was mich in meiner unbegreiflichen Narrheit nur desto mehr bestärkte, etwas fabelhaft Wichtiges gesagt zu haben; und so rief ich dem Reuigen zu:
»Es ist ein Glück des Himmels für dich, mein gefallener Bruder, daß du dich mir heute in deinem Elend gezeigt und gegenüber gestellt hast. Erwache nun endlich und tue, so viel du vermagst, denn ich, das sage ich dir, ich werde – ohne deiner künftig zu achten – – ich werde – – werde – – –«
– ein schluckender Krampf, von der Fülle des Weins in die Kehle empor getrieben, raubte mir mit Würgen meine Stimme.
Dafür kam – oh eisiger Schreck! – die Stimme meines Gegenübers mit gleichmäßig sanftem, aber wie durch eine lange Röhre gesprochenem Klang:
»– werde nicht ruhen, nicht rasten, bis bezwungen sind die Küsten von Grönland, hinter dem das Nordlicht scheint, – bis ich den Fuß gesetzt habe auf Grönland und Grönland untertan ist meiner Stärke. – Wem das Grönland gegeben ist zum Lehen, dem ist das Reich gegeben jenseits der Meere und dem ist gegeben die Krone im Engelland!« –
Damit schwieg die Stimme.
Wie ich, der Betrunkene, zu Bette kam, weiß ich nicht mehr. Ein Taumel von Gedanken stürmte über mich her, es war kein Erwehren möglich. Die Gedanken brausten über mich hin, gleichsam ohne mich zu berühren.
Ich fühlte sie über mir und lenkte sie doch.
Von der Spiegelwand her schoß ein Strahl ab – – –, so etwa war der Kern aller dieser Gedankenschwärme: Sternschnuppen! – dieser Strahl hat mich

getroffen und trifft, hinter mir, die Bahn der Zukunft entlang, nun alle meine Nachkommen! Eine Ursache ist geschaffen auf Jahrhunderte hinaus! — — — Etwas davon faßte ich auf und schrieb es mit schwankender Hand in mein Tagebuch. Dann nahm ich das Bild der langen Reihe von Königen, alle aus meinem Blut und rätselhaft in mir verborgen, mit in den Schlaf.
Heute weiß ich: wenn ich König von England werde — und was soll mich hindern, die wunderbare, übernatürliche und dennoch diesen meinen Sinnen gewordene Offenbarung zu verwirklichen?? — wenn ich König von England werde, dann werden Söhne, Enkel, Urenkel auf dem Tron sitzen, den ich besteige! Hoë! Ich habe nun mein Heil! Bei St. Georgs Fahne! — ich sehe auch den Weg! ich John Dee.

An St. Pauli Tag 1549.
Habe lange nachgedacht über den Weg zur Krone.
Grey und Boleyn sind Namen meines Stammbaums. Ich bin von königlichem Blut. Edward, der König, ist siech. Er wird sich bald zu Tode gehustet haben. — Zwei Weibern ist der Tron beschieden. Fingerzeig Gottes! Maria? —: in den Händen der Papisten. Die Pfaffen sind meine Freunde in alle Ewigkeit nicht! Außerdem: Maria hat den gleichen Wurm in der Brust wie ihr Bruder Edward. Sie hustet. Pfui Teufel. Ihre Hände sind kalt und feucht.
Also, abgemacht mit Gott und dem Schicksal: Elizabeth!! Ihr Gestirn ist im Aufgang trotz der Nachstellungen des Antichrist!
Was ist bis jetzt getan? — Wir lernten uns kennen. Zweimal in Richmond. Einmal in London. In Rich-

mond brach ich ihr eine Wasserrose und verdarb mir dabei Schuh und Strümpfe im Moor.
In London – immerhin, ich hakte ihr eine Nestel über der Hüfte und sie schlug mir zum Dank ins Gesicht. – Ich denke, es genügt fürs erste.
Habe zuverlässige Boten nach Richmond gehen lassen. Es muß Gelegenheit gefunden werden. – – –
Gute Nachrichten von Lady Elizabeths Sinnen und Meinen. Sie ist der Magisterei müde und sucht Abenteuer. – Wenn ich nur wüßte, den Moskowiter Mascee aufzutreiben!
Heute kam eine Karte von Grönland aus Holland verschrieben, von der Hand meines Freundes und Meisters im Kartenzeichnen: Georg Mercator.

An St. Dorotheenstag.

Heute stand auf einmal der Mascee in meiner Tür. Frug mich, ob ich nichts brauche. – Er habe neue, curiöse Wunderdinge aus Asia. – – – War nicht wenig erstaunt, ihn zu sehen, da ich noch vor kurzem vergeblich nach ihm gefragt. Beschwor mir auch, daß sein Kommen unbeschrieen geblieben ist. Seine Anwesenheit in meinem Haus ist jetzt kein Spaß. Es kann den Kopf kosten. Bischof Bonner hat seine Augen überall.
Er zeigte mir zwei Elfenbein-Kugeln, eine rote und eine weiße, je aus zwei Hälften, fein verschraubt. Es ist nichts besonderes daran. Ich kaufte sie ihm ab, teils aus Ungeduld, teils um seiner guten Laune willen. – – – Und er versprach mir seinen besten Willen. Ich bat ihn um einen kräftigen Hexentrank, der Liebe hervorbringt und Glück für denjenigen, der dem Trank den Segen mitgibt. Er sagt, er könne

ihn nicht bereiten, aber ihn bringen. — — — Mir einerlei. Ich gehe den kürzesten Weg. Ich will rasch ans Ziel. — Was die Elfenbein-Kugeln betrifft, so habe ich aus Laune Zeichen hineingekratzt. Dann hat mich plötzlich — wie sonderbar! — vor ihnen gegraut und ich habe sie zum Fenster hinausgeworfen!!!
Mascee, der Magister des »Zaren« (?) bat mich wegen des Liebestranks um Haar, Blut, Speichel und — — Pfui! — — — Er hat nun, was er braucht. Ekelhaft; aber gut, wenn es nur ans Ziel führt!

An St. Gertraudenstag 1549.
Es fällt mir auf, daß ich heute von merkwürdig verliebten Gedanken an Lady Elizabeth gar nicht loskommen kann. Das ist mir neu. Eigentlich ist mir Lady Elizabeth bisher in meinem Herzen vollkommen gleichgültig gewesen. — Ich habe nur der Prophezeiung des Spiegels zu gehorchen. — Da war gewiß kein Betrug dabei. Die unerhörte Wirklichkeit jenes Vorgangs steht mir eingebrannt in die Seele so frisch, wie am Morgen darnach.
Aber heute kreisen alle meine Gedanken um — — — bei St. Georg, ich schreibe es nieder:
— — — um meine Braut! — Elizabeth!!!
Was weiß sie von mir? Vermutlich nichts. Möglicherweise: daß ich nasse Füße bekam, als ich nach Seerosen fischte; vielleicht: daß ich eine Ohrfeige von ihr besitze.
Mehr keinesfalls.
Und was weiß ich von Lady Elizabeth?
Sie ist ein sonderbares Kind. Hart und weich zugleich. Sehr aufrichtig und geradeaus, aber verschlos-

sen wie ein altes Buch. Ich gedenke, wie sie mit ihren Kammermägden und Freundinnen umspringt. – Es war mir einigemale im Griff, als sollte ich einen kecken Buben in Weibskleidern züchtigen.
Aber das Kühne und Kräftige in ihren Augen hat mir wohlgefallen. Ich glaube, sie tritt den Pfaffen auf die Hühneraugen, wo sie kann, und bezeigt Niemand großen Respekt.
Sie kann aber betteln wie eine Katze, wenn sie mag. – Wäre ich sonst in den Sumpf gekrochen?
Und die Ohrfeige war auch nicht gelinde, aber von der allerweichsten Katzenpfote.
In summa, wie die Logiker sagen: königlich!
Ich denke, es ist ein nicht unedles Wild, das ich beschleiche; und es geht mir heute bei dem Gedanken heiß auf.
Mascee ist wieder verschwunden.
Höre heute durch einen Getreuen von dem Ausritt der Princessin am Gertrudis-Tag. Es ist der Tag, an dem mir so wunderlich wurde. Die Princessin ist in den Uxbridger Forst geritten und Magister Mascee hat den Verirrten den Weg zu Mutter Birgitta im Moor gewiesen.
Elizabeth hat getrunken den Liebestrank! Gott im Himmel gesegne uns den Trank. –
Lady Ellinor von Huntington möchte uns wohl, beim ewigen Heil, die Hochzeit verderben: sie wollte in ihrem unziemlichen Hochmut der Princessin den Trunk aus der Hand schlagen. Aber der Anschlag mißlang.
Ich hasse diese hochmütige, kaltherzige Ellinor.
Ich brenne darauf, nach Richmond zu gehen. Sobald gewisse Geschäfte abgewickelt, gewisse Verbindlich-

keiten gelöst sind, will ich den Vorwand finden, der mich nach Richmond bringt.
Dann —: auf Wiedersehen, Elizabeth!

Am Tage Mariä Schmerzen.
Ich habe Sorgen. Die letzten Affairen der Ravenheads mißfallen mir sehr!

An St. Quirins Tag.
Ich weiß mir die Lauheit S. L. des Guwerneurs von Wales nicht mehr zu erklären. Warum geschieht nichts zum Schutze, meinethalben zum Ersatz, der Ravenheads?!
Ist es zu Ende mit der evangelischen Bewegung? Verrät der Lord-Protektor seine Getreuen?! —
Ich habe vielleicht eine Dummheit begangen. Es ist nie gut, mit dem Pöbel gemeinsame Sache zu machen. Reißt mans nicht durch, so klebt Dreck an den Strümpfen.
Dennoch —: überleg ichs genau, so darf ich mich nicht tadeln. Zu sicher sind meine Nachrichten aus dem Lager der Reformierten. Es gibt doch auch für sie kein Zurück!
Den Lord-Protektor — — — (hier ist das Blatt abgerissen) — — — zur Eroberung Grönlands. Welche andere Truppe, als desparates Schiffsvolk und ausgediente Landsknechte brächte ich so rasch auf, wenn diese gewagte Expedition nach Nordland notwendig geworden sein wird?!
Und ich gehorche meinem Stern! — Es hat keinen Zweck, sich unnütze Gedanken zu machen.

Donnerstag vor dem heiligen Osterfest.
Diese verdammte Angst! Es wird von Tag zu Tag schlimmer damit. Wahrhaftig, wenn ein Mensch ganz und gar frei sein könnte von Angst, auch von der verborgen in ihm wohnenden, – ich glaube, er würde allmählich zum Wundertäter. Ich glaube, die Mächte der Finsternis selbst müßten ihm gehorchen.
– – – Noch immer keine Nachricht von den Ravenheads. Noch immer keine Nachricht vom »Magister des Zaren«. Keine Nachrichten aus London!!
Die letzten Zuschüsse an die Kriegskasse des Bartlett Green – oh, daß ich diesen Namen nie in meinem Leben gehört hätte! – haben meine Mittel über Gebühr erschöpft. Ich komme ohne Unterstützung aus London nicht vorwärts! –
Heute lese ich von dem frechsten Raubzug, den der Bartlett je gegen ein papistisches Nest getan. – Der Teufel mag ihn hieb- und stichfest gemacht haben, aber darum sind es doch seine Leute noch nicht! Ein sehr unvernünftiges Unternehmen! –
Wenn Bartlett siegreich bleibt, wird die schwindsüchtige Maria nie regieren. Elizabeth! Dann im Fluge hinauf!

Charfreitag.
Ist das Schwein hinter dem Spiegel wieder erwacht? Glotzt mich wieder der Besoffene an? Wovon bist du besoffen, Dreckseele!
Von Burgunderwein? –
Nein, gestehe, Jammerlappen, du bist besoffen von Angst!
Herrgott, Herrgott! Meine Ahnungen! Es geht mit den Ravenheads zu Ende. Man hat sie umstellt.

Der Guwerneur – ich speie ihm ins Gesicht, ich spucke ihm zwischen die Zähne, – Seiner Lordschaft!!! –
Mensch besinne dich! Ich werde noch einmal die Ravenheads mit eigener Faust anführen. – Die Ravenheads, meine Kinder, Hoë! Hoë!
Furchtlos, old Johnny, furchtlos! –
Furchtlos!!

Ostersonntag 1549.
Was ist nun zu tun – – –?
Heute abends saß ich über dem Studium von Mercators Karten, da ging die Tür meiner Kammer gleichsam von selber auf und herein trat ein mir Unbekannter. Er war ohne Abzeichen, ohne Waffen, ohne Beglaubigung. Er schritt auf mich zu und sagte:
»John Dee, es ist Zeit, von hier zu weichen. Es steht nicht gut mit dir. Deine Wege sind mit Feinden besetzt. Dein Ziel ist dir verrückt. Es ist nur noch eine Straße offen; die geht übers Meer.« –
Ohne Gruß ging der Mann hinaus, und ich saß gelähmt.
Endlich sprang ich auf, – Gänge entlang, Treppen hinab: nichts zu spüren von meinem lautlosen Gast. – Ich frug den Kastellan am Tor: »Wen hast du zu so später Stunde bei mir eingelassen, Bursche?«
Der Kastellan antwortete:
»Niemand, Herr, daß ich wüßte!«
Da ging ich wortlos ins Haus zurück und sitze nun hier und denke, denke – – –

Montag nach dem heiligen Feste der Auferstehung unseres Herrn.
Ich kann mich nicht entschließen, zu fliehen. –

Übers Meer? Das hieße: fort von England, fort von meinen Plänen, Hoffnungen — — — daß ich es doch lieber ausspreche: fort von Elizabeth!
Die Warnung war gut. Ich höre, die Ravenheads hatten ein unglückliches Treffen. — Hat die Entweihung des Grabes Dunstans also doch Unglück gebracht! — — — werden die Katholischen sagen. Wird sie mir Unheil bringen!?
Wenn auch! Nur Mut! Wer will mir nachsagen, ich conspirierte mit Banditen? — Ich, Baronet John Dee of Gladhill?!
Ich gestehe, eine Keckheit, — eine Eselei, meinetwegen — wars. — Nur sich nicht fürchten, Johnny! Ich sitze auf meiner Burg und betreibe *humaniora*, bin ein achtbarer Edelmann und Gelehrter!

Ich werde meine Zweifel nicht los. — Wie vielgestaltig ist doch das Rüstzeug des Engels »Furcht«!
Wäre es nicht besser, auf einige Zeit das Land zu verlassen? —
Verflucht, ich bin zu entblößt durch diese letzten Subsidien! Dennoch! Wenn ich Guilford anginge? — Er leiht mir.
Abgemacht! Morgen früh werde ich — — —
Um Gottes und aller Heiligen willen, was ist das — — — da draußen? — — — wer will — — — was bedeutet das Waffenklirren vor der Tür? Ist das nicht die Stimme des Hauptmanns Perkins, die da kommandieret, des Hauptmanns Perkins von der Polizei des Blutigen Bischofs?
Ich beiße die Zähne zusammen: ich zwinge mich zum Niederschreiben bis zur letzten Minute. Sie schlagen mit Hämmern an meine Eichentür. Nur Ruhe, so

leicht ist sie nicht zu zertrümmern, und ich will, ich will, ich muß zu Ende schreiben.

Hier folgt eine Notiz aus meines Vetters, John Rogers, Hand, des Inhalts, daß unser Ahnherr Dee von dem Hauptmann Perkins verhaftet worden war, wie aus dem folgenden angefügten Originalbriefe hervorgeht:

Originalbrief aus John Dees Nachlaß und Anzeige des Hauptmanns Perkins der bischöflichen Polizei an S. L. den Bischof Bonner in London.

Datum unleserlich.

»Euer Lordschaft zu melden, daß wir den gesuchten John Dee Esq. in seinem Hause Deestone gefaßt haben. Wir überraschten ihn beim offenen Tintenfaß den nassen Gänsekiel über geographischen Karten. Fanden aber nichts Geschriebenes. Genaueste Durchsuchung des Hauses wurde angeordnet.
Überführung nach London ist noch in der Nacht erfolgt.
Ich brachte den Häftling auf No 37 unter, weil dies die festeste und sicherste Zelle im Tower. – Glaube so Arrestanten am zuverlässigsten abgeschnitten von seinen zahlreichen, einflußreichen und schwer zu übersehenden Verbindungen. Gebe aber als Kerker nötigenfalls 73 statt 37 bekannt, da die Macht einiger Freunde des Arrestanten allzuweit reicht. Auch ist auf die Kerkermeister nicht durchgehend Verlaß, maßen solche habgierig und vieles Geld der Ketzerischen umläuft.
Die Verbindung des John Dee mit der schändlichen Bande der Ravenheads ist wohl so gut wie erwiesen

und wird peinliche Befragung durch die Folter das Übrige schon an Tag fördern.

Euer Lordschaft gehorsamer

Guy Perkins. *m. p.*

Hauptmann.«

St. Patricks Loch

In die letzten Worte hinein, die ich soeben in John Dees Tagebuch gelesen habe, schrillt draußen die Flurglocke. Ich öffne. Ein halbwüchsiger Bote Lipotins übergibt mir einen Brief.

Ich liebe Störungen unter der Arbeit nicht und habe deshalb ein Nationalverbrechen begangen: ich vergaß im Unmut das Trinkgeld! Wie soll ich das wieder gutmachen? So selten mir Lipotin gelegentliche Mitteilungen durch Boten zukommen läßt: regelmäßig ist es wieder ein anderer, der sie mir bringt. Lipotin muß unter der streunenden Großstadtjugend zahllose dienstwillige Freunde haben.

Nun also das Billet. Lipotin schreibt mir:

»1. Mai. Am Tage des heiligen Socius.

Michael Arangelowitsch ist dankbar für den Arzt. Fühlt Erleichterung.

Apropos, ich vergaß: er bittet Sie, das silberne Kästchen mit tunlichster Genauigkeit in die Richtung des Ortsmeridians zu stellen. Und zwar derart, daß der über das Kästchen oben längs sich hinziehende ziselierte Ornamentstreifen, der das stilisierte chinesische Wellenmuster zeigt, mit dem Meridian parallel läuft.

Wozu das dienen soll, kann ich Ihnen wirklich nicht sa-

gen, denn Michael Arangelowitsch bekam einen neuen Anfall von Bluthusten, als er mir diesen Auftrag an Sie gegeben hatte, und ich konnte ihn um Näheres nicht mehr befragen.
Offenbar hat der alte Silberkasten das Bedürfnis, mit dem Meridian parallel zu stehen, und fühlt sich in dieser Lage am wohlsten. Tun Sie ihm also möglichst den Gefallen! Das mag einigermaßen verrückt klingen, entschuldigen Sie, — wer aber, wie ich, sein Leben lang mit alten, greisenhaften Dingen Umgang gehabt hat, der kennt ein wenig ihre Gewohnheiten, und er bekommt ein Fingerspitzengefühl für die geheimen Anliegen und Hypochondrien solcher altjüngferlicher Gegenstände. — Unsereiner nimmt darauf gern Rücksicht.
Sie meinen: so zartfühlend habe man sich weder im gegenwärtigen noch in unserm ehemaligen Rußland veranlagt gezeigt? — Ja, Menschen, die bekanntlich ohne jeden seelischen Wert sind, die mißhandelt man selbstverständlich. Aber alte schöne Dinge sind empfindsam.
Es ist Ihnen übrigens bekannt, daß das erwähnte chinesische Wellenband auf dem Tulakasten das alte, taoistische Symbol der Unendlichkeit, in gewissen Fällen sogar das der Ewigkeit bedeutet? — Das ist nur so ein Einfall von mir.

In Ergebenheit

Lipotin.«

Ich warf Lipotins Brief in den Papierkorb. — —

Hm, das »Geschenk« des sterbenden Barons Stroganoff fängt an, mir fürchterlich zu werden. Ich bin gezwungen, meinen Kompaß hervorzukramen und umständlich den Meridianverlauf festzustellen: — natürlich steht mein

Schreibtisch verquer. Dieses brave Möbel, so ehrwürdig es ist, hat sich noch niemals zu dem Anspruch aufgeschwungen, im Meridian stehen zu müssen, weil das zu seinem Wohlbefinden erforderlich sei!
Wie anmaßlich ist im geheimen doch alles, was aus dem Osten kommt! — — — — Ich habe das Tulakästchen also in den Meridian gerückt. — Und da gibt es noch Narren — ich zum Beispiel —, die behaupten, der Mensch sei Herr über seinen Willen! — Was aber ist die Folge meiner Gutmütigkeit? Alles auf dem Schreibtisch, dieser selbst, das ganze Zimmer mitsamt seiner ihm innewohnenden vertrauten Ordnung, alles, alles kommt mir jetzt schief vor; der wertgeschätzte Meridian und nicht mehr ich scheint tonangebend geworden zu sein! — Oder der Tulakasten. Alles steht, liegt, hängt schief, schief, schief zu dem verdammten Produkt aus Asien! Ich schaue vom Schreibtisch aus zum Fenster hinaus, und was sehe ich? Die ganze Gegend draußen steht — »schief«.
Das wird auf die Dauer so nicht weitergehen; Unordnung macht mich nervös. Entweder das Kästchen muß vom Schreibtisch verschwinden, oder — — um Gottes willen! — ich kann doch nicht meine ganze Wohnung umstellen im Verhältnis zu diesem Ding und seinem Meridian!!
Ich sitze, starre den silbernen Tulakobold an und seufze: Es ist — bei St. Patricks Loch! — nicht anders: das Kästchen ist »geordnet«, es hat »Richtung«; und mein Schreibtisch, mein Zimmer, meine ganze Existenz liegt planlos drum herum, — hat keine sinnvolle Orientierung, und ich habe das bis heute nicht gewußt! — — Aber das ist ja Gedankenquälerei!
Um der wachsenden Zwangsvorstellung zu entfliehen, ich müsse noch in dieser Stunde vom Schreibtisch aus, wie ein Stratege, meine ganze Wohnung umgruppieren und sie in

eine neue Richtung bringen, greife ich hastig nach Rogers Papieren.
Und da fällt mir ein Notizzettel in die Hand, der seine steilen Schriftzüge trägt, und ich lese das Exzerpt; es ist überschrieben:

»St. Patricks Loch.«

Was wuchert da in meiner Seele, daß ich vor wenigen Augenblicken noch eben diese mir bis heute gänzlich unbekannte Schwurformel zwischen den Lippen gehabt habe?! Sie legte sich mir auf die Zunge, und dabei hatte ich keine Ahnung, woher mir das kam! — — Halt! — In diesem Moment blitzt es auf: das ist — das hat — ich blättere hastig in dem vor mir liegenden Manuskript zurück — da steht doch im Tagebuch John Dees!: »John, ich beschwöre dich bei ›St. Patricks Loch‹, geh in dich! — Du mußt dich bessern, mußt wiedergeboren werden im Geist, wenn dir noch weiter an meiner Kameradschaft gelegen ist«, ruft dort der Junker seinem Spiegelbild zu, — »bei St. Patricks Loch, geh in dich!«
Sonderbar. Mehr als sonderbar. Bin ich denn John Dees Spiegelbild? Oder gar mein eigenes, und starre ich mir entgegen aus Verwahrlosung, Unsauberkeit und Nebeln des Rausches? — Ist denn schon Besoffenheit, wenn — wenn man seine Wohnung nicht — im — Meridian — — stehen hat?! — — Was sind das für Träume und Phantastereien am hellen Tage! Der Moderduft aus John Rogers Dokumentenbündel macht mir den Kopf benommen!
Also was ist es mit St. Patricks Loch? Ich greife in das Dokumentenbündel und halte — es überläuft mich kalt — als Erklärung in der Hand ein Notizblatt John Rogers, meines Vetters. Es besagt nach einer alten Legende:

»Der heilige Bischof Patrick bestieg, ehe er von Schottland nach Irland kehrte, daselbst einen Berg, um zu fasten und zu beten. Da sah er weit hinaus und bemerkte, daß das Land voll Schlangen und giftigen Gewürms war. Und er hob seinen Krummstab und bedrohte damit das Gezücht also, daß es geifernd und zischend entwich. Danach kamen Leute zu ihm herauf, seiner zu spotten. Da sprach er vor tauben Ohren und bat Gott um ein Zeichen, davon die Menschen erschreckt würden, und stieß mit seinem Stab auf den Felsen, darauf er stand. Und ging ein Spalt auf in dem Fels, der glich einem kreisrunden Loch und ließ Rauch und Feuer ausgehen. Und der Abgrund öffnete sich bis in das Herz der Erde und das Geschrei von Flüchen, die sind das Hosiannah der Verdammten, drang aus dem Loch hervor. Da entsetzten sich die, so das mitansahen, und erkannten, daß ihnen St. Patrick die Hölle aufgetan hatte.
Und St. Patrick sprach: wer darein gehe, dem sei keine andere Buße mehr not, und so etwas an ihm von gediegenem Golde wäre, das schmelze der Glutofen aus von einem Morgen zum andern. Und gingen nachmals Viele hinein, kam aber selten Einer wieder. Denn das Feuer des Schicksals läutert oder verbrennt einen Jeden nach seiner Beschaffenheit.
Und das ist St. Patricks Loch, daran mag ein Jeglicher vernehmen, was an ihm ist, und ob er die Taufe des Teufels bestehen möge im ewigen Leben. — — —
Unter dem Volk aber geht bis heutigen Tags das Geraune, das Loch sei immer noch offen, doch sehen könne es nur einer, der dazu gerichtet und geordnet ist und geboren am ersten Mai als Sohn einer Hexe

oder Hure. Und wenn die schwarze Scheibe des Neumonds senkrecht über dem Loche stünde, dann stiegen zu ihr die Flüche der Verdammten aus dem Herzen der Erde empor wie ein inbrünstiges Gebet der Teuflischen aus der Verkehrtheit und fielen herab auf das Land wie seine Tropfen, und sobald sie die Scholle berührten, würden schwarze gespenstische Katzen daraus.«

Meridian – sage ich mir vor – Wellenband! – Chinesisches Ewigkeitssymbol! – Unordnung in meinem Zimmer! – St. Patricks Loch! – Warnung meines Urahns, John Dee, an seinen Spiegelkameraden, falls er auf seine Freundschaft künftig noch Wert lege! – Und »es gingen Viele in St. Patricks Loch, kam aber selten Einer wieder«! – Schwarze gespenstische Katzen! –: das alles geht drüber und drunter in meinen aufgescheuchten Gedanken und erzeugt einen sinnlosen Wirbel von Vorstellungen und Gefühlen in meinem Kopf. Dennoch: es blinzelt daraus ein spitzer, schmerzender Sinn hervor, wie Sonnenstrahl hinter jagendem Gewölk. Versuche ich aber, diesen Sinn zur Formel zu verdichten, so fühle ich Lähmung und muß es aufgeben. – – –

Also ja, ja, ja, in Gottes Namen, morgen werde ich mein Zimmer »in den Meridian rücken«, wenn es schon so sein soll, damit ich endlich Ruhe bekomme.
Eine nette Räumerei wird das geben! – Verdammter Tulakasten!

Wieder krame ich in dem Nachlaß: Vor mir liegt ein dünnes Buch, in giftgrünes Saffianleder gebunden. Der Einband ist frühestens aus dem späten siebzehnten Jahrhundert. Die Schrift, die er einschließt, muß Handschrift

des John Dee selbst sein; die Charaktere und der Duktus stimmen überein mit dem Tagebuch. Das Bändchen ist von Brandspuren verunstaltet, zum Teil ist die Handschrift dadurch völlig zerstört.
Auf dem leeren Blatt des Vorsatzpapiers finde ich eine winzige geschriebene Bemerkung. Aber von fremder Hand!! Sie lautet übersetzt:

»Zu verbrennen, wenn die schwarze Isaïs aus dem abnehmenden Mond hervorspäht. Beim Heil deiner Seele! – dann verbrenne!«

Es muß diese Warnung einmal einen späteren unbekannten (!) Besitzer des Buches sehr nahe angegangen sein, fühle ich. – Es muß ihn vielleicht die »schwarze Isaïs« aus dem abnehmenden Mond hervor angeschaut haben, darum wohl warf er das Büchlein ins Feuer, um es loszuwerden. Das würde die Brandspuren erklären. – – Wer, wer wohl mag es daraus wieder hervorgezogen haben, ehe es gänzlich verkohlte? Wer war der, dem es zuvor in den Fingern brannte?
Kein Zeichen, keine Nachschrift meldet davon.
Die Warnung selbst stammt sicherlich nicht von John Dees Hand. Ein Erbe also muß die Warnung als das Ergebnis eigener, böser Erfahrung niedergeschrieben haben.
Was von dem grünen Saffianband leserlich erhalten ist, das folgt hier als Rogers Notiz:

Diarium John Dees, datiert von 1553, – also 3 bis 4 Jahre später als das »Tagebuch«.

Der Silberne Schuh des Barlett Green

Dieses ist aufgezeichnet nach ungezählten Tagen des Leidens von mir, dem Magister John Dee, – der ich vordem ein eitler Geck und recht vorwitziger Pfuscher war, – zu meinem eigenen Spiegel und Gedächtnis; und soll es bestimmt sein zu einer ersprießlichen Warnung für alle, die nach mir kommen werden aus meinem Blute. Sie sollen die verheißene Krone tragen; das weiß ich heute mit viel größerer Gewißheit als jemals. Aber die Krone wird sie in den Staub drücken, wie ich in den Staub gebeugt worden bin, – wenn sie, in Leichtsinn und Übermut versunken, den Feind nicht sehen, der stündlich umherschleicht und sucht, wie er uns verschlinge.

Je höher die Kron,
je tiefer der Hölle Hohn.

Folgendes ist mit Gottes Zulassung am Tag nach dem heiligen Osterfest, das war in den letzten Tagen Aprils 1549, mit mir geschehen:
Am Abend jenes Tages, als meine Sorge und Ungewißheit über mein Schicksal aufs höchste gestiegen war, drangen Hauptmann Perkins und Bewaffnete des Blutigen Bischofs – wie man mit Recht jenes Scheusal in Menschengestalt genannt hat, welches als Bischof Bonner in London wütete – bei mir ein und verhängten Haft über mich im Namen des Königs: im Namen Edwards, des schwindsüchtigen Kindes! Mein bitteres Lachen erboste die Häscher nur noch mehr, und mit Not entging ich der Mißhandlung.
Es war mir gelungen, die Blätter, die ich soeben noch mit meinen Bedenken angefüllt hatte, vor dem polternden Eintritt der Knechte beiseite zu räumen und an dem sicheren Ort in der Mauer zu verbergen, wo zum Glück um diese Stunde alles an Verdächtigem schon geborgen lag, das mir etwa zum Verräter hätte werden können. Zum Glück hatte ich schon lang

vorher die Elfenbeinkugeln des Mascee zum Fenster hinausgeworfen, was mir hernach ein nicht geringer Trost war, denn ich hörte noch in der Nacht aus einer plumpen Frage des bischöflichen Hauptmannes Perkins, daß nach solchen Kugeln zu fahnden sein besonderes Anliegen sei. Es muß also mit Mascees »curiösen Wunderdingen aus Asia« eine besondere Bewandtnis gehabt haben; und ist die Lehre daraus zu nehmen, dem Magister des Zaren auch nicht in alle Wege zu trauen.

Es war eine schwüle Nacht und ein scharfer Ritt bei sehr rauher Eskorte, der uns am frühen Morgen bis Warwick brachte. Doch ist es unnötig, die Tagesrasten in vergitterten Stuben und Türmen zu beschreiben, bis wir endlich bei sinkender Nacht vor dem ersten Mai in London anlangten und ich von Hauptmann Perkins in eine halbunterirdische Zelle eingebracht wurde. Ich konnte aus allen diesen und anderen Maßnahmen, die gegen mich getroffen waren, erkennen, daß man sehr um geheimen Transport bemüht und in beständiger Besorgnis war, es möchte ein gewaltsamer Versuch meiner Befreiung – ich konnte mir damals kaum denken, von welcher Seite her – unternommen werden.

Der Hauptmann in eigener Person also stieß mich in das Verließ; und als die rasselnden Riegel von draußen wieder vorgelegt waren, fand ich mich zunächst, bei ziemlicher Betäubung der Sinne, in tiefer Stille und Dunkelheit und mein tappender Schritt glitschte aus in feuchtem Moder.

Nie hätte ich mir vorstellen können, daß wenige Minuten schon in einem Kerker ein Gefühl so gänzlicher Verlassenheit in einem Menschenherzen hervorrufen. Was ich nie im Leben gehört: das Brausen des Blutes im Ohr, — es umfing mich jetzt wie das Rauschen der Brandung eines Meeres der Einsamkeit.

Auf einmal schreckte mich das Hallen einer festen und spöttischen Stimme auf, die aus der unsichtbaren Wand mir gegenüber zu kommen schien wie ein Gruß aus der schrecklichen Finsternis:

»Gesegneten Eingang, Magister Dee! Willkommen im dunkeln Reiche der unteren Götter! — Schön bist du, Junker Gladhill, über die Schwelle gestolpert!«

Und dieser breit höhnenden Anrede folgte ein peitschendes Gelächter und zugleich murrte von draußen ein fernes Donnern herein, das sofort mit heftigem betäubendem Gewitterschlag krachend und dröhnend das unheimliche Lachen verschlang.

Gleich darauf zerriß ein Blitz jäh die Finsternis des Kerkers, aber was ich im Schwefelschein des Wetterfeuers nur einen Augenblick lang sah, durchzuckte mich wie eine eiskalte Nadel vom Scheitel des Kopfes bis tief hinab in die Wirbelsäule —: ich war nicht allein im Gefängnis; an der Quaderwand, gegenüber der Eisentür, durch die ich hereingestoßen worden, hing, angeheftet mit schweren Kettenringen, Arme und Beine weit gespreizt, in der Stellung des breiten Kreuzes des heiligen Patrick ein Mensch! — —

Hing er wirklich dort? — Einen Pulsschlag lang — beim Schein des Blitzes — hatte ich ihn gesehen. Und schon hatte ihn die Finsternis wieder verschlungen. War es nicht nur Einbildung gewesen? Zwischen Lid und Augapfel eingebrannt sah ich das furchtbare Bild vor mir, als sei es niemals außer meiner wirklich gewesen — als sei es vielmehr ein inneres Bild in

meinem Hirn, hervorgetreten im Reich meiner Seele und niemals körperliche Wirklichkeit gewesen. – Ein lebender Mensch, auf die gräßliche Folter des Kreuzes gespannt, wie könnte der jemals ruhig und spöttisch reden und höhnisch lachen?
Wieder Aufzucken von Blitzen; sie folgten so rasch aufeinander, daß zitternde Wellen fahlen Lichtes das Gewölbe erhellten. – Wahrhaftig, bei Gott, da hing ein Mann, es war kein Zweifel mehr: ein Hühne an Gestalt, das Gesicht fast verdeckt von rötlichen Haarsträhnen, – ein breiter, fast lippenloser Mund über rotem wirrem Bart halboffen, als wolle er gleich wieder loslachen. Kein Ausdruck der Pein in den Mienen trotz der Marterstellung der in den Eisenringen eingezwängten Hände und Füße. Ich brachte nur stammelnd die Worte hervor: »Wer bist du, Mensch dort, an der Mauer?« – ein berstender Donnerschlag schnitt mir die Rede ab. »Hättest mich schon im Dunkeln erkennen sollen, Junker!« kam es heiter spottend zurück. – »Man sagt, wer Geld ausgeliehen hat, der erkennt seinen Schuldner schon am Geruch!« Kalter Schreck durchfuhr mich. »Soll das heißen, du seist – – –?«
»Jawohl. Der Bartlett Green bin ich, Rabe der Rabenhäupter, der Beschützer der Ungläubigen in Brederock, der Sieger über St. Dunstans Großmaul und gegenwärtig Gastwirt hier zum kalten Eisen und zum heißen Holz für so späte verirrte Wanderer, wie du einer bist, großmächtiger Gönner der Reformation an Haupt und Gliedern!«
Ein wildes Gelächter, darunter die ganze Gestalt des Gekreuzigten erbebte, ohne jedoch, wie es wunderbarerweise schien, den geringsten Schmerz zu emp-

finden durch die Erschütterung, beendigte die grausige Rede.
»Dann bin ich verloren«, lallte ich vor mich hin und brach auf dem schmalen schimmligen Holzschemel zusammen, den ich jetzt erblickte.
Mit aller Macht setzte nun das Gewitter ein. Selbst wenn ich gewollt hätte, in diesem Toben des Himmels wäre jede Rede und Gegenrede untergegangen, aber mir war nicht mehr nach Reden zumute. Ich sah meinen unvermeidbaren Tod vor Augen, und dazu keinen leichten und raschen Tod, denn offenbar war bekannt, daß ich der Drahtzieher der Ravenheads war. Nur zu genau wußte ich vom Hörensagen die Anstalten des blutigen Bischofs, die er »zur Vorbereitung und bußfertigen Bereitschaft seiner Opfer, das Paradies von ferne zu sehen«, für nötig hielt.
Eine wahnsinnige Angst krallte mir die Kehle zu. Es war nicht Angst vor einem raschen ritterlichen Tod, — es war die unsägliche sinnzerstörende Furcht vor dem gräßlichen Herantasten des Henkers, — vor der ungewiß und unsichtbar sich mit Blutdunst heranwindenden Folter! Die Angst vor dem Schmerz, der dem Tode vorangeht, ist's, die die Wesen ins Fangnetz des irdischen Lebens zwingt: gäbs diesen Schmerz nicht, es gäbe auch keine Furcht mehr auf Erden.
Das Gewitter tobte, ich hörte es nicht. Bisweilen schlug ein Ruf, ein polterndes Lachen, von der Mauer herab, die so nahe mir gegenüber schwarz aufragte, an mein Ohr; auch darauf achtete ich nicht. Angst und wahnsinnige Entwürfe zu meiner nicht mehr zu denkenden Rettung füllten mich ganz aus.
Gebetet habe ich nicht eine Sekunde.

Als das Gewitter, ich weiß nicht mehr, ob in Stunden erst, nachließ, da wurden auch meine Gedanken ruhiger, besonnener, listiger. Als nächste Gewißheit stand vor mir die Tatsache, daß ich in des Bartletts Gewalt war, falls er nicht schon gestanden und mich verraten hatte. Von seinem Reden oder Schweigen allein hing das Nächste meines Schicksals ab.

Ich war soeben bis zu dem Entschluß vorgedrungen, mit Ruhe und Vorsicht die Möglichkeit zu ertasten, den Bartlett meiner Zumutung des Schweigens geneigt zu machen, zumal er ja nichts zu gewinnen und nichts mehr zu verlieren hatte, — da schreckte ich auf von einem so unerhörten und entsetzlichen Vorgang, daß mir Pläne, Hoffnungen und Klugheiten in einem einzigen Aufruhr des Schreckens übereinanderfielen.

Der riesige Körper des Bartlett Green hatte sich aus eigenem Antrieb zwischen den Eisenfesseln seiner Gelenke langsam in schwingende Bewegung versetzt, wie einer, der tanzen will. Diese Schwingungen wurden immer stärker und geschmeidiger, so daß es in der ersten aufregenden Dämmerung des Maimorgens nicht anders war, als mache sich der gekreuzigte Straßenräuber das behagliche Vergnügen des Schaukelns in einer weit ausschwingenden Hängematte zwischen Frühlingsbirken; nur daß dabei seine Sehnen und Knochen knirschten und knackten wie unter hundert grausigen Folterstricken.

Und da begann der Bartlett Green mit anfänglich beinahe wohlklingender Stimme zu — singen, wobei ihm der Gesang freilich bald in das Gellen eines schottischen Pibrochs und in ein, vor derber Lust überkippendes Gröhlen umschlug:

»Hoë ho! Was gehen die Lüfte so lau
nach der Mauser im Mai!
Hoë ho!
Miau, meine Kätzin! Mein Kater, miau!
Stimmt an euern Lai!

Hoë ho!
Hoë ho! Auf dem Anger das Veilchen blüht
nach der Mauser im Mai!
Hoë ho!
Da habt ihr im Vorjahr den Ranzen verbrüht
unter Katzengeschrei!
Hoë ho!

Hoë ho! Der Starmatz flötet vom Ast
nach der Mauser im Mai!
Hoë ho!
Wir singen und schwingen vom obersten Mast
Ho, Mutter Isaï!
Hoë ho!«

Es ist nicht zu beschreiben, mit welch schüttelndem Entsetzen ich dem wilden Gesang des Obersten der Ravenheads zuhörte, denn ich meinte nicht anders, als er sei plötzlich in seiner Folter wahnsinnig geworden. Noch heute gerinnt mir, wo ich dies niederschreibe, beim Gedanken daran das Blut. — — —
Dann rasselten mit einemmal die Riegel an der eisengefütterten Kerkertür und ein Aufseher kam herein mit zwei Gehülfen. Die schraubten den Gekreuzigten von der Mauer los und ließen ihn wie eine vermähte Krott zur Erde plumpsen. »Die sechs Stunden sind wieder einmal um, Meister Bartlett«, höhnte der Kerkermeister roh. »Schätze, den läng-

sten Genuß von der Mauerschaukel werdet Ihr bald gehabt haben. Vielleicht noch einmal dürft Ihr schwingen, wenn Ihr mit des Teufels Hülfe dabei schon einen Genuß empfindet, dann aber werdet Ihr, wie Elias, im feurigen Wagen Eure Himmelfahrt antreten. Schätze, sie wird in einem großen Bogen zu St. Patricks Loch hinabgehen auf Nimmerwiederkehr!«

Bartlett Green kroch mit befriedigtem Grunzen auf seinen ausgedrehten Gliedmaßen zu einer Schütte von Stroh und entgegnete kräftig:

»Wahrlich, ich sage dir, David, du liebliches Himmelsaas von einem Kerkermeister, das du bist: Heute noch würdest du mit mir im Paradiese sein, wenn es mir gefiele, jetzt schon dahin abzureisen! Aber, mach dir keine Hoffnung, es wird dir dort anders vorkommen, als du dir in deiner armen Papistenseele denkst! Oder soll ich dir in der Eile noch die Nottaufe verabreichen, mein Söhnchen?!«

Ich sah, wie die rohen Knechte sich vor Furcht bekreuzigten. Der Kerkermeister wich mit abergläubischer Scheu zurück, machte mit der Hand das Abwehrzeichen der Irländer gegen den bösen Blick und schrie:

»Tu dein verfluchtes Birkauge von mir ab, du Erstgeburt der Hölle! St. David von Wales, mein guter Schutzpatron, den sie mir aufgebrummt haben, als ich noch in die Windeln machte, kennt mich. Er wird deinen bösen Segen kalt in den Erdboden ableiten!«

Damit stolperte er, mitsamt seinen Knechten und gefolgt vom dröhnenden Gelächter des Bartlett Green, aus der Zelle. Frisches Wasser und einen Laib Brot ließ er zurück.

Eine Zeitlang blieb es still.

In dem zunehmenden Tagesgrauen sah ich das Gesicht meines Mitgefangenen deutlicher. Sein rechtes Auge schimmerte weißlich mit milchig-opalenem Schein im Morgenlicht. Es war, als habe es einen selbständigen, starren Blick von abgründiger Bosheit. Es war der Blick eines Toten, der im Sterben Grauenhaftes gesehen hat. Das weiße Auge war blind.

Hier beginnt eine Reihe brandbeschädigter Blätter. Der Text ist zunehmend gestört. Dennoch ist der Zusammenhang klar.

»Wasser? Malvasier ist es!« gröhlte Bartlett, hob auf geknickten Gelenken den schweren Wasserkrug und soff, daß ich für meinen geringen Anteil bange ward, denn mich dürstete sehr, — »es ist meinen umnebelten Sinnen nicht anders, als ein Zechgelage — — — huk —; ich habe auch niemals Schmerz — huk; — und Furcht?! Schmerz und Furcht sind Zwillinge! — Will dir da gleich etwas anvertrauen, Magister Dee, das hat dir auf allen hohen Schulen noch keiner zu wissen gemacht — — — huk — — — ich werde nur umso freier sein, wenn mein Körper abgestreift ist — — — huk — — — und bin gegen das, was sie Tod nennen, gefeit, ehe nicht mein dreiunddreißigstes Jahr vollendet ist. — — — Huk, — — — aber heute ist es soweit. Am ersten Mai, wenn die Hexen Katzenweihe haben, ist meine Zeit um. — O daß mich meine Mama noch einen Monat länger bei sich behalten hätte, ich hätte darum auch nicht ärger gestunken und hätte jetzt noch eine Frist, dem

blutigen Bischof, dem Stümper, seine Anfängergelüste heimzuzahlen! Du wirst an dem Bischof
— — — (Brandfleck im Dokument)
— — —
— — — worauf Bartlett Green mich unterm Halse antippte, — mein Wams war von den Soldaten aufgerissen worden und meine Brust stand nackt offen — — — er berührte mein Schlüsselbein und sagte: »das ist das mystische Knöchlein, das ich meine. Man nennt es den Rabenfortsatz. Darin ist das geheime Salz des Lebens. Es verweset nicht in der Erden. Darum die Jüden etwas gefaselt haben von der Auferstehung am jüngsten Gericht — — — es aber anders zu verstehen ist; — — — wir von denen, die das Geheimnis des Neumondes kennen — — — huk — — — sind längst auferstanden. Und woran ich das gesehen habe, Magister? Du scheinst mir noch nicht weit fortgeschritten in der Kunst, trotz deinem vielen Latein und Allermannswissen! Will's dir sagen, Magister: weil das Knöchlein leuchtet in einem Licht, das die andern nicht sehen können — — —«
(Brandfleck)
— — — Wie leicht zu begreifen, kroch bei dieser Rede des Straßenräubers ein kaltes Grauen in mir auf, so daß ich kaum die tonlose Stimme zu beherrschen vermochte, mit der ich frug: »So trage ich also ein Zeichen, das mir in meinem ganzen Leben nicht selbst ist offenbar geworden?« — Worauf der Bartlett mit großem Ernst entgegnete: »Ja, Herr, du bist gezeichnet. Und gezeichnet bist du mit dem Zeichen der Hohen Lebendigen, Unsichtbaren, in deren Kette keiner eintritt, weil sie noch keiner verlassen hat, der in ihr geboren war; ein Anderer aber kann den Ein-

gang nicht finden vor dem Ende der Tage des Blutes, — — — sei also nur getrost, Bruder Dee, ob du auch vielleicht vom andern Stein bist und im Gegenkreis wirkst, ich werde dich niemals verraten an das Geschmeiß, das unter uns steht. Dem Pack, das nur das Außen sieht und lauwarm bleibt von Ewigkeit zu Ewigkeit, sind wir Beide seit Anbeginn überhoben!«

— — — (Brandfleck im Manuskript)

— — — auch gestehe ich, daß mir bei diesen Worten des Bartlett ein inneres Aufatmen nicht erspart blieb, wennschon ich insgeheim anfing, mich wegen meiner Angst zu schämen vor diesem ungeschlachten Gesellen, der so leichten Mutes noch mehr auf sich nahm und vielleicht furchtbarster Marter gewärtig sein mußte um seines versprochenen Schweigens und meiner Rettung willen.

»— — — bin eines Pfaffen Sohn,« fuhr Bartlett Green fort. »Meine Mama war von Stande — Fräulein Lendenzart, so nannte man sie, — was aber nur ein Übername ist, wie sich denken läßt. Von wannen sie kam und wohin sie gegangen, ist mir dermalen noch verborgen. Sie muß aber ein achtbares Stück Weib gewesen sein und war ihr Rufname Maria, ehebevor sie durch meines Vaters Verdienst vor die Hunde ging.«

— — — (Brandfleck im Manuskript)

Worauf der Bartlett, auf seine seltsam fühllose Weise lachte und nach einer Pause fortfuhr: »mein Vater war der zelotischste, erbarmungsloseste und dabei feigste Pfaffe, der mir in meinem Leben vorgekommen. Er hätte mich, sagte er, aus Barmherzigkeit angenommen, damit ich für die Sünden meines mir unbekannten Vaters Buße täte, denn er ahnte nicht, daß ich insgeheim wußte, daß er es ja selbsten war. Und er hat mich zu seinem Ministranten und Weihwedelbuben aufgezogen. — — —

— — — Hernach befahl er mir, Buße zu tun und zwang mich, im Hemd bei grimmiger Kälte Nacht für Nacht in der Kirche stundenlang auf den steinernen Altarstufen zu beten ohne Unterlaß, auf daß meinem »Vater« die Sünden vergeben würden. Und brach ich zusammen vor Schwäche und betäubender Schlafsucht, dann griff er zur Geißel und schlug mich bis aufs Blut. — — — Ein schrecklicher Haß stieg damals in meinem Herzen auf gegen Den, der da gekreuzigt vor mir hing überm Altar; und alsbald, ohne daß es mir klar ward, wie das sein und von selbst geschehen konnte: auch gegen die Litanei, die ich beten mußte, so daß sie sich in meinem Hirn umdrehte und von rückwärts nach vorwärts aus meinem Munde kam, — ich also die Gebete verkehrt sprach, was mir zugleich eine heiße ungekannte Befriedigung in die Seele goß. — Lange merkte mein Vater es nicht, denn ich murmelte leise vor mich hin, dann aber kams ihm eines Nachts klar zum Erkennen, und da schrie er laut auf vor Wut und Entsetzen, verfluchte den Namen meiner Mama, bekreuzigte sich und lief um eine Axt, mich zu erschlagen. — — — Ich kam ihm aber zuvor und spaltete ihm den Schädel bis zum Kiefer, wobei ihm ein Auge herausfiel auf die Steinfliesen und mich anstarrte von unten auf. Und da wußte ich, daß meine verkehrten Gebete hinabgedrungen waren zum Mittelpunkt der Mutter Erde, statt aufzusteigen, wie die Jüden sagen, daß es die Winselgebete derer Frommen tun. — — —

Hab dir vergessen zu sagen, lieber Bruder John Dee, daß vorher in einer Nacht mein eigen rechtes Auge erblindet war von einem schrecklichen Licht, das ich urplötzlich vor mir gesehen, – mag auch wohl sein, daß es von einem Geißelhieb meines Vaters getroffen worden – ich weiß es nicht . – So war da, als ich ihm den Kopf zerschmettert hatte, das Gesetz zur Wahrheit geworden: Auge um Auge, Zahn um Zahn. – Ja, Freund, hab mir mein Birkauge, das dem Pack solchen Schrecken einjagt, gar wohl verdient mit Gebet!« – – – (Brandfleck)

»– – – damals eben vierzehn Jahre gewesen bin, als ich meinen Herrn Vater mit einem gedoppelten Haupte in seinem Blute vor dem Altar liegen ließ und über manche Straße nach Schottland entfloh, woselbst ich zu einem Metzger in die Lehre ging, denn ich dachte, es könnte mir nicht schwer fallen, denen Rindern und Kälbern eins vors Hirn zu hauen mit einem Beil, wo ich doch den Pfaffen, meinen Vater, so fehlerlos in die Tonsur getroffen –, aber es sollte nicht sein, denn so oft ich die Axt erhob, stand das nächtige Bild in der Kirche vor meinem Auge und berührte es mich, als sollte ich diese schöne Erinnerung nicht durch Mord an einem Tiere entweihen. Ich zog darum fort und trieb mich lange in den schottischen Gebirgsdörfern und Meilern herum, wo ich auf einem gestohlenen Dudelsack den Bewohnern allerley gellende Pibrochs vorpfiff, dabei es ihnen kalt über die Haut lief, sie ahnten nicht warum. Ich aber wußte gar wohl, warum, denn die Melodeien gingen nach dem Text der Litanei, die ich einst vor dem Altar habe beten müssen und die jetzt bei solchen Gelegenheiten noch immer verkehrt, von rückwärts nach vorwärts, heimlich in meinem Herzen wiederklang. — — — Aber auch, wenn ich nächtens allein über die Moorhaide zog, blies ich auf der Bockspfeife; — insonderheit, so oft der Vollmond schien, überkam mich die Lust dazu und war mir dabei, als liefen die Töne mir durch den Rücken hinab wie Gebete der Verkehrtheit bis hinunter in die wandernden Füße und von da in den Schoß der Erde. — Und einmal um Mitternacht — es war gerade der erste Mai und das Druidenfest, und der volle Mond war im Abnehmen begriffen — da hielt mich aus dem schwarzen Boden heraus eine unsichtbare Hand am Fuße fest, daß ich keinen Schritt mehr weiter konnte; und ich stand wie angefesselt; und ich auch sofort aufhörte zu pfeifen. Kam da ein eiskaltes Blasen, wie mich bedünkte, aus einem runden Loch in der Erden dicht vor mir und hauchte mich an, daß ich erstarrte vom Scheitel bis zur Zehe, und da ich es auch fühlte im Genick, so drehte ich mich um und sah hinter mir stehen Einen, der war wie ein Hirte, denn er hatte einen langen Stab in der Hand, oben gegabelt wie ein großes Ypsilon. Hinter ihm eine Heerde schwarzer Schafe. Ich hatte aber vorher weder die Heerde gesehen, noch auch ihn, und so dachte ich, ich müßte wohl mit geschlossenen Augen an ihm und halb im Schlaf vorbeigewandert sein, denn er war keineswegs eine Erscheinung, wie man wohl meinen möchte, sondern leibhaftig wie auch seine Schafe, was ich merkte an dem Geruch der nassen Wolle ihrer Felle. — — — (Brandfleck) — — — Er deutete auf mein Birkauge und sagte: »weil du berufen bist.« — — — (Brandfleck)

Ein schreckliches magisches Geheimnis muß wohl hier geschildert worden sein, denn von dritter Hand, mit roter Tinte steht über das verkohlte Blatt des Diariums geschrieben:

»Der Du Dein Herz nicht festzuhalten vermagst, lies nicht weiter! Der Du der Stärke Deiner Seele mißtraust, wähle: Hier Verzicht und Ruhe – dort Neugier und Verderben!«

Gänzlich verdorbene Blätter in dem grünen Saffianbändchen folgen. Wie aus kleinen Bruchstücken zu entnehmen ist, hat der Hirte dem Bartlett Mysterien enthüllt, die mit dem Kult einer dunklen Göttin des Altertums und den magischen Einflüssen des Mondes zusammenhängen dürften und mit jenem Ritus entsetzlicher Art, der heute noch in Schottland unter dem Namen »Taighearm« im Munde des Volkes lebt. Ferner geht aus den Stellen hervor, daß Bartlett Green bis zu seiner Einkerkerung im Tower vollkommen keusch gelebt hat, was um so merkwürdiger anmutet, als geschlechtliche Unberührtheit bei einem Straßenräuber wohl nicht häufig vorzukommen pflegt. Ob diese gewollt oder aus angeborener Abneigung gegen das Weib entstanden war, geht aus den geringen Textspuren nicht hervor. Von da an sind die Brandzerstörungen allmählich wieder geringfügiger, und man kann folgendes klar lesen:

– – – Was mir der Hirte von dem Geschenk erzählte, das mir die schwarze Isaïs dereinst geben würde, verstand ich nur zur Hälfte – war ich ja damalen selber nur ein ›Halber‹ –, denn wie mochte es zugehen, daß aus dem Unsichtbaren ein leibhaftiger Gegenstand herauskäme! — Als ich ihn fragte, woran ich erkennen könnte, daß die Zeit dazu gekommen wäre, sagte er: »du wirst den Hahn krähen hören.« — Das wollte mir nicht in den Sinn; krähen doch jeden Morgen in den Dörfern die Gockel. Auch konnte ich nicht fassen, was es Bedeutsames sey, auf Erden Furcht und Schmerz nicht mehr zu kennen, maßen mir es ein geringes schien, denn ich glaubte, selber schon ein genug furchtloser Geselle zu sein. Aber als die Jahre des Reifwerdens um waren, hörte ich den Hahnenschrei, den er gemeint hatte, das ist: in mir selbst — — — habe bis dahin nicht gewußt, daß alles erst im Blute des Menschen geschehen muß, ehe es außen zur Wirklichkeit gerinnen kann. Ich bin auch sodann des Geschenkes der Isaïs — des ›silbernen Schuhes‹ teilhaftig worden; ich hatte in der langen Wartezeit bis dahin gar seltsame Gesichte und Vorgänge am Leibe, als da sind: Berührungen nasser unsichtbarer Finger, Geschmack der Bitterniß auf der Zunge, Brennen auf dem Scheitel, als senge ein heiß Eisen mir eine Tonsur in das Haupthaar, Stechen und Bohren in den Flächen der Hände und Füße und ein heimlich Miauen in den Ohren. — Schriftzeichen, so ich nicht lesen konnte, da ähnlich anzusehen gewesen wie die derer Jüden, tauchten von innen heraus auf meine Haut wie ein Ausschlag, vergingen aber alsbald wieder, wenn die Sonne darauf schien. Bisweilen mich auch ein heißes Sehnen überkam nach etwas Fraulichem, das aber in mir selbsten war und mir umso verwunderlicher schien, als ich von je ein tiefes Grausen gehabt vor denen Weibern und ihren Sauereyen, so sie mit den Männern allenthalben zu tun pflegen. — — —

Dann, nachdem ich den Hahnenschrei in meinem Rückgrat hatte hören aufsteigen und, wie mir vorausgesagt worden, als eine Taufen ein kalter Regen auf mich herniedergegangen, so doch keinerlei Wolken über mir zu sehen gewesen, ging ich in der Druidennacht des ersten Maien auf die Moorhaide der kreuz und quer, und stand, ohne zu suchen, alsbald vor dem Loch in der Erde. — — — (Brandfleck) — — — ich hatte hinter mir drein den Karren mit denen fünfzig schwarzen Katzen hergezogen, wie mir der Hirte angeraten. Ich machte ein Feuer an und, nachdem ich die Verfluchung des Vollmondes absolvieret, wobei das Gefühl eines unbeschreiblichen Entsetzens in meinen Adern zu kreisen anhub, daß mir der Geifer vors Maul getreten, nahm ich die erste Katze heraus, spießte sie auf und begann den ›Taighearm‹, indem ich sie langsam drehend über den Flammen röstete. Etwan eine halbe Stunde gellte mir ihr fürchterlich Geschrei in den Ohren, wollt mir aber wie viele Monate scheinen, dermaßen sich die Zeit für mich ins Unerträgliche zu dehnen anfing. Wie erst, so sagte ich mir, würde ich das Entsetzliche fünfzigmal so lange aushalten können, wußte ich doch, ich durfte nicht innehalten bis zur letzten Katze und mußte scharf aufpassen, daß das Geschrei nicht abrisse. — Alsbald stimmten die im Käfig mit ein und wurde ein Chor daraus, daß ich fühlte, wie die Geister des Wahnsinns, die schlafend liegen in jedes Menschen Hirn, in mir aufwachten und Fetzen meiner Seele an sich rissen. Sie blieben jedoch nicht in mir, sondern wehten wie Hauch aus meinem Munde in die kalte Nachtluft hinein und stiegen empor zum Mond, einen schillernden Hof um ihn zu bilden. – Der Hirte hat mir gesagt, es sei der Sinn des ›Taighearm‹ der, daß alle Wurzelheimlichkeit der Furcht und des Schmerzes, die in mir stäke, übergehen müßte durch die Marter der Procedur auf die der Göttin geweihten Tiere, die schwarzen Katzen, und solcher verborgener Wurzeln der Furcht und des Schmerzes gäbe es fünfzig. – So, wie umgekehrt, der Nazarener alles Leid der Creatur auf sich habe nehmen wollen, jedoch der Tiere vergessen habe. – Und wenn Furcht und Schmerz aus meinem Blute durch den ›Taighearm‹ ausgezogen wären in die Außenwelt – die Welt des Mondes –, aus der sie stammen, dann läge auch mein wahres unsterbliches Wesen bloß, und für immer besiegt sei der Tod mit seinem Gefolge: als da sind das große Vergessen, wer ich einst gewesen, und Verlust jeglichen Bewußtseins. »Wohl soll auch« hat er gesagt – »später dein Leib von Flammen verzehrt werden wie der der Katzen, denn dem Gesetz der Erde muß Genüge geschehen, aber was kann dir viel daran liegen!« – – – Zwei Nächte und einen Tag hat der ›Taighearm‹ gedauert und ich habe dabei verlernt, zu fühlen, was Zeit ist, und ringsum ist das Haidekraut, so weit mein Blick reichte, schwarz gedorrt ob dem furchtbaren Jammer. Aber schon im Laufe der ersten Nacht begannen meine innern Sinne offenbar zu werden; es fing damit an, daß ich aus dem gräßlichen Chor der Angst derer Katzen im Käfig jede einzelne Stimme genau unterscheiden konnte. Die Saiten meiner Seele gaben's zurück als ein Echo, bis dann eine Saite nach der andern zerriß. Da ward mein Ohr aufgetan für die Sphärenmusik des Abgrundes; seitdem weiß ich, was ›Hören‹ ist, – – – brauchst dir die Löffel nicht zuzuhalten, Bruder Dee; ich schweig ja schon von den Katzen. Sie habens gut jetzt, spielen vielleicht im Himmel ›Mäusefangen‹ mit den Seelen der Pfaffen.

Ja, und der Vollmond stand hoch oben und das Feuer war erloschen. Mir zitterten die Beine, daß ich schwankte wie eine Binse. Mochte es wohl etliche Zeit so gewesen sein, als taumelte die Erde, denn ich sah den Mond flattern am Himmel hin und her, bis er in Dunkelheit ertrank. – Da erkannte ich, daß ich blind geworden auch auf meinem andern Auge, maßen keine fernen Wälder und Berge mehr waren, nur schweigende Finsternis. Weiß nicht mehr, wie es geschehen, sah ich plötzlich mit dem Birkauge, das doch tot gewesen, eine seltsame Welt, darinnen blaue fremde Vögel mit bärtigen Menschengesichtern in der Luft kreisten, Sterne mit langen Spinnenbeinen über den Himmel liefen, steinerne Bäume wanderten, Fische mit Händen einander stumme Zeichen gaben, und vieles andere absonderliche war da, das mich unbekannt anrührte und mir dennoch vertraut schien, als hätte ich von Anbeginn alles Erinnerns dort gestanden und es nur vergessen gehabt. War auch ein ander Fühlen des »Vorher« und »Nachher« in mir, als sei alle Zeit seitwärts abgeglitten. – – – (Brandfleck) – – – in weiter Ferne aus der Erden ein schwarzer Rauch emporstieg, flach wie ein Brett, und wurde immer breiter, bis er als tiefdunkel Dreieck mit der Spitze nach abwärts am Himmel stand, barst, und ein glutroter Spalt klaffte von oben bis unten, darinnen eine ungeheure Spindel sich drehte mit rasender Schnelle – – – (Brandfleck) – – – ich zuletzt die schreckliche schwarze Mutter Isaïs sah mit ihren tausend Händen Menschenfleisch weben am Spinnrocken — — — aus dem Spalt Blut herab sickerte — — — etzliche Tropfen, abspritzend von der Erden, mich trafen, so daß mein Leib gesprenkelt ward, wie eines von der roten Pest Befallenen, was wohl die geheimnisvolle Bluttaufe gewesen ist — — — (Brandfleck) — — — worauf der Namensruf der Großen Mutter wahrscheinlich ihr Töchterlein, das bis dahin schlummernd in mir gelegen als ein Samenkorn, auferweckt hat, womit ich durchgedrungen bin zum Ewigen Leben und immerdar verbunden mit ihr zu zwiefachem Sein. — — Ich habe auch bis damals nie die Brunst der Menschen gekannt, bin aber seitdem auf ewig dagegen gefeit, denn wie könnte von dem Fluch Einer ergriffen werden, der sein eigen weiblich Teil gefunden hat und in sich trägt! — Dann, als ich wieder sehend geworden mit dem menschlichen Auge, mir eine Hand aus der Tiefe des Loches in der Moorhaide ein Ding entgegenhielt, das glitzerte wie mattes Silber; — — — ich konnte es lange nicht ergreifen mit den irdischen Fingern, aber das Isaïstöchterlein in mir reckte danach den glatten Kätzinnenarm aus und reichte mir den Schuh hin: »Den Silbernen Schuh«, der alle Angst nimmt von dem, der ihn trägt. — — — hernach mich einer Gauklertruppe anschloß als Seiltänzer und Tierbändiger. — — — Jaguare, Pardel und Panther in wildem Schreck fauchend in die Ecken flohen, wenn ich sie ansah mit dem Birkauge. — — — (Brandfleck) — — — auch Seiltanzen konnte ich und hatte es doch niemalen gelernt, denn, seit durch den Silbernen Schuh alle Furcht von mir genommen, ein Fallen und Schwindelgefühl unmöglich worden

war, und die »Braut« in mir zog die Schwere meines Körpers zu sich hinein. – Ich seh dir an, Bruder Dee, du frägst dich jetzt: »warum hat ers nicht weiter gebracht, der Bartlett Green, trotz alldem, als nur zum Gaukler und Straßenräuber?« – Will dir antworten darauf: »ich werde erst eine freie Kraft sein nach der Feuertaufe und wenn sie an mir den »Taighearm« gemacht haben werden. Dann aber werde ich sein der Oberste der unsichtbaren Ravenheads und will denen Papisten von drüben her einen Pibroch pfeifen, daß ihnen die Luser gellen sollen durch Jahrhunderte; und mögen sie auch getrost schießen mit dem Pummerlein – Pum, sie sollen euch nicht treffen. – – – Zweifelst wohl, Magisterlein, daß ich den Silbernen Schuh anhabe? – Schau her, Kleingläubiger!« – und der Bartlett stemmte die Fußspitze seines Krempstiefels gegen die linke Ferse, um ihn abzustreifen, da – hielt er plötzlich inne, zog die Nüstern breit wie ein Raubtier, fletschte die scharfen Zähne und schnupperte in die Luft. Dann kams spöttisch aus seinem Mund: »riechst du's, Bruder Dee? Der Panther kommt!« – Ich hielt den Atem an und es schien mir, als spürte auch ich Panthergeruch in der Luft. Gleich darauf hörte ich einen Schritt: draußen vor der Tür der Kerkerzelle. –
Einen Augenblick später knallten die schweren eisernen Riegel.

Hier brechen die Aufzeichnungen in dem grünen Saffianbändchen meines Urahns, John Dee, ab, und ich überlasse mich grübelnden Gedanken.

Panthergeruch! –
Ich habe einmal irgendwo gelesen, daß an alten Dingen ein Fluch, ein Bann, ein Zauber haften könne, der den befällt, der sich solches Zeug ins Haus schleppt und sich damit abgibt. Wer weiß, was man anstellt, wenn man einem streunenden Pudel pfeift, der einem beim Abendspaziergang übern Weg läuft! Man nimmt ihn aus Mitleid in seine warme Stube, und auf einmal schaut der Teufel aus dem schwarzen Fell hervor.
Geht es mir – dem Urenkel John Dees – wie einst dem Doktor Faust? Habe ich mit der modrigen Erbschaft meines Vetters John Roger einen Dunstkreis alter Weihungen betreten? Hab ich Mächte gelockt, Kräfte beschworen, die unnennbar in diesem Reliquienplunder hausen wie verpuppte Maden im Holz?

Ich unterbreche die Niederschrift meiner Auszüge aus John Dees grünem Tagebuch, um festzustellen, was soeben geschehen ist. Ich gestehe, daß ich es fast widerstrebend tue. Eine seltsame Neugier, ein Drang, in der Lektüre der Gefängnisaufzeichnungen meines Ahnherrn fortzufahren, hat sich meiner bemächtigt. Ich bin gespannt, wie nur irgendein aufgeregter Romanleser, den Fortgang der Ereignisse in dem Ketzergefängnis des blutigen Bischofs Bonner zu erfahren und zu wissen, was Bartlett Green mit seinem merkwürdigen Ausruf gemeint hat: »Es riecht nach Panther!« ...
Dennoch – daß ich es nur unverhohlen ausspreche –: ich kann seit Tagen das Gefühl nicht loswerden, in allem, was diese Angelegenheit der Rogerschen Hinterlassenschaft angeht, unter einem Befehl zu stehen. Ich spüre bis in die Fingerspitzen den einmal ausgesprochenen Ent-

schluß, beim Niederschreiben dieser sonderbaren Lebensgeschichte eines meiner englischen Vorfahren nicht nach Gutdünken und nicht nach meiner Wahl zu verfahren, sondern zu gehorchen, wie der »Janus«, oder meinetwegen der »Baphomet«, mir im Traum befohlen hat: Ich lese und schreibe, wie – »er – führt«. Ich mag gar nicht fragen, ob zu dieser Führung auch das gehört, was vorhin geschehen ist.

Indem ich die Feder wieder ansetze, wird mir sonderbar zumute. Es ist seit dem Augenblick, wo ich Bartlett Greens Unterredung mit John Dee aus den halbverbrannten Tagebuchnotizen wiederherzustellen mich bemühte, kaum mehr als eine halbe Stunde vergangen. Dennoch weiß ich schon jetzt nicht mehr genau zu sagen, ob ich mich an gewisse Sinneswahrnehmungen in dieser kurzen Spanne Zeit eigentlich richtig und genau erinnere, oder ob ich sie nur wie Halluzinationen, wie flüchtig und unwirklich über mein halbwaches Bewußtsein hinweggeglittene Erlebnisschatten bewerten soll? Hierher gehört vor allem: Es roch auch in meinem Zimmer auf einmal intensiv nach »Panther«; richtiger: ich hatte die unbestimmte Geruchssensation von Raubtieren, – erlebte in mir das Bild von den Käfigen in einer Zirkustierschau, wo hinter endlos gereihten Gitterstäben die großen Katzen ruhelos auf und nieder schreiten.

Ich schrak auf. Hörte ein hastiges Anklopfen an der geschlossenen Türe meines Arbeitszimmers.

Mein keineswegs freundlicher Hereinruf – ich erwähnte schon, wie sehr ich unzeitige Störungen bei der Arbeit hasse – wurde überholt von dem Aufspringen der Türe. Ich sah das ängstliche, erschrockene Gesicht meiner alten, sonst so gut von mir geschulten Haushälterin, das mich gleichsam stumm um Entschuldigung bat; aber zugleich, dicht an ihr vorbei: das ungestüme, federnde Hereinschnellen einer hohen, sehr schlanken Dame in dunkelblitzendem Kleid.

Wie komme ich dazu, das Eintreten der Dame, das freilich den Eindruck einer gewissen herrischen Unbekümmertheit, einer befehlsgewohnten Sicherheit machte, mit so übertriebenen Worten zu kennzeichnen? – Sie kommen mir nun selber reichlich romantisch vor, wie sie da auf dem Papier stehen. Aber sie geben trotzdem ziemlich genau den Eindruck wieder, den ich im ersten Augenblick von der mir völlig fremden Frau empfing. Eine Dame der großen Welt, wie sofort außer Zweifel stand. Es war, als drängte ihr schönes bleiches Haupt auf seinem Halse wie suchend vorwärts. Sie schritt, oder schwebte gleichsam, mit erhobener Stirn geradezu an mir vorbei und machte erst an der Ecke meines Schreibtisches halt. Ihre Hand tastete, wie Blinde zu tun pflegen, die gelernt haben, mit den Fingerspitzen zu sehen, auf dem Rand der Schreibtischplatte hin, als suchte sie nach einem Halt. Endlich lag sie still, und der ganze Körper der Fremden schien sich nun beruhigt auf die kräftig geschlossene Hand zu stützen.

Dicht daneben stand das Tulakästchen.

Mit unnachahmlicher, niemals erlernbarer Leichtigkeit überwand sie sofort das Eigentümliche, ja, ich könnte jetzt fast sagen: das Befremdende der Situation, indem sie ein paar lächelnde Sätze der Entschuldigung mit unverkennbar slawischem Akzent in der Aussprache hinplauderte und alsbald meine verwirrten Gedanken in eine bestimmte Richtung zwang mit den Worten:

»– Kurz, mein Herr, ich komme mit einer Bitte. Werden Sie sie mir erfüllen?«

Ein Mann von Gesittung kann auf eine solche Frage

einer ungewöhnlich schönen, ungewöhnlich den natürlichen Stolz ihrer vornehmen Erscheinung zur lächelnden Bitte herabneigenden Frau nur eine einzige Antwort finden:
»– mit aufrichtigstem Vergnügen, meine Gnädigste, wenn die Erfüllung irgend im Bereich meiner Kräfte liegt.«
Ich muß wohl so oder ähnlich geantwortet haben, denn ein rascher, unbeschreibbar sanfter, gleichsam im Vorbeigleiten anschmiegender Blick traf mich. Zugleich färbte ein leichtes, langsames, ungemein angenehmes Lachen ihre nächsten Worte, mit denen sie mich lebhaft unterbrach:
»Ich danke Ihnen. Befürchten Sie keinerlei entlegene Wünsche. Meine Bitte ist sehr einfach. Die Gewährung steht – nur – in Ihrem – allernächsten Willen« –, sie zögerte auf eine eigentümliche Weise.
Ich beeilte mich: »Dann, wenn ich hören darf, meine – –«
Sie verstand sofort die Dehnung in meiner Stimme und rief: »Aber da liegt ja meine Karte auf Ihrem Schreibtisch schon seit –«, und wieder das wohltuend hingleitende Lachen.
Benommen schaute ich in die Richtung ihrer deutenden Hand, einer ungemein schlanken, nicht kleinen, aber weichen und doch straff geformten Hand – und sah in der Tat an der Schreibtischkante, dicht neben Lipotins russischem Vexierkasten, ein Kärtchen liegen; ich hatte auf keine Weise bemerkt, wie es dahin gekommen war. Ich griff danach.

Assja Chotokalungin

stand darauf in Kupferstich. Darüber eine bizarr geformte Fürstenkrone. Ich weiß: am Kaukasus, südöstlich des Schwarzen Meeres, gibt es noch Familien zirkassischer

Stammeshäuptlinge, die, teils unter russischer, teils unter türkischer Oberhoheit, den Fürstentitel führen.
Der ostarische, zugleich an das griechische und an das persische Schönheitsideal gemahnende, strenge Schnitt der Gesichtszüge, den ich bei der Dame wahrnahm, war unverkennbar.
Ich verneigte mich also nochmals flüchtig vor meiner Besucherin, die nun in einem Lehnstuhl zur Seite meines Schreibtisches halb saß, halb lag, indessen ihre lässigen Finger manchmal weich über den Tulakasten hinstrichen. Ich beobachtete das, denn der Gedanke durchlief mich plötzlich peinvoll, diese Finger möchten mir den Kasten aus dem Meridian rücken. Es geschah jedoch nichts dergleichen.
»Ihre Bitte ist mir Befehl, Fürstin.«
Unvermittelt hob sich die herrliche Gestalt halb im Sessel hoch, wieder streifte mich der gelbschimmernde, unbeschreiblich wohltuende elektrisierende Blick, als die Fürstin begann:
»Sergej Lipotin ist ein alter Bekannter von mir, müssen Sie wissen. Er hat die Sammlungen meines Vaters in Jekaterinodar geordnet. Er hat die Liebe zu schönen Gegenständen von alter und besonderer Arbeit in mir geweckt. Ich bin Sammlerin von — von alten Erzeugnissen meiner Heimat, von Geweben, Schmiedearbeiten, von — insbesondere aber von Waffen. Von gewissen Waffen vor allem, die in meiner Heimat — ich darf sagen — sehr geschätzt sind. Es gibt da unter anderem —«, ihre weiche girrende Stimme mit dem fremdmusikalischen, wundervoll den deutschen Wortklang mißhandelnden Akzent, stockte immer wieder, rhythmisch wie Wellengang, daß es mir ins Blut ging und dort mit kaum vernehmbarer Brandung zu antworten begann, wie mir schien. Was sie sagte,

war mir, wenigstens zunächst noch, vollkommen gleichgültig, aber der Tonfall ihrer Rede erzeugte in mir einen feinen Rausch, den ich jetzt noch zu spüren meine und dem ich die Schuld gebe, daß manches von dem, was gesprochen, getan oder vielleicht auch nur zwischen uns gedacht wurde, mir nachträglich vorkommt, als hätte ich es vielleicht nur geträumt. Die Fürstin brach die Schilderung ihrer Sammlerneigungen jäh ab und sprang über:

»Lipotin schickt mich zu Ihnen. Ich weiß von ihm, daß Sie im Besitze einer — einer sehr edlen, sehr schätzbaren, sehr — altehrwürdigen Kostbarkeit sind: einer Lanze — ich will sagen: einer Lanzenspitze von seltenster Arbeit. Kostbar tauschiert, wie ich weiß. Ich bin genau unterrichtet. Lipotin hat mir die Beschreibung gegeben. Mag sein, Sie haben sie durch seine Vermittlung erworben. Einerlei — —« wehrte sie einen verwundert bei mir aufsteigenden Einwand ab, »— einerlei, diese Lanze wünsche ich zu erwerben. Wollen Sie sie mir überlassen? Ich bitte darum!«

Ihre letzten Worte überstürzten sich fast. Sie saß weit vorgebeugt, — wie zum Sprung bereit, mußte ich denken; und ich wunderte mich und lächelte innerlich einen Augenblick lang über die befremdende Gier der Sammler, die sich auf die Lauer legen und zum Sprung niederducken können, wo sie ein begehrtes Objekt sehen, oder auch nur zu wittern meinen —, wie beuteschlagende Panther. —

— — Panther!! — —

Wieder durchzuckt mich das Wort Panther! — — Bartlett Green ist eine gute Romanfigur in John Dees Leben, scheint mir. Seine Aussprüche prägen sich ein! —

Was nun aber meine zirkassische Fürstin angeht, so wiegte sich diese auf der äußersten Kante des Sessels, und über

ihr schönes Gesicht liefen unverstellt geradezu Wellen von Erwartung, Dankesbereitschaft, zuckender Besorgnis und ausdrucksvoller Schmeichelei.
Ich war kaum imstande, meine ehrlich bekümmerte Enttäuschung zu verbergen, als ich ihr lächelnd und so sanft wie nur möglich antworten mußte:
»Fürstin, Sie machen mich in Wahrheit unglücklich. Ihre Bitte ist so geringfügig, und die Gelegenheit, einer edlen Dame, einer großmütig vertrauenden, bezaubernden Frau einen kleinen Wunsch erfüllen zu dürfen, so unwiederbringlich, daß ich es kaum vermag, Sie durch die Mitteilung zu enttäuschen: ich besitze weder die beschriebene Waffe, noch habe ich sie je gesehen.«
Wider alle meine Erwartung lächelte die Fürstin unbefangen, und mit der geduldigen Nachsicht einer jungen Mutter, die ihr Goldjunge planlos anlügt, beugte sie sich noch näher zu mir herüber:
»Lipotin weiß es. Ich weiß es: Sie sind der glückliche Besitzer dieser Lanze, die ich zu erwerben wünsche. Sie werden sie mir — verkaufen. Ich danke Ihnen herzlich.«
»Es ist mir fürchterlich, Ihnen sagen zu müssen, gnädigste Fürstin, daß Lipotin sich irrt! Daß Lipotin sich täuscht! Daß Lipotin irgendwie, irgendwen zu verwechseln scheint, kurz — —«
Wippend erhob sich die Fürstin. Sie trat auf mich zu. Ihr Gang — — ja, ihr Gang! — Auf einmal fällt mir ihr Gang in die Erinnerung. — Ihr Gang war lautlos, wie auf Zehenspitzen wiegend, federnd, manchmal fast schleichend, unerhört anmutig schleichend — — wo bin ich nur mit meinen Gedanken? Unsinn! —
Die Fürstin erwiderte:
»Es ist möglich. Natürlich, Lipotin wird sich geirrt haben. Die Lanze kam nicht durch ihn in Ihren Besitz. Das ist

doch einerlei, Sie haben aber versprochen, sie — mir — — zu schenken.«
Ich fühlte, wie mir Verzweiflung in die Haare emporkroch. Ich nahm mich zusammen, mit jeder Fiber bestrebt, das schöne Weib nicht zu erzürnen, das da voll beseelter Erwartung, mit weit geöffneten, wunderbar goldschimmernden Augen vor mir stand und mich mit der Kraft nie gefühlter Bezauberung anlächelte; ich konnte nur mit Mühe an mich halten, daß ich nicht ihre Hände ergriff, um Küsse oder Tränen der Wut darauf regnen zu lassen, — der Wut darüber, daß ich ihr den Wunsch nicht erfüllen konnte. Ich reckte mich krampfhaft zu meiner ganzen Länge empor, schaute ihr mit gerader Offenheit ins Gesicht und gab meiner Stimme jeden nur möglichen Ausdruck betrübter Ehrlichkeit, als ich sagte:
»Zum letztenmal, Fürstin, wiederhole ich, daß ich nicht der Besitzer der von Ihnen gesuchten Lanze oder Lanzenspitze bin, daß ich es nicht sein kann, da ich in meinem ganzen Leben — zwar mancherlei Liebhabereien gehabt, auch dieser und jener Sammlerneigung gefrönt habe, niemals jedoch und nach keiner Richtung Sammler von Waffen oder Waffenteilen, überhaupt von Schmiedearbeiten irgendwelcher Art — — —« Erschrocken hielt ich inne und eine Glutflamme falscher Beschämung stieg mir wider Willen in die Stirn, denn —: da stand die herrliche Frau vor mir, anmutig lächelnd, nicht im mindesten erzürnt, und ihre rechte Hand glitt spielend, unaufhörlich, wie magnetische Striche dem schön geschmiedeten Silber erteilend, über das Tulakästchen Lipotins, das, da es doch Schmiedearbeit war, meine Beteuerungen auf die plumpste Weise Lügen strafte. — Wie sollte ich in der Eile Erklärungen finden? — Ich suchte nach Worten. Die Fürstin wehrte mit erhobener Hand ab:

»Ich glaube Ihnen von Herzen gern, mein Herr; bemühen Sie sich nicht. Ich wünsche auch durchaus nicht, in die Geheimnisse Ihrer Liebhabereien einzudringen. Sicherlich irrt Lipotin. Auch ich kann irren. Nur bitte ich Sie nochmals mit aller — Ergebenheit, — — mit aller — — Unbeholfenheit eines — vielleicht allzu — — törichten — Hoffens — um die Waffe, von der mir Lipotin — —«

Ich fiel vor ihr in die Knie. Es mutet mich jetzt selber ein wenig theatralisch an; doch mir schien's im Augenblick so, als bliebe mir kein anderer stärkerer und zugleich zarterer Ausdruck meiner zornigen, ratlosen Ungeduld übrig. Ich sammelte meine Gedanken zu einer endlich sieghaft überzeugenden Anrede, — öffnete den Mund und wollte beginnen: »Fürstin« — da glitt sie mit leisem, weichen — ja, ich muß schreiben: betörendem Lachen an mir vorbei der Türe zu, wandte sich dort nochmals und sagte:

»Mein Herr, ich sehe, wie Sie kämpfen. Glauben Sie mir, ich verstehe und empfinde wie Sie. Denken Sie nach! Finden Sie den mich beglückenden Entschluß! Ich komme ein andermal wieder. Sie werden dann meine Bitte erfüllen. Sie schenken mir dann die — Lanzenspitze.«

Und damit war die Fürstin verschwunden.

Nun ist der Raum um mich her erfüllt von dem eigentümlichen feinen Duft ihrer Gegenwart. Ein mir unbekanntes Parfüm: süß, flüchtig, wie fremdartige Blüten und — dennoch: ein Hauch dazwischen, scharf, seltsam aufregend, irgendwie, ich kann mir nicht helfen, irgendwie — tierhaft. Unerhört aufregend — widersinnig — beglückend — beklemmend — Hoffnungen ins Unbestimmte hinaus vorbeiwirbelnd — Unbehagen und —

Furcht, daß ich es nur gestehe, im Tiefsten hinterlassend: dieser Besuch!
Ich fühle, daß ich heute nicht mehr imstande bin, weiterzuarbeiten. Ich will einmal zu Lipotin gehen in die Werrengasse.
Zweierlei muß ich noch kurz notieren, weil es mir soeben wieder einfällt: als die Fürstin Chotokalungin mein Zimmer betrat, lag die Tür im tiefen Schatten des dunkeln, halb vorgezogenen Abendvorhangs an meinem Fenster hinter dem Schreibtisch. Warum bilde ich mir jetzt ein, die Augen der eintretenden Fürstin hätten in dieser Dämmernis den Bruchteil einer Sekunde lang geflimmert wie Tieraugen in phosphoreszierendem Schein? Ich weiß doch ganz genau, daß es keineswegs der Fall gewesen ist! Und dann: das Kleid der Fürstin war aus schwarzer Seide, mit unterlegtem Silber, wie ich meinen möchte. Es rieselten beständig Bänder und Wellen von gedämpftem Metallschimmer durch das Gewebe. Denke ich jetzt daran, so schweift mein Blick unwillkürlich zu dem Tulakästchen vor mir. Silber in Schwarz tauschiert —: ich glaube, so ähnlich muß das Kleid gewesen sein.

Es war schon spät am Abend, als ich das Haus verließ, um Lipotin in seinem Laden in der Werrengasse aufzusuchen. Ich machte einen vergeblichen Gang: Lipotins Geschäft war geschlossen. Auf den herabgelassenen Rolladen fand ich einen kleinen Zettel geklebt mit der Aufschrift »verreist«.
Ich gab mich nicht zufrieden. Eine benachbarte Toreinfahrt gestattete das Betreten eines dunklen Innenhofes, von dem aus ein Blick in die hinter dem Laden gelegene Wohn- und Schlafkammer Lipotins möglich ist. Ich be-

trat den Hof, fand das trübe Fenster Lipotins verhangen, aber mehrfaches Klopfen daran hatte den Erfolg, daß eine benachbarte Tür sich öffnete und eine Frau nach meinen Wünschen fragte. Sie bestätigte mir sogleich die Abreise des Russen, die am Morgen schon erfolgt sei. Wann er zurückkomme, wisse sie nicht; er habe zu ihr flüchtig von einem Todesfall gesprochen, – irgendein halbverhungerter russischer Baron sei gestorben, dessen Angelegenheiten nunmehr Herr Lipotin zu ordnen habe. Ich glaubte, genug verstanden zu haben: Baron Stroganoff hatte seine letzte Zigarette und sich selbst zur Auflösung gebracht! – Irgendwelche Reisen waren in dieser traurigen Lage für Lipotin notwendig geworden. – – Ärgerlich! Ich fühlte jetzt erst, vor dem verschlossenen Kammerfenster die Stärke und Dringlichkeit meines Anliegens: nämlich mit dem alten Antiquar über die Fürstin sprechen zu können und mir von ihm Aufklärung und womöglich einen Rat wegen der vertrackten Lanzenspitze zu erbitten. Scheint es mir doch das wahrscheinlichste, daß mich Lipotin entweder mit einem andern Käufer dieser Kuriosität verwechselt hat, oder daß er gar selbst noch im Besitz eines solchen Dinges ist und es nur in seiner gewohnten Zerstreutheit an mich verkauft wähnt. – In beiden Fällen aber wäre es dann doch möglich, dieser Lanzenspitze vielleicht noch habhaft zu werden; und ich muß gestehen: ich ließe es mich auch eine unverhältnismäßige Summe kosten, wenn ich den Gegenstand finden und kaufen könnte, um ihn der Fürstin Chotokalungin zum Geschenk machen zu dürfen. – Ich wunderte mich, wie sehr meine Gedanken um das Erlebnis des heutigen Tages kreisen. Dabei fühle ich: irgend etwas geht mit mir vor, aber ich werde mir nicht so klar darüber, wie ich möchte. Warum will mich der Gedanke nicht verlassen, Lipotin sei gar nicht verreist, habe ruhig in seinem Laden gesessen und meine Frage nach der Lanzenspitze, — die ich doch nur innerlich stellte, als ich vor seinem Fenster stand —, entgegengenommen und etwas darauf erwidert, was ich inzwischen vollkommen vergessen habe. Oder bin ich am Ende gar drin in seinem Laden gewesen und habe ein langes und breites mit ihm gesprochen und weiß es nicht mehr? Wie ein Erlebnis kommts mir mit einemmal zu Sinn, das ich vor — vor — ja vor hundert Jahren hätte haben können, wenn ich damals schon auf der Welt gewesen wäre. — — —

Ich will noch bemerken, daß ich den Heimweg über den Alten Wall nahm, von wo aus man einen schönen Blick über die Felder und Hügel zum nahen Gebirge hinüber hat. Der Abend war sehr angenehm, und die Landschaft lag mondklar unter mir und weit hinaus. Es war so auffallend hell, daß ich unwillkürlich mit den Augen die Mondscheibe suchte, die irgendwo zwischen den mächtigen Kronen der Kastanienbäume sich versteckt halten mußte. Gleich darauf tauchte der fast noch volle Mond mit seltsam grünlichem Schein und roter Aura zwischen einigen Stämmen über dem Wall hervor. Indessen ich noch mit Erstaunen sein dunstiges Licht betrachtete und sonderbare Vergleiche mit blutig tropfenden Wunden mich bedrängten — wobei mich wiederum das Gefühl beschlich: ist das alles Wirklichkeit oder nur eine uralte Erinnerung? —, sah ich die Mondsichel etwa mannshoch über den Wall emporsteigen. Und in diesem Augenblick glitt über die blitzende Scheibe die scharfe Silhouette einer dunkeln, schlanken Frauengestalt — einer Abendspaziergängerin offenbar, die in der Richtung auf mich zu den Wall überquerte. Nochmals näher heran glaubte ich die schreitende Gestalt zwischen den Kastanienbäumen hinfluten zu sehen – ja – hinfluten: das ist das richtige Wort – – da durchzuckte mich das Gefühl: als ob im silberschwarzen Kleide die Fürstin aus dem abnehmenden Monde hervor – auf mich zukäme ...

Dann waren mir Gestalt wie Besinnung mit einemmal hingeschwunden, und ich lief kreuz und quer über den Wall hin wie unsinnig, bis ich mich endlich besann, mir die Stirne schlug und mich einen angehenden Narren schalt.

Beunruhigt setzte ich meinen Heimweg fort. Im Schreiten summte ich vor mich hin, und es kamen mir Worte zu Sinn, die ich im Takt meiner Schritte in eine verworrene Melodie zu kleiden versuchte, ich weiß nicht, wie und warum –:

Aus dem abnehmenden Mond,
Aus der silbertauenden Nacht
Schau mich an,
Schau mich an,
Die Du immer mein gedacht,
Die Du immer dort gewohnt ...

Dieser nichtssagende Singsang hat mich nun bis hierher in meine Stube verfolgt. Mit Mühe habe ich die eintönige Litanei von mir abgeschüttelt. Aber jetzt kommt es mir ganz merkwürdig vor:

Aus dem abnehmenden Mond? ...

Diese Worte sind mir zugetragen, fühle ich, – sie schmiegen sich an mich wie – wie schwarze Katzen. –

Überhaupt, merkwürdig bedeutsam ist vieles, was mir jetzt begegnet. Oder kommt es mir nur so vor? Alles das hat, wie mir scheint, begonnen, seit ich mich mit meines Vetters, John Rogers Papieren befasse.

Was aber in aller Welt hat der abnehmende Mond – – wie Schrecken befällt es mich, und plötzlich weiß ich, warum sich mir diese zwei Worte auf die Zunge legen –: von fremder Hand geschrieben steht doch ein Hinweis darauf in John Dees Diarium! – – In dem grünen Saffianbändchen!
Und dennoch: ich wiederhole: was in aller Welt hat die geheimnisvolle Warnung eines Abergläubischen aus dem siebzehnten Jahrhundert vor schottischen Teufelsmysterien und vor den Schrecken ihrer Einweihung zu tun mit meinem Abendspaziergang und einem malerischen Mondaufgang auf dem Wall unserer guten alten Stadt? Was hat sie mit mir zu tun, was geht sie mich an, mich, der ich doch im zwanzigsten Jahrhundert lebe?

Der gestrige Abend liegt mir noch in den Gliedern. Ich habe schlecht geschlafen. Verworrene Träume haben mich gequält. Mein Lord-Großvater ließ mich hopphoppreiten auf seinen Knien und sagte mir dazu beständig ein Doppelwort ins Ohr, das ich vergessen habe, das aber irgend etwas mit »Reif« und »Lanze« zu tun hatte. Auch sah ich wieder das »andere Gesicht« hinter mir; es zeigte einen wachgespannten, fast möchte ich sagen: einen warnenden Ausdruck. Ich kann mich jedoch nicht erinnern, wovor es mich gewarnt hätte. Auch die Fürstin trat aus dem Traumgesicht hervor – natürlich! –, ich weiß aber gleichfalls nicht mehr, in welchem Zusammenhang. Übrigens ein Unsinn, von Zusammenhängen in dergleichen Traumphantasien zu reden!
Jedenfalls, mein Kopf ist dumpf, und ich bin eigentlich froh, eine Beschäftigung vor mir zu haben, die mir ein allzu selbständiges Nachdenken für heute erläßt. In sol-

cher Verfassung ist es angenehm, in alten Handschriften zu kramen. Um so angenehmer, als John Dees Diarium, soviel ich sehe, von dort ab, wo ich gestern stehengeblieben bin, bis zum Ende in leidlichem Zustand ist. Ich fahre also in Übersetzung und Abschrift fort:

Der Silberne Schuh des Bartlett Green

»In unsern vom ersten Morgenschein schwach erhellten Kerker trat, ganz allein, ein schwarzer Mann, kaum von Mittelgröße und, trotz seiner Beleibtheit, von ungemein beweglichem Gang und Körper. Sofort fiel mir ein scharfer Geruch auf, der von dem rasch hin und her geworfenen, schwarzen Priesterrocke des Mannes ausging. Es roch in der Tat nach Raubtier. Dieser Seelsorger mit rundem Gesicht und angenehm geröteten Wangen, – ein behagliches Weinfaß von einem Mönch, wie man hätte vermuten mögen, wäre nicht der eigentümlich starre, halb herrische, halb lauernde Blick seiner gelben Augen gewesen, – dieser Mann, ohne jede besondere Auszeichnung an seinem Gewand und ohne alle Begleitung – denn war sie vorhanden, so blieb sie jedenfalls unsichtbar – war, das wußte ich sofort, Seine Lordschaft, Sir Bonner, der Blutige Bischof von London, in Person. Bartlett Green hockte lautlos mir gegenüber. Seine langsam und ruhig rollenden Augäpfel verfolgten jede Bewegung des Besuchers mit Aufmerksamkeit. Indem ich darauf achtete, schwand seltsamerweise jegliche Furcht von mir und auch ich verharrte, dem Beispiel des gemarterten Rabenhäuptlings folgend, still auf meinem Sitz, als achtete ich nicht im geringsten auf unsern sachte auf und ab schreitenden Gast.

Dieser trat plötzlich mit scharfer Wendung auf Bartlett zu, stieß ihn leicht mit dem Fuß an und brüllte unvermittelt mit harter Kommandostimme:
»Aufstehen!«
Bartlett hob kaum die Augenbrauen. Sein schiefer Blick lachte zu dem Peiniger seines Leibes empor, wobei seine Stimme, aus breitem Brustkasten tief hervorgeholt, mit spöttisch nachahmendem Grollen erwiderte:
»Zu früh, Posaunenengel des Gerichts! Es ist noch nicht die Stunde der Auferstehung der Toten. Denn siehe, wir leben noch!«
»Das sehe ich mit Ekel, Scheusal der Hölle!« gab der Bischof mit merkwürdig sanfter, priesterlich wohlmeinender Stimme zur Antwort, was ebenso wunderlich gegen den Sinn seiner Worte, wie gegen den vorigen pantherhaft brüllenden Ansprung abstach.
Und in gleich mildem Tone fuhr Seine Lordschaft fort:
»Höre, Bartlett, die unerforschliche Barmherzigkeit hat unter ihren Ratschlüssen auch den Fall deiner Besinnung und – Beichte vorgesehen. Leg ein umfassendes Geständnis ab: und der Antritt deiner Höllenfahrt ins brennende Pech ist aufgeschoben, vielleicht – vermeidbar. Dir soll die Zeit der irdischen Reue mit nichten verkürzt sein.«
Ein halbunterdrücktes, eigentümlich kollerndes Gelächter Bartlett Greens war die einzige Antwort. Ich sah, wie es den Bischof durchbebte von zurückgehaltenem Grimm, aber er hatte sich wunderbar in der Gewalt. Er trat einen Schritt näher auf den jämmerlichen Klumpen Menschenfleisch zu, der da auf der

faulen Schütte vor stillem Lachen zuckte, und fuhr fort:

»Auch sehe ich, Bartlett, daß Ihr von guter Konstitution seid. Die Wahrheitserforschung durch die Folter hat Euch nur um ein weniges zu krümmen vermocht, wo Andere mit ihrer stinkenden Seele schon längst aus ihrer Haut gefahren wären. Ist somit zu Gott zu hoffen, daß tüchtige Barbiere, ja selbst Ärzte, wo es not tut, Euch wieder zusammenzuflicken vermögen werden. – Trauet also meiner Gnade, wie meiner Strenge. Ihr seid noch zur Stunde aus diesem Loch, samt –« des Bischofs Stimme ging völlig in das vertraulichste, liebenswürdigste Schnurren über – »samt Eurem Leidens- und Schicksalsgefährten hier, dem Junker Dee, Eurem trauten Freunde.«

Es war hier das erstemal, daß der Bischof meiner achtete. Nun er mich so plötzlich beim Namen nannte, gab es mir einen Stich, gleich einem, der aus gleichgiltigem Traum in die Wirklichkeit aufschreckt. Denn es war mir eine Zeit her schier so gewesen, als schaute ich aus weiter Ferne einem Traumspiel oder possierlicher Komödie zu, so mich bei Leib und Leben das allergeringste nichts anginge. Nun aber war es aus damit und ich war so sanft wie grausam durch des Bischofs Anrede in die Zahl der Aktores in diesem peinlichen Schauspiel mit einbezogen. Wenn jetzt der Bartlett eingestand, daß er mich kannte, dann war ich verloren!

Kaum aber fand das jähe Entsetzen, das mich zur Besinnung meiner Lage brachte, die Zeit, mir das Blut vom Herzen in die stechenden Adern zu jagen, als der Bartlett mit unbeschreiblicher Fassung und

Unerschütterlichkeit den Kopf gegen mich wandte und gröhlte:
»Ein Junker, hier bei mir auf der Streu?! – Dank für die Ehre, Bruder Bischof. – Dachte schon, einen Schneider habet Ihr mir zur Gesellschaft geben wollen, Einen, der in Eurer guten Schule lernen soll, wie ihm vor Angst die Seele zur Hosen hinausfährt?«
Diese beleidigende Rede Bartletts, da sie so unerwartet kam, traf mich jählings in meinem vormaligen Stolz, so daß mein Aufspringen, Abstandnehmen und Zorn recht natürlich und ächt zum Ausdruck kam, was dem starr beobachtenden Auge Bischof Bonners keineswegs entging. Gleich darauf erfaßte ich mit meinen geschärften Sinnen die Absicht des wackeren Bartlett und eine große und sichere Ruhe kam davon in mein Gemüt, also, daß ich hinfort trefflich in die Komödie einstimmte und dem Bartlett, wie dem Bischof, jedem auf die ihm zukommende Weise, in allerwege die Stange hielt.
Inzwischen verbarg Sir Bonner seine Enttäuschung über den schon zum andernmal fehlgegangenen Panthersprung auf seine beiden Opfer hinter einem gähnenden Geknurre, das in der Tat nicht übel an den greulichen Unmutslaut einer großen Katze gemahnte.
»Du willst also diesen da nicht kennen, nicht von Person und nicht von Namen, mein guter Meister Bartlett?« – schmeichelte der Bischof nach seiner Art aufs neue. Aber Bartlett Green brummte nur unwirsch dagegen:
»Wollte, ich kennete den Hasenfuß, den Ihr mir da, naß aus den Windeln, ins Nest gelegt habt, Meister Kuckuck! Wär mir ums Leben recht, einen sol-

chen greinenden jungen Hund vor meinen Augen durch Eure pechwarme Himmelstür vorausspazieren zu sehen; bin aber darum nicht jeder Dreckseele von Junker Freund und Milchbruder, wie Euch, Gevatter Bonner!«

»Tu dein Lästermaul zu, verworfener Galgenvogel!« – schrie der Bischof mit einemmal los, denn mit seiner Fassung wars zu Ende. Auch klirrte es nun vor dem Eingang zum Kerkerloch bedenklich von Waffen. – »Holz und Pech ist zuwenig für dich, du Erstgeborener Beelzebubs! Dir soll ein Scheiterhaufen aus Schwefelbrot errichtet sein, daß dir ein Vorgeschmack werde von den Freuden, die deiner in deines Vaters Hause harren!« – schrie der Bischof, dunkelrot im Gesicht vor knirschender Wut und fletschte, da ihn die Worte fast erstickten, die Zähne. Aber Bartlett Green lachte gellend und schwang sich auf seinen haltlosen Gliedmaßen immer heftiger hin und her, daß mich bei dem Anblick das Grausen schüttelte. »Bruder Bonner, du irrst!« blökte er von unten herauf. »Mit Schwefel ist da nichts getan, wie du hoffest, mein Liebling. Schwefelbäder sind für die Franzosen gut; will darum nicht sagen, daß du eines solchen Gesundbrunnens unbedürftig seist, ho ho, – aber höre, mein Bürschchen, wo du wirst hocken, wenn deine Zeit erfüllt ist, da gilt Schwefelgeruch für Moschus und persinischen Balsam!«

»Gestehe, schweinsköpfiger Dämon«, brüllte Bischof Bonner mit Löwenstimme dagegen, »daß dieser Junker John Dee hier dein Räuber- und Mordbruder ist, oder – – –«

»– oder?« echote der Bartlett Green höhnisch dawider.

»Die Daumschrauben her!« – keuchte der Bischof, und Knechte, mit Gewappneten zusammen, drangen herein. Da hob der verstümmelte Bartlett seine rechte Hand mit heulendem Gelächter gegen den Bischof auf, steckte den ausgespreizten Daumen tief zwischen seine gewaltigen Kiefer, biß sich mit einem einzigen malmenden Kinnladenschnapp das Daumenglied an der Wurzel ab und spie es mit erneutem Hohngelächter dem Bischof ins Gesicht, daß Blut und Geifer über des entsetzten Priesters Wange und Soutane spritzte. »Da! –« brüllte ein fürchterliches Gelächter hinterdrein, »da, schraub dir meinen Daumen in – – –« und jetzt sprudelte Bartlett mit so rascher Zunge eine solche Menge der unaussprechlichsten Beschimpfungen und Verhöhnungen gegen den Bischof hervor, daß es unmöglich schiene, sie wiederzugeben, auch wenn davon meine Erinnerung nur einen kleinen Teil aufzubewahren imstande gewesen wäre. In der Hauptsache lief es aber darauf hinaus, daß Bartlett dem Bischof die greulichsten Versprechungen und Zusicherungen tat, wie er sich seiner von »drüben« her brüderlich annehmen wolle, wenn er, Bartlett, nur erst schon das jenseitige Land, das »Grüne« nannte er's, aus den Flammen des Scheiterhaufens hervor erflogen haben werde. Weder mit Pech noch mit Schwefel wolle er ihn dann zwacken und heimsuchen, o nein, mit Gutem wolle er Böses vergelten und ihm – seinem lieben Kinde – Teufelinnen senden von der wohlriechendsten und unwiderstehlichsten Art, daran ein Kaiser gern zum Franzosen werden möchte. Und höllensüß und höllenbitter solle ihm so schon hinieden jede Stunde gewürzt sein, denn drüben –«

»— drüben, mein Büble,« so etwa schloß der Bartlett seine ungeheuerliche Predigt, — »drüben, da wirst du in deiner Hölle heulen und wehklagen und aus deinem Pfuhl emporstinken zu uns, den Fürsten vom schwarzen Stein, zu uns Gekrönten von der vollkommenen Schmerzlosigkeit!«

Unmöglich wärs, das Spiel der furchtbaren Gedanken, die Jagd der tobenden Leidenschaften, oder auch nur die Schatten des furchtbaren Grauens zu schildern, die während dieser Springflut von Schmähreden über Bischof Bonners breites Gesicht liefen. Der starke Mann stand wie angewurzelt; hinter ihm verkroch sich der Troß der Henkersknechte und Söldner in die dunkelsten Ecken, denn ein jeder von ihnen fürchtete in abergläubischer Angst den bösen Blick des weißen Birkauges, daß ihnen davon ein Schaden zustieße, deswegen sie elend werden möchten auf Lebenszeit.

Endlich erraffte sich Sir Bonner und wischte sich langsam mit seinem seidenen Ärmel den Schweiß. Dann sagte er ganz ruhig, fast leise, aber mit heißer, belegter Stimme:

»Du lehrst mich keine neue Tonart des Bösen Feindes und Erzlügners, du Hexenbalg. Aber du mahnest mich, zu eilen, daß solch ein schierer Teufel von der Himmelssonne nicht länger beschienen werde.«

»Geh eilends«, entgegnete der Bartlett kurz und unwirsch: »geh mir von der Nase, Aasfresser, man muß die Luft räuchern, in der du geatmet hast!«

Der Bischof winkte mit herrischer Hand und die Knechte drangen herzu, den Bartlett zu greifen. Der aber kugelte sich bei ihrem Ansturm zusammen, wälzte sich hintüber auf seinen breiten Rücken und streckte ihnen zugleich mit seiner Kehrseite seinen entblößten Fuß entgegen, daß sie allesamt jäh zurückprallten. »Schaut her!« rief er, »da seht ihr den Silbernen Schuh, den mir die große Mutter Isaïs geschenkt hat. Solang ich ihn trage, was können mir Furcht oder Schmerz anhaben?! Ich bin entworden solchem Zwergengebreste!« — — — Mit Grauen sah ich, daß seinem Fuß die Zehen fehlten; der nackte Stummel sah aus wie ein plumper metallener Schuh: die silberne Lepra, der glitzernde Aussatz hatte ihn zerfressen. Bartlett war wie der Aussätzige in der Bibel, von dem geschrieben steht: weiß war er wie schimmernder Schnee. — — —

»Pest und Aussatz!« kreischten die Knechte, warfen Spieße und Handschellen von sich und entrannen in kopfloser Flucht durch das Türloch des Kerkers. Auch Sir Bonner stand, graugelb im Gesicht vor Entsetzen und Abscheu, schwankend zwischen Stolz und Furcht, denn die silbergraue Lepra gilt selbst bei Kundigen und Gelehrten für ein greulich ansteckendes Unheil. Langsam wich der Bischof, der gekommen war, seine Gewalt und Wollust an uns elenden Gefangenen zu büßen, Schritt um Schritt vor dem vorwärts rutschenden Bartlett zurück, der immer, mit dem aussätzigen Fuß voranstoßend, unausdrückbare Hohnreden und Lästerungen gegen den Kirchenfürsten spie. Dem machte Sir Bonner mit nur geringer Tapferkeit ein Ende, indem er, eilends zur Tür gewandt, hervorkeuchte:

»Noch heute soll diese Pest ausgebrannt sein, in siebenfachem Feuer. Du aber, Spießgeselle der untersten Hölle« — und diese Anrede galt mir — »sollst die Flammen schmecken, die uns von jenem Scheusal befreien, daß du dich fleißig prüfen mögest, ob sie deine verworfene Seele noch zu läutern imstande sind. Eine Gnade ist's dann, wenn wir dich dem Scheiterhaufen der Ketzer überantworten!«

Dies waren die letzten Segenswünsche für mich, die ich aus dem Munde des Blutigen Bischofs vernahm. Ich gestehe, daß sie mich in wenigen Augenblicken durch alle Abgründe und Folterhöllen der Angst und der entsetzensvollsten Vorstellungen jagten; denn, wenn man Sir Bonner nachsagt, daß er die Kunst verstehe, seine Opfer dreimal zu töten: das erstemal durch sein Lächeln, das anderemal durch seine Worte und das drittemal durch seine Henker, so muß wahr sein, daß er an mir die qualvollste Hinrichtung vollzogen hat, bevor das unbegreifliche Wunder meiner Rettung mir den dritten Tod von der Hand dieses Mannes ersparte. — — —

Kaum war ich mit Bartlett Green wieder allein, als dieser die eingetretene Stille mit seinem kollernden Gelächter unterbrach und fast gutmütig sich also zu mir wandte:

»Bruder Dee, laß dich laufen. Die Angst kribbelt dir wie tausend Flöhe und Zecken unter den Haaren, das sehe ich dir an. Aber, so wahr ich das Meine getan habe, dich herauszuhauen aus der Gemeinschaft mit mir — gut, ich sehe, daß du es anerkennst — nun: ebenso wahr ist, daß du aus dieser Falle noch einmal wirst heil hervorgehen, höchstens, daß dir meine Himmelfahrt ein wenig wird den Bart absengen. Das mußt du leiden wie ein Mann.«

Ungläubig hob ich den müden Kopf, darinnen mirs allmählich schmerzhaft klopfte von aller der ausgestandenen Mühsal und Schreckung. Auch war mir mit einemmal wieder — wie es zu gehen pflegt, wenn ein Übermaß von Aufregungen und Widerwärtigkeiten die Seele erschöpft hat — schier gleichgültigen Sinnes und gleichsam aller Sorgen ledig zumute; dachte darum gar mit wohlgefälligem Lachen der feigen Angst des Bischofs und seiner Gesellen, da sie den »Silbernen Schuh« des Aussatzes an meinem Kerkergenossen wahrgenommen, und rückte nur desto trotziger im Geist recht dicht an den Gezeichneten heran.

Der Bartlett merkte das gar wohl und er grunzte auf eine recht sonderbare Art, wobei ich aus dem Ton doch, — mit der guten Witterung Eines, der gemeinsame Leiden gekostet hat, — entnahm, daß den wilden Burschen etwas überkam, das bei einem Menschen von himmelanderer Beschaffenheit vielleicht gar hätte als ein Tönlein menschlichen Rührens können gedeutet werden.

Langsam nestelte er am Lederwams, darinnen hemdlos seine haarige Brust stak, indessen er kurzerdings sagte:

»Rück auch guts Muts heran, Bruder Dee; die Gabe meiner freundlichen Herrin ist von der Art, daß sie sich ein jeder selbst verdienen muß. Ich kann sie dir nicht vererben, ob ich auch möchte.«

Wieder kollerte sein halbverschlucktes Gelächter hervor, daß es mich kalt überlief. Alsbald aber fuhr er fort:

»Und so auch tat ich wohl das Meine, um dem Pfaffen die Lust an der Aufdeckung unserer Gemeinschaft zu versalzen; aber ich tats nicht aus Liebe zu dir, mein guter Geselle, sondern, weil ich mußte, aus dem, was ich weiß und nicht ändern kann. — Denn

du, Junker Dee, bist der königliche Jüngling dieser Zeit und verheißen ist dir die Krone im Grünen Land und die Herrin der Drei Reiche harrt deiner.«
Es durchschlug mich mit Blitzesgewalt, als ich diese Worte aus dem Munde des Straßenräubers vernahm, und nur mit Mühe bewahrte ich die Fassung. Rasch aber fügte ich in Gedanken Mögliches zu Wahrscheinlichem und glaubte, mit einem Schlag die Verbindung des Bartlett, als eines geborenen Landstreichers und Schwarzkünstlers, mit der Hexe aus dem Moorwald von Uxbridge, oder auch mit dem Mascee, zu durchschauen.
Als habe der Bartlett meine Gedanken erraten, fuhr er fort:
»Die Schwester Zeire von Uxbridge kenne ich wohl und auch den Magister des Moskowitischen Zaren. Hüt dich! Er ist ein Gelegenheitsmacher; du aber, Bruder, sollst mit deinem wissenden Willen herrschen! Die rote und die weiße Kugel, die du in deinem Haus aus dem Fenster geschmissen — — —«
Ich lachte trotzig:
»Hast gute Kundschaft, Bartlett, so ist also der Mascee auch vom Fähnlein der Rabenhäupter?«
»Ob ich sage: ›du irrst‹, oder ob ich sage: ›kann sein‹, das macht dich nicht klüger. Ich sage dir aber — — —« und nun nannte mir der Straßenräuber bei Stunde und Minute all mein Tun in der Nacht, da mich des Bischofs Häscher fanden und griffen, und nannte mir Ort und Art des Verstecks, darin ich allerlei geheimes Geschreibsel, Stück um Stück bei größter Vorsicht und Heimlichkeit getan hatte, also, daß ich es selbst hier dem Tagebuch nicht mag anvertrauen. Und wies mir das alles mit Lachen

so genau, als sei er ich selbsten oder als Geist bei allem mit dabei gewesen, was ich getan, so ein Mensch auf Erden auf gar keine Weise wissen noch auskundschaften mag.
War also meines Erstaunens und auch meines heimlichen Grauens vor dem verstümmelten Rabenhäuptling und armen Sünder, so doch über die seltsamsten Gaben, Künste und Kräfte mit Lachen gebot, nicht länger mehr Herr, sondern starrte ihm nur wortlos ins Gesicht und stammelte: »Der du den Schmerz nicht kennst und den äußersten Qualen des Leibes obsiegst, – der du, nach deinen Worten, die mächtige Hilfe deiner Herrin und Abgöttin, der schwarzen Isaïs, zur Seite hast und alles, auch das Verborgenste zu schauen vermagst –: was liegst du dann hier, elend in Banden und mit zerrissenen Gliedmaßen, gar bald ein Fraß der Flammen, – und gehest nicht heil hinaus aus diesen Mauern durch Wunderkraft?!«
Inmittels hatte der Bartlett von seiner Brust einen kleinen ledernen Beutel abgenestelt, den er nun in loser Hand hielt und wie ein Pendel vor meinem Gesicht hin und wider schwingen ließ. Dazu sprach er mit Lachen:
»Sagt ich dir nicht, Bruder Dee, daß meine Zeit um ist nach unserm Gesetz? Ich habe die Katzen ins Feuer geweiht, so muß ich mich selbst nicht anders dem Feuer weihen, weil heute der dreiunddreißigste Jahrestag meines Lebens anhebt. Heute bin ich noch der Bartlett Green, den sie auf dieser erbärmlichen Streu zwacken, reißen und brennen mögen, und spreche als einer Hure und eines Pfaffen Sohn zu dir; aber morgen ist das abgetan und des Menschen

Sohn ist Bräutigam im Hause der Großen Mutter. Dann ist die Zeit meiner Herrschaft gekommen — und ihr alle zusammen, Bruder Dee, werdets schon zu spüren bekommen, wie ich regiere im Ewigen Leben! — — — Damit du aber gedenkest dieser Worte von mir allezeit und meine Straße findest, nimm hier meinen irdischen Reichtum zum Erbe und — — —«

Absichtliche Zerstörungen des Textes im Tagebuch unterbrechen wieder den Zusammenhang. Es sieht so aus, als stamme diese Textvernichtung von John Dees eigener Hand. Welcher Art aber das Geschenk des Bartlett Green an Junker Dee war, das geht deutlich aus den ersten Sätzen des wieder wohlerhaltenen Tagebuchs hervor.

(Brandfleck) — — — daß also gegen die vierte Stunde des Nachmittags alle Vorbereitungen, so sich des Blutigen Bischofs Rachephantasie nur ausdenken mochte, getroffen waren.
Da sie nun den Bartlett Green abgeholt hatten und ich, John Dee, schon über eine halbe Stunde allein im Kerker saß, nahm ich zu wiederholten Malen die unscheinbare Gabe hervor und betrachtete das faustgroße, nach der Form eines Oktaëders ziemlich gut und regelmäßig geglättete Stücklein schwarzer Steinkohle genau, ob nicht nach Weisung und Zusage des schwarzkünstlerischen Vorbesitzers, des Bartlett, auf den glänzenden Flächen etwa ein Bild gegenwärtiger Geschehnisse an entfernten Orten, oder gar die Darstellung künftiger Begebenheiten meines Schicksals möchte sichtbar, als wie in einem Spiegel, hervortreten. Geschah aber nichts dergleichen, — wie zu

vermuten, wegen der unruhigen Trübung meines Gemüts, wie solche der Bartlett selbst als diesem Fürnehmen durchaus zuwider und verwerflich genannt hatte.

Endlich ließ mich ein Geräusch an den Riegeln meines Kerkers aufhorchen und rasch barg ich die geheimnisvolle Kohle in des Bartletts altem Lederbeutel und diesen im innersten Futter meines Wamses.

Alsbald trat eine Eskorte schwerbewaffneter Knechte des Bischofs herein und ich dachte im ersten Schrekken nicht anders, als daß sie mich holen wollten zum Tode, kurzerhand und ohne Gericht. Es war aber anders beschlossen und ich sollte nur, zur bessern Vorbereitung und Lockerung meiner verstockten Seele, vor den Scheiterhaufen geführt werden so nahe, daß es mir die Haare dürfe sengen und ich den Bartlett Green brennen sehen. Wohl möglich, daß der Satan dem Bischof eingab, solches sei ein Mittel, um bei Sterbenot des Bartlett und zu schauender Angstverwirrung meiner selbst, selbigem oder mir noch ein Eingeständnis unserer Kumpanschaft abzupressen oder sonst einen Verrat zu erzielen. War aber auf falsche Rechnung gewettet. Ich mag nicht mit vielen Worten niederschreiben, was mir ohnedem für alle Zeit meines Lebens unauslöschlicher als ein Brandmal in die Erinnerung meiner Seele eingegraben ist. Will mich darum kurz fassen und nur vermerken, daß Bischof Bonner ganz anderes von Bartlett Greens Verbrennung auszukosten bekam, als er sich zuvor wohl in der Lüsternheit seiner grausamen Neugier ausgedacht hatte.

Es betrat nämlich zur fünften Stunde der Bartlett den Scheiterhaufen so behende, als stiege er in das

tatsächlichste Brautbett, und es kommen mir mit solcher Wendung meiner Feder des Bartletts eigene Worte wieder zu Sinn, da er zu mir sagte, er hoffe noch heute der Bräutigam seiner Großen Mutter zu sein, mit welcher lästerlichen Rede er ohne allen Zweifel die Heimkehr zu seiner schwarzen Mutter Isaïs vermeinte.
Und nachdem er das Gerüst erklommen, rief er laut lachend dem Bischof zu: »Habet wohl acht, Herr Pfaff, wenn ich nun anstimme das Lied der Heimfahrt, daß Ihr Eure Glatze wahret, ansonsten ich Euch mit einem Tropfen Pech und feurigen Schwefels zu beträufeln willens bin, davon Euch das Hirn brenne bis zu Eurer eigenen Höllenreise!«
Es war aber in der Tat der Scheiterhaufen mit Tücke und ausgeklügelter Grausamkeit aufgerichtet so unerhört als nie zuvor, und, wolle Gott, nie wieder ein solcher war noch sein wird in dieser jammervollen Welt. Nämlich es war auf dem Stoß von feuchtem, schlechtbrennendem Kiefernholz eine Stange errichtet, daran sie den Bartlett festbanden mit eisernen Klammern. Dieser Marterbaum aber war umwunden mit Schwefelfaden bis oben und hing ob dem Haupte des armen Sünders ein Pech- und Schwefelkranz von sehr ansehnlicher Dicke.
Als nun der Henker die Fackel allerorten in das Holz stieß, brannte zuerst lichterloh, gleich einer Lunte, der Schwefelfaden und leitete die öligen Flammen zuerst hinauf in die Kränze zu Häupten des Delinquenten, so daß ein langsamer Regen von brennendem Schwefel und Pech auf diesen hernieder zu träufeln begann.
Aber es war alles trotz des grauenerregenden An-

blicks, als sei es nur ein erquickender Frühlingsregen und Manna für den wunderbaren Mann an dem Pfahl. Viele schändende und ätzende Scherzreden führte er unterweilen gegen den Bischof, so daß dieser auf seinem Sammetstuhl bald viel eher wie am Pranger saß, als sein Opfer auf dem Scheiterhaufen. Und hätte Sir Bonner mit guter Art von dem Orte seiner öffentlichen Sündenansage, die sein Geheimstes wußte und nicht schonte, weichen können, er hätte es mit tausend Freuden getan und gerne auf die Wollust an dieser Hinrichtung verzichtet! So aber schien er unter einem unbegreiflichen Bann zu stehen und es blieb ihm nichts anderes übrig, als schweigend in Qualen der Wut und der Scham zu beben und schäumenden Mundes Befehl über Befehl an seine Knechte zu geben, daß sie nun mit allen Mitteln das Werk beschleunigten, so er zuvor auf das Schrecklichste hinauszuzögern gedacht hatte. Es war jedoch wunderbar zu sehen, wie keines von den Geschossen, die zuletzt hageldicht auf den Bartlett gesandt wurden, ihn zum Verstummen brachten, als sei er fest und gefeit an seinem ganzen Leibe. Endlich brachte trocken aufgeschüttetes Holz und Reisigwerk, mit viel Werg untermischt, den Holzstoß zum Auflodern und der Bartlett verschwand in Flammen und Rauch. Da aber begann er zu singen, dröhnend und jubelnd, wie kaum im Kerker zuvor, als er sich an der Mauer gewiegt hatte, und ins Geprassel des Holzes klang schauerlich und fröhlich zugleich sein wildes Lied:

»Hoë ho! Der Starmatz vom Ast
Nach der Mauser im Mai.
Hoë ho!

Wir singen und schwingen vom obersten Mast:
Hij, Mutter Isaï!
Hoë ho!«

Es war totenstill auf dem Richtplatz ringsum und die Angst und das Entsetzen kroch den Henkern und Knechten und Richtern, Pfaffen und Herren, über alle Glieder und zum Halse heraus, daß es schier lächerlich anzuschauen war. Vor allen Andern aber saß Seine Lordschaft, der Bischof Bonner, als wie ein graues Gespenst in seinem Stuhl, dessen Lehnen seine Hände wie erstarrt umkrampft hielten. Stieren Auges sah er in die Flammen. Als dann der letzte Ton des Liedes verklungen war im Munde des brennenden Bartlett Green, da sah ich den Bischof mit einem Schrei auftaumeln wie einen Gerichteten. Mochte nun ein Windstoß in den Scheiterhaufen gefahren sein, oder waren dämonische Mächte in Wahrheit gegenwärtig und am Werk: es hob sich mit einemmal vom obersten Scheiterhaufen ein Geflock von Flammen, gleich rotgelben Zungen, und flatterte, stob und wirbelte schräg aufwärts in den Abendhimmel just in der Richtung des bischöflichen Tronsitzes und über das Haupt Sir Bonners hinweg. Ob dieses Haupt dabei von einem der höllischen Schwefeltropfen berührt und versengt wurde, wie der Bartlett noch kurz zuvor prophezeit hatte, kann ich nicht sagen. Es wäre aber aus dem angstverzerrten Gesicht des Blutigen Bischofs fast zu schließen gewesen, und ob er nicht laut aufgeschrieen hat, war nur nicht in dem Getümmel der Menschen und Waffen zu hören, das den stinkenden Hof erfüllte.

Zum letzten sei auch noch dies um der Treue willen meiner Niederschrift gesagt, daß mir, als ich wieder zur Besinnung meiner selber kam, eine Schläfenlocke, abgesengt von meinem eigenen Haupte, zu Füßen fiel, als ich mir die Verwirrung jener Stunde mit der Hand gleichsam von der Stirn streifen wollte. Die auf die schrecklichen Erlebnisse dieses Tages folgende Nacht verbrachte ich in meinem einsamen Kerker unter den merkwürdigsten Umständen, davon ich nur einiges meinem Buche anvertrauen kann; was aber umsoweniger besagen will, als mir jene Nacht gewiß ebenso unvergeßlich bleiben wird, als wie alles, was mir in des Blutigen Bischofs Gefängnis zu London zustieß.

Den Abend und den ersten Teil der Nacht verbrachte ich in fortwährender Erwartung neuer Untersuchung, wenn nicht gar der Folter durch das Gericht Bischof Bonners. Ich gestehe, daß meine Zuversicht wegen der prophetischen Worte des Bartlett nur gering war, trotzdem ich immer wieder nach seiner schwarzen Kohle griff, um zu versuchen, auf den polierten Flächen des unscheinbaren Minerals ein Bild meiner Zukunft zu erspähen. Es war aber dazu sehr bald zu dunkel in dem Kerkerloch geworden; und wie in der vorigen Nacht, so hielten es auch in dieser die Gefängnisknechte nicht für nötig – oder folgten gar ausdrücklichem Verbot – mir ein Licht in die Zelle zu geben.

Nachdem ich so, ich weiß nicht, bis wie lange in die Nacht hinein, gesessen, mein und des Bartletts Schicksal überdacht und dabei mehrmals seufzend den Straßenräuber beneidet hatte, der nun jedenfalls aller weitern Not und Bande entrückt schien, verfiel ich wohl gegen Mitternacht in den bleiernen Halbschlaf der Erschöpfung.

Da schien es mir, als öffnete sich auf eine ganz unerklärliche Weise die schwere Eisentür zu meinem Kerkerloch und der Bartlett Green träte herein ohne alle Umstände und besondere Vorkehrung, und zwar gesund, aufrecht und schier gewaltig anzuschauen von Körperbau, recht fröhlich und strotzend an allen seinen Sinnen, darob mich höchstes Staunen befiel, zumal ich freilich, als ob ich zugleich wach wäre, nicht einen Augenblick außer acht hatte, daß er vor einigen Stunden war gerichtet und verbrannt worden. Sagte ihm solches auch alsbald in ruhigem Tone und frug ihn im Namen der Dreifaltigkeit, ob er sich als ein Gespenst bekenne, oder als Bartlett Green in eigener Person, wenn auch auf nicht auszudrückende Weise hereinversetzt aus einer andern Welt.
Wozu der Bartlett in seiner gewohnten Weise aus tiefster Brust hervor lachte und erwiderte: daß er allerdings kein Gespenst, sondern der gesunde und vollkommene Bartlett Green sei und auch aus keiner andern Welt komme, sondern aus dieser gegenwärtigen, die er nunmehr nur von ihrer Kehrseite her bewohne, da ja kein »Jenseits« sei, sondern überall im Leben nur diese einige Welt, obschon sie mehrere, ja unzählige Ansichten oder Durchdringungen habe, davon die Seine nun freilich um ein Weniges verschieden sei von der Meinigen.
Sind dies aber nur gestammelte Hinterdreinreden, mit denen ich auf keine Weise die große Klarheit, Einfachheit, ja Selbstverständlichkeit zu beschreiben vermag, die ich in jenen Augenblicken einer halbschlafenden Geisteswachheit zu besitzen vermeinte, denn die Einsicht in die Wahrheit von dem, was der Bartlett da zu mir sprach, war wie in eine sonnen-

hafte Helle getaucht, so daß die Geheimnisse des Raums, der Zeit und des Seins aller Dinge ganz durchsichtig und offen vor meinem Geiste lagen. Der Bartlett tat mir in dieser Stunde sehr großes Wissen meiner Selbst und meiner Zukunft kund, daß alles bei mir wohlverwahrt und bis ins Kleinste unvergessen ist.
Und mochte ich in jener Nacht auch noch zweifeln und wähnen, es möchte mich ein Irrtraum necken, so bin ich schon in so vielem, durch das wunderbarste und gleichsam verstandeswidrigste Eintreffen seiner Prophezeiungen, belehrt, daß es umgekehrt bald nur töricht von mir wäre, dem heute noch Künftigen minder zu vertrauen. Ist mir dabei nur Eines wunderlich: was der Bartlett wohl Grund gehabt haben möchte, so treulich meiner zu gedenken und mich gleichsam unter seine wohltätige Führung zu nehmen, sintemalen er mir bis dato in nichts und auf keinerlei Weise Unrechtes zugemutet oder den höllischen Verführer hervorgekehrt hat, denn da wäre ich Manns genug, ihm allestund ein kräftiges und wirksames »*apage Satanas*« zuzurufen, daß ihn die Hölle verschlucken müßte unverweilt, in die mich zu ziehen er sich vermessen möchte.
Sein Weg ist in alle Ewigkeit nicht mein Weg; und so ich je merke, daß er es nicht im Guten mit mir vorhat, ist ihm allezeit der Daumen gewiesen! –
Auf dringliches Befragen eröffnete mir damals in der Nacht der Bartlett, daß ich noch am Morgen des folgenden Tages frei sein werde. Und als ich ihn, völlig ungläubig um dieser nach allen Umständen zu urteilen, unmöglichen Behauptung willen, dringender befrug und ihm gleichzeitig beweisen wollte, daß

er das Widersinnigste und Allerunwahrscheinlichste verspreche, kollerte sein Lachen so unheimlich, als nur je in seinem Leben aus ihm hervor und er sagte: »Bruder Dee, du bist ein Narr. Siehest in die Sonne und leugnest das Auge! – Da du aber ein Anfänger in der Kunst bist, so gilt dir vielleicht ein Stück Erde mehr, als ein lebendiges Wort. Nimm darum, wenn du erwacht bist, mein Geschenk und schaue, was dein Gewissen nicht erfliegt.«

Unsäglich wichtige Weisungen wegen der Eroberung Grönlands und wegen der Dringlichkeit und kaum abzusehenden Bedeutung dieses Unternehmens für mein ganzes künftiges Schicksal machten den Hauptteil seiner obigen Belehrungen aus. Es sei denn auch nicht verschwiegen, daß Bartlett Green bei seinen späteren Besuchen – und er besucht mich nun öfters – immer wieder mit großer Treue und Festigkeit mir diesen Weg, mein höchstes und heißerstrebtes Ziel zu erlangen, gewiesen hat, denn es sei mir die Krone gewiß über Grönland zuvörderst; und ich fange an, den Wink zu verstehen! – – Danach erwachte ich und der abnehmende Mond stand hoch und hell am Himmel, so daß ein weißblaues Lichtquadrat von dem schmalen Fenster herab mir zu Füßen fiel. In diesen Lichtbalken des Mondes trat ich nun, holte mit großer Begier den Kohlekrystall hervor und hielt eine seiner dunkelspiegelnden Flächen gegen den Schein des Gestirnes. Die Reflexe gingen davon bläulich, schier schwarzviolett aus, und längere Zeit vermochte ich außer dieser Beobachtung nichts weiter darauf zu entdecken. Aber zugleich wuchs eine wunderbare, körperhaft spürbare Ruhe in mir empor und der schwarze Krystall in meiner Hand hörte auf zu beben, denn meine Finger wurden fest und sicher wie alles an mir.

Da fing das Mondlicht auf dem Kohlenspiegel an zu irisieren; es hoben sich milchig opalene Wolkenschleier darauf und glätteten sich wieder. Endlich trat lichtscharf eine bilderartige Kontur aus der Spiegelfläche hervor, zuerst ganz winzig klein, als wie das Spiel von Gnomen in klarem Mondschein, gleichsam durch ein Guckloch belauscht. Bald aber schienen die Bilder zu wachsen in die Breite wie in die Ferne, und das Geschaute wurde – raumlos, aber dennoch so leibhaftig, als sei ich selbst mitten darunter gewesen. Und ich sah – – – (Brandfleck)

Zum andern Male findet sich hier im Diarium eine sehr sorgfältig vorgenommene Löschung des Textes von übrigens nicht allzu großem Umfang. Soweit ich urteilen kann, hat wiederum meines Urahns eigene Hand die Stelle unleserlich gemacht. Es scheint ihm bald, nachdem er sie niedergeschrieben, der Gedanke gekommen zu sein, nicht vor unerwünschten Lesern ein Geheimnis preiszugeben, das ihn nach seinen Erlebnissen im Tower gefährlich dünken mußte. Es findet sich aber an dieser Stelle des Tagebuchs ein Brieffragment eingelegt. Offenbar hat es mein Vetter Roger von irgendwoher beigebracht und im Laufe seiner eigenen Vorstudien hier eingefügt, denn der Brief trägt den entsprechenden Vermerk von seiner Hand:

»Einziger Rest einer Urkunde zum Geheimnis von John Dees Befreiung aus dem Tower.«

Der Adressat dieses Briefes ist aus dem gegenwärtigen Zustande des Fragments nicht mehr zu erschließen, was übrigens gleichgültig ist, denn der Einblick in John Dees

Leben wird durch das Brieffragment nur noch klarer. Es zeigt sich darin, daß durch Prinzessin Elisabeths Eingreifen John Dee aus der Haft befreit wurde.
Ich setze vollinhaltlich das Brieffragment hierher:

»— — — bestimmt mich (John Dee), daß ich Euch, als dem einzigen Menschen auf Erden, dies Geheimnis offenbare, das zugleich das stolzeste und gefährlichste in meinem Leben ist. Und wenn nichts anderes, so mag dieses mich rechtfertigen in allem, was ich tat und noch tun werde zur Ehre und zum zeitlichen Ruhm unserer allergnädigsten Herrin, der jungfräulichen Majestät Elizabeths, meiner großen Königin.
Also in der kürzesten Kürze:
Da die königliche Princessin durch gewisse Kundschaft von meiner verzweifelten Lage Kenntnis bekommen hatte, ließ sie insgeheim — mit dem Mut und der Umsicht, wie keinem Kinde ihres Alters sonst wohl zuzutrauen — unseren gemeinsamen Freund Leicester vor sich kommen und befrug ihn auf Ritterwort um seinen Mut, seine Liebe und Treue zu mir. Da sie ihn vollkommen bereit und entschlossen fand, sich, falls es not tue, selber zu opfern, schritt sie mit unerhörtem Mute zu meiner Rettung. Und ich möchte nur, als wie zur Minderung meiner eigenen, sonst den Untergrund nicht mehr findenden Bewunderung, eher annehmen, als daß ich es könnte beglaubigt finden: daß ein die Gefahr nicht abschätzender, völlig kindlicher Übermut, ja die Tollheit ihres Wesens, von der sie manchmal ergriffen worden ist, sie dazu angetrieben hatte, das zu tun, was gleichermaßen unmöglich und doch die einzige Möglichkeit zu meiner Rettung schien:

Sie stahl sich bei Nacht mit Hilfe ächter und falscher Schlüssel – der Himmel weiß, wer sie in ihre Hände gespielt hat! – in die Staatskanzlei König Edwards, der eben in jenen Tagen mit Bischof Bonner in besonderer Freundschaft und Zusammenarbeit steckte.
Sie fand und öffnete die Kassette, darinnen des Königs eigene, mit besonderem Zeichen gewässerte Dokumentenpapiere lagen, und schrieb mit kühn die Schriftzüge des Königs nachahmerder Hand den Befehl meiner sofortigen Freilassung und siegelte mit Sorgfalt das Schreiben mit Edwards unbegreiflich entdecktem, fast immer sorgfältig verschlossen gehaltenem Privatsiegel.
Sie muß das alles mit so bewunderungswürdiger Umsicht, Klugheit und Kühnheit zugleich ausgeführt haben, daß an dem Dokument nicht der geringste Zweifel sich stoßen konnte, – ja, daß König Edward selbst, als er später das Handschreiben zu Augen bekam, dermaßen betroffen war von diesem gleichsam magisch entstandenen Erzeugnis seiner Feder, – von dem er doch nicht das geringste wußte – daß er stumm das Dokument als sein eigenes hinnahm. Mag auch zweifelhaft sein, ob er die Fälschung durchschaute, aber sie dennoch stillschweigend duldete, nur um nicht bekennen zu müssen, es sei dergleichen Zauberspuk oder ungeheuerliche Frechheit in der nächsten Nähe seiner Person denkbar und zugelassen gewesen, – kurz, den nächsten Morgen noch vor Sonnenaufgang polterte in Bischof Bonners Kanzlei Robert Dudley – der spätere Earl of Leicester – und überbrachte den eiligen Brief, indem er darauf bestand, die Antwort auf den erhaltenen

Befehl samt dem Gefangenen selbst aus den Händen des geistlichen Gerichts entgegen zu nehmen. Und es gelang! –

Nie erfuhr ich, oder sonst ein Mensch, was in dem angeblichen Handschreiben König Edwards, – erdacht und verfaßt von einem sechzehnjährigen Kinde! – gestanden hat. – Ich weiß aber, daß der Blutige Bischof, farblos und mit bebenden Gliedern, seinen Leibwächtern vor Dudleys, als dem Gesandten des Königs, Augen Befehl gab, mich auszuliefern. – Dies ist alles, was ich Euch, wertester Freund, anvertrauen darf. Und Ihr möget aus dem nur mit Zögern Euch Mitgeteiltem erkennen, was es für eine Bewandtnis hat mit jener ›ewigen Verbundenheit‹, von der ich Euch mit Bezug auf unsere allergnädigste und allererhabenste Königin schon zu mehreren Malen gesprochen habe –«

Hier ist das Brieffragment zu Ende.

Im Diarium John Dees hinter den unleserlich gemachten Sätzen stehen noch diese Worte:

Bin also in genauester Erfüllung der Prophezeiung des Bartlett Green noch am selbigen Morgen ohne Form und Verzug aus meiner beschwerlichen Lage befreit und von meinem Jugendfreund und old boy Leicester aus dem Tower fortgeführt worden an einen sichern Ort, woselbst es dem Herrn Bischof Bonner sogar schwer geworden wäre, mich zu vermuten oder gar abzuholen, sofern ihm solches etwa nochmals hätte beifallen mögen, indem ihn seine erste Nachgiebigkeit in Ansehung meiner Person vielleicht bei kurzem wieder hätte reuen sollen. Will dazu keine Kommentarien weiter aufstellen und nicht versuchen, die wunderbaren Wege Gottes vorwitzig auf Niet und Nagel zu erklären und *secundam rationem* auszuweisen. — Merke nur so viel an, daß zu dem überaus merkwürdigen und schier unglaublichen Mut und Geschick meiner Retter, nächst Gottes sichtlichem Beistand, die Seelenverfassung Bischof Bonners nach der Verbrennung des Bartlett Green hinzukam. Es ist mir nämlich von dem Kaplan Sir Bonners über gleichgültige Umwege zugetragen worden, daß der Bischof in selbiger Nacht kein Auge zugetan, sondern anfangs in ruheloser Verwirrung des Gemütes in seinem Kabinett stundenlang auf- und niedergegangen, danach aber in ganz seltsame Dilirien verfallen sei, in denen er anscheinend das unbeschreiblichste Entsetzen erlitten habe. Er habe da gleichsam einen unsichtbaren Besucher mit zuweilen fast verzagender, unverständlicher Rede angesprochen und einen stundenlangen, schauerlichen Kampf mit allerlei eingebildeten Dämonen geführt, endlich auf einmal laut geschrieen: »ich bekenne, daß ich deiner nicht mächtig bin und ich bekenne, daß mich Feuer verzehrt — Feuer — Feuer!«; worauf ihn der hereinstürzende Kaplan ohnmächtig auf seinem Lager gefunden. Will aber mehreren Gerüchten hier nicht Raum geben, die hierüber noch zu mir drangen. Was ich da erfuhr, ist so grauenhaft, daß ich glaube, ich verlöre das Bewußtsein in seelischem Entsetzen, wollte ich auch nur mich aufraffen, es zu Papier zu bringen.

Damit schließt John Dees Bericht über den »Silbernen Schuh« des Bartlett Green.

Ein paar Tage auf dem Lande und Wanderungen ins Gebirge haben mir wohl getan. Ich ließ, rasch entschlossen, Schreibtisch, Meridianrichtung und Uronkel Dees verstaubte Reliquien hinter mir und brach aus dem Bann von Haus und Arbeit wie aus einem Kerker aus. –
Ist es nicht lustig, sagte ich zu mir, als ich die erste Stunde im Vorgebirgsland draußen über die Moorheide stampfte, daß ich nun genau so empfinde, wie wohl John Dee empfunden haben mag, als er nach überstandenem Kerker über die schottische Hochebene lief? Und ich mußte lachen, daß ich mir's in den Kopf setzen wollte: John Dee müßte über ähnliches Heideland gestapft sein, ebenso froh, ebenso aus Herzensgrund gespannt und fast gesprengt von neuem Freiheitsgefühl wie ich, der ich jetzt beinahe dreihundertfünfzig Jahre später als Dee über süddeutsche Moorlandschaft trabte. Und es muß just in Schottland, etwa in der Gegend der Sidlaw Hills, gewesen sein, von denen ich wohl meinen Großvater gelegentlich habe erzählen hören? Daß sich meine Ideen so verknüpfen, liegt übrigens sehr nahe, denn oft genug bestätigte uns Kindern der englisch-steirische Großvater die verwandte Stimmung und Eigentümlichkeit der schottischen und der dem deutschen Alpenlande vorgelagerten Hochmoore.
Und weiter gingen meine Träumereien:
Ich sah mich zu Hause hocken, nicht wie man sich selbst, in die Vergangenheit blickend, zu sehen pflegt, nein: so, als säße ich noch dort am Schreibtisch in der Stadt wie eine leere Hülse, eine überwinterte, abgestreifte, an ihren Ort des Sterbens geklebte Insektenlarve, aus der ich fröhlich gaukelnder Schmetterling vor wenigen Tagen erst ausgekrochen sei, um meine neue Freiheit hier oben im roten Heidekraut zu genießen. So stark war dies bildhaft

vorgestellte Gefühl, daß mir ordentlich graute, als ich nun doch wieder in den Alltag zurück und an die Heimkehr denken mußte. Mich gruselte, als ich mir vorstellte, zu Hause hocke wirklich immer noch am Schreibtisch die leere Haut, in die ich jetzt, wie in einen grauen Doppelgänger, wieder hineinkriechen müßte, um mich mit meiner Vergangenheit wieder zu vereinen. –

Wohl waren alle solchen Spielereien der Phantasie rasch verflogen, als ich dann in Wirklichkeit meine Wohnung betrat, denn auf der Treppe stieß ich mit Lipotin zusammen, der oben von einem vergeblichen Besuch bei mir umgekehrt war. Ich ließ ihn nicht fort, sondern zog ihn, trotzdem meine Glieder von der Reise ermüdet waren, alsbald wieder hinauf in meine Wohnung. Plötzlich stand mir nämlich und lebhafter denn je der Wunsch in der Seele auf, mit ihm wegen der Fürstin zu sprechen, und wegen Stroganoff, und überhaupt wegen so vielem, was – – –

Kurz und gut, Lipotin begleitete mich zurück und blieb den Rest des Abends bei mir.

Ein merkwürdiger Abend! – Oder vielmehr, wenn ich genau sein will, eigentlich nur eine merkwürdig ausgeartete Abendunterhaltung, denn Lipotin war gesprächiger als gewöhnlich, und ein gewisser skurriler Zug, den ich wohl schon bisweilen an ihm bemerkt hatte, trat stärker bei ihm hervor, so daß mir manches wie neu, oder doch anders als sonst, an ihm vorkam.

Er erzählte mir von Baron Stroganoffs philosophisch anmutendem Tod, auch einiges Gleichgültige über seine eigenen Scherereien als Nachlaßverwalter von ein paar Kleidungsstücken, die an der verödeten Kammerwand herumgehangen hätten wie – Schmetterlingslarven. Es fiel mir auf, daß Lipotin ein ganz ähnliches Bild gebrauchte, wie das war, das mir in den Tagen meiner Wanderungen nicht aus dem Sinn wollte. Und heimlich durchlief mich eine Ameisenschar von eiligen, flüchtigen Gedanken, ob denn das Erlebnis des Sterbens viel anders sein dürfte als das Gefühl, man gehe durch eine Tür hinaus ins Freie, indes die leere Puppe hängenbleibt — das abgelegte Kleid — die Haut, die wir auch hier im Leben — wie mich meine eigene jüngste Erfahrung gelehrt — manchmal als etwas uns Fremdes mit dem Gefühl des Grauens hinter uns gelassen finden, wie etwa ein Toter, der imstande ist, auf den Leichnam zurückzuschauen, den er liegengelassen hat. — —

Dazwischen plauderte Lipotin immer weiter dies und das in seiner abgerissenen, halb ironischen Art; vergebens aber wartete ich darauf, daß er von selbst das Gespräch auf die Fürstin Chotokalungin bringen möchte. Eine sonderbare Scheu hielt mich lange davon ab, meinerseits die Unterhaltung so zu wenden, wie ich wünschte, endlich besiegte mich die Ungeduld, und während ich den Tee herrichtete, fuhr ich denn geradewegs mit der Frage heraus, was er eigentlich damit bezweckt habe, als er die Fürstin an mich wies, und wie er dazu komme, ihr zu sagen, er habe an mich alte Waffenstücke verkauft.

»Nun und warum sollte ich nicht dergleichen an Sie verkauft haben?« gab Lipotin mit Seelenruhe zurück. Sein Ton irritierte mich; ich rief lebhafter, als ich selber wollte:

»Aber Lipotin, Sie müssen doch wissen, ob Sie mir einmal eine altpersische oder Gott weiß was für eine Lanzenspitze verkauft haben oder nicht?! — Vielmehr: Sie wissen selber ganz genau, daß Sie niemals —«

Er unterbrach mich mit unverminderter Gleichgültigkeit im Tonfall:

»Selbstverständlich, Verehrtester, werde ich die Lanze an Sie verkauft haben.« –
Seine Augendeckel hingen tief herab; seine Finger stopften Tabakfasern in das Mundstück einer Zigarette zurück. Sein ganzes Aussehen war gesättigt mit Selbstverständlichkeit. Ich aber fuhr auf: »Was für Scherze, mein Bester! Niemals habe ich dergleichen Dinge bei Ihnen gekauft. Nicht einmal gesehen habe ich so etwas bei Ihnen! Sie irren auf eine Weise, wie ich es kaum verstehen kann!«
»So?« antwortete Lipotin träg. »Nun, dann war es eben früher, daß ich Ihnen die Waffe verkauft habe.«
»Niemals! Nicht kürzlich und nicht früher! Begreifen Sie doch! – Früher!! Was soll das heißen?! – Seit wann kennen wir uns überhaupt? Seit einem halben Jahr, und für diese Zeitspanne müßte Ihr Gedächtnis wahrhaftig ausreichen!«
Lipotin sah mich schräg von unten herauf an und antwortete: »Wenn ich ›früher‹ sage, so meine ich wohl: in einem frühern Leben – in einer andern Inkarnation.«
»Wie meinen Sie? In einer – –?«
»In einer früheren Inkarnation«, wiederholte Lipotin deutlich. Ich glaubte den Spott herauszuhören; daher nahm ich seinen Ton auf und sagte ironisch: »Ach so!«
Lipotin schwieg.
Da es mir aber darum zu tun war, von ihm zu erfahren, weshalb er mir die Fürstin zugeschickt hatte, so begann ich wieder:
»Ich verdanke Ihnen übrigens, auf diese Weise mit einer Dame bekannt geworden zu sein, die – – –«
Er nickte.
Ich fuhr fort:
»Leider setzt mich die Mystifikation, die Sie dabei für

nötig hielten, in einige Verlegenheit. Ich möchte der Fürstin Chotokalungin, soviel in meinen Kräften steht, zu der gewünschten Waffe verhelfen — —«
»Aber, sie ist doch in Ihrem Besitz!« heuchelte Lipotin mit Ernst.
»Lipotin, mit Ihnen ist heute nicht zu reden!«
»Warum nicht?«
»Es ist zu toll! Sie lügen einer Dame vor, in meinem Besitz befinde sich eine Waffe —«
»— die Sie von mir erworben haben.«
»Mensch, vorhin — soeben noch haben Sie zugegeben — —«
»— daß es in einer früheren Inkarnation war. — Mag sein!« — Lipotin tat so, als verfalle er in Nachdenken, und brummte:
»Es ist leicht möglich, daß man einmal das Jahrhundert verwechselt.«
Ich sah ein, daß eine ernste Unterhaltung mit dem Antiquar heute nicht möglich war. Im stillen ärgerte ich mich ein wenig. Doch ging ich notgedrungen auf seinen Ton ein, lachte trocken und sagte:
»Schade, daß ich die Fürstin Chotokalungin nicht auf eine frühere Inkarnation der von ihr so leidenschaftlich gesuchten Kostbarkeit zurückverweisen kann!«
»Warum nicht?« fragte Lipotin.
»Weil der Fürstin wohl das Verständnis für Ihre ebenso bequeme wie philosophische Ausrede fehlen dürfte.«
»Sagen Sie das nicht!« — Lipotin lächelte — »Die Fürstin ist Russin.«
»Nun, und?«
»Rußland ist jung. Sehr jung sogar, meinen einige Ihrer Landsleute. Jünger als wir alle. Rußland ist auch alt. Uralt. Niemand wundert sich über uns. Wir können wie Kinder greinen und wie die drei silberbärtigen Greise auf

der Insel im Meer an den Jahrhunderten vorbeidenken —«
Ich kannte diesen Hochmut. Es war mir unmöglich, meinen Spott zu unterdrücken:
»Ich weiß, die Russen sind das Volk Gottes auf Erden.«
Lipotin grinste fatal:
»Vielleicht. Denn sie sind vollkommen des Teufels. — Im übrigen: es ist ja alles nur *eine* Welt.«
Mein Bedürfnis, diese verblasene Tee- und Zigarettenphilosophie, die russische Nationalkrankheit, zu ironisieren, nahm zu.
Ich erwiderte:
»Eine Weisheit, würdig eines Antiquars! Dinge des Altertums, jeder beliebigen Epoche, in unsere heute lebende Hand gelegt, predigen die Nichtigkeit von Raum und Zeit. Nur wir selbst sind an sie gebunden — — « — Es war meine Absicht, noch weiter in raschem Redefluß solche und ähnliche Banalitäten zusammenzuschwatzen, wahllos durcheinander, um den getragenen Ton seiner Philosopheme zu überschwemmen, aber er unterbrach mich lächelnd und mit einem kurz vorstoßenden Ruck seines Vogelkopfes:
»Mag sein, daß ich von Antiquitäten gelernt habe. Zumal die älteste der mir bekannten Antiquitäten — ich selbst bin. — Eigentlich heiße ich Mascee.«
Es gibt keine Worte, den Schreck zu beschreiben, der mich bei dieser Rede Lipotins durchfuhr. Einen Augenblick lang schien es mir, als sei mein Kopf in eine schleiernde Nebelmasse verwandelt. Eine kaum zu beherrschende Aufregung lohte in mir auf, und nur mit äußerster Anstrengung zwang ich mich zur Miene blasser Verwunderung und Neugier, als ich ihn fragte:
»Woher wissen denn Sie diesen Namen, Lipotin? Sie

können sich kaum denken, wie mich das interessiert! Der Name ist nämlich – auch mir nicht unbekannt.«
»So?« – sagte Lipotin kurz. Sein Gesicht blieb undurchdringlich.
»Ja. Dieser Name und sein Träger, ich muß gestehen, beschäftigen mich seit einer gewissen Zeit sehr –«
»Seit jüngster Zeit?« höhnte Lipotin.
»Ja! Gewiß!« entgegnete ich eifrig. »Seitdem ich diese – diese – – –« Ich machte unwillkürlich ein paar Schritte auf meinen Schreibtisch zu, wo die Zeugen meiner Arbeit gestapelt lagen; Lipotin sah das wohl, und es war ihm gewiß nicht schwer, zu kombinieren. Er unterbrach mich darum mit dem sichtlichen Ausdruck einer gewissen selbstgefälligen Genugtuung:
»Sie wollen sagen: seitdem Sie diese Akten und Zeugnisse über das Leben eines gewissen John Dee, Schwarzkünstlers und Phantasten aus der Zeit der Queen Elizabeth, in Ihrem Besitz haben? – Es ist richtig, Mascee hat die Herrschaften auch gekannt.«
Ich wurde ungeduldig.
»Nun hören Sie, Lipotin«, fuhr ich auf, »Sie haben mich für heute abend lang genug zum besten. Ihre übrigen Geheimnisreden seien Ihnen, oder vielmehr Ihrer guten Abendlaune, zugute gehalten; aber wie kommen Sie – kommen Sie auf diesen Namen: Mascee?«
»Nun ja«, sagte Lipotin unverändert träge, »er war, wie ich Ihnen schon verraten zu haben glaube –«
»Ein Russe, gewiß. Der ›Magister des Zaren‹, wie ihn die Urkunden gelegentlich nennen. Aber Sie? Was haben Sie mit ihm zu tun?«
Lipotin erhob sich und zündete sich eine neue Zigarette an:
»Scherze, Verehrtester! Man kennt den Magister des Za-

ren in — in unseren Kreisen. Wäre es denn unmöglich, daß sich eine Archäologen- und Antiquarsfamilie wie die meinige von jenem Mascee herleitete? Nur eine Annahme, natürlich, wertester Freund, nur eine Annahme!« — und er griff nach Mantel und Hut.
»Spaßhaft in der Tat«, rief ich. »Sie kennen aus der Geschichte Ihres Landes diese seltsame Figur? Und in alten englischen Schriften und Dokumenten taucht sie wieder auf und — tritt in mein Leben — — sozusagen — —«
Die Worte kamen mir absichtslos auf die Lippen.
Aber Lipotin gab mir die Hand und ergriff zugleich mit der Linken die Türklinke:
»— sozusagen in Ihr Leben, verehrtester Gönner. Freilich Sie sind einstweilen bloß unsterblich. Er aber —«, Lipotin zögerte kurz, zwinkerte aus den Augenwinkeln und drückte mir nochmals die Hand, — »sagen wir der Einfachheit halber: ›ich‹ — ich, müssen Sie wissen, bin ewig. Jedes Wesen ist unsterblich, es weiß es nur nicht oder vergißt es, wenn es auf die Welt kommt oder sie verläßt, deshalb kann man nicht behaupten, es hätte das ewige Leben. Ein andermal vielleicht mehr hierüber. Wir bleiben ja, hoffentlich, noch lange beisammen. Auf Wiedersehen also!«
Und damit eilte er die Treppe hinab.
Ich blieb recht beunruhigt und verwirrt zurück. Kopfschüttelnd suchte ich mich zu besinnen. War Lipotin angetrunken gewesen? Es hatte mir manchmal wie Weinlaune geschienen, was aus seinem Blick funkelte. Aber eigentlich betrunken hatte ich ihn nicht gefunden. Eher ein wenig verrückt, aber das ist er, seit ich ihn kenne. Das Schicksal eines Verbannten mit siebzig Jahren auszukosten wie er, kann schon an den Kräften der Seele rütteln!
Merkwürdig immerhin, daß auch er etwas von dem »Ma-

gister des Zaren« weiß, — am Ende mit ihm verwandt ist, wenn seine Andeutung ernst gemeint war!
Wertvoll wärs, von ihm zu erfahren, was er Genaues von diesem Menschen weiß! Aber — verdammt! Mit der Angelegenheit der Fürstin bin ich um keinen Schritt weitergekommen!
Auch hier wird mir Lipotin bei guter Tageszeit und bei nüchterner Gelegenheit besser Rede und Antwort stehen müssen. Nochmals lasse ich mich nicht im Kreise herumführen!
Und nun an die Arbeit!

Ein blinder Griff, wie ich mir vorgenommen, in die Tiefe der Schublade, die John Rogers Sendung birgt, bringt ein in Hadernpapier gebundenes Heft zutage, das sich, als ich es aufschlage, als Mittelstück einer vermutlich längeren Reihe ähnlicher Hefte darstellt, denn es beginnt, ohne Überschrift und ohne Schutzblatt, sofort mit hie und da datierten Aufzeichnungen. Die Handschrift ist gegen die des Diariums zwar stark verändert, aber unverkennbar die John Dees.
Ich beginne mit der Abschrift:

> *Aufzeichnungen aus dem spätern Leben des John Dee, Esq.*
>
> *Anno 1578.*
>
> Heute am Tag des Festes der Auferstehung unseres Herrn, bin ich, John Dee, bei zeitiger Morgenfrühe von meinem Lager aufgestanden und fein leise aus meinem Schlafzimmer geschlichen, auf daß ich mein Weib Jane — meine jetzige, zweite Gattin — und

Arthur, mein geliebtes Söhnchen, in seiner Wiege nicht im Schlafe stören möchte.
Es drängte mich, zum Haus und Gehöft hinauszugelangen in den mild und silbrig aufwachenden Frühlingstag, und wüßte doch eigentlich nicht zu sagen, was mich so trieb, wenn es nicht der Gedanke daran war, wie böse mir vor nun achtzundzwanzig Jahren dieser selbe Ostermorgen aufging.
Da wäre nun vielleicht mancher Grund, dem unergründlichen Geschick, oder, daß ich es ziemlicher sage: der göttlichen Vorsehung und Erbarmniß einen aufrichtigen und innigen Dank darzubringen dafür, daß ich noch heute in meinem siebenundfünfzigsten Jahr bei guter Gesundheit und hellen Sinnen das liebe Leben und die herrlich den Horizont im Osten überschreitende Sonne schauen und genießen darf.
Die meisten von denen sind lange tot, die mir damals zu Leibe wollten, und von Sir Bonner, dem Blutigen Bischof, ist nichts mehr übrig als ein Abscheu des Volkes, wenn es sich die alten Geschichten erzählt, und ein Ammenschreck für die unartigen Kinder.
Was aber ist aus mir geworden und aus den Prophezeiungen und aus dem kühnen Stürmen des Geistes aus den Tagen meiner starken Jugend? — — — Ich mags nicht bedenken, wie mir die Jahre vergingen und die Entwürfe und die Enttäuschungen und die Kräfte.
Unter solchen, mächtiger denn seit langem auf mich eindringenden Gedanken, wandelte ich an dem Ufer des schmalen Gewässers hin, das unserm Geschlecht wohl einstmals den Namen gab: dem Dee-Fluß; und das Dee-Bächlein gemahnte mich in seiner komischen Eile so recht an den allzuraschen Fluß aller unserer

menschlichen Dinge. Unterdem gelangte ich an jene Stelle, wo der Bach in mehrfach und eng gewundenen Schleifen den Aussichtshügel von Mortlake umwindet, und ist da eine Stelle, wo sich das Wasser in eine alte Lehmkuhle ausbreitet, so daß eine Art von verschilftem Teich diese Ausbuchtung des Ufers füllt. Hier scheint auf einen ersten Blick der Dee-Bach stehen geblieben und in einen Sumpf ergossen und gleichsam verloren zu sein.

An diesem versumpften Loch hielt ich nun und schaute, ich weiß nicht wie lange, auf das schwachbewegte Schilf, das diesen Unkenteich bedeckt. Nachdenklichkeiten der allerunzufriedensten Art erfüllten mir den Sinn und allzustark pochte die Frage hinter meiner Stirn: ob sich nun hier nicht im Schicksal des Dee-Baches gleichsam das Schicksal des John Dee selbst, der ich davor stand, abspiegele und recht wie ein Symbolum vor Augen stelle? – Ein rascher Lauf und ein früher Sumpf, stehendes Wasser, Kröten, Unken, Frösche und Binsen – und darüber, im laulichen Sonnenschein, das Hin- und Widergaukeln einer schillernden Libelle mit edelsteingeschmückten Schwingen: fängt man aber das trügerische Wunder, so hat man in Händen einen häßlichen Wurm mit gläsernen Flügeln.

Indem ich solches bedachte, fiel mein Blick auf eine große, graubraune Larve, der sich in der steigenden Wärme des Frühlingsmorgens soeben die junge Wasserjungfer entzog. Nicht allzu lange haftete das zitternde Insect an dem gelben Röhricht nahe an der Stelle, an der die nun verlassene, gespenstige Hülse sich zuvor zu dem todes- und geburtsbangen Akte festgekrallt hatte. Im warmen Sonnenschein trockneten bald die zarten Flügel. Ruckartig hoben sie sich öfters, entfalteten sich zierlich, glätteten sich in träumerischer Bewegung an den emsig striegelnden Hinterbeinen, erzitterten dann inbrünstig – und mit einemmal hob sich schwirrend der kleine Elf und blitzte und irrte im nächsten Augenblick mit zuckendem Flug in der Seeligkeit des Luftmeers umher. Tot aber hing die starre Larve am gestorbenen Schilf über dem stockenden Moder des Teichs.

»Dies ist das Geheimnis des Lebens«, sagte ich laut zu mir. »So hat sich zum andernmale gehäutet das Unsterbliche, so ist wieder aus dem Gefängnis gebrochen der siegreiche Wille nach seiner Bestimmung.«

Und so sah ich mich plötzlich viele Male, gleichsam hinter mir, in einer langen Reihe von Bildern, die sich in der Vergangenheit meines Lebens verloren; hockend im Tower neben dem Bartlett Green; langweilige Scharteken lesend und Hasen jagend in Robert Dudleys schottischem Bergversteck; Horoskope bastelnd in Greenwich für Jung-Elizabeth, die Wilde, die Niezufassende; – – – Tiraden und Bücklinge machend vor Kaiser Maximilian zu Ofen in der Ungarei; monatelanges, albernes Geheimnisspinnen mit Nikolaus Grudius, Kaiser Karls Geheimsekretär und noch viel geheimeren Rosenkreuzeradepten. Ich sah mich leibhaftig und wie erstarrt in so mancher lächerlichen Lage, in so mancher herzzehrenden Angst und fassungslosen Erblindung des Gemüts: krank in Nancy auf dem Bett des Herzogs von Lothringen, glühend vor Eifer, Liebe, Aufsturm der Pläne und Hoffnungen in Richmond vor der Heißen, Eiskalten, Aufblitzenden, mißtrauisch Hinzögernden, vor ihr – vor ihr – – –.

Und ich sah mich am Bette meines ersten Weibes, meiner Feindin, meiner unseligen Ellinor, da sie mit dem Tode kämpfte, und sah, wie ich leise von ihr hinausglitt aus dem Gefängnis des Todes, hinaus in den Garten von Mortlake, zu ihr – zu ihr – zu Elizabeth!

Larve! – Maske! – Gespenst!! – Dies alles ich; dies alles nicht ich, sondern ein brauner Wurm an der Erde mit wütenden Krallen bald hier, bald dort angeklammert zur Geburt des Andern, des Beflügelten, des wahrhaftigen John Dee, des Grönlanderoberers, des Weltstürmers, des Königlichen Jünglings!

Und immer nur wieder der sich windende Wurm – und immer noch nicht der Bräutigam! – O Jugend! O Feuer! – O meine Königin!! –

Das war der Abendspaziergang eines siebenundfünfzig Jahre alten Mannes, der da mit siebenundzwanzig gedacht hatte, die Krone von England zu greifen und den Tron der neuen Welt unter seine Füße zu tun.

Und was war geschehen in diesen dreißig langen Jahren, seitdem ich zu Paris auf dem hochgefeierten Katheder saß und Gelehrte zu Schülern, einen König und einen Herzog von Frankreich zu eifrigen Hörern gehabt hatte? – In welchen Dornen war der Adlerfittich hängen geblieben, der zur Sonne gestrebt? In welchen Vogelfängernetzen hatte sich der Adler verstrickt, daß er zusammen mit Drosseln und Wachteln das gemeinsame Schicksal mit Stubenvögeln geteilt und Gott hatte danken dürfen, daß er nicht gar mit Krammetsvögeln in die Bratpfanne gewandert war?! –

Ich habe an diesem stillen Ostermorgen mein ganzes

Leben an mir vorüberziehen sehen: nicht in der Art, wie man sonst gemeinhin von Erinnerungen an die Vergangenheit spricht; sondern ich sah mich leibhaftig »hinter mir«, gegenwärtig in der Larve einer jeden Zeit und ich habe die Qual des Wiederhineinkriechens in jede dieser verlassenen Gestalten des Leibes durchgekostet von den Anfängen meines bewußten Lebens ab bis zum heutigen Tag. Aber es war dieser Gang durch die Hölle meiner Vergeblichkeiten dennoch nicht ohne einen Nutzen gewesen, denn ich erstaunte da mit einemmale so klar, als läge plötzlich ein greller Sonnenschein über den verworrenen Wegen meines Irregehens. Und es schien mir gut, diesen Tag und sein Erlebnis zu nutzen und aufzuzeichnen, was ich gesehen habe. So schreibe ich hier denn nieder, was mir in den letzten achtundzwanzig Jahren geschehen ist, als:

Rückblick

Roderich der Große von Wales ist mein Urahn, und Hoël Dhat, der Gute, von dem die Volkslieder durch die Jahrhunderte hindurch gesungen haben, ist der Stolz unseres Geschlechts. So ist mein Blut älter als das der »beiden Rosen« Englands und so königlich wie irgend eins in den Königreichen, das zur Herrschaft berufen worden ist.
Dem Stolz des Blutes verschlägt es nichts, daß die Besitztümer der Earls of Dee und ihre Titel in den Stürmen der Zeit zerstreut, zerbrochen und verloren gegangen sind. Mein Vater, Rowland Dee, Baronet of Gladhill, wüst an Sinnen und wilden Gemüts, behielt nichts übrig von allem Vätererbe als die Feste Deestone und einen leidlich ausgedehnten Grundbe-

sitz, dessen Rente eben ausreichte, seine rohen Leidenschaften zu befriedigen und daneben seinen wunderlichen Ehrgeiz: aus mir, seinem einzigen Sohn und dem Letzten des alten Geschlechts, eine neue Blüte und einen neuen Ruhm für unser Haus hervorzuzüchten.

Als wolle er Vaters- und Urgroßvaterssünden durch mich sühnen, so tat er seiner Natur Gewalt an, sobald es um meine Zukunft ging, und obwohl er mich nie anders als von weitem gekannt und unsere Natur und Art so verschieden waren wie Wasser und Feuer, so danke ich doch ihm allein jede Pflege meiner Neigungen und jede Erfüllung meiner ihm so fremden Wünsche. Der Mann, dem jedes Buch ein Greuel und Wissenschaften ein Hohngelächter waren, förderte alle meine Geistesgaben auf die sorgfältigste Weise und ließ mir, auch hierin jähen Stolzes, die allervortrefflichste Bildung angedeihen, die nur ein reicher und hochgeborener Herr in England genießen kann. Zu London und Chelmesford hielt er mir die ersten Lehrer jener Zeit.

Auf dem St. Johns College zu Cambridge vervollkommnete ich mein Wissen im Kreise der vornehmsten und tüchtigsten Geister dieses Landes. Und als ich nicht ohne Ehre die Würde eines Baccalaureus von Cambridge, die nicht gekauft und nicht erschlichen werden kann, in meinem dreiundzwanzigsten Jahre errang, da gab mein Vater auf Deestone ein Fest, das ihn schier ein Drittel seiner Güter zu verpfänden zwang, um die wahrhaft königlichen Schulden bezahlen zu können, die er zur sinnlos verschwenderischen Ausstattung dieser Jubeltage gemacht hatte. Bald darauf starb er.

Da meine Mutter, eine stille, feine und vergrämte Frau, schon lange tot war, so sah ich mich in meinem vierundzwanzigsten Jahr plötzlich als einzigen und unabhängigen Erben eines immer noch stattlichen Besitzes und eines Titels von altem Glanze.

Wenn ich zuvor mit so starken Worten hervorgehoben habe, wie gegensätzlich unser beider Naturen waren, so habe ich dies nur in der Absicht getan, das Wunder in der Seele eines Mannes gebührend ins Licht zu setzen, der, selber nur von Waffen- und Würfelspiel, Jagd und Trunk erfüllt, dennoch die von ihm innerlich verachteten sieben freien Künste wert genug hielt, um von ihnen – und meiner Neigung für sie – sich einen erhöhten Ruhm seines immerhin schon ziemlich in den bösen Zeitläuften abgewitterten Ahnenschildes zu erhoffen. Nicht aber wollte ich sagen, daß ich nicht selbst auch ein gut Teil von dem wild und unbändig einherfahrenden Wesen meines Vaters überkommen hätte. Rauf- und Sauflust und manch ein noch bedenklicherer Zug meines Charakters hatte mich schon in frühen Jahren nicht selten in die abenteuerlichste Lage gebracht und mitunter sogar in allerhand halsbrecherische Gefahr. Darunter war die einstige, in jugendlichem Übermut vielleicht schon mehr als kecke – Affaire mit dem Rabenhäuptling noch nicht einmal die schlimmste gewesen, obschon sie meinem Leben die verhängnisvollste Wendung gegeben hat.

Unbekümmertheit um den kommenden Tag und rauhe Abenteuerlust war es darum auch vor allem gewesen, was mich veranlaßte, alsbald nach des Vaters Tod Haus und Land den Verwaltern zu überlassen und mit mehr als bescheidener Rente auf Reisen zu gehen wie ein Lord. Mich reizten die. Hohen Schulen zu Löwen und zu Utrecht, zu Leyden und zu Paris, das große Leben, – freilich auch der breite Ruhm der dort zu üppiger Blüte gelangten öffentlichen und Geheimen Wissenschaften.

Cornel Gemma, der große Mathematikus, – Frisius, der würdige Nachfolger Euklids in nordischen Landen – und der hochberühmte Gerhardus Mercator, der erste unter den Erd- und Himmelskundigen meiner Zeit, sind dort meine Lehrer gewesen und ich war nach Hause zurückgekehrt mit dem Ruhm eines Physikers und Astronomen, der keinem in England nachstand. Und solches in meinem vierundzwanzigsten Jahr!! – Mein Hochmut war darum nicht gering, und mein natürlicher und geerbter Übermut hatte daraus jede erwünschte Nahrung gezogen.

Der König übersah meine Jugend wie meine tollen Streiche und machte mich zum Lehrer der Griechischen Sprache an seinem besonders protektionierten Lieblingscollegium zur Heiligen Dreifaltigkeit in Cambridge: Was hätte meinem Stolz süßer eingehen mögen, als diese frühe Berufung an den Ort, woselbst ich einst die Schulbank gedrückt hatte?!

Meister unter fast Gleichaltrigen, ja oft Älteren, war mein *collegium graeciae* allermeist mehr ein *collegium bacchi* et veneris zu nennen, als ein *collegium officii.* Und wahrlich, noch heute möchte mir die Erinnerung an jene Aufführung des »Friedens« von dem alten Komödiendichter Aristophanes, dem Göttlichen, das Maul ins Lachen verziehen; er war von meinen Schülern und Kumpanen dargestellt und von mir höchst mirakulös in die Scene gesetzt gewesen. Ich konstruierte damals einen Riesen-Mistkäfer nach Vorschrift des Dichters, von furchterregendem Ansehen, dessen Leib eine so wohl ersonnene mechanische Einrichtung barg, daß derselbige Käfer sich stracks in die freie Luft erhob und über die Köpfe der abergläubisch aufschreienden Zuhörerschaft damals geradewegs in den Himmel aufburrte und mit großem Getöse und Gestank die Botschaft zu Jupiters Tron brachte.

Wie haben die guten Professores und Magistri, nebst den ehrenwerten Bürgern und Bürgschaftsvorständen, die Nasen erhoben und die Stoßgebetlein unter die Sitzbänke strömen lassen vor Angst, Not und Entsetzen über das Zaubermirakel und die schwarze Kunst des jungen, allzufrechen Tausendkünstlers, John Dee.

Bei all dem Lärm, Gelächter, Gezeter und Halloh dieses Tages hätte ich mit achtsameren Sinnen wohl lernen mögen Art und Weise dieser Welt, in der zu leben ich doch geboren und verdammt bin. Denn es antwortet diese Welt und der Pöbel darin, der ihr sein Gesetz giebt, auf harmlosen Übermut und Schabernack mit bitterm Haß und tödlichem Ernst seiner Rache.

Sie stürmten mir damals das Haus in jener Nacht, um mich, den Teufelsbündler, zu fangen und vor ihr hirnlos unsinniges Gericht zu schleppen. Und Dechant und Fakultätssuperior krächzten dem Pöbel voran, schwarzen Aasvögeln gleich, um der »Gotteslästerung« eines fröhlichen *mechanicus* willen! – Und wäre in jener Nacht nicht Dudley-Leicester, mein Freund und der würdige und verständige Rektor des College gewesen, wer weiß, ob mich der gelehrte und profane Pöbel nicht schon in selbiger Stunde

vom Leben zum Tode gebracht und an meinem gerinnenden Blut die gierige Luft gebüßt hätten! –
So aber entrann ich damals auf raschem Pferd nach meinem festen Deestone und von da aufs neue übers Meer nach der Stadt Löwen auf die Hohe Schule. Hinter mir ließ ich ein ehrenvolles Amt, eine leidliche Besoldung und einen von gehässiger Unfläterei derer Gerechten und Frommen über und über beschmutzten, durch allen Unrat der Verdächtigungen gezogenen Namen. Allzuwenig schierte mich damals noch die scheinbare Ohnmacht der tief unter meinem Stande hin und widerzischenden Lästerungen. Noch gänzlich unkundig war ich der Erfahrung in dieser Welt: kein Stand ist zu hoch und kein Verläumder zu gering und verächtlich geboren, als daß nicht Anfeindungen von noch Größeren zu ihrer Zeit beide miteinander zusammenknüpfte und aus dem Geifer der Tiefe das Gift für den Edelgeborenen mischte!
O, meine Standesgenossen, wie habe ich sie inzwischen bitterböse kennen gelernt! –
Chemie und Alchymie habe ich dann zu Löwen bis auf den Grund studiert und die Natur der Dinge erforscht, soviel ein Lehrer davon zu lehren verstand. Und daraufhin mir zu Löwen mit teurem Gelde eine eigene Küche erbaut und fleißig den natürlichen und göttlichen Geheimnissen der Welt für mich allein nachgespürt. Ist mir auch manches Wissen und Einsehen in die *elementa naturae* geworden. –
Damals nannte man mich *magister liberarum artium.* Und da das blöde und giftige Gerücht aus meiner englischen Heimat mich hier nicht wohl erreichen und verfolgen konnte, so genoß ich bald hohe Ehren unter den Gelehrten und Nichtgelehrten und zählte,

als ich im Herbst auf der Kanzel zu Löwen Astronomie vortrug, zu meinen Schülern die Herzöge von Mantua und Medina Cöli, die damals einen Tag in der Woche aus Brüssel eigens zu mir herüber ritten, allwo Kaiser Karl V. Hoflager hielt. Und zu mehreren Malen war die Majestät selbst bei den Zuhörern und duldete nicht, daß Seinetwegen im geringsten die Ordnung und gewohnte Weise des *collegii* verändert werde. Auch Sir William Pickering aus meiner Heimat, ein gelehrter und sehr ehrenwerter Gentleman, und Matthias Haco und Johannes Capito aus Danmarken hörten fleißig meine Vorträge. Und damals war es, daß ich Kaiser Karl anriet, die Niederlande auf eine Zeit zu verlassen, da ich eine Seuche aus gewissen, untrüglichen Umständen, so ich zuvor wohl studiert hatte, in jenem feuchten Winter herandringen sah und dem Kaiser solche Gefahr treulich anzeigte. Der Kaiser Karl war baß erstaunt und lachte und wollte solcher Prophezeiung keinen Glauben schenken. Und viele Herren seines Gefolges nahmen den guten Anlaß wahr und versuchten, mich mit Spott- und Lügenreden aus der sichtbaren Gunst Seiner Majestät zu drängen, da ihnen diese schon bei längstem ein Greuel und fressender Neidwurm war. Es war aber der Herzog von Medina Cöli, der dem Kaiser mit ernstem Bedenken nahe ging und ihm sehr empfahl, meine Warnungen nicht in den Wind zu schlagen. Denn ich hatte dem Herzog, als ich sein Wohlmeinen erkannte, gewisse Zeichen gewiesen, auf die ich meine Weissagungen zu stützen verstand.

Sind denn auch bald nach Jahreswende die Anzeichen der Seuche so gemehrt worden, daß Kaiser

Karl V. sein Lager zu Brüssel in großer Eile räumte und bald außer Landes zog, nicht, ohne mich in sein Gefolge zu fordern, und, als ich diese Ehre bei anderen, dringlichen Plänen ausschlagen mußte, mich mit einem fürstlichen Geldgeschenk und einer güldenen Kette nebst Gnadenpfennig auf das Schmeichelhafteste zu entschädigen.
Bald darauf erhob sich der hustende Tod in Holland und wütete dermaßen, daß damals binnen zweier Monate bei dreißigtausend Tote in den Städten und auf dem Lande gezählt wurden. –
Ich selber hatte mich vor der Seuche gewandt und war nach Paris übergesiedelt. Dort waren Turnebus und Petrus Remus, der Philosoph, und Rançonet und Fernet, die großen Ärzte, und Petrus Nonius, der Mathematiker, meine Schüler in der Euklidischen Geometrie und in Astronomie. Alsbald kam auch König Heinrich XI. in einen Hörsaal und wollte nicht anders, wie Kaiser Karl in Löwen, zu meinen Füßen sitzen. Durch den Herzog von Monteluc erging an mich das Anerbieten, Rektor einer eigens für mich zu errichtenden Akademie zu werden, oder eine Professur an der Universität zu Paris unter hohen Versprechungen für die Zukunft anzutreten.
Das alles aber war mir wie ein Spiel und mein Hochmut ließ es mich mit Lachen ausschlagen. Mich trieb mein düsterer Stern zum andernmal nach England zurück, denn zu Löwen hatte mir ein gespenstischer schottischer Pibrochpfeifer, – mag sein, es war der unheimliche Hirte des Bartletts Green – den Nikolaus Grudius, Kaiser Karls Geheimkämmerer, ich weiß nicht wo aufgetrieben hatte, dringlich vorgestellt, daß ich bestimmt sei, in England zu höchsten

Ehren und Erfolgen emporzusteigen. Es fraß sich dies tief in meine Seele ein und mir war, als habe es noch eine ganz besondere magische Bedeutung, über die ich mir nicht klar werden konnte. Aber so oder so, es lag mir im Ohr und reizte meinen abenteuerlichen Ehrgeiz. Und so kam ich zurück und ließ mich ein in das höchst gefährliche und blutige Spiel der Kräfte, das damals die Reformation zwischen papistisch und lutherisch Gesinnten entfesselte und das, von der königlichen Familie angefangen, bis tief hinab ins letzte Dorf Brüder verfeindete und Eltern entzweite. Ich nahm die Partei der Reformierten und dachte, in raschem Ansturm Liebe und Hand der evangelisch gesinnten Elizabeth zu erringen. Wie das aber mißlang, das habe ich in andern Tagebüchern treulich aufgezeichnet und will es darum nicht nochmals erzählen.

Robert Dudley, Graf von Leicester, der beste Freund, den ich Zeit meines Lebens besessen, verkürzte mir die Tage der Verborgenheit nach meiner Entlassung – besser wäre schon zu sagen: nach meinem Entrinnen aus Bischof Bonners Gewalt aus dem Tower –, auf seinem schottischen Burgnest in den Sidlaw Hills, indem er mir wiederholt erzählte von den Beratungen und Ereignissen, die meine Befreiung bewirkt haben. Und meine gierigen Ohren konnten nicht satt bekommen, was er mir erzählte über die knabenhafte Verwegenheit und die abenteuerliche Entschlußkraft, die sich damals in Princessin Elizabeth offenbart hatten. Wußte ich doch viel, viel mehr, als der Dudley ahnen konnte. Ich wußte es, wußte es mit kaum niederzukämpfendem Jubel in der Kehle, daß Princessin Elizabeth alles für mich getan hatte, ebenso und mehr, als wenn sie es für sich selbst getan hätte, – hatte sie doch den Liebestrank getrunken, den ihr Mascee und die Hexe von Uxbridge aus meinem Leibe zubereitet hatten! –

Gewaltig hob mich dieser Gedanke und das Wissen von der Kraft des Trankes, die mir aus dem schier unglaublich kühnen Handeln der Princessin hervorzugehen schien. Mit magischer Gewalt hatte ichs gezwungen, daß ich – als Trank – in Lady Elizabeths Seele und Wille einging, daraus ich nun und nimmermehr zu vertreiben wäre und in Wahrheit auch nicht mehr zu vertreiben gewesen bin bis auf den heutigen Tag trotz aller Widerstände des unbegreiflichen Schicksals!

»Ich zwings!« – das war der Wahlspruch meines Vaters gewesen sein Leben lang und er hatte das Wort geerbt von seinem Vater; dieser vom Großahn, und so scheint der Wahlspruch alt zu sein, wie das Geschlecht der Dees. Und: »Ich zwings!« – war auch mein Sinn und Wille von Jugend auf und der Sporn zu allen meinen Taten und Erfolgen im ritterlichen, wie im gelehrten Leben. »Ich zwings!« – das hat mich bei jungen Jahren zum Lehrer und Berater von Kaisern und Königen und, ich darf es sagen, zu einem der geehrtesten Natur- und Geisteskundigen meiner Zeit und meines Vaterlandes gemacht. »Ich zwings!« – das hat mich befreit aus den Krallen der Inquisition, und »Ich zwings!« –

– – – ich eitler Tor! Was habe ich denn in dreißig Jahren gezwungen?! – In den Jahrzehnten meiner besten Manneskraft?! – Wo ist die Krone von Engelland? – Wo steht der Tron über Grönland – und den Staaten im Westen, die sie heute nach einem fadenscheinigen Matrosen das Land des Amerigo Vespucci benennen –?!

Ich übergehe die fünf elenden Jahre, die ein launisches und törichtes Schicksal der lungensüchtigen Maria von England zugestand, um Großbritannien in neue, vergebliche Wirren zu stürzen und den Papisten eine verderbliche Frist zu gewähren, ihre irrgläubige und unduldsame Herrschaft wieder aufzurichten.

Mir selbst schienen jene Jahre wie ein weise meine Leidenschaften zügelndes Geschenk der Vorsehung, denn ich verwandte die notgedrungene Stille der Zeit zu den sorgfältigsten Studien und Vorbereitungen meiner grönländischen Pläne. Ich wußte in ruhigem Triumph, daß meine – daß unsere Zeit kommen werde, die Zeit der glorreichen Königin und meiner –: ihres durch Weissagung und Schicksal vorbestimmten Gemahls.

Denke ich zurück, so ist mir, als habe solche Weissagung mir von der Stunde meiner Geburt an im Blute gelegen. Ich meine, so damals wie heute: schon meine Kindheit war erfüllt von dem heimlichen Wissen um meine königliche Bestimmung; und vielleicht ist es diese blinde, mir gleichsam mit dem Blute überlieferte Überzeugung gewesen, die mich eigentlich nie auf den Gedanken verfallen ließ, die Ansprüche näher zu prüfen, auf die sie sich gründete.

Auch heute, nach so endlosen Enttäuschungen und Fehlschlägen, ist jenes mir mit der innersten Seele verwachsene Wissen und Gewißhaben nicht im mindesten erschüttert, wie sehr auch die Sprache der Tatsachen gegen mich zeugt. –

Aber tut sie es denn? –

Heute fühle ich das Bedürfnis, mir wie ein Kaufmann Rechenschaft zu geben über mein Vermögen, indem ich die Ansprüche meines Gemütes und meines Willens und die Erfolge meines Lebens auf die Soll- und Haben-Blätter meines Haupt-Schicksalsbuches gerecht verteile. Denn auch dieses spüre ich: in mir treibt eine Stimme mich an, bald die Bilanz zu ziehen.

Ich weiß nichts beizubringen, nicht aus Urkunden und nicht aus Erinnerungen, was mir das Recht zu der Meinung gäbe, daß schon meine Kindheit unter dem selbstverständlichen Wissen stand, ich sei verbunden mit dem einen Tron. – Und das kann doch nur der von England sein! so sage ich mir immer wieder, und in mir wohnt etwas, was mich nicht zweifeln läßt. Mein Vater Rowland hat mir wohl, nach Art verkommener und ein unrühmliches Ende ihres Hauses vorausahnender Edelleute, mit hochfahrenden Worten öfters Rang und Ansehen unseres Geschlechtes gerühmt und die Verwandtschaft mit den Greys und Boleyns betont. Aber er tat es vorzüglich, wenn die königlichen Gerichtsvollzieher wieder einen Acker oder ein Stück Wald pfändeten. Das Gedächtnis dieser beschämenden Vorgänge kann es also kaum gewesen sein, das mich so sehr in Zukunftsträume emporhob.

Und dennoch kam das erste Zeugnis und die erste Weissagung meiner zukünftigen Taten aus mir selbst, wenn ich so sagen darf, nämlich aus dem Glase meines Spiegels, in dem ich mich, besoffen und be-

schmutzt, nach der Feier meiner erlangten Magisterwürde selber sah. Die Worte, die damals das gespenstige Spiegelbild sprach, dröhnen heute noch gegen meine Ohren; und weder Bild, noch Worte schienen von mir zu kommen, denn ich sah mich anders im Spiegel, als ich zugleich war, und ich hörte die Rede nicht aus mir, sondern aus dem Gegenüber tönend aus dem Glase. Hier irrt mich keine Täuschung der Sinne oder des Gedächtnisses, war ich doch damals plötzlich bis zur Zehe hinab nüchtern geworden, als der Spiegel zu mir sprach.
Hierauf kam die seltsame Prophezeiung der Moorhexe von Uxbridge an Lady Elizabeth. Die Princessin selbst ließ mir später davon eine geheime Abschrift über Freund Robert Dudleys Vermittlung zugehen, dazu sie drei Worte gefügt, die ich heute wie damals auf dem Herzen trage: *verificetur in aeternis*
Sodann hat mir der seltsame Bartlett Green, der, wie ich heute sehr wohl weiß, ein vollkommener Eingeweihter der furchtbaren Mysterien ist, die in Hochschottland zuweilen ihre Schüler und Anhänger besitzen, im Tower mit noch viel deutlicheren Hinweisen und Zusagen entdeckt und mit untrüglichen Zeichen verbürgt, was mir bestimmt sei. Er grüßte mich als den »Königlichen Jüngling«. Ein Ausdruck übrigens, den alchymistisch zu deuten, es mich bisweilen gar nicht loslassen will. Und dabei packt es mich oft, als sei die mir bestimmte »Krone« noch ganz anders als irdisch zu deuten. — — — Er, ein ungebildeter Fleischer, öffnete mir die Augen über den Sinn des nordischen Thule, des Grönlandes, als einer Brücke zu den unermeßlichen Ländern und Schätzen des indianischen Erdteils, davon der aben-

teuernde Columbus und Pizarro nur den kleinsten und wertlosesten Teil entdeckt und der spanischen Krone unterworfen haben. Er zeigte mir die zerbrochene und wieder zu einende Krone des Westmeeres, Englands und des nördlichen Amerika, und König und Königin, vereint und vermählt auf den Tronen der Inseln und des neuen Indiens. –
Wieder packts mich da jetzt: ist das alles wirklich irdisch zu verstehen?!?
Und *er* war es, der – nicht nur damals im Tower, sondern danach noch zweimal, da er leibhaftig zu mir trat und Auge in Auge mit mir sprach – mir den Wahlspruch des Roderich wie mit Eisenklammern neu in der Brust befestigte: »Ich zwings!«
Er – er wars, der bei einem seiner Besuche mich zu letzter Anstrengung, – zu äußerster Gewalttat aufrüttelte und mich mit der schrecklichen Kraft seiner Beredsamkeit, die doch so klar ist wie ein allwissender Verstand und so wohltätig wie Eiswasser auf eine fiebernde Stirn, führte, lockte und verführte, meine Königin zu zwingen, wo ihre zaudernde, ihre rätselhafte Natur immer aufs neue zurückzubeben schien.
Und abermals packts mich da: ist das alles irdisch zu verstehen?!?
Doch daß ich auch dies an seinem Ort und in der richtigen Reihe lasse, will ich fortfahren, jene vergangenen Jahre zu überblicken und daraufhin zu prüfen, wo der Fehler meines heißen Bemühens verborgen liegen möchte.
Nach dem Tode Marias von England, der in mein vierunddreißigstes Lebensjahr fiel, schien meine Zeit gekommen. Auch waren damals alle meine Pläne

zur militärischen Expedition und Besetzung Grönlands, sowie zur Ausgestaltung dieser Gegenden als Stütz- und Brückenpunkte, um Nordamerika planmäßig zu erobern, aufs allersorgfältigste schon ausgearbeitet und lagen bereit. Auch nicht der geringste Umstand, der eine so weit ausgedachte Unternehmung zu fördern oder zu behindern geeignet ist, war von mir übersehen worden, sowohl nach der geografischen und nautischen, wie nach der militärischen Seite hin, und somit mußte schon die allernächste Zeit den Beginn einer weltumgestaltenden Aktion der englischen Macht bringen.

Alles ließ sich auch alsbald aufs Beste an. Schon im November des Jahres 1558 hatte mir der getreue Dudley, nunmehr Earl of Leicester, den Auftrag meiner jungen Königin überbracht, ihr das Horoskop auf den Tag ihrer Krönung in Westminster zu stellen. Mit Recht nahm ich das für einen freundlichen Gruß und Wink und begab mich mit Feuereifer an das Geschäft, das Zeugnis der Sterne und des himmlischen Schicksals selbst aufzurufen für den Emporstieg ihres Ruhmes und meiner durch Weissagung geweihten und unserer gemeinsamen königlichen Bestimmung.

Dies Horoskop, dessen wunderbare Constellationen in der Tat die Zeit einer unvergleichlichen Blüte und Ernte für England und Elizabeths Regierung voraus verkündete, trug mir, neben einem namhaften Geldgeschenk, die wärmsten Lobsprüche und die Andeutung eines mehr als königlichen Dankes der Herrscherin ein. Das Geld legte ich unwillig beiseite, aber die mannigfachen geheimnisvollen Versprechungen ihrer Gunst, die sie mir immer wieder durch Leicester zukommen ließ, befestigten meine Zuversicht aufs beste und ließen mich die baldige Erfüllung aller meiner Träume erhoffen.

Aber – nichts erfüllte sich!

Königin Elizabeth begann mit mir zu spielen, und bis heute noch hat es sein eindeutiges Ende nicht gefunden. Wieviel mich das an Kraft, an Ruhe der Seele, an Vertrauen auf Gott und die ewigen Mächte gekostet hat, an Spannkraft des Willens und meiner ganzen niedern und höhern Natur, davon kann nie und nimmer eine Niederschrift Rechnung ablegen. Kräfte, neu eine Welt aufzubauen und zu zerstören, wurden vertan.

Zuvörderst schien es, als habe der Schmeicheltitel der »jungfräulichen« Königin, der alsbald von allen Seiten zugleich das Ohr Elizabeths umkosete und bald zu nichts weniger, als zu einem Modetitel der Majestät selbst erhoben wurde, sie dermaßen erfreut, daß ihr der bloße Name den Kopf verdrehte und sie beschloß, sich dieser Ehrenbezeichnung gemäß zu verhalten. Ihr unbändiger Sinn und natürlicher Freiheitsstolz kamen dem verhängnisvoll entgegen. Von der andern Seite her widersprach jedoch durchaus die starke, natürliche Anlage ihres Fleisches, das schon früh danach schrie, das Geschlecht zu befriedigen – wenn auch oftmals auf die seltsamste und verkehrteste Weise.

Und einmal, – es war nicht lange vor unserm ersten, heftigen Zwist – kann mich wohl kein Mißverstehen betrogen haben, als ich ihre Aufforderung, nach Windsorcastle zu kommen, erhielt zu einem freien Beisammensein mit ihr. In jäher Aufwallung sagte ich ab, denn ich strebte keineswegs danach, die

Nacht mit einer brünstigen Jungfrau zu verbringen, sondern ich begehrte den Tag ruhmvoller königlicher Gemeinschaft.

So mag denn das Gerücht in allerwege recht behalten, daß mein Freund Dudley, genügsameren Sinnes als ich, mit Freuden nahm, was ich mir und der Geliebten meines zeitlosen Verlangens versagt habe. Ob ich Unrecht daran getan habe, weiß Gott allein.

Was ich viel später, auf schier befehlendes Zudringen des Bartlett Green, des Ungeborenen, Niemalsgestorbenen, des Kommenden und Gehenden, getan habe, das hat mir den Blitzschlag des Fluches doch endlich auf mein Haupt herabgezogen, der mich so lange verzehrend bedroht und mich früher oder später ja dennoch getroffen hätte; mag es mir in der Unerforschlichkeit ja wohl vorausbestimmt gewesen sein. Auch ist nicht zu sagen: weil ich diesen Blitzstreich lebend überdauert habe, — wenn auch dadurch meine Lebenskraft und Seelenruhe unheilbar litt —: die Fülle dieses Fluches hätte mich zu einer andern Stunde oder unter anderen Gestirnconstellationen nicht völlig zerstört.

Aber ich bin heute trotzdem nur mehr die Ruine meiner ehemaligen Stärke. Bloß weiß ich heute: wogegen ich kämpfe!

Elizabeths zweideutiges und grausames Verhalten gegen mich bewirkte, daß ich im Zorn über ihr neuerdings gebrochenes Versprechen mich nicht zu Plauder-, Kose- und Neckstunden, sondern zu ernsthaften Beratungen nach Windsorcastle zu befehlen, — England zum andernmale verließ und zu Kaiser Maximilian nach Ungarn reiste, um diesem unter-

nehmenden Herrn meine Pläne zu unterbreiten, wie Nordamerika zu erobern und zu besiedeln sei.
Unterwegs jedoch ergriff mich eine wunderliche Reue und es kam mir vor wie Verrat meines innersten Geheimnisses mit meiner Königin und es warnte mich und zog mich rückwärts, als sei ich mit einer Nabelschnur magisch verbunden mit der mütterlichen Natur meiner Herrin.
So trug ich dem Kaiser nur mancherlei vor, was ich über Astrologie und Alchymie dachte, um auf einige Zeit an seinem Hofe Unterkunft zu finden als kaiserlicher Mathematikus und Astrologus. Es zerschlugen sich aber unsere gegenseitigen Propositionen.
Somit kehrte ich im nächsten Jahr, dem vierzigsten meines Lebens, nach England zurück und fand Elizabeth versöhnt, so süß lockend und kalt in königlichem Stolze, wie je. In Greenwich verbrachte ich als ihr Gast Tage, die mich tief erregten, denn zum erstenmale schenkte sie meinen Vorträgen willigeres Gehör und nahm mit ernstem Dank die Früchte meiner wissenschaftlichen Mühen entgegen. Herzlich versprach sie mir ihren mächtigen Schutz gegen alle Anfeindungen der Dunkelmänner und zog mich bald auch in den engsten und vertrautesten Kreis ihrer eigenen Pläne, Ziele und Sorgen.
Damals eröffnete sie mir, bald mild, bald wild: ihr leidenschaftliches Herz bekenne sich zu jeder Schwärmerei ihrer Jugend, soviel davon meine Person beträfe, und sie gab mir frei zu wissen, daß sie meinen Trank bei der Hexe nicht vergessen habe.
Ich sah daraus mit Staunen, daß sie mehr wußte, als ich gedacht. Zugleich erklärte sie mir aber auch mit seltsamer Feierlichkeit, daß sie sich nun auf Lebenszeit

als meine Schwester fühle, viel mehr denn als Buhlin meines Blutes, und daß unsere Gemeinschaft ihren Anfang nehmen müßte von der Blutsgemeinschaft der Geschwister aus, damit sie dereinst den Gipfel der Blutsvereinigung erlange. Ich verstand und verstehe nur wenig den Sinn und Zweck solcher phantastischen Rede, — aber auch damals packte michs, als spräche etwas Unirdisches aus der Königin — wenn ich nicht heraushören sollte, daß sie mir Grenzen zuzuweisen wünschte, die all mein zähes Streben und Hoffen nur mit äußerstem Widerstand anzuerkennen vermochte. Seltsam nur, daß ich niemals den Gedanken loswerden kann, etwas anderes als sie — eine unbekannte Kraft und Stimme — habe damals aus ihrer Rede gesprochen — etwas, was eine Bedeutung haben muß, die ich vielleicht niemals werde enträtseln können. Was mag das nur bedeuten: Gipfel der Blutsvereinigung?! — Damals kämpfte ich in Greenwich mit Elizabeth das erste und einzigemal den offenen, ehrlichen Kampf um Liebe und Gegenliebe und um das natürliche Recht des Mannes auf sein Weib. Umsonst. Elizabeth versagte sich, unnahbarer denn je.

Ja, nach diesen Tagen der allertiefsten Seelengemeinschaft wandte sie sich zu einer verschwiegenen Morgenstunde im Park plötzlich mit ganz verändertem Gesicht zu mir. Ihre Augen zeigten den unergründlichen und rätselhaften Ausdruck einer schier spöttischen Zweideutigkeit und sie sagte:

»Da du, Freund Dee, so sehr das Recht des Mannes auf ein Weib gegen mich gepriesen hast, so habe ich darüber die vorige Nacht mit Ernst nachgesonnen und bin zu dem freien Entschlusse gelangt, deinem

Mannestrieb nicht nur die Bahn zu öffnen, sondern mit eigener Hilfe dir die Erfüllung deiner Sehnsucht zu gewähren. Ich will die Lanze zum Reif gesellen und sie dir ins Wappen stellen zum Zeichen der glücklichen Ehe. Ich weiß, deine Angelegenheiten in Mortlake stehen nicht zum besten und Gladhill ist bis auf den letzten Dachziegel in fremde Hände verpfändet. Darum steht dir eine reiche Frau gewiß wohl an und zugleich eine solche, die dem Stolzsinn eines Roderich-Enkels nichts abbricht. Ich habe beschlossen, daß du meine reizende und so überaus sanfte Jugendfreundin, Lady Ellinor Huntington, ehelichst.

Und dies schon beim nächsten.

Lady Huntington kennt Meinen Wunsch seit heute morgen und ihre Ergebenheit für Meine Person ließ sie nicht zögern, sich Meinem Wunsche zu fügen. Du siehst, John Dee, wie ich – schwesterlich um dich besorgt bin.«

Der furchtbare Hohn dieser Rede – wenigstens empfand ich so – traf mich ins Innerste meines Herzens. Elizabeth kannte doch genau meine Gefühle für Ellinor Huntington, die hochmütige, herrsch- und klatschsüchtige, ebenso bigotte, wie mißgünstige Verderberin unserer Kindheitsträume und Jugendneigung. Die Königin wußte also sehr wohl, was sie mir und sich selbst antat, wenn sie aus der Machtvollkommenheit ihrer Majestät mir die Ehe mit dieser geborenen Feindin aller meiner Instinkte und Hoffnungen anbefahl! Wieder faßte mich damals der herzbrennende Haß gegen irgend etwas in der Natur meiner königlichen Geliebten und ich neigte mich wortlos vor Gram und verwundetem Stolz die-

ser hochmütigen irdischen Herrscherin und ging aus dem Park von Greenwichcastle fort.
Wozu die Kämpfe, die Demütigungen und die »klugen« Überlegungen nochmals heraufbeschwören, die dann folgten? Robert Dudley vermittelte und die Königin vollendete ihren Willen. Ich heiratete damals Ellinor Huntington und verlebte an ihrer Seite vier frostige Sommer und fünf scham- und abneigungsglühende Winter. Ihre Mitgift hat mich reich und sorgenlos, ihr Name mich beneidet und neu geehrt bei meinen Stammesgenossen gemacht. Königin Elizabeth genoß ihren bösen Triumph, mich, den Bräutigam ihrer Seele, in den kalten Armen einer ungeliebten Frau zu wissen, deren Küsse keinerlei Gefahr der Eifersucht für sie – die »jungfräuliche« Majestät – zu erregen drohten. Damals schwor ich am Altare zugleich eheliche Treue meinem Weib und Rache aus dem Urgrund meiner unstillbaren Liebe hervor der grausam mit mir spielenden Geliebten, der Königin Elizabeth.
Den Fingerzeig zu dieser Rache gab mir Bartlett Green.
Zuvor aber kühlte Elizabeth noch ihre ganze Lust an mir, indem sie mich nun erst recht in die intimsten Sorgen ihrer privaten Politik hineinzog. Sie eröffnete mir, daß die Staatsraison ihre eigene Verehelichung ratsam mache. Sie befrug mich, lauernd und mit dem grausamen Lächeln einer Blutsaugerin um meinen Rat und meine Ansichten über die Eigenschaften eines Mannes, der sich für sie schicke. Endlich fand sie keinen so geeignet, wie mich – – – auf Brautschau auszureisen; und ich lud auch dieses Joch auf meine Schultern, um das Maß meiner De-

mütigungen voll zu machen. Es ist nichts aus jenen Heiratsplänen geworden; und meine eigenen diplomatischen Aufträge endigten damit, daß Elizabeth ihre politischen Combinationen änderte und ich selbst schwer in Nancy erkrankte und zwar im Gastbett eines der Ehecandidaten meiner Königin. – Gebrochen an Stolz und Mut kehrte ich nach England heim.

Gleich am Tage meines trüben Einzugs in Mortlake, – es war in dem schönen und warmen Frühherbst des Jahres 1571, – erfuhr ich durch Ellinor, mein erstes allezeit gleich einer Wachtelhündin spürsames Weib, daß Königin Elizabeth sich zu so später Jahreszeit nochmals in Richmond habe ansagen lassen, was mehr als ungewöhnlich war. Ellinor konnte ihre bösmeinende Eifersucht gegen mich kaum meistern, unerachtet sie selbst ungütig und kalt wie Marmelstein gegen mich verharrte, trotz meiner langen Abwesenheit und nicht, ohne ernstliche Gefahr über mich kaum Genesenden heraufzubeschwören.

In der Tat kehrte auch Elizabeth zur selben Zeit mit nur wenig Begleitung in Richmond ein und bezog dort ihre Gemächer wie zu längerem Aufenthalt. – Nun ist von Richmond nach Mortlakecastle kaum mehr als eine gute Meile Wegs; es war darum eine baldige und danach eine öftere Begegnung mit der Königin nicht zu vermeiden, ausgenommen, sie hätte ausdrücklich gewünscht, mich nicht zu sehen. Das Gegenteil aber trat ein und Elizabeth empfing mich schon am nächsten Tage nach ihrem Einzug in Richmond mit großen Ehren und Freundlichkeiten, wie sie mir ja auch nach Nancy zwei ihrer eigenen Leibärzte und ihren vertrautesten Courier William

Sidney mit treuester Besorgniß und Anbefehlung aller denkbaren Bequemlichkeiten zugesandt hatte.
Sie zeigte sich auch jetzt um mein Wohlergehen sehr besorgt, ließ mich mit hingeworfenen Worten und mit einem mich gänzlich verwirrenden Spiel ihrer Gunst täglich stärker spüren, wie erlöst und erwartungsvoll beglückt sie sich ihrer neu zurückgewonnenen Freiheit erfreue und wie lebhaft und vieldeutig dankbar sie es empfinde, einer Ehefessel entronnen zu sein, die ihr weder Liebe entlockt, noch Treue zu halten gestattet haben würde. Kurz: ihre Andeutungen kreisten wie schillerndes Licht oftmals um das Geheimniß unseres tiefsten Verbundenseins und manchmal schien es mir, als wolle die unbegreifliche Geliebte die pedantisch unfruchtbare Eifersucht Ellinor Huntingtons zugleich verspotten — und rechtfertigen. Wieder ging ich länger als einen Monat in blindester Hingabe am Gängelbande meiner Herrin; und zu keiner andern Zeit hat sie mit solchem Ernst, Wohlwollen und Eifer zugehört, wie ich ihr meine kühnsten Pläne, ihre Person und die Reichsregierung zu verherrlichen, vortrug. Sie schien abermals begeistert von dem Gedanken der grönländischen Expedition und traf die wichtigsten Anstalten, meine Vorschläge zu prüfen und ins Werk zu setzen.
Mehrere Gutachten der Admiralität hielten meine sorgfältig ausgearbeiteten Dispositionen und Projekte für vollkommen durchführbar, und die militärischen Berater stimmten ihnen begeistert zu. Von Woche zu Woche erwärmte sich die Königin mehr dafür, das große Unternehmen zu beginnen. Ich glaubte mich dem Ziele meines Lebens nahe und schon war aus Elizabeths Munde — und aus einem

wie in holdseliger Magie des verheißungsvollsten Lächelns strahlenden Munde –! – das Wort gefallen, das mich zum Vicekönig aller neuen, der Krone Englands untertänig gemachten Länder berufen hätte: zum »König des Trones jenseits des Westmeeres«, da brach der gewaltige Traum meines Lebens auf die grausamste, jämmerlichste und erbitterndste Weise, die je eines Menschen Herz und Seelenkraft zu ertragen verflucht war, in einer Nacht zusammen. Was sich heimlich begeben hatte, ich weiß es nicht. –

Und noch heute ist mir das dunkle und furchtbare Geheimnis dieses Zusammenbruchs im tiefsten unenthüllt.

Nur soviel ist mir bekannt:

Für den Abend war ein letzter Kronrat mit samt den nächsten Ratgebern der Königin einberufen: insbesondere war der Lordkanzler Walsingham zugezogen. Am späten Nachmittag hatte ich behufs Besprechungen einiger weniger Ratsfragen Audienz bei meiner Herrin, – vielmehr: ich plauderte mit ihr wie mit meinem besten Kameraden und Vertrauten unter den Bäumen des herbstlichen Parkes. Einmal, in einem Augenblick, als wir beide in sämtlichen Punkten meines Projektes übereinstimmten, ergriff sie meine Hand und sagte zu mir – und ihr majestätischer Blick senkte sich forschend in meine Augen –:

»Und wirst du, John Dee, als Herr jener neuen Provinzen und als Untertan Meiner Krone allezeit Wohl und Glück Meiner Person im Auge behalten?«

Da warf ich mich vor der Herrin in die Kniee und

schwor ihr zu, Gott möge mein Zeuge und mein Richter sein, daß ich von nun an nichts mehr sinnen, noch tun wollte, als ihre Macht und Herrschaft in dem neuen indianischen Erdteil zu fördern.
Da blitzten ihre Augen seltsam auf. Sie hob mich selbst mit kräftiger Hand aus meiner knieenden Stellung und sagte langsam:
»Es ist gut, John Dee. Ich sehe, daß du entschlossen bist, dein Leben und dich selbst im Dienste — — — Großbritanniens aufzuopfern, indem du neue Erdteile Meiner Macht unterwirfst. Die Inseln danken dir für deinen Willen.«
Mit diesen kühlen und undurchsichtigen Worten entließ sie mich.
Noch in der darauffolgenden Nacht gelang es dem neidischen und kurzsichtigen Lordkanzler Walsingham die Königin zu bestimmen, daß sie die ganze Angelegenheit auf unbestimmte Zeit vertagen ließ, um sie gelegentlich später einmal nachzuprüfen. — — —
Zwei Tage darauf verlegte Königin Elizabeth ihr Hoflager nach London, ohne Abschied von mir genommen zu haben.
Ich brach zusammen. Worte sind nicht imstande die Verzweiflung meines Herzens auszudrücken.
Da trat in der Nacht der Bartlett zu mir und spottete meiner, recht polterig lachend nach seiner ungeschlachten Art:
»Hoë, liebster Bruder Dee, so bist du also deiner zukünftigen Eheliebsten recht als ein bärenrauher Kriegsmann und Reichsschlüsselbewahrer zwischen ihre liebsten Träume gefahren und hast die magdliche Eifersucht Ihrer Majestät artig bei den Haaren

gezogen! Und da wunderst du dich, daß die Kätzin kratzt, die du wider den Strich bürstest?!« –
Da gingen mir über den Reden des Bartlett die Augen auf und ich sah mit einemmale in die Seele Elizabeths und las darin wie in einem offenen Buch und verstand, daß ihre Seele nicht dulden wollte, daß ich um einer andern Sache willen solle Neigung, Eifer und Bestreben hingeben, als um ihre Person und Neigung allein! Und fuhr in barer Verzweiflung, Not und Angst in meinem Bette hoch und beschwor den Bartlett bei allem, was ihm meine Freundschaft gelte, er möchte mir raten, was ich tun sollte, die gekränkte hohe Frau wiederzugewinnen. Und hat mir Bartlett in jener Nacht vieles zu wissen getan aus der wunderbaren Macht einer Erkenntnis und ließ mich in der Zauberkohle, die er mir geschenkt, als er von dieser Seite der Welt abtrat, auf eine untrügliche Art erkennen, daß ich Königin Elizabeth und Lord Walsingham zu Gegnern habe, – ihn, weil er im Begriffe stund, ihr Buhle zu werden, – und sie, weil ihr gekränkter Weibesstolz mir so unsinnig grollte. So daß ich in eine helle Raserei der Wut und der lange gebändigten Rache für alle mir angetane Quälerei und Verführung geriet und mich ganz den Ratschlägen des Bartlett ergab, der mir sagte, was zu tun sei, um das »Weib« Elizabeth zu meinem Willen und Blut zurückzuzwingen.
Also bereitete ich mich noch in selbiger Nacht mit aller Kraft meiner überschäumenden Begier nach Vergeltung vor und folgte in allem den Weisungen des gespenstischen Bartlett Green.
Ich wage aber nicht, die *ceremonias* hier nach der Reihe zu beschreiben, die ich vornahm, um Gewalt

über die Seele und über den Leib Elizabeths zu gewinnen. Der Bartlett stand bei mir, wenn mir der Schweiß über dem furchtbaren Werk aus allen Poren brach und mir Herz und Hirn so übel taten, daß ich meinte, in Ohnmacht niederstürzen zu müssen. Ich kann nur sagen: es giebt Wesen, deren Anblick schon so furchtbar ist, daß einem das Blut erstarrt; wer aber begriffe mich, wenn ich sage: noch furchtbarer ist ihre unsichtbare Nähe! Dann tritt zu der entsetzlichsten Angst noch das grauenhafte Gefühl wehrloser Blindheit.
Endlich gelang es mir, die Beschwörungen, die ich zuletzt außerhalb des Hauses bei ziemlicher Kühle und nackendem Leib unter dem abnehmenden Monde vornahm, zu vollenden; zuletzt hob ich den schwarzen Kohle-Krystall gegen das Mondlicht empor und schaute bei drei Vaterunserlängen in die spiegelnde Fläche mit angestrengtestem Spannen aller meiner Willenskräfte. Indem verschwand der Bartlett und die Königin Elizabeth kam schwebenden Ganges und mit geschlossenen Augen in rätselhafter Eile über die Parkwiese herbeigeschritten. Ich sah wohl, daß die Herrin sich weder im wachen noch auch natürlichen Schlafzustande befand. Es war vielmehr ihr Aussehen wie das eines Gespenstes. Nie vergessen werde ich, was sich dabei im Innersten meiner Brust begab. Es war kein Klopfen meines Herzens mehr da, – nein es war ein wildes unartikulierbares Schreien, das sich aus meinem Pulse losrang und wie in weiter Ferne und doch tief in mir selbst ein Echo grausigen Stimmengewirrs wachrief, so daß sich mir vor wildem Entsetzen das Haar sträubte. Aber ich nahm allen Mut zusammen und

faßte Elizabeth bei der Hand und führte sie in mein Schlafgemach, wie mir der Bartlett zuvor anbefohlen hatte. Auch fand ich ihre Hand zuerst kühl, jedoch erwarmte sie bald samt der ganzen Gestalt, als ginge mein Blut in sie über, je länger ich sie berührte. Endlich bewirkten meine zarten Liebkosungen auch ein freundliches Lächeln auf ihren so verschlossenen Zügen, daraus ich das innere Einverständnis und die wahre Sehnsucht ihrer Seele zu erkennen vermeinte. Darum ich auch nicht länger zögerte, sondern mich in gewaltiger Inbrunst und innerlich jauchzend vor Siegesgefühl mit ihr vermählte mit allen meinen Sinnen.

Und so gewann ich mir mit Gewalt mein vorbestimmtes Weib.

In dem Tagebuch John Dees folgen hier über mehrere Blätter hin höchst seltsame und verworrene, übrigens auf gar keine Weise wiederzugebende Zeichen, wirr hingemalte Symbole und Berechnungen, vielleicht kabbalistischer Art, mit Zahlen sowohl wie mit Buchstaben. Der Eindruck davon ist indessen durchaus nicht der einer irgendwie sinnvoll gebrauchten Geheimschrift, aber auch nicht der von beliebigen Spielereien der Feder. Ich vermute, diese Sigille haben Bezug auf die Verschwörung, die mein Urahn Dee vorgenommen hat, um Elisabeth zu sich zu zwingen. Etwas Grauenhaftes strömt wie feines giftiges Od von diesen Buchseiten auf mich über, so daß es nicht möglich ist, mit Aufmerksamkeit längere Zeit darauf zu schauen. Deutlich fühle ich, daß Wahnsinn, plattgedrückt und mürb wie uralter fixierter Pflanzenstaub zwischen Herbariumsblättern, auf diesen Seiten des Tagebuchs John Dees ruht, und daß Wahnsinn, gleich einem unnennbaren Fluidum, aufsteigt und meinen Kopf bedroht. Wahnsinn hat diese Blätter mit seinen unerkennbaren Zeichen bekritzelt, und die nächsten, wie noch taumelnd hingehasteten Zeilen, die wieder lesbar sind, scheinen es zu bestätigen. Sie tauchen empor, möchte ich sagen, wie das Gesicht eines knapp dem Tode des Erstickens Entronnenen.

Ehe ich fortfahre mit meiner Wiedergabe dieses Buches, will ich zu meiner eigenen Rechenschaft und um meine Erinnerung zu sichern, hier einiges anmerken:

Zuvörderst: ich habe von je das Bedürfnis gehabt, mich selbst zu kontrollieren. Dank dieser Eigenschaft konnte mir nicht entgehen: je länger ich mich damit befasse, John Rogers Erbschaft zu studieren, desto — weniger bin ich meiner selbst sicher! Ich entgleite mir bisweilen. Lese plötzlich mit andern Augen. Denke mit einem fremdartigen Organempfinden: nicht mein Kopf denkt, sondern »es« denkt räumlich weit weg von mir, weit weg von meinem Körper, der hier sitzt. Ich benötige dann diese Kontrolle, um mich zurechtzurücken aus diesem Zustand eines haltlosen Schwindelgefühls —: eines »geistigen« Schwindelgefühls!

Sodann: ich stelle fest, daß John Dee tatsächlich nach seiner Haft im Tower nach Schottland floh, — daß er tatsächlich in der Gegend der Sidlaw Hills Unterkunft fand. Ich stelle fest, daß John Dee bis zum Wortgleichlaut dasselbe Erlebnis mit der Puppenlarve hatte wie ich. — — Erbt man denn nicht nur das Blut? Erbt man auch Erlebnisse?! — Freilich könnte man das alles leicht erklären, wenn man »Zufall« annimmt. Schon recht, schon recht, aber ich fühle es anders. Ich fühle das Gegenteil von Zufall. Aber was ich da erlebe, das — — weiß ich noch nicht. — — — Daher die Kontrolle.

Fortsetzung aus dem Tagebuch John Dees.

Elizabeth ist später nochmals wiedergekommen, aber weiß ich heute nach so vielen Jahren wirklich und wahrhaftig, daß sie es selbst war? War es nicht doch ein Gespenst? Sie hatte damals an mir gesaugt wie – wie ein Vampyr. War es also doch nicht Elizabeth gewesen? Mir graut. War es die schwarze Isaïs? Ein Succubus? – Nein, die schwarze Isaïs hat nichts mit meiner Elizabeth zu tun! Aber ich? – – – Und dennoch hat Elizabeth erlebt, ja: sie selbst! Was ich mit der Dämonin getan, wenns eine solche war, das hat Elizabeth erlebt auf eine unbegreifliche Art der Verwandlung. Dennoch war die Elizabeth, die zu mir kam in der Nacht des abnehmenden Mondes im Park: sie selbst gewesen und nimmermehr die schwarze Isaïs!!!
Und in jener Nacht der schwarzen Versuchung habe ich verloren, was mein köstlichstes Erbteil war: meinen Talisman, den Dolch – die Speerspitze des Ahnen Hoël Dhat. Ich habe es verloren drunten auf der Wiese des Parkes bei der Beschwörung und es ist mir, als hätte ich es noch in der Hand gehalten nach Weisung des Bartlett Green, als das Gespenst auf mich zukam und ich ihm die Hand reichte. Nach dem aber nicht mehr! – Also habe ich der schwarzen Isaïs bezahlt, was ich hernach von der schwarzen Isaïs empfing.
Mir ist, als begriffe ich heute: die Isaïs ist das Weib in allem Weib und die Verwandlung aller Weibeskreatur in – Isaïs!!
Seitdem war es mir ganz unmöglich geworden, Elizabeth zu durchschauen. Sie war mir ganz fremd

geworden, aber ich spürte sie so nahe, wie nie zuvor. Sehr nahe: das ist das fremdeste, was einsame Qual auszudenken vermag! Sehr nahe, ohne Vereinigung, das ist soviel wie der Tod. — — — Königin Elizabeth war sehr huldreich zu mir. Ihr kalter Blick hat mir das Herz versengt. Ihre Majestät war so fern über mir-wie der Sirius. Eine ganz große, ganz — — — geisterhafte Kälte ging damals von ihr aus, wenn ich in ihre Nähe kam. Und sie befahl mich oft nach Windsorcastle. Aber wenn ich kam, hatte sie mir nur Gleichgültiges zu sagen. Es genügte ihr, mich mit einem Blick aufs neue zu töten. Furchtbar war dies seelige Schweigen von ihr zu mir! — — —
Eine Zeit darauf kam sie an Mortlake vorübergeritten. Sie hieb mit der Reitgerte gegen den Lindenbaum vor dem Tor, daneben ich stund und grüßte. — Die Linde kränkelte und die Zweige dorrten seitdem — — —
Später traf ich die Königin in dem Bruche dicht bei Windsorcastle, wo sie Falken auf Reiher steigen ließ. Mit mir lief mein treuer Bullenbeißer. Elizabeth winkte mich heran. Sie nahm meinen Gruß mit Huld entgegen und streichelte meinen Hund. Er ist in der folgenden Nacht verreckt. — — —
Die Linde starb von unten herauf ab. Der schöne Baum tat mir leid; ich ließ ihn fällen. — — —
Den ganzen Spätherbst und Winter hatte ich meine Königin nicht wieder gesehen. Keine Einladung, keinerlei Beachtung meiner Person. Auch Leicester hielt sich fern von mir.
Einsam war ich mit Ellinor, die mich gehaßt hat von jeher.
Ich vergrub mich mit äußerstem Fleiß in den Euklid.

Dieser sehr geniale Geometer hat dennoch nicht begriffen, daß unsere Welt sich nicht erschöpft mit den drei Dimensionen: der Länge, der Breite, der Tiefe. Ich bin seit langem einer Theorie der vierten Dimension auf der Spur! Unsere Sinne sind nicht die Grenzen der Welt, noch nicht einmal die unserer eigenen Natur. –

Klare Winternächte gestatteten mir damals wunderbare Beobachtungen des gestirnten Himmels. Meine Seele festigte sich in meiner Brust wieder langsam, gleich dem Polarstern im unermeßlichen Raume des Kosmos. Ich hatte eine Schrift begonnen: »*De stella admiranda in Cassiopeia.*« Die Cassiopeia ist ein höchst wundersames Gestirn; es verändert seine Größe und Helligkeit oft in Stunden. Der Stern kann also weich sein und schwinden wie das Licht in einer Menschenseele – – –. Wunderbar sind die sänftigenden Kräfte, die aus den Tiefen des Himmels auf uns herabströmen. – – –

Mitten im März hatte Königin Elizabeth höchst unerwartet, höchst rätselhafter Weise ihren Besuch bei mir in Mortlake durch Leicester ankündigen lassen! Was mag sie wollen?! habe ich mich damals gefragt. Dudley war im Auftrag der Königin gekommen. Zu meinem allergrößten Verwundern, ja Schrecken, fragte er mich mit einemmale und geradezu nach einem gewissen »*glass*«, oder magischen Stein, so in meinem Besitze sei und den die Königin Elizabeth gerne besichtigen möchte. Im ersten Staunen war's mir unmöglich gewesen, die Wahrheit zu verbergen und den Stein des Bartlett Green, den er mir gegeben hat und mit dessen Hilfe ich oft schon so manches bewirkt hatte, zu verleugnen. Auch ließ

Dudley mit kurzen Worten erkennen, daß die Herrin genau Bescheid wisse von meinem Besitz, da sie, wie sie selbst Dudley auszurichten befohlen, den Stein im Traum bei mir gesehen habe in einer Nacht im verwichenen Herbst. – Mir stockte das Herz, als Dudley solches berichtete. Ich bewahrte aber mit Mühe meine Haltung und anbefahl mich durch ihn der Huld und Gnade meiner Herrin, sprechend, daß aller Besitz meiner Person und meines Hauses durchaus der ihrige sei.

Als Dudley ging, küßte er – oh wie lang ist das jetzt her! – Ellinor, meiner damaligen Gattin, die Hand, die Jene indeß mit schier unziemlicher Eile zurückzog; und sie gestand mir nachher mit böser Miene, der Mund des Cavaliers hätte ihre Haut berührt mit einem widerlichen Hauch des Todes. Ich verwies Ellinor solche Worte ernstlich. –

Sodann kam die Herrin von Windsorcastle herüber mit Dudley und einem Reitknecht. Sie klopfte mit der Reitgerte an mein Fenster. Da erschrak sich Ellinor so sehr, daß sie sich zum Herzen griff und ohnmächtig zu Boden sank. Ich trug sie auf ein Ruhebett und eilte dann unbesehen hinaus, um die Herrin zu begrüßen. – Sie frug mich ohnehin nach Lady Ellinors Befinden und befahl mir, als sie von dem leidigen Zufall gehört, der ihr zugestoßen war, nach meinem Weibe zu schauen; sie wolle indessen im Parke rasten. Sie hat mein Haus nicht betreten, so sehr ich sie bat. Danach war ich zu meinem Weibe in die Stube getreten und hatte sie sterbend gefunden; und ich schlich mich hinweg hinaus zu meiner Herrin, unsagbares Grausen im Herzen, und brachte ihr das »*glass*«; aber Ellinor ward zwischen uns mit keinem

Worte erwähnt. Ich sah damals Elizabeth an, daß sie wußte, wie es um mein Weib stund. Nach einer Stunde ritt die Herrin von dannen. Und am Abend war Ellinor tot. Ein Schlagfluß hatte ihrem Leben ein Ende gemacht. – – – Das war am 21. März des Jahres 1575 gewesen.

Es hat die Zeit vor und nach diesem schlimmen Ereignis sehr übel mit mir gestanden, wie ich heute wohl zu beurteilen vermag. Es soll davon auch weiter nichts mehr gesagt sein als dies, daß ich dem Himmel danke, heute noch bei gesundem Geiste auf jene Tage der Verwirrung zurückschauen zu dürfen.

Es rührt nämlich mit dem Eintritt der Dämonen in unser gebrechliches Leben uns allemal der Tod des Leibes an oder schlimmer noch: der Tod des Geistes, und es ist immer wohl nur Gnade, wenn wir ihm entrinnen. –

Nach jener Zeit kam Königin Elizabeth nicht mehr nach Mortlake. Auch erhielt ich keinen Befehl mehr, zu Hofe zu kommen, und war fast froh darum. Eine Abneigung ergriff mich damals gegen die Herrin, die schlimmer war als Haß, denn sie bedeutete größte Entfernung bei innerer verfluchter Nähe. –

Dem ein Ende zu machen, beschloß ich nun von meiner Seite aus zu tun, was einst die Herrin für gut befunden hatte, mir zuzufügen: ich heiratete im dritten Jahre meiner Witwerschaft und nun schon im vierundfünfzigsten meines Lebens ein Weib nach meinem Gefallen, ein Weib, das Elizabeth und London, Hof und große Welt niemals gekannt und gesehen hatte, ein unschuldiges gesundes Kind der Natur: Jane Fromont, eines braven Pächters Tochter und also gar nicht vom Stande und darum unwürdig,

Ihrer Majestät jemals vor die Augen zu kommen. Dafür aber, daß ich es noch einmal sage: ein liebes Kind von damals dreiundzwanzig Jahren und mir von ganzem Herzen ergeben. Und ich merkte bald an einem seltsamen Wissen im Blut und an einem untrüglichen Gefühl in meiner Brust, daß ich es nun der Herrin angetan hatte und daß ein ohnmächtiger Zorn ihre Tage fern von mir verbitterte. Das war mir doppelte Wollust in den Armen meiner jungen Frau und ich ließ wissentlich und willentlich leiden die, die mich so unermeßlich leiden gemacht hat. Bis Elizabeth an einem hitzigen Fieber in Richmond erkrankte. Da aber, als ich solches erfuhr, durchstach es mich wie mit Schwertern und Lanzen und ich eilte ungerufen nach Richmond zu meiner Herrin, ward auch nicht abgewiesen, sondern alsbald vor ihr Krankenlager befohlen und fand sie in großer Gefahr.

Als ich zu ihrem Bette trat, verließen auf ihren Wink alle, die anwesend waren, Herren und Dienerinnen, das Zimmer und ich blieb bei einer halben Stunde ganz allein mit ihr und werde in meinem Leben nicht diese Unterredung vergessen.

»Du hast mir ziemlich weh getan, Freund John«, hub sie an. »Es war nicht zu deinem Gewinn, daß du zum andernmal die Hexe zwischen uns gestellt hast, damit Fremdes zwischen uns trete; damals mit Tränken und diesmal mit Träumen.«

In mir war ein heller Trotz, denn die natürliche und einfache Zuneigung meiner Jane hatte mich ruhig und zufrieden gemacht und ich war des zweideutigen Spieles mit den Gelüsten und Zurückweisungen einer launischen Königin müde. Ich antwortete darum mit gebührender Achtung der Majestät, sehr klug und männlich, wie mich dünkte: »Was Übermut aus freien Stücken je getrunken, das kann unmöglich die Gesetze der Natur, noch auch die des göttlichen Geistes verletzen. Nach der Natur ist dem Leibe Feindliches entweder des Leibes Tod, oder es wird vom Leibe getötet, indem er es verzehrt und von sich stößt. Nach dem Gesetz des Geistes aber ist uns Freiheit gegeben über unsern Willen und also sind auch unsere Träume, ob nun Nahrung oder Ausscheidungen, immer nur das Erfüllen unseres Willens. Demnach ist, was wir ohne Schaden des Leibes getrunken, lange verflogen; und was wir gegen freien Willen geträumt, ist aus dem gesunden Organismus der Seele zu deren Wohltat ausgeschieden; daß also zu Gott zu hoffen stünde, Euer Majestät werden von solchen erlittenen Anfechtungen nur desto gestärkter und befreiter aufstehen.«

Meine Rede war mir kecker und abweisender geraten, als ich sie begonnen und gewollt hatte; ich erschrak daher an der bleichen und strengen Miene, mit der mir die Herrin aus den Kissen entgegenstarrte. Es war aber nicht Zorn, sondern eine mich plötzlich bis ins Mark anpackende und erschütternde Fremdheit und abweisende Größe, mit der sie mir entgegnete, und mir war's, als spräche die »geistige« Königin aus ihr:

»Du bist weit abgeraten, Enkel des Roderich, von dem Wege deiner Bestimmung. Du beobachtest wohl des Nachts mit sehr weisem Verstande die Sterne an dem Himmel über deinem Hausdach, aber du weißt nicht, daß der Weg zu ihnen durch ihr Ebenbild führt, das in dir wohnt, und du verfällst nicht auf den Gedanken, daß dich Götter von dort oben grüßen, die da wollen, du möchtest zu ihnen emporsteigen. Du hast mir eine sehr kluge Abhandlung gewidmet: *De stella admiranda in Cassiopeia.* Oh, John Dee, du bewunderst zuviel und hast ein Leben lang versäumt, selbst zu einem Wunder zu werden im Weltall. Aber mit Recht hast du vermutet, daß der admirable Stern in der Cassiopeia ein Doppelstern sei, der um sich selber kreist in steter seeliger Ewigkeit aufleuchtend und sich in sich selbst wieder zurückziehend, wie es die Natur der Liebe ist. – Studiere du doch nur recht ruhig weiter den Doppelstern in der Cassiopeia, wenn ich nunmehr dieses kleine Königreich der Inseln vielleicht sehr bald verlassen werde, um nach der zerbrochenen Krone zu schauen, die mir drüben vorbehalten ist – – –«

Da brach ich an dem Bette meiner Herrin nieder und bin mir der Worte nur noch halbbewußt, die ferner zwischen uns gewechselt worden. –

Es erwies sich aber die Krankheit der Königin viel schlimmer, als zuvor gedacht, und die Ärzte gaben nicht mehr viel um die Erhaltung ihres Lebens. Da machte ich mich auf nach Holland und hernach bis Deutschland, um berühmte Ärzte zu holen, die mir aus Löwen und Paris her bekannt waren, traf aber keinen mehr in seiner Stadt, so daß ich schier verzweifelt mit Kurierpferden Tag und Nacht hinter ihnen her war, bis mich in Frankfurt an der Oder die Nachricht von der Genesung meiner Herrin ereilte.

Und so kehrte ich zum drittenmale heim von einer nutzlosen Gewaltreise im Dienste der Herrin und fand zuhause mein Weib Jane eines Knaben genesen,

meines lieben Söhnleins Arthur, den sie mir im fünfundfünfzigsten Jahr meines Lebens gebar.
Seit jener Zeit sind die Schrecken wie die Freuden, die Schmerzen wie die heimlichen Wallungen abenteuerlicher Hoffnungen aus dem spärlichen Umgang mit Königin Elizabeth und dem Hofe zu London so gut wie vollkommen entschwunden und mein Leben ist in diesen beiden letzten Jahren ruhig hingeflossen wie der Dee-Fluß da draußen; nicht ohne anmutig gewundene Biegung im freundlichen Land, aber ohne Abenteuer und ohne den majestätischen Drang des werdenden Stroms, der fernen und schicksalsreichen Horizonten entgegenstrebt. –
Königin Elizabeth hat eine letzte Mahnung, die ich meiner Feder abzwang, im vorigen Jahr mit gnädiger Herablassung entgegengenommen: ich widmete ihr zum Abschluß meiner hochfliegenden und doch so streng und sorgfältig durchdachten nordamerikanischen Pläne die *Tabula geografica Americae*, darauf ich nochmals auf die unabsehbaren und nie wieder einzuholenden Möglichkeiten und Vorteile des Unternehmens hinzuweisen versuchte. Ich habe nur meine Schuldigkeit getan. Wenn die Königin auf den Rat engstirniger Neidhammel lieber hört als auf den Rat ihres – Freundes, so ist eine Schicksalsstunde für England ungenützt vorübergegangen, die nie mehr wiederkehrt. Aber ich kann warten, das habe ich in einem halben Jahrhundert gelernt! Burleigh hat jetzt das Ohr der Herrin. Ein Ohr, das allzuleicht Ratschläge von den Augen empfängt, die wohlgefällig auf Männerschönheit ruhen. Burleigh ist mir nie grün gewesen. Ich erwarte wenig von seiner Einsicht und nichts von seiner Billigkeit.

Aber da ist noch ein anderer Umstand, der mir den Gleichmut stärkt und mich nicht mehr erbeben läßt vor dem, was der Kronrat beschließt. Mir ist in den Jahren dieser Prüfungen zweifelhaft geworden, ob das irdische Grönland das Ziel meiner Taten, der wahre Gegenstand der mir prophezeiten Eroberung ist. Ich habe seit neuerem Ursache zu zweifeln, ob ich die Worte meines Spiegels richtig gedeutet habe; ich habe Ursache, dem satanischen Bartlett Green trotz seines oftbewährten übernatürlichen und hellseherischen Wesens zu — mißtrauen!! Das teuflischste an ihm ist: die Wahrheit zu sagen, aber so, daß sie mißverstanden werden muß. — — — Diese Welt hier ist nicht die ganze Welt, so lehrte mich der Bartlett Green selber in der Stunde seines Todes. Diese Welt hat eine Hinterwelt, eine Mehrheit von Dimensionen, die sich mit der Welt unserer Körper und unseres Raumes nicht erschöpft: auch Grönland hat sein Spiegelbild, so gut wie ich selbst: — drüben. Grön-Land! Ist das nicht soviel wie das Grüne Land? Ist mein Grönland und mein Amerika — drüben? Das füllt mir Ahnung und Denkkraft aus, seitdem ich — Anderes erlebe. Und da ist mir Bartletts dringende Mahnung: nur hier, hier, und niemals anderswo den Sinn des Seins zu suchen und zu glauben, viel mehr ein Warnungszeichen meiner Ahnung, als ein bekräftigendes Argument für meinen Verstand. Denn ich habe gelernt, dem Verstande von Grund aus zu mißtrauen, als sei er Bartlett Green in eigener Person. Der Bartlett ist nicht mein Freund, er mag sich noch so sehr als mein Retter und Ratgeber empfehlen. Vielleicht hat er mich leiblich gerettet aus dem Tower, nur um mich seelisch zu töten! Ich habe

ihn erkannt, als er mir zu der Dämonin verhalf, die sich in die astrale Natur Elizabeths verkleidete, um meiner habhaft zu werden. Nun aber habe ich eine Mitteilung empfangen aus meinem Innern, die mir mein ganzes Leben fremd macht vor mir selbst, daß ich es sehe wie in einem grünen Spiegel, und die mich lockt, jenen Spiegel fallen zu lassen, dessen Prophezeiung einst zum erstenmal mein Leben umwandelte.
Ich bin ein ganz anderer geworden, als der, der die Puppe war und nun tot hängt am Geäst des Lebensbaums.
Seit diesem Jahre bin ich nicht mehr der Hampelmann der Befehle, die aus dem grünen Spiegel kamen; und ich bin frei!
Frei für die Wandlung, den Aufflug, das Reich, die »Königin« und die »Krone«!

Hier endigt das seltsame Heft mit den Aufzeichnungen John Dees, die sein Leben von der Entlassung aus dem Tower zu London bis zum Jahre 1581 umfassen; also die Zeit von fast achtundzwanzig Jahren, bis zu seinem siebenundfünfzigsten Lebensjahr: das heißt, bis zu einer Zeit, in der sich das Leben eines gewöhnlichen Menschen der Ruhe, der Sammlung und dem Abstieg zu nähern pflegt.
Ein tief mitschwingendes Gefühl, eine unerklärliche Spannung und eine mehr als natürliche Anteilnahme an diesem seltsamen Leben sagt mir, seinem Urenkel, im Innersten, daß die wahren Stürme, Schicksalsgewitter und titanischen Kämpfe hier erst beginnen, daß sie wachsen, sich steigern, übertürmen werden — — um Gottes willen, welches Entsetzen überfällt mich da plötzlich?! Bin ichs,

der schreibt? Bin ich zu John Dee geworden? Ist es meine Hand? Und nicht die seine?! – Nicht die seine? – Und um Gott, wer steht dort? Ist es ein Gespenst? Dort, dort, an meinem Schreibtisch! – – – –

Ich bin müde. Ich habe diese Nacht kein Auge zugetan. Aufruhr des Erlebnisses und der darauffolgenden Stunden verzweifelten Kampfes um die Gesundheit meines Verstandes liegen nun hinter mir in der beruhigten Klarheit einer Landschaft, über die ein schweres Gewitter mit Vernichtung und Segen zugleich hinweggerast ist. –
Wenigstens in der Frühe dieses neuen Tages, nach solch überstandener Nacht, bin ich fähig, das Äußerliche des gestrigen Erlebnisses niederzuschreiben und festzuhalten.
Es war gegen sieben Uhr abends, als ich das Dee'sche Heft mit der Rückschau auf sein vergangenes Leben zu Ende übersetzte. Meine letzten Worte auf dem Papier bezeugen, daß mich der Verlauf dieser Lebensgeschichte tiefer im Gemüte ergriffen hatte, als vielleicht für einen gleichgültigen Bearbeiter alter Familienrelikten notwendig scheint. Wäre ich ein Phantast, ich würde sagen: der Dee, den ich als Erbe seines Blutes in meinen Zellen mit mir trage, ist auferstanden von den Toten. Von den Toten? Ist jemand tot, der noch in den Zellen eines Gegenwärtigen lebt? – – Aber ich will dieses Übermaß an Teilnahme nicht zu erklären versuchen. Genug, es ist da, es hat Besitz von mir ergriffen.
Es ging so weit, daß ich auf eine schwer zu beschreibende Weise nicht nur gleichsam erinnerungshaft an allen diesen Schicksalen, ja schließlich an dem Leben des eingezogen auf Mortlake mit Frau und kleinem Sohne hausenden, enttäuschten Gelehrten John Dee innerlich teilzunehmen meinte, und daß ich nicht nur die doch nie mit leiblichen

Augen geschaute Umgebung des Hauses, die Stuben, die Möbel und die mit jenen Gegenständen einst irgendwie verknüpft gewesenen Empfindungen John Dees sozusagen mitzuspüren begann; sondern daß ich, darüber weit hinaus, das kommende, das herandrohende Lebensschicksal dieses mehr seelisch als welttätigen Abenteurers, meines unglücklichen Urahns, zu fühlen, ja zu sehen begann, und zwar mit einer unheimlichen, schmerzhaften und beklemmenden Kraft –, als ob es mein eigenes vorbestimmtes unabwendbares Geschick sei, das da wie eine schwarze, schwere Wetterwand vor meinen inneren Augen eine Art von seelischer Landschaft überschattete als Bild meines eigenen Innern.

Ich muß mich hüten, mehr sagen zu wollen, denn ich fühle, wie sich mir alsbald die Gedanken wieder verwirren und die Worte nicht mehr gehorchen wollen. Ich habe Angst davor.

Ich spreche darum nicht mehr von dem unsagbar Grauenhaften, das sich in jenem Augenblick begab, wenn ich jetzt ganz trocken aufzeichne:

Es öffnete sich mir unter dem Hinschreiben der letzten Sätze gleichsam ein körperlicher Blick in die Zukunft John Dees von dem Zeitpunkt ab, bei dem sein Tagebuch abbricht. Eine Aussicht von so durchdringender Helle, als ob ich selbst dies noch Künftige mit dem späteren John Dee durchlebt hätte. Was sage ich: mit John Dee! Ich habe es gesehen – als John Dee, bin selber ein John Dee geworden, von dem ich sonst nichts gewußt habe, noch weiß, als was auf diesem von mir beschriebenen Papier steht.

Und in jenem Augenblick empfand ich mit unbeschreiblichem Entsetzen: ich selbst war John Dee: ein Unbestimmtes, ein Gefühl am Hinterhaupt, als wüchse mir dort ein zweites Gesicht, ein Januskopf — — — der Baphomet! Und indessen ich noch mit einer Art von eiskaltem, erstorbenem, erstarrtem Lauschen auf mich selbst und auf die Verwandlung an mir dasaß, vollzog sich im Raum um mich her das Schauspiel des bildhaft werdenden Wissens um John Dees Schicksal:

Vor mir stand zwischen Schreibtisch und Fenster, aus der Luft herauswachsend: der — Bartlett Green, halboffen sein Lederkoller, rothaarig die breite Brust, auf feistem Hals das brandbärtig umwirrte mächtige Fleischerhaupt, von breitfreundlichem Grinsen furchtbar nahe lebend. —

Unwillkürlich strich ich mir über die Augen; dann nochmals mit prüfender nüchterner Überlegung, als der erste furchtbare Schrecken vorüber war. Der Mensch aber vor mir blieb, und ich wußte: es ist der Bartlett Green und kein anderer. —

Und da geschah das Unbegreiflichste: ich war nicht mehr ich und war es doch; ich war hüben und drüben zugleich, und ich war gegenwärtig und fern, fernab und längst entworden: alles zugleich. Ich war, »ich« und ein anderer — ich war John Dee in der Erinnerung und in meinem lebendigen Augenblicksbewußtsein zugleich. Ich kann das Verschobene nicht anders mit Worten zurechtrücken. — Dies ist vielleicht der richtige Ausdruck: der Raum und die Zeit waren mir gleicherweise verschoben, ähnlich wie ein Ding, das man bei gepreßtem Augapfel sieht: schief, wirklich und unwirklich zugleich: denn welches von beiden Augen »sieht« das richtige Bild? — Verschoben wie das Gesichtsfeld war auch der Gehörsinn. Aus unmittelbarer Nähe und aus der Tiefe jahrhundertealter Ferne zugleich hörte ich den Bartlett Green höhnen:

»Immer noch munter unterwegs, Bruder Dee? Du machst,

meiner Treu, einen langen Weg. Du hättest es einfacher haben können!«

»Ich« wollte sprechen. »Ich« wollte das Gespenst mit Worten bannen. Aber meine Kehle war versperrt, meine Zunge klebte, das widrige körperliche Gefühl war mir vollkommen sinnesbewußt; statt meiner aber »dachte« eine Stimme aus mir hervor und sprach über Jahrhunderte herüber unter Schallmanifestationen, die mein äußeres Ohr trafen — Worte, die ich nicht vorbedacht hatte; und sie sagten: »Und du, Bartlett, stehst auch hier wieder mir im Weg und willst nicht, daß ich an mein Ziel komme. — Laß ab und gib mir den Weg frei zu meinem Ebenbild im grünen Spiegel!«

Das rotbärtige Gespenst, oder der Bartlett Green in Person meinetwegen, blickte mir aus weißlichem Birkauge starr ins Gesicht. Sein Lächeln gähnte mich an mit dem Ausdruck einer großen Katze: »Aus dem grünen Spiegel wie aus der schwarzen Kohle grüßt dich das Gesicht der Jungfrau im abnehmenden Mond, — du weißt, Bruder Dee: der guten Herrin, der es so um die Lanze zu tun ist!«

Ich starrte in atemloser Beklemmung zu dem Bartlett hinüber. Ein furchtbar sich heranwälzender Strom von fremden Gedanken, Flüchen, Reue- und Abwehrvorstellungen zugleich wurde überblitzt, abgeblendet, vergessen durch eine einzige Erkenntnis, die plötzlich aus meinem eigenen, in lethargischer Betäubung dämmernden Bewußtsein hervorbrach:

»Lipotin! — — Die Lanzenspitze der Fürstin! — Von mir wird also die Lanze gefordert! —«

Damit war es auch schon wieder vorüber. Aber ich verfiel in ein traumhaftes Nachdenken, darinnen mir war, als erlebte ich selbst mit halbwachen Sinnen jene Mondnacht der Sukkubusbeschwörung John Dees im Garten von Mortlake. Was ich in seinem Tagebuch gelesen hatte, gewann überdeutliche Gegenwart und Bildleibhaftigkeit, und was im Kohlenkristall als die schwebende Gestalt der Königin Elisabeth, der Heranbeschworenen, dem John Dee erschienen war, das war für mich jetzt die Gestalt der Fürstin Chotokalungin; und der Bartlett Green, der vor mir stand, verschwand in meinem rückerinnerten Traum von der Lust des John Dee an dem dämonisierten Phantom der Königin Elizabeth. — — — —

Dies ist, was ich von dem unergründlichen Erlebnis des gestrigen Abends noch wiederzugeben vermag. Das übrige ist unbegreifbarer Nebel — verwischter Traum.

John Rogers Erbschaft ist also lebendig geworden! Ich bin nicht mehr imstande, die Rolle des unbeteiligten Übersetzers weiter zu spielen. Ich bin beteiligt, irgendwie beteiligt an diesen — diesen Dingen hier, diesen Papieren, Büchern, Amuletten, und — an diesem Tulakasten. — Nein doch: der Tulakasten stammt ja nicht aus der Erbschaft! Er stammt von dem toten Baron — — von Lipotin stammt er, von dem Mascee-Abkömmling! Von dem Mann, der die Lanzenspitze bei mir sucht für die Fürstin Chotokalungin! — — alles, alles hängt zusammen!! — Aber wie? Sinds Nebelketten, Rauchbänder, die über Jahrhunderte herüberwehen und mich fesseln, mich unfrei machen?!

Ich selber lebe ja mit allem, was hier um mich ist, schon im »Meridian«!! Ich brauche unbedingt Ruhe und Überlegung. Wellen von Verwirrtsein laufen kalt über mich hinweg. Alle Augenblicke fängt mein Verstand an zu taumeln. Das ist gefährlich, das ist töricht! Wenn ich die Herrschaft über diese Visionen verliere, dann — — —

Es steigt mir heiß auf, wenn ich an Lipotin denke und

sein undurchdringliches Zynikergesicht; oder an die Fürstin, an diese wundervolle Frau — —! Ich bin tatsächlich ganz allein, bin ganz auf mich angewiesen, ganz ohne Hilfe gegen — — sagen wir einmal: gegen Ausgeburten meiner Phantasie, gegen — — Gespenster!
Ich muß mich sehr zusammennehmen.

Nachmittags.
Ich kann mich nicht entschließen, heute einen Griff in die Schublade zu tun, um ein neues Heft hervorzuholen. Teils fühle ich zu deutlich, daß meine Nerven noch in allzu unruhigen Schwingungen sind, teils macht mich die angenehme Erwartung eines höchst überraschenden Wiedersehens ungeduldig und unruhig, das mir heute gegen Mittag durch die Post angemeldet wurde.
Es ist immer sonderbar spannend, einem Jugendfreund wieder zu begegnen, der ehemals vertraut, dann ein halbes Leben lang aus dem eigenen Umkreis entschwunden, die Vergangenheit wie unversehrt wiederzubringen verspricht. Unversehrt? — natürlich ist das ein Irrtum: wie ich selbst, so hat sicherlich auch er sich gewandelt, und keiner von uns bewahrt die Vergangenheit! Aus dem Irrtum wächst darum oft Enttäuschung. Also bleibe die Erwartung besonnen, die mich ergreift, wenn ich mir vorstelle, daß ich heute abend Theodor Gärtner am Bahnhof abholen werde, den lebenstollen Studienfreund von Anno dazumal, der abenteuerlustig als junger Chemiker nach Chile ging und dort zu hohen Ehren, Ansehen und Reichtum gelangte. Nun wird er der richtige »Onkel aus Amerika« geworden sein und sein smart Erworbenes in der alten Heimat in Ruhe verzehren wollen.
Ärgerlich ist mir ein wenig, daß eben heute, wo ich die-

sen Besuch erwarte, meine Haushälterin, die mit mir und dem Meinen Bescheid weiß, ihre Erholungsreise in ihr Heimatdorf antreten muß. Ich konnte sie aber billigerweise nicht länger hinhalten. Denn wenn ichs bei Licht besehe, so schulde ich ihr diesen Urlaub jetzt bald ins dritte Jahr! Immer wieder kam ihrer Gewissenhaftigkeit oder meinem Egoismus etwas dazwischen; und nun wäre mal wieder mein Egoismus an der Reihe; – nein, das geht nicht! Dann lieber schon einmal vorliebnehmen und sich in Gottes Namen in Geduld fassen und irgendwie auszukommen trachten mit dem Ersatz, den sie mir für morgen beschafft und angekündigt hat. Ich bin neugierig, wie ich mich mit dieser »Frau Doktor«, die den Ersatz bilden soll für die alte Haushälterin, zurechtfinden werde! –
Geschiedene »Dame«, angeblich mittellos, genötigt, Stellung anzunehmen – natürlich unschuldig geschieden! – stilles Heim! – Treue Verwalterin! – Und so –
Wahrscheinlich: »mit der Angelschnur versehen
naht sich Lenchen auf den Zehen«,
wie Wilhelm Busch singt –: also aufpassen! Ich muß lachen, wenn ich denke, was solch einem alten Junggesellen wie mir alles droht oder drohen kann! Sie heißt übrigens nicht »Lenchen«, sondern Johanna Fromm! Aber andererseits ist diese Frau Doktor auch erst dreiundzwanzig Jahre alt. Man muß also alle Fronten im Auge behalten und darauf bedacht sein, die Tore der Junggesellenfestung nach allen Seiten hin gut zu sichern.
Wenn sie wenigstens gut kocht! –

Auch heute wird wohl meine Arbeit an John Rogers Erbschaft unberührt liegen bleiben. Zuerst muß ich innerlich aufräumen mit den Erlebnissen und Eindrücken des gestrigen Abends.

Mir scheint: das Tagebuchschreiben gehört mit zu den Erbschaften derer, die Blut und Wappen des John Dee übernommen haben. Ich werde mir, wenn es so weiter geht, gleichfalls ein Protokoll meiner Abenteuer anlegen müssen! Dabei drängt es mich ungestümer denn je, so rasch wie möglich in die sonderbaren Geheimnisse des verschollenen Lebens John Dees tiefer einzudringen, denn ich fühle, daß dort irgendwo der Schlüssel verborgen liegen muß – nicht nur zu dem Sinn all der Schicksale und Rätsel, die dessen Leben bestimmt haben, sondern sehr seltsamerweise auch der Schlüssel zum Verständnis der eigentlichen Verkettungen, in die ich mich selbst jetzt verstrickt finde mit jenem Leben des abenteuerlichen Urahns. Fiebernde Neugier will jeden andern Wunsch und Gedanken beiseite schieben und blindlings zum nächsten Heft der Aufzeichnungen greifen, oder noch lieber: mit Gewalt dieses tulasilberne Kästchen da vor mir auf meinem Schreibtisch aufsprengen. – – – Tollgewordene Phantasie nach den Überreizungen dieser vergangenen Nacht! Ich finde kein anderes Mittel, sie abzukühlen und zu bändigen, als daß ich so sachlich wie nur möglich und in tunlichster Ordnung niederschreibe, was geschehen ist.

Gestern abend also – Punkt sechs Uhr – stand ich auf dem Nordbahnhof und erwartete den Schnellzug, mit dem mein Freund Doktor Gärtner, wie er telegraphiert hatte, ankommen sollte. Ich nahm meinen Stand so günstig wie nur möglich am Schrankenausgang, so daß mir keiner der den Bahnhof verlassenden Reisenden entgehen konnte.

Der Expreß lief pünktlich ein, und ich kontrollierte ruhig die Angekommenen; mein Freund Gärtner war nicht dar-

unter. Ich wartete, bis der letzte Fahrgast die Sperre passiert hatte – ich wartete, bis der Zug auf ein anderes Gleis hinausgeschoben wurde. Dann wandte ich mich recht enttäuscht dem Ausgang zu.
Da fiel mir ein, daß aus gleicher Richtung ein zweiter, freilich nicht aus dem Ausland kommender Eilzug bald fällig war. Ich tat ein übriges, kehrte um, nahm meinen alten Standort wieder ein und wartete auch diesen Zug ab.
Vergebens! Die alte Pünktlichkeit und Zuverlässigkeit meines Studienfreundes war also, so dachte ich etwas verbittert, schon eine von den Eigenschaften, die im Lauf der Jahre eine unerfreuliche Wandlung durchgemacht haben mußten. Und so verließ ich mißmutig den Bahnhof, um nach Hause zu gehen, in der Hoffnung, dort vielleicht ein Absagetelegramm vorzufinden.
Ich hatte fast eine Stunde vor der Schranke vertrödelt, und es ging auf sieben und dämmerte bereits, als ich, planlos eine Seitengasse durchquerend, die eigentlich gar nicht auf meinem Nachhauseweg lag, auf Lipotin stieß. Dem alten Kunsthändler zu begegnen, überraschte mich so plötzlich und eigentümlich, daß ich stehen blieb und ziemlich albern seinen Gruß mit den Worten erwiderte: »Wie kommen Sie hierher?!«
Lipotin staunte – er bemerkte offenbar meine Verwirrtheit, – und sofort stand das sarkastische Lächeln in seinem Gesicht, das mich an ihm so häufig irritiert; dazu sagte er, indem er sich prüfend umsah:
»Hierher? – Was ist an dieser Straße Besonderes, Verehrtester? Sie hat allerdings den Vorzug, daß sie mich von meinem Kaffeehaus in fast schnurgerader Richtung Nord-Süd nach Hause führt. Und Sie wissen: die Gerade ist zwischen zwei Punkten die kürzeste Strecke; – –

aber Sie, mein Gönner, Sie scheinen mir irgendwelche Umwege zu machen, denn ich wüßte nicht, was Sie in diese Gasse führen könnte, als eine Art des Traumwandelns!« Dazu lachte Lipotin laut und oberflächlich, während seine Worte mich beinahe schreckhaft berührten. Ich muß ihn daher ziemlich entgeistert und blöde angestarrt haben, als ich ihm erwiderte:
»Ganz recht: Traumwandeln. Ich – wollte nach Hause.«
Wieder lachte Lipotin spöttisch:
»Wunderbar, wie sich ein Träumer in seiner eigenen Vaterstadt verirren kann! Wenn Sie nach Hause wollen, mein Bester, so müssen Sie zur nächsten Querstraße dort links zurück – – – aber wenn Sie gestatten, werde ich Sie ein paar Häuser weit begleiten.«
Ärgerlich schüttelte ich meine törichte Befangenheit mit einem Ruck ab und sagte meinerseits ein wenig beschämt:
»Es scheint, Lipotin, in der Tat, ich habe auf der Straße geschlafen. Ich danke Ihnen, daß Sie mich geweckt haben! Im übrigen – gestatten Sie mir, daß ich Sie begleite.« Lipotin schien erfreut, und so gingen wir zusammen nach seiner Wohnung. Unterwegs erzählte er mir unaufgefordert, daß die Fürstin Chotokalungin sich jüngst sehr lebhaft nach mir erkundigt habe, – sie hätte offenbar großen Gefallen an mir gefunden; ich könne also eine sehr schmeichelhafte Eroberung verzeichnen. Ich erklärte Lipotin alsbald mit Nachdruck, daß ich kein »Eroberer« sei und nicht daran dächte, – aber Lipotin wehrte mit erhobenen Händen ab und lachte; fügte dann flüchtig, aber nicht ohne die merkbare Absicht, mich zu necken, hinzu:
»Von der gesuchten Lanzenspitze übrigens fiel von ihr aus kein Wort mehr. So ist die Fürstin. Heute hartnäckig, morgen vergessen. Frauenart, nicht wahr, mein Bester?«

Ich muß sagen, daß mich diese Mitteilung einigermaßen erleichterte. Also doch nur eine Laune!
Als darum Lipotin vorschlug, er wolle mich an einem der nächsten Tage zu einem Besuch bei der Fürstin abholen, — er wisse bestimmt, die Fürstin werde sich sehr freuen, mich zu empfangen, sie warte sogar gleichsam darauf, nachdem sie sich selbst so zwanglos bei mir eingeführt, — schien es mir ganz in der Ordnung, einen solchen Akt der Höflichkeit nicht zu unterlassen und die dargebotene Gelegenheit zu einem Wiedersehen mit der Fürstin — vielleicht auch behufs einer Aufklärung in der Antiquitätensache, zu ergreifen.
Unterdessen waren wir bei dem Hause angelangt, in dem Lipotin seinen kleinen Laden und seinen Wohnungsunterschlupf hat. Ich wollte mich von ihm verabschieden, aber er sagte plötzlich: »Nun sind Sie schon einmal hier, und mir fällt ein, daß ich gestern eine kleine Sendung von hübschen Antiquitäten aus Bukarest erhielt: Sie wissen, auf dem Umweg, auf dem mir nach und nach noch einiges bei Gelegenheit aus Bolschewikenland nachgesandt wird —. Leider nichts von erheblichem Belang, aber vielleicht ist doch etwas darunter, was Sie ganz gern einmal anschauen möchten. Haben Sie ein wenig Zeit? Kommen Sie auf einen Sprung zu mir herein.«
Ich zauderte einen Augenblick wegen meiner Idee, zu Hause vielleicht ein Telegramm meines Freundes Gärtner vorzufinden, — dachte flüchtig, ich möchte durch mein Ausbleiben also möglicherweise eine neue Abrede verfehlen, fühlte andererseits Ärger über Gärtners Unpünktlichkeit wieder aufsteigen und sagte daher rascher, als ich wollte, und einer schnell auftauchenden Überlegung jäh vorgreifend:
»Ich habe Zeit. Ich komme mit.«

Schon zog Lipotin einen vorsintflutlichen Schlüssel aus der Tasche; die Schlösser rasselten, und durch die aufgestoßene Ladentür stolperte ich in das finstere Gelaß.
Ich bin schon oft bei guter Tageszeit in dem engen Gewölbe des alten Russen gewesen; es läßt an Romantik der Verwahrlosung nichts zu wünschen übrig. Wäre dieser von der Feuchtigkeit und dem Mörtelfraß der Jahrhunderte durchpestete Kellerraum nicht für jeden halbwegs europäischen Anspruch unbewohnbar gewesen, so hätte Lipotin schwerlich diesen Unterschlupf in der Wohnungsnot der Nachkriegszeit zugestanden erhalten.
Lipotin ließ ein winziges Flämmchen aus seinem Taschenfeuerzeug springen und machte sich in irgendeinem Winkel zu schaffen. Das Zwielicht von der Gasse herein genügt nicht, um vor meinem Blick Ordnung in das verschwimmende modrige Gerümpel zu bringen. Lipotins Benzinflämmchen flackerte und hüpfte wie ein Irrlicht über einem schwarzbraunen Sumpf, daraus die Splitter, Kanten, Bruchstücke halbversunkener Dinge hervorstachen. Endlich glomm aus einer Ecke mühselig ein Kerzenstumpen auf, der zunächst nur die unmittelbare Umgebung erhellte, nämlich ein greuliches, obszönes Götzenbild aus blindgeriebenem Speckstein, in dessen lochartig durchhöhlter Faust die Kerze stak. Noch stand Lipotin darübergebeugt, wohl um zu beobachten, ob der verstaubte Docht auch die Flamme nähren würde; – und es sah aus, als verrichte er vor dem Götzen eine heimlich hingehuschte Andachtszeremonie. Dann tastete er sich im dünnen Geflimmer der Kerze endlich zu einer Petroleumlampe, die bald einen verhältnismäßig breiten und behaglichen Schein durch ihre grüne Glocke hervorblühen ließ. Die ganze Zeit über hatte ich bewegungslos in der bedrängten Enge gestanden und atmete nun geradezu auf.

»Das Geheimnis des ›Es werde Licht‹ entfaltet sich bei Ihnen wie in den Urzeiten der Schöpfung stufenweise!« rief ich Lipotin zu; »wie einfältig und gemein ist doch nach solch dreifach sich steigernder Offenbarung des heiligen Feuers das poesielose Knipsen am elektrischen Knopf unserer Zeit!«

Aus der Ecke, in der Lipotin sich zu schaffen machte, kam trocken, fast krächzend seine Stimme:

»Ganz recht, Verehrtester! Wer allzu jäh aus dem wohltätigen Dunkel ins Helle strebt, verdirbt sich die Augen. Da habt ihr euer ganzes Schicksal, ihr Europäer!«

Ich mußte lachen. Das war wieder der asiatische Hochmut, der es verstand, aus der armseligen Notdurft einer Vorstadthöhle kurzerhand einen Vorzug und eine Überlegenheit zu machen! Ich fühlte Lust, den widersinnigen Streit über Segen oder Unsegen der so beliebten Elektrizitätsindustrie aufzunehmen, denn ich weiß, daß bei solchen Gelegenheiten immer ein paar sonderbar geistreiche, wenn auch bissige Bemerkungen Lipotins zum Vorschein kommen, da wurde mein umherschweifender Blick gefesselt von dem mattgolden aufschimmernden Umriß eines sehr schön geschnitzten, altflorentinischen Rahmens, der um einen fleckigen und vielfach erblindeten Spiegel gelegt war. Ich trat darauf zu und erkannte im nächsten Augenblick die vorzügliche Arbeit einer sehr sorgfältigen und feinfühligen Hand des siebzehnten Jahrhunderts. Der Rahmen gefiel mir ausnehmend, und sogleich stieg der lebhafte Wunsch in mir auf, das Stück zu besitzen.

»Da haben Sie bereits etwas in der Hand von den Sachen, die gestern bei mir angekommen sind«, sagte Lipotin und trat herzu, »aber das Schlechteste. Das Ding ist wertlos.«

»Der Spiegel, meinen Sie? – Der allerdings.«

»Auch der Rahmen drum«, sagte Lipotin. Sein von der

Lampe grünlich bestrahltes Gesicht wurde überzuckt von einem gelbroten Feuerschein aus der heftig angesaugten Zigarre in seinem Munde.
»Der Rahmen?« – ich zögerte. Lipotin hielt ihn für unecht. Seine Sache! – Aber sofort schämte ich mich dieser kunsthandelsüblichen Anwandlung einem armen Teufel gegenüber wie Lipotin. Er beobachtete mich scharf. Hatte er gemerkt, daß ich mich schämte? Sonderbar: etwas wie Enttäuschung huschte über sein Gesicht. Mich überschlich ein unheimliches Gefühl im Herzen. Mit einigem Trotz vollendete ich meinen Satz: »– ist meiner Ansicht nach gut.«
»Gut? Gewiß! Aber Kopie. Petersburger Kopie. Das Original verkaufte ich vor Jahren an den Fürsten Jussupoff.«
Ich drehte zögernd den Spiegel im Lichte der Lampe hin und her. Ich kenne durchaus die Qualität von Petersburger Fälschungen. Die Russen wetteifern an Geschicklichkeit darin mit den Chinesen. Dennoch: dieser Spiegelrahmen war echt! – – – Da entdeckte ich, vollkommen zufällig, tief versteckt in dem Unterschnitt einer prächtig hervorgeschwungenen Volute, die von altem Bolus halbüberschmierte Florentiner Werkstattmarke. Der Liebhaber- und Jägerinstinkt in mir wehrte sich heftig dagegen, Lipotin meine Beobachtung mitzuteilen. Ich tat das Meinige zur Genüge, wenn ich bei meinem Urteil blieb. Ich sagte also ehrlich und offen: »Der Rahmen ist für die beste Kopie zu gut. Er ist meiner Ansicht nach echt.«
Lipotin zuckte ärgerlich die Achseln:
»Dann hätte der Fürst Jussupoff die Kopie erhalten, wenn dies da das Original wäre. – – Übrigens gleichgültig, denn ich erhielt den Preis für das Original; und der Fürst, sein Haus und seine Sammlungen sind vom

Erdboden vertilgt. Der Streit ist also geschlichtet, und jeder hat das Seine.«
»Und das alte, offenbar englische Spiegelglas?« fragte ich.
»Ist, wenn Sie wollen, echt. Es ist das Originalglas des Spiegels. Jussupoff ließ sich ein neues venezianisches Glas in den Rahmen legen, da er sich den Spiegel zum eigenen Gebrauch kaufte. Überdies war er abergläubisch; er sagte, in dies Spiegelglas hier hätten zu viele Menschen hineingeschaut. So etwas könnte Unglück bringen.«
»Somit –?«
»Somit können Sie das Ding behalten, wenn es Ihnen Spaß macht, verehrter Gönner. Es lohnt nicht, über einen Preis zu sprechen.«
»Und wenn der Rahmen dennoch echt wäre?«
»Er ist bezahlt. Echt oder unecht – erlauben Sie mir, Ihnen mit diesem Gruß aus meiner ehemaligen Heimat ein Geschenk zu machen.«
Ich kenne die hartnäckige Art der Russen. Es war, wie er sagte: echt oder unecht; ich mußte sein Geschenk annehmen. Ich hätte mir seine Verstimmung andernfalls zugezogen. Also besser: bei »unecht« bleiben, damit er sich nicht doch noch nachträglich kränkt über seinen Irrtum, wenn er einsehen sollte, er hätte sich geirrt.
Und so kam ich zu einem wirklich wundervollen Florentiner Meisterstück von Frühbarockrahmen!
Ich beschloß im stillen, den großzügigen Geber wenn möglich irgendwie schadlos zu halten, indem ich ihm etwas anderes abkaufte zu einem für ihn günstigen Preis. Aber was er mir zeigte, bot kein Interesse für mich. So geht es meist: die Gelegenheit, eine gute Absicht in die Tat umzusetzen, bietet sich seltener als die, einem egoistischen Trieb zu folgen; und so zog ich denn einigermaßen beschämt eine halbe Stunde darauf mit dem Geschenk Li-

potins ab, ohne etwas anderes als mein Versprechen zu hinterlassen, ihn bei nächstem Anlaß durch einige Ankäufe zu entschädigen.

Gegen acht Uhr kam ich nach Hause und fand auf meinem Schreibtisch nichts vor als eine letzte kurze Nachricht meiner Haushälterin, daß die Vertreterin ihres Amtes kurz nach sechs dagewesen sei mit der Bitte, ihren Eintritt auf acht Uhr abends verschieben zu dürfen, da sie noch einige Angelegenheiten zuvor ordnen möchte. Um sieben war meine alte Hausdame weggegangen; ich hatte also die kurze Zeit meines Interregnums bei Lipotin nicht ohne Nutzen verbracht und konnte in den nächsten Minuten mit dem Eintritt meiner neuen Stütze rechnen, falls diese »Frau Doktor Fromm« Wort hielt.
Verdrossen, daß mein Freund Gärtner so wenig pünktlich gewesen war, beschloß ich, mich zu trösten, indem ich das Geschenk des Russen auswickelte, das ich noch immer unter dem Arm trug.
Der alte Spiegel verlor in dem unbarmherzigen Licht der elektrischen Birnen nichts von seiner vollkommenen Schönheit. Selbst das tiefgrüne, teilweise opalig angefleckte Glas schien mir von hohem altertümlichen Reiz; und in der Tat leuchtete es aus seinem Rahmen eher wie der vollendete Schliff eines wolkigen Moosachats – teilweise fast wie der eines riesigen Smaragdes – hervor, als wie die getrübte Fläche eines erblindeten Spiegels.
Seltsam fasziniert von dieser köstlichen Zufallsschönheit einer alten Spiegelscheibe mit oxydiertem Silberbelag, stellte ich das Ding vor mich auf und versenkte mich in die grüne Unergründlichkeit seiner geheimnisvoll mit schillernden Reflexen überzuckten Tiefe. – – –

War mir da nicht plötzlich zumute, als stünde ich nicht in meinem Zimmer, sondern auf dem Nordbahnhof und sei umwogt von dem Gedränge der vor der Schranke Wartenden und mit dem Schnellzug angekommenen Reisenden? Und mitten aus dem Gewühl grüßt mich Doktor Gärtner mit geschwenktem Hut!? Ich drückte mich durch die Menge und erreichte nicht ohne Mühe meinen Freund, der lachend auf mich zukam. Einen Augenblick schoß es mir durch den Kopf: seltsam, daß er gar kein Gepäck mithat. Er wird es eben aufgegeben haben, dachte ich, und vergaß hernach diesen Umstand völlig.

Wir begrüßten uns mit aller Herzlichkeit; kaum wurde der Tatsache überhaupt Erwähnung getan, daß wir uns seit Jahrzehnten nicht mehr gesehen hatten.

Draußen vor dem Bahnhof nahmen wir einen Wagen und erreichten in eigentümlich geräuschlos gleitender Fahrt sehr bald meine Wohnung. Unterwegs sowohl wie auf der Treppe sprachen wir zueinander lebhaft und fortgesetzt über die gemeinsame Vergangenheit; und das verhinderte, daß ich im einzelnen viel auf nebensächliche Umstände achtete, wie zum Beispiel, auf welche Weise die Entlohnung des Kutschers und anderes vor sich gegangen sein mochte. Es erledigte sich alles dies gewissermaßen von selbst sehr rasch und war bereits im nächsten Augenblick wieder vergessen. Daher reichte es bei mir auch nur zu einem flüchtigen, gleichsam zerstreuten und nebensächlichen Staunen, als ich zu bemerken glaubte, daß einiges in meinem Zimmer nicht ganz so stand, wie ich es gewohnt bin. Das erste, was mir in dieser Art auffiel, war, daß ich bei einem kurzen Blick durch eines der Fenster nicht auf die Villenstraße hinaussah, sondern in einen weiten Wiesengrund mit fremden Baumsilhouetten und mir ganz ungewohnten Horizontlinien.

Sonderbar! – dachte ich; mehr nicht, – denn andererseits kam mir diese Aussicht wieder vertraut und selbstverständlich vor, teils nahm mich Freund Gärtner mit lebhaft gestellten Fragen und Aufforderungen in Anspruch, mein Gedächtnis auf diesen oder jenen Vorfall aus der Studienzeit richtend.

Als wir uns aber dann in meinem Arbeitszimmer bequem zurechtgesetzt hatten, wäre ich am liebsten wieder aus dem altertümlichen, hochlehnigen und mit gewaltigen gepolsterten Ruhebacken versehenen Stuhl aufgesprungen, in den ich mich niedergelassen hatte und der bestimmt nicht zu der Einrichtung meines Wohnzimmers gehörte –: so fremd erschien mir mit einem Male die sonst so vertraute Umgebung; und dennoch, auch hier wieder das Gefühl: beruhigend bekannt ist mir alles! Merkwürdigerweise spielten sich alle diese Beobachtungen, Überlegungen und Gefühle stumm in meinem Innern ab; mit keinem Wort erwähnte ich meinem Freund gegenüber etwas von diesen Erregungen meines Herzens, während nach außen hin alles wie ganz selbstverständlich geschah und verharrte und unser Gespräch nicht einen Augenblick stockte.

Die Veränderungen, die mit den Gegenständen um mich her vorgegangen waren, betrafen durchaus nicht nur das Mobiliar; auch die Fenster, die Türen, ja Wände standen anders und ließen auf dickere Mauern, mächtigere architektonische Verhältnisse schließen, als die waren, die ein modernes Großstadthaus zu haben pflegt und die mir in meiner Villa vertraut sind. Hingegen war das, was ich zum täglichen Gebrauch benötige, unberührt von der Veränderung geblieben. So strahlte denn auch der sechsflammige elektrische Lüster unvermindert hell auf die sonderbar durcheinandergerückte Umgebung dieser Dinge her-

ab, und die Zigarrenkiste, die Zigarettendose und der dampfende russische Tee – mir von Lipotin zu märchenhaft günstigen Preisen verschafft – sandte sein kräftiges Aroma in gekräuselten Wolken zu uns empor.
Jetzt richtete sich meine Aufmerksamkeit gleichsam zum erstenmal bewußt auf meinen Freund Gärtner. Er saß mir gegenüber, bequem in einen ähnlichen Lehnstuhl geschmiegt wie der, in dem ich saß, hielt die Zigarre lächelnd zwischen den Fingern und schlürfte in einer Pause des Gesprächs – es schien mir die erste, seit wir uns auf dem Bahnhof getroffen hatte, zu sein – ruhevoll seinen Tee. – In raschem Erinnerungsfluge überdachte ich nochmals alles, was wir bisher besprochen hatten, und es wollte mich plötzlich bedünken, als seien die Gespräche tiefer und bedeutungsvoller gewesen, als mir zuvor geschienen hatte. Viel war von unserer Jugend die Rede gewesen, von gemeinsamen Plänen, Entwürfen, die nie zur Ausführung gelangt waren, von vergeblichen Hoffnungen, von Versäumtem, Beiseitegelegtem – –. Dann plötzlich lag eine Schwermut im Raum, die mich auffahren und den Freund wie fremd und aus weiter Ferne anstarren ließ. Es kam mir vor, als sei das ganze Gespräch nur von mir geführt, gleichsam dialogisiert worden. Um dem ein Ende zu machen, fragte ich schnell mit absichtlicher Deutlichkeit, mißtrauisch:
»Erzähl mir, wie erging es dir als Chemiker in Chile?!«
Er hob mit einer Drehung des Halses, die zu den mir altvertrauten Eigentümlichkeiten seiner Art, sich zu geben, gehörte, den Kopf schräg über die Tasse hinweg zu mir und schaute mir mit freundlicher Frage ins Gesicht:
»Nun –? Dich scheint etwas zu beunruhigen?« – –
Ich überwand eine rasch wie Nebel über meine Seele hinhuschende Scheu und brach unvermittelt mit dem hervor,

was mich in der Tat seit einigen Minuten zu quälen begonnen hatte:
»Lieber Freund – ich will es nicht leugnen: es ist da etwas Merkwürdiges zwischen uns – freilich, wir haben uns seit sehr langer Zeit nicht gesehen – wie mir plötzlich scheinen will. Dennoch: vieles von dem, was – einstmals war – glaube ich wiederzufinden – glaube ich sozusagen unverändert in dir wiederzuerkennen – – und dennoch – dennoch: – – verzeih mir – – bist du wirklich der Theodor Gärtner? Ich, ich habe dich anders in der Erinnerung; – nein: du bist nicht der Theodor Gärtner, den ich früher gekannt habe, – das – das sehe ich, das fühle ich deutlich, – – ohne daß du mir deswegen weniger bekannt – weniger – wie soll ich sagen: weniger nahe, weniger befreundet wärest –«
Theodor Gärtner neigte sich mir noch näher zu, lächelte und sagte:
»Betrachte mich ohne Scheu genauer, vielleicht fällt dir doch wieder ein, wer ich bin!«
Etwas würgte mich in der Kehle. Ich bezwang mich aber und lachte einigermaßen gezwungen und rief:
»Du darfst mich nicht verspotten, wenn ich dir gestehe, daß mich seit deinem Eintritt hier in – in meiner Wohnung« – ich sah mich fast scheu im Raume um – »ein gewisses Befremden befallen hat. Es sieht nämlich hier für gewöhnlich, möchte ich sagen – für gewöhnlich etwas anders aus. Aber du kannst natürlich nicht verstehen, was ich meine – –; kurz, auch du scheinst mir ganz und gar nicht der alte Theodor Gärtner, der Bursche von Anno dazumal – natürlich bist du der nicht mehr, verzeih! – aber auch nicht der älter gewordene Theodor Gärtner, der Chemiker Gärtner, meinetwegen der chilenische Professor Gärtner zu sein.«

Mein Freund unterbrach mich mit ruhiger Miene:
»Da hast du freilich recht, mein Lieber! Der chilenische Professor Gärtner ist im Weltmeer — —« hier machte mein Gegenüber eine weitausholende unbestimmte Bewegung mit der Hand, die ich dennoch richtig zu deuten meinte, »schon vor längerer Zeit ertrunken —«
Mir gab es einen Stich ins Herz. Also doch! — fuhr es mir durch den Sinn, und ich muß wohl dem Freund entgeistert ins Gesicht gestarrt haben, denn er lachte plötzlich grell auf, schüttelte scheinbar belustigt den Kopf und entgegnete:
»Nicht so, mein Lieber! Ich glaube, Gespenster pflegen nicht Zigarren und Tee — übrigens einen ungewöhnlich guten Tee — zu genießen. — Aber —«, sein Gesicht und seine Stimme kehrten in ihren vorigen Ernst zurück — »aber wahr ist allerdings, daß dein Freund Gärtner — — tot ist.«
»Und wer bist du?« fragte ich leise, aber doch mit einemmal ganz ruhig, denn die Lösung meines rätselhaften Zustandes erschien mir wie willkommene Befreiung, — »nochmals: wer bist du?« —
Der »Andere« nahm, wie um recht ausdrücklich zu betonen, daß er wirklich und leibhaftig sei, eine frische Zigarre aus dem Kistchen, befühlte und beroch sie kennerhaft und mit Behagen, schnitt die Spitze ab, entzündete ein Streichholz, ließ es mit dem langsam in den Fingern gedrehten Ende der Zigarre in gemeinsamer Flamme aufleuchten und tat die ersten genießerischen Züge mit so schlichtem Wohlbehagen, daß auch einem Ängstlicheren als ich jeder Zweifel an dem sozusagen bürgerlichen Zustande meines Gastes hätte schwinden müssen. Dann streckte er sich in seinem Lehnstuhl aus, schlug ein Bein übers andere und begann:

»Ich habe gesagt, daß Theodor Gärtner tot sei. Zunächst – könntest du denken – ist das eine nicht ungewöhnliche, wenn auch etwas hochtrabende Redensart, wenn einer von sich sagen will, er wünsche, aus welchen Gründen immer, mit seiner Vergangenheit abzubrechen und einen neuen Menschen anzuziehen. Nimm einmal an, es sei so von mir gemeint.«

Ich unterbrach mit solchem Ungestüm, daß ich mich über mich selbst heimlich wunderte:

»Nein, das ist es nicht! Dein eigenstes inneres Wesen ist nicht verändert, bewahre! – Es ist mir aber fremd, es ist nicht: Theodor Gärtner! – ist nicht der einst so beflissene Naturforscher, der geschworene Feind aller Wunder, aller Geheimnisse! – nicht der, der von muffigem Aberglauben, von hoffnungsloser Dummheit sofort zu sprechen bereit war, wenn ein Gesprächsgegner auch nur im geringsten das Unberechenbare im Leben der Dinge berührte oder gar das Unerforschliche als das Wesen der Natur zu behaupten wagte. – Der Blick dessen aber, der mir gegenüber sitzt, ist fest und stet auf den Urgrund, jawohl: den Urgrund der Dinge gerichtet, und die Worte, die ich von dir zu hören bekomme, verraten, daß du die Geheimnisse liebst! – Das bist nicht du, Theodor Gärtner, nicht du – und dennoch bist du ein Freund, ein sehr alter guter Freund von mir, – den ich nur beim Namen zu nennen nicht vermag.«

»Wenn du es so meinst, ist es mir auch recht«, erwiderte mein Gast mit Ruhe. Sein Blick bohrte sich auf eine unbeschreibliche Weise in den meinen, und in mir stieg mit langsamer Qual die tastende Erinnerung an eine längst und tief vergessene Vergangenheit empor, von der ich nicht hätte sagen können, ob sie einem Traum der gestrigen Nacht oder dem Wiedererwachen einer hundertjährigen Erlebniskette entstammte. Indessen fuhr Gärtner unbeirrt fort:

»Da du selbst bemüht bist, mir bei der nun einmal nötig gewordenen Erklärung deiner Zweifel behilflich zu sein, so darf ich vielleicht manches einfacher und kürzer sagen, als es sonst tunlich wäre. – Wir sind alte Freunde! Das stimmt. – Nur der ›Doktor Theodor Gärtner‹, dein ehemaliger Studienfreund, der Kamerad deiner gleichgültigen Studentenjahre, hat damit wenig zu tun. Mit Recht dürfen wir daher von ihm sagen: er ist tot. Mit Recht erkennst du: ich bin ein anderer. – Wer ich bin? Ich bin Gärtner.«

»Du hast deinen Beruf gewechselt?« wollte ich einfallen, aber ich unterdrückte noch rechtzeitig die alberne Frage. Jener fuhr fort, ohne auf meine Bewegung zu achten:

»Mein Gärtnerberuf hat mich den Umgang mit Rosen gelehrt, mit den Rosen und ihrer Veredelung. Meine Kunst ist das Okulieren. Dein Freund war ein gesunder Stämmling; der, den du vor dir siehst, ist das Pfropfreis. Die Wildblüte des Stämmlings ist dahin. Der, den meine Mutter gebar, ist längst im Meer des Wechsels ertrunken. – Der Stämmling, – das Kleid – das mich trägt, das gebar die Mutter eines anderen – eines einstmaligen Studenten der Chemie, Theodor Gärtner mit Namen, den du gekannt hast und dessen unreife Seele das Grab durchmessen hat.«

Mich überlief ein Schauer. Rätselhaft wie seine Rede saß vor mir die ruhige Gestalt meines Gastes. Wie von selbst formten meine Lippen die Frage:

»Und warum bist du nun hier?« –

»Weil es Zeit ist«, antwortete mit der Miene der Selbstverständlichkeit mein Gegenüber. Lächelnd fügte er hinzu:

»Ich melde mich gern, wenn man mich braucht!«

»Und du«, – so sagte ich, ohne auf den Zusammenhang meiner Worte mit den seinen zu achten, – »du bist also – – nicht mehr Chemiker und nicht mehr – – –?«

»Ich bin es immer gewesen, auch als dein Freund Theodor auf die Geheimnisse der königlichen Kunst geringschätzig wie eben ein Ignorant herabsah. Ich bin und war, soweit mein Gedächtnis zurückreicht: Al-chimiker.«

»Wie ist das möglich? – Alchimist?« fuhr es mir heraus, »du, der ehemals –?«

»Der ich ehemals –?«

Da fiel mir ein, daß doch der Theodor Gärtner von ehedem tot war.

Der »Andere« aber fuhr fort:

»Vielleicht erinnerst du dich, einmal gehört zu haben, daß es zu allen Zeiten Stümper und Meister gegeben hat. – Du denkst an etwas Stümperhaftes, wenn du an die Alchimie der mittelalterlichen Quacksalber und Panscher denkst. Aus ihrer Afterkunst hat sich allerdings die gepriesene Chemie dieser Zeit entfaltet, auf deren Fortschritte dein Freund Theodor so kindisch stolz war. – Die Quacksalber des finsteren Mittelalters sind jetzt zu hochgeschätzten Professoren der Chemie an den Hohen Schulen avanciert. – Wir aber von der ›Goldenen Rose‹ haben uns nie damit befaßt, die Materie zu zerlegen, den Tod hinauszuschieben und den Hunger nach dem verfluchten Spielzeug Gold zu vermehren. Wir sind geblieben, was wir waren: Laboranten des ewigen Lebens.«

Wieder durchzuckte mich mit fast schmerzhaftem Berührungsgefühl fernste, ungreifbare Erinnerung; ich hätte aber um nichts in der Welt zu sagen vermocht, warum und wohin diese Erinnerung mich rief. Ich unterdrückte eine Frage und nickte nur zustimmend. Mein Gast sah es

und wieder lief das seltsame Lächeln über sein Gesicht. Ich hörte ihn sagen:
»Und du? Was ist in all der langen Zeit aus dir geworden?« – Sein rascher Blick überflog meinen Schreibtisch: »Ich sehe, du bist – – Schriftsteller. Ach ja! Du versündigst dich also gegen die Bibel? Wirfst Perlen vor das Publikum. Kramst in alten vermoderten Urkunden – das hast du immer gern getan – und gedenkst die Welt mit den Sonderbarkeiten eines vergangenen seltsamen Jahrhunderts zu unterhalten? Ich glaube, diese Welt und diese Zeit hat nur wenig Sinn – – für den Sinn des Lebens.«
Er hielt inne, und wieder fühlte ich den Hauch von tiefer Schwermut, der sich über ihn und mich zu lagern begann; ich raffte mich fast gewaltsam auf und suchte den Druck abzuschütteln, indem ich anfing, von meinen Arbeiten an der Erbschaft meines Vetters John Roger zu erzählen. Ich tat es mit zunehmendem Eifer und Vertrauen und spürte es wie eine Wohltat, daß Gärtner mir aufmerksam und ruhig zuhörte. Je länger ich erzählte, desto stärker wurde in mir das Gefühl, er halte Hilfe für mich stets bereit, wenn ich sie von ihm brauchen sollte. Zunächst freilich hörte ich aus seinem Munde nur ein gelegentliches »So, so«, bis er plötzlich aufschaute und unvermittelt fragte:
»Zuweilen also scheint es dir so, als mische sich in deinen Chronistenberuf oder in dein Herausgeberamt wie eine Last das eigene Schicksal, das dich mit den toten Dingen der Vergangenheit in gefährlicher Weise zu verstricken droht?«
Ich erzählte ihm mit einer wahren Gier, mein Herz auszuschütten, beginnend mit dem Baphomet-Traum, alles, was ich in den Wochen, seit ich die Erbschaft John Rogers erhalten, erlebt und erlitten hatte; ich vergaß nichts.

»Hätte ich John Rogers Hinterlassenschaft doch nie gesehen!« so schloß ich meine Beichte, »dann säße ich jetzt in Ruhe hier, und mein Ehrgeiz als Schriftsteller – das bitte ich mir zu glauben – wäre dieser Ruhe gern geopfert.«

Mein Gast sah mich durch das Gewölk des Zigarrenrauchs lächelnd an; für einen Augenblick schien es mir fast so, als beginne sein Bild vor meinem Blick zu schwinden und in Nebel sich aufzulösen. Eine brustbeklemmende Angst quoll da plötzlich in mir empor, er könnte mich verlassen wollen auf irgendeine Weise – und dieser Gedanke erfüllte mich mit solch schmerzhaftem Schreck, daß ich unwillkürlich die Hände hob. Er schien es zu bemerken, und indem die Rauchwolke sich verzog, hörte ich ihn lachen und sagen:

»Danke dir für deine Aufrichtigkeit! – Willst du so gern meinen Besuch wieder los sein? Denn bedenke immerhin, daß ich hier kaum bei dir säße, wenn dein Vetter John Roger die Erbschaft – behalten hätte.«

Ich fuhr auf:

»Du weißt also mehr von John Roger! – Du weißt, wie John Roger starb!«

»Sei ruhig«, war die Antwort. »Er starb, wie er mußte.«

»Er starb an dieser verfluchten Erbschaft des John Dee?!«

»Nicht so, wie du wohl meinst. Es liegt kein Fluch darauf.«

»Warum hat nicht er diese Arbeit – diese sinnlose, überflüssige Arbeit vollendet, die nun mir über den Hals gekommen ist? – –«

»Und die du freiwillig auf dich genommen hast, mein Freund! – Denn: bewahre oder verbrenne, hieß es doch wohl?!«

Alles, alles wußte dieser Mann da vor mir im Sessel!

»Ich habe nicht verbrannt«, sagte ich.
»Du hast wohl daran getan!« – Er hatte also meine Gedanken erraten.
»Und warum hat John Roger nicht verbrannt?« fragte ich leise.
»Vermutlich war er nicht der geeignete Vollstrecker des Testamentes.«
Hartnäckigkeit befiel mich wie ein Fieber:
»Und warum war er es nicht?«
»Er starb.«
Ein Schauer überlief mich. Ich ahnte jetzt, woran mein Vetter Roger gestorben war: an der schwarzen Isaïs war er gestorben!
Freund Gärtner stieß seine Zigarre in die Aschenschale und drehte sich mit halbem Körper meinem Schreibtisch zu. Mit spielender Hand betastete er die Papiere, die dort zerflattert oder in Stößen umherlagen, blätterte darin herum und zog mit gleichgültigem Griff wie zufällig ein Blatt hervor, das mir bisher sonderbarerweise entgangen war; es mochte zwischen den Deckblättern des Deeschen Tagebuches gesteckt haben oder wo immer. Ich neigte mich gespannt vor. – »Kennst du das? Es scheint: noch nicht!« sagte er zu mir, nachdem er das Blatt überflogen hatte, und reichte es mir hin. Ich schüttelte den Kopf und las – das Schriftstück trug die steile Handschrift meines Vetters Roger –:

> Es kam, wie ich es längst geahnt! Ich erwartete *es*, schon als ich begonnen hatte, mich mit dem verstaubten unheimlichen Nachlaß unseres Urahns John Dee zu beschäftigen. Es scheint, ich bin nicht der Erste, dem ›es‹ begegnet. Ich, Roger Gladhill, der Herr des Wappens, stehe in der Kette, die mein Ahnherr

sich schuf. Ich bin beteiligt, sehr wirklich beteiligt an diesen fluchbeladenen Dingen, die ich nun einmal berührt habe. — — Das Erbe ist nicht tot! — — Gestern war ›sie‹ zum erstenmal bei mir. Sie ist sehr schlank, sehr schön und aus ihren Gewändern kommt ein feiner, kaum zu spürender Raubtiergeruch. Meine Nerven sind seitdem so erregt, daß ich immer an sie denken muß. — Lady Sissy nennt sie sich, aber ich kann nicht glauben, daß das ihr wirklicher Name ist! — Eine Schottin sei sie, so behauptet sie. — Eine rätselhafte Waffe will sie von mir! — Eine Waffe, die schon in meinem alten Wappen der Dees von Gladhill angedeutet sei. — Ich habe ihr beteuert, ich besäße keine solche Waffe, aber sie lächelt nur. — Seitdem habe ich keine ruhige Stunde mehr! Ich bin wie besessen von dem Wunsch, Lady Sissy, oder wie sie wirklich heißen mag, die Waffe zu verschaffen, nach der sie verlangt, und sollte es mich Leben und Seligkeit kosten. — — Oh, ich meine zu wissen, wer ›Lady Sissy‹ in Wirklichkeit ist — — —!

John Roger Gladhill.«

Das Blatt entglitt meiner Hand und wirbelte zur Erde. — Ich sah meinen Gast an. Der zuckte die Achseln.
»Daran also starb mein Vetter Roger?!« fragte ich.
»Ich glaube, er verlor sich an die neue Aufgabe, die ihm die ›fremde Dame‹ stellte«, sagte der, den ich nicht mehr Theodor Gärtner zu nennen wage. Ein wildes Heer von finsteren Gedanken brauste über mich hin: Lady Sissy? Wer ist das?!: die Fürstin Chotokalungin, wer sonst!! Und sie ist?: die schwarze Isaïs, wer sonst!! — Die Isaïs des Bartlett Green!! — Das ist, aufgerissen,

die Hinterwelt des Dämonenreiches, dem sich John Dee verschrieb und nach ihm der unbekannte Angstverfolgte, der die Einträge in John Dees Diarium machte, aus denen das Entsetzen schreit — — und nach ihm mein Vetter Roger — und nach ihm: ich — — ich, der ich Lipotin gebeten habe, alles aufzubieten, damit ich der Fürstin ihren sonderbaren Wunsch erfüllen kann!
Der Freund mir gegenüber richtete sich langsam in seinem Sessel auf. Sein Gesicht schien mir heller, seine Gestalt jedoch undeutlicher als zuvor. Seine Stimme verlor unterm Sprechen den körperlichen Ton der räumlichen Gegenwart; er flüsterte:
»Du bist jetzt der letzte Herr des Wappens! Die Strahlen aus dem grünen Spiegel des Gewesenen sammeln sich alle auf den Scheitel deines Hauptes. Bewahre oder verbrenne! Aber vergeude nicht! Die Alchimie der Seele befiehlt die Verwandlung oder den Tod. Wähle frei — —«
Ein krachender Donner, als stießen Gewehrkolben mit aller Gewalt an zolldicke Türen, ließ mich auffahren: Ich saß in meinem Studierzimmer allein, vor mir stand Lipotins Geschenk, der alte englische, grünüberlaufene Spiegel im florentinischen Rahmen; nichts mehr von der gewohnten Umgebung war im geringsten verändert, aber an meine Tür pochte es soeben zum zweitenmal mit sehr bescheidenem, keineswegs donnerähnlichem Ton.
Auf meinen Hereinruf wurde geöffnet, und eine junge Dame stand ziemlich schüchtern im Türrahmen. Sie stellte sich vor: »Ich bin Frau Fromm.«
Verwirrt stand ich auf. Die junge Frau gefiel mir auf den ersten Blick. Ich gab ihr die Hand und schaute dann zerstreut auf meine Taschenuhr. Frau Fromm bezog diese vielleicht ein wenig unhöflich scheinende Handlung auf sich und bemerkte mit leiser Stimme:

»Ich habe versucht, mich heute mittag zu entschuldigen; ich war verhindert, vor acht Uhr abends meinen Dienst anzutreten. Ich hoffe, mein Wort richtig gehalten zu haben.«

Das hatte sie getan. Meine Uhr wies auf zweiundfünfzig Minuten nach sieben.

Ich selbst war also seit kaum zehn Minuten zu Hause. –

Dies alles ist am gestrigen Abend genau so geschehen, wie ich es hier zu Papier gebracht habe. Immer tiefer, so will es mir scheinen, blicke ich in die abgründigen Zusammenhänge, die irgendwie zwischen meinen eigenen Erlebnissen und den Schicksalen John Dees, meines Ahnherrn, bestehen. Nun ist da auch schon der »Grüne Spiegel« leibhaftig in meiner Hand, von dem er in seinem Tagebuch spricht.

Und dieser grüne Spiegel, woher hab ich ihn?

Er stammt aus Lipotins Rumpelkammer; er ist mir überlassen worden als »Gruß und Geschenk aus seiner ehemaligen Heimat«. – Aus welcher Heimat? Aus der Heimat des russischen Zaren, Iwans des Schrecklichen? Als Gabe des Enkelenkels Mascees, des Magisters des Zaren!?

Wer aber war Mascee?

Nichts einfacher, als kalten Sinnes und ruhigen Blutes die Tagebücher John Dees zu befragen: Mascee war der böse Dämon des Pöbelaufstandes der »Ravenheads«; er war der Überbringer der Botschaften und verhängnisvollen Gaben des ruchlosen Rabenhauptes, des Grabschänders, des Mordbrenners Bartlett Green, des Isaïssohnes, des Zerstörers, des unsterblichen Erzfeindes und Verführers, des Rotbarts im Lederkoller, den ich erst gestern hinter dem Schreibtisch gesehen habe! – Er ist also gegenwärtig, jener Bartlett Green, — er ist da: er, der Feind John Dees, der jetzt auch mein Feind ist! — Und er, er hat mir durch Lipotin den grünen Spiegel in die Hände geschmuggelt! —

Aber ich werde mich zu hüten wissen vor den Befehlen, die aus diesem Spiegel kommen; sonderbar nur ist und bleibt, daß als erster mein Freund Theodor Gärtner aus dem Spiegel trat. — Er ist doch gekommen als Freund, als Warner, als Helfer! Soll ich an ihm zweifeln? Was will mich da verwirren?!

Oh, wie bin ich allein gelassen und einsam auf diesem messerscharfen Gebirgsgrat des Bewußtseins, auf dem ich stehe und von dem aus ich in gähnende Abgründe — nach beiden Seiten hin — hinabschaue; Abgründe des Wahnsinns, die mich zu verschlingen drohen, sobald ich den geringsten Fehltritt tue!

Ein drängendes Verlangen befällt mich schon wieder mit neuem Ungestüm, in die Geheimnisse des Deeschen Erbes immer klareren Einblick zu gewinnen, immer stärkere Bestätigungen meines eigenen Schicksals ihm zu entreißen. Diese gefährliche Neugier, ich fühle es, ist zur Besessenheit angewachsen, der ich keinen Widerstand mehr entgegenzusetzen vermag. Es ist bereits Schicksal geworden. Ich habe nun keine ruhige Stunde mehr, bis dieses Schicksal sich erfüllt hat; ich muß das Wasser meines Lebens in den Strom des alten Geschlechts mischen, das gleichsam unterirdisch zu mir heranfloß, unter meinen Füßen hervorbricht und nun nach mir verlangt — —

Ich habe demnach meine Anordnungen getroffen.

Frau Fromm hat strengen Befehl, mir für die nächsten Tage jede Störung, jeden Besuch energisch vom Leibe zu halten. Freunde erwarte ich nicht; ein Vereinsamter wie ich hat keine Freunde. Und die andern — Gäste? Oh, ich

fühle klar und deutlich sie alle, die draußen vor meiner Schwelle stehen! Ich werde ihnen den Eintritt wehren! Weiß ich doch, Gott sei Dank, was sie von mir wollen.
Ich gab darum soeben Frau Fromm genaueste Weisung und ausdrückliche Beschreibung obendrein, ein Herr Lipotin, von dem und dem Aussehen, ist — abzuweisen! Eine Dame, sie nenne sich, wie sie wolle, zum Beispiel: »Fürstin Chotokalungin«, ist abzuweisen!
Merkwürdig übrigens: als ich meiner recht scheuen und sonderbar schüchternen neuen Hausdame die Gestalt und Erscheinung der Fürstin beschrieb, da überlief sie ein merkliches Zittern, und ihre hübsche kleine Nase bewegte die Nüstern, als wittere sie leibhaftig den unerwünschten Besuch jetzt schon. Sie versicherte mir mit ängstlichem Nachdruck, daß sie genau nach meinen Wünschen handeln, daß sie aufs sorgfältigste acht haben und alles bestimmt und klug einrichten werde, damit ein Besuch nicht einmal bis zur Vortüre gelangen könnte.
Ihr Eifer ließ mich aufschauen, und indem ich kurz dankte, sah ich meine neue Hausgenossin zum erstenmal und unwillkürlich etwas genauer an. Sie ist mittelgroß und mehr zierlich als frauenhaft; dennoch lebt etwas in ihren Augen und in ihrem Wesen, das verbietet, ihre Erscheinung jugendlich oder gar mädchenhaft zu nennen. Ihr Blick ist sonderbar alt, verschleiert und fern. Man möchte sagen: er ist beständig auf der Flucht vor sich selbst oder vor der augenblicklichen Umwelt, auf die er widerwillig gerichtet ist.
Mich durchzuckte in jenem Moment der Beobachtung ein halbklarer Gedanke an mein ratloses Alleinsein, wie ich es gestern abend erstmals mit schmerzlicher Schärfe empfunden hatte, aber auch an das unheimliche Umringtsein von fremden Wesen und Einflüssen gleich denen des ge-

spenstigen Bartlett Green. Und wie ich so an ihn dachte, da fühlte ich ihn wieder schreckhaft nahe, und das Empfinden durchkroch mich: ist diese Frau Fromm auch eine jener Masken? Versteckt sich ein Gespenst in dieser jungen Frau und drängt sich in der Gestalt einer Haushälterin in mein bedrohtes Leben?
Mag sein, daß ich Frau Fromm, wie sie so vor mir stand, länger und forschender anschaute, als ihrem zurückhaltenden Wesen erträglich sein konnte, — sie errötete jedenfalls heftig, und das hilflose Zittern befiel sie zum andernmal. Dabei sah sie mich mit einem so angstvollen Ausdruck an, daß ich mich schämte, als mir einfiel, was sie sich wohl von mir denken müßte. Ich schüttelte also meine törichten Gedanken von mir ab und gab mir Mühe, den ungünstigen Eindruck so schnell wie möglich zu verwischen, indem ich mir mit zur Schau getragener Zerstreutheit durchs Haar strich und ein paar abgerissene Sätze über Zeitmangel und Einsamkeitsbedürfnis vorbrachte, sie nochmals bittend, mich verständnisvoll gegen unliebsame Störungen zu schützen.
Sie blickte an mir vorbei und sagte in ausdruckslosem Ton:
»Ja. Deswegen bin ich doch gekommen.«
Diese Antwort verblüffte mich. Wieder war mir, als spürte ich »Zusammenhänge«. Ich fragte unwillkürlich heftiger, als ich wollte:
»Sie haben mit einer Absicht diese Stellung bei mir angetreten? Sie wissen von mir?«
Sie schüttelte leicht den Kopf:
»Nein, ich weiß gar nichts von Ihnen. Es ist wohl auch nur Zufall, daß ich hier bin. — — Manchmal träume ich bloß . . .«
»Sie haben geträumt», fiel ich ein, »daß Sie diese Stellung

vorübergehend einnehmen werden? – So etwas kommt zuweilen vor.«
»Nein; so nicht.«
»Wie denn?«
»Ich habe den Befehl, zu helfen.«
Ich erschrak: »Wie meinen Sie das?«
Sie sah mich gequält an:
»Ich bitte um Verzeihung. Ich schwatze Unsinn. Es geschieht mir manchmal, daß ich mit Vorstellungen kämpfen muß. Aber das bedeutet nichts. – Ich habe jetzt an meine Arbeit zu denken. Verzeihen Sie die Störung.«
Sie wandte sich rasch und wollte zur Tür. Ich faßte sie bei der Hand. Der Druck meiner vielleicht ein wenig zu jäh ihr Gelenk umspannenden Finger schien sie heftig zu erschrecken. Sie zuckte, wie elektrisch getroffen, und stand mit ganz erschlafften Gliedern vor mir. Willenlos überließ sie mir die Hand; ihr Gesichtsausdruck veränderte sich sonderbar, ihr Blick glitt auf einmal ins Leere. Ich verstand nicht, was mit ihr vorging, aber ein merkwürdiges Gefühl ergriff mich: alles das, bis in die kleinste Einzelheit, habe ich doch schon einmal erlebt vor – vor –? – Ohne zu überlegen, was ich tat oder sagte, zwang ich sie mit leichtem Fingerdruck in einen Sessel neben meinem Schreibtisch. Ich hielt ihre Hand fest, und wie aufs Geratewohl kamen mir dabei die Worte in den Mund:
»Mit Vorstellungen, Frau Fromm, haben wir zuzeiten alle einmal zu kämpfen. Sie sagen, Sie wollen mir helfen. Helfen wir uns also – vielleicht gegenseitig. Sehen Sie, ich zum Beispiel kämpfe in den letzten Tagen manchmal mit der Vorstellung, ich – ich sei eigentlich mein eigener Urahn, ein alter Engländer aus dem ...«
Sie unterbrach mich mit einem leisen Schrei. Ich schaute auf. Sie starrte mich an.

»Was erregt Sie?« unterbrach ich mich. Ihr Blick, der durch mich hindurch zu gehen schien, war mir sekundenlang unheimlich und brannte mich im Innern wie Glut.
Frau Fromm nickte geistesabwesend vor sich hin und antwortete:
»Ich bin auch irgendeinmal in England gewesen. Ich war verheiratet mit einem alten Engländer — —«
»Ach so«, — ich mußte lächeln und empfand eine Erleichterung, hätte aber nicht sagen können, weshalb; gleich darauf wunderte ich mich im stillen darüber, daß die junge Frau schon die zweite Ehe hinter sich haben sollte —, »ach so, Sie waren vor Ihrer Ehe mit Doktor Fromm schon einmal in England verheiratet?«
Sie schüttelte den Kopf.
»— — oder Herr Doktor Fromm selbst war . . .? Verzeihen Sie meine Fragen, aber Ihre bisherigen Schicksale sind mir in den Einzelheiten unbekannt.«
Sie machte eine heftig abwehrende Bewegung.
»Doktor Fromm ist nur sehr kurze Zeit mein Mann gewesen. Es war ein Irrtum. Er starb bald nach unserer Trennung. Auch war Doktor Fromm kein Engländer und ist auch niemals in England gewesen.«
»Und Ihr erster Gatte??«
»Doktor Fromm hat mich in meinem achtzehnten Jahr aus dem Elternhaus geholt. Ein zweites Mal bin ich nicht verheiratet gewesen.«
»Ich verstehe nicht, liebe Frau Fromm —«
»Ich verstehe es ja auch nicht«, brachte sie mit gequälter Miene hervor und kehrte ihr Gesicht wie hilfesuchend mir zu —, »ich weiß es ja auch erst seit dem — seit dem Tage, als ich Doktor Fromms Frau wurde, daß ich . . . doch einem andern gehöre.«
»Einem alten Engländer, wie Sie sagen. Gut. — War er

eine Jugendbekanntschaft von Ihnen? Ein Kindheitserlebnis?«

Sie bejahte heftig, fiel aber sogleich wieder in ihre Ratlosigkeit zurück.

»Es ist nicht so, wie Sie meinen. Es ist ganz anders.«

Sie raffte sich mit größter Anstrengung in dem Lehnstuhl zusammen, entzog mir ihre Hand, die ich immer noch festgehalten hatte, setzte sich aufrecht und sprach rasch und mit eintönigen Worten, wie in auswendig gelernten Sätzen, das, was ich hier nur in den Hauptpunkten feststelle:

»Ich bin die Tochter eines Gutspächters in der Steiermark. Ich bin meines Vaters einziges Kind. Ich bin in guten Verhältnissen aufgewachsen. Später hatte mein Vater Unglück, und wir sind verarmt. Ich habe als Kind mehrere kleine Reisen gemacht, aber niemals über die Grenzen Österreichs hinaus. Ich war, bevor ich heiratete, ein einziges Mal in Wien. Das war meine größte Reise. Trotzdem habe ich als Kind oft von einem Haus und einer Gegend geträumt, die ich niemals mit wachen Sinnen gesehen habe. Ich wußte damals immer: das ist ein Haus und eine Landschaft in England. Aber wieso ich das gewußt oder gemeint habe, kann ich nicht sagen. Es wäre auch nur selbstverständlich, alles das für eine kindische Einbildung zu halten, obwohl ich die Gegend, die ich geträumt habe, mehrmals einem entfernten Verwandten von uns, der Praktikant bei meinem Vater und bei englischen Freunden von uns aufgewachsen war, beschrieb: er selber, ein halber Engländer, sagte mir dann jedesmal, ich träumte wohl von schottischen Bergen oder zuweilen auch von Richmond, denn diese Landschaften paßten haargenau auf meine Beschreibung, nur sei vieles dort bei weitem nicht so altertümlich, wie ich es zu sehen meinte. Indessen ist mir auch von anderer Seite her eine sonderbare Bestätigung zugekommen, wenn man es so nennen will. Oft träumte ich nämlich als Kind auch von einer alten und düsteren Stadt mit solcher Genauigkeit und Deutlichkeit, daß es mir mit der Zeit möglich wurde, darin umherzuwandern und Straßen, Plätze und Häuser aufzusuchen mit größter Sicherheit; und stets fand ich dort, was ich zu sehen gesucht hatte, so daß ich kaum mehr sagen kann, ich hätte nur geträumt. Diese Stadt kannte unser englischer Verwandter nicht, und er meinte auch, sie läge sicherlich nirgends in England. Sie müsse unbedingt viel eher eine alte Stadt des Festlandes sein. Sie liegt zu beiden Seiten eines mittelgroßen Flusses, und eine alte steinerne Brücke, beiderseits aus finsteren Toren und Wehrtürmen hervorspringend, verbindet die beiden Stadtteile. Und über dem einen, eng von Häusern umdrängten Ufer erhebt sich zwischen reich begrünten Hügeln eine breit und überaus mächtig gelagerte Burg. – Eines Tages sagte man mir, das sei Prag. Aber vieles von dem, was ich genau beschreiben konnte, schien nicht mehr vorhanden, oder anders geworden, obschon auf einem älteren Plan manches dem entsprach, was ich so genau kannte. – Ich bin bis heute noch nicht nach Prag gekommen und habe Angst vor dieser Stadt. Ich möchte sie nie, nie mit lebenden Füßen betreten! Wenn ich lange an sie denke, packt mich ein wildes Entsetzen, und ich sehe einen Menschen im Geiste, dessen Anblick – ich weiß nicht weshalb – mir das Blut in den Adern erstarren macht. Er hat keine Ohren; sie sind ihm abgeschnitten, und blutrote Narben umsäumen die Löcher an beiden Seiten seines Kopfes. – Mir ist, als sei er der böse Dämon dieser furchtbaren Stadt. Diese Stadt, ich weiß es gewiß, würde mich unglücklich machen und mein Leben zerstören!«

Frau Fromm stieß die letzten Worte mit so heftiger Abwehr hervor, daß ich sie erschrocken unterbrach. Meine erregte Bewegung rief sie zu sich selbst zurück; ihre Züge glätteten sich, sie strich sich mit der Hand übers Gesicht, als wollte sie den Anblick, den sie gehabt, wegwischen. Dann, sichtlich erschöpft, fügte sie in abgerissenen Sätzen hinzu:

»Wenn ich will, kann ich mich auch bei wachen Sinnen in jenes Haus versetzen, das einmal in England gestanden hat. Ich kann darin wohnen, wenn ich will, stundenlang und tagelang; und je länger, desto deutlicher wird dort alles. Ich bilde mir dann ein – nicht wahr, so sagt man –, ich bilde mir dann ein, mit einem alten Herrn dort verheiratet zu sein. Ich kann ihn sehr deutlich sehen, wenn ich will, nur ist alles, was ich wahrnehme, in ein grünliches Licht getaucht. Es ist so, als ob ich in einen alten grünen Spiegel blickte – –«

Wieder unterbrach ich sie mit einer heftigen Bewegung. Meine Hand griff nach dem florentinischen Rahmenspiegel Lipotins, der auf meinem Schreibtisch steht. Frau Fromm schien aber nicht darauf zu achten. Sie fuhr fort:

»Vor einiger Zeit habe ich erfahren, daß ihm Gefahr droht.« –

»Wem droht Gefahr?«

Ihr Gesicht nahm wieder den fernen Ausdruck an; sie machte in diesem Augenblick den Eindruck einer beinahe Bewußtlosen, dann trat Angst in ihre Züge. Sie stammelte: »Meinen Gatten.«

»Sie wollen sagen: dem Doktor Fromm?« führte ich sie absichtlich in Versuchung.

»Nein! Doktor Fromm ist doch tot! Vielmehr meinem richtigen Gatten – – dem Herrn in unserm Hause in England . . .«

»Lebt er heute noch dort?«
»Nein. Er lebte dort vor langer, langer Zeit.«
»Wann lebte er dort?«
»Das weiß ich nicht. Es ist sehr lange her.«
»Frau Fromm!«
Sie fuhr auf:
»Habe ich Unsinn geschwatzt?«
Ich schüttelte, keines Wortes mächtig, den Kopf.
Sich entschuldigend, erzählte sie weiter:
»Mein Vater nannte es ›Unsinn schwatzen‹, wenn ich von meinen Zuständen erzählte. Er wollte das nicht. Er nannte es: ›krank‹. Seitdem fürchte ich mich, davon zu sprechen. – Nun haben Sie das gleich am ersten Tag von mir erfahren! Sie werden ebenfalls denken: die Frau ist krank und hat es verschwiegen, – hat sich diese Stellung erschlichen, und – und ich fühle doch, daß ich hier an meinem Platze und daß ich hier sehr nötig bin!« ...
Sie sprang erregt auf. Ich suchte vergebens, sie zu beruhigen. Nur allmählich konnte ich sie mit der Versicherung beschwichtigen, daß ich sie keineswegs für krank hielte und daß sie ihre Stellung bei mir bestimmt behalten könnte, solange der Urlaub meiner alten Wirtschafterin dauere.
Das schien sie zu beruhigen. Sie lächelte dankbar und befangen.
»Sie werden sehen, daß ich meinen Pflichten, die ich übernommen habe, genügen kann. Darf ich jetzt an meine Arbeit gehen?«
»Eins noch, Frau Fromm: können Sie mir, ungefähr wenigstens, beschreiben, wie jener alte Mann in dem Hause bei Richmond aussieht? Und wissen Sie gar, wie er heißt?«
Sie besann sich. Erstaunen trat in ihre Mienen.

»Wie er heißt? Nein, das weiß ich nicht. Ich habe nie daran gedacht, daß er einen bestimmten Namen haben müsse. Ich nenne ihn nur: ›Er‹. – Aber wie er aussieht? Er sieht ... Ihnen ähnlich, mein Herr. – Ich habe viel an Ihnen gutzumachen!« – Damit war sie auch schon zur Tür draußen.

Ich habe keine Lust jetzt, dem neuen Rätsel dieser mir ins Haus geschneiten Frau Fromm nachzugrübeln. Es ist kein Zweifel: sie wird von sogenannten alternierenden Bewußtseinszuständen ergriffen. Ihr Fall wäre für einen Arzt keine Seltenheit; Pubertätshysterie würde er es nennen. Fixierte Traumbilder. Dramatisierte Wahnvorstellungen. Erlebnis einer Fremdpersönlichkeit an sich selbst. In diesem Fall wäre die Fremdpersönlichkeit offenbar in ein vergangenes Jahrhundert projiziert. Das alles ist nichts Außergewöhnliches. –
Aber Richmond? Und die Ähnlichkeit des geträumten Ehemannes mit mir? – – Auch solche Fälle sind den Ärzten bekannt. Was wäre Ärzten überhaupt nicht bekannt! – Solche Art Kranker klammert sich mit Vorliebe an eine Vertrauensperson ihrer Umgebung. – Vertrauensperson? Bin ich denn eine Vertrauensperson für sie? Freilich bin ichs; habe ich nicht selbst soeben noch zu ihr gesagt: »Helfen wir uns also gegenseitig«. Wenn ich nur wüßte, was die Worte von ihr bedeuten sollen: »Ich habe viel an Ihnen gutzumachen!« Ist das die Sprache einer somnambulen Hysterika? – Nun, es wird sich zeigen, ob ich mir da eine Person zugelegt habe, die nicht immer ganz richtig im Kopf ist. Allerdings: eine innere Stimme will mir ganz anderes zuflüstern; ich darf dem aber nicht nachgeben, sonst laufe ich aufs neue Gefahr, mich selbst zu verwirren oder – zu verlieren. Und was ich zu tun habe, wenn mein Schicksal

einen Sinn bekommen soll, das weiß ich nur zu gut. Das Schicksal der meisten »normalen« Menschen hat, genau besehen, leider so gut wie gar keinen Sinn.
Also rasch wieder an die Arbeit!
Vor mir liegt schon ein neues, stark verknotetes Bündel, das ich, der erhaltenen Traumvorschrift des – ja: des Baphomet eingedenk, wahllos aus der Schublade gegriffen habe.
Vielleicht finde ich darin den Schlüssel der neuen Rätsel?

Ein fester schwarzer Ganzlederband liegt vor mir mit der Aufschrift:

»Private Diary.«

Auf der zweiten Seite steht in John Dees Handschrift:

Logg-buch meiner ersten Entdeckungsfahrt nach dem wahren und wahrhaftigen Grönland, dem Tron und der Krone des ewigen Engelland.
Den 20. November im 1582ten Jahr nach der Geburt des Herrn.
Es ist nun entschieden und offenbar, daß meine Bedenken gerecht und wohl begründet gewesen sind, als ich annahm, Grönland, das ich der irdischen Macht der Königin Elizabeth zu unterwerfen gedacht hatte, sei – hier auf Erden zu finden.
Mich hat der Erzschelm und Betrüger Bartlett Green vom ersten Tage meiner Verbindung an, die ich in eitler Verblendung mit den Ravenheads einging, aufs schändlichste genasführt und mit den teuflischsten Mitteln auf Irr- und Abweg gelockt. Geht es wohl fast allen Menschen so, daß sie hier auf Erden sich Mühsal aufladen, weil sie nicht erkennen, daß drü-

ben gegraben werden soll und nicht hier; sie haben den Fluch des Sündenfalles nicht begriffen! Sie wissen nicht, daß hier nur gegraben werden soll im Sinne des ›Drüben‹-findens. Mir hatte der Bartlett einen Weg des geistlichen Verderbens zugedacht, als er mir eingab, hier auf der Erden die Frucht meines Ehrgeizes zu suchen, damit ich nicht gewahr würde, daß die Krone ›drüben‹ ist. Hat mir ein Weg der Mühen, Enttäuschungen, Kümmernisse und der Verräterei sein sollen, so mich vorzeitig grau und des Lebens überdrüssig hätte machen mögen.
Übergroß war die Gefahr für das wahre Ziel nicht allein meiner Seele, sondern auch wollte er verhindern, daß die Berufung meines Stammes und Geschlechtes, das Höchste zu erlangen, was einem vom Sündenfall Heimkehrenden beschieden ist, in Erfüllung gehe. Sein Rat, ich solle den Weg hiezu auf dem Pfade zu irdischer Macht und Krönung suchen, war grundfalsch. Heute weiß ich für gewiß, daß mir bestimmt ist, mein Grönland und Kronland: ›drüben‹ zu suchen, und daß mein ganzes Leben nie einen andern Sinn gehabt hat. Drüben, wo die unversehrte Krone der Geheimnisse und die ›jungfräuliche Königin‹ ihres Königs harren.
Es ist nun heute der dritte Tag, daß ich frühmorgens bei hellen und wachen Sinnen ein ›Gesicht‹ hatte, das mit Traum oder dergleichen nicht das geringste zu tun hat. Ich wußte früher kaum, daß es etwas giebt, was jenseits liegt von Wachen, Träumen oder Tiefschlaf oder Besessenheit: etwas Fünftes, Unerklärliches: ein Sehen von bildhaften Vorgängen, die mit der Erde nichts zu schaffen haben. Es war das Gesicht, das ich hatte, auch so ganz anders als

jene, die mir der Kohlenspiegel des Bartlett einst im Tower gewiesen. Es war eine Prophezeiung in Symbolen, so mags mir erscheinen.
Ich sah einen grünen Hügel und wußte, daß er Gladhill sei, der Hügel meines Stammhauses, so, wie er im Wappen der Dees stolz und fröhlich steht. Es stak aber nicht das silberne Schwert in seiner Kuppe, sondern so wie im andern Felde des Wappens ragte auf seiner sanften Höhe der grüne Baum hervor und zu dessen Füßen sprudelte der lebendige Quell herab in munterem Lauf. Mich freute der Anblick und ich strebte aus weiter dunstiger Ebene her diesem Hügel zu, um mich am alten Bronnen meines Geschlechtes zu erquicken. Es war ein Wunder, wie ich zugleich alles, alles als wirklich und dennoch als Sinnbild empfand.
Wie ich nun den Hügel hinanstrebte, erkannte ich mit innerer brennender Klarheit auf einmal, daß ich selber der Baum auf dem Hügel war und daß ich in seinem Stamm, als meinem Rückenmark, mich zum Himmel aufrecken wollte und daß ich in allen seinen Zweigen und Ästen, als den äußerlich sichtbar gewordenen Strängen und Zweigen meiner Nerven und Blutadern mich in die Lüfte dehnte. Und ich spürte die Säfte und Gefühle des Blutes und der Freude pochen in dem Adern- und Nervenbaum vor mir und war dabei meiner selbst bewußt in ihm mit Stolz. Die silberne Quelle aber zu meinen Füßen spiegelte mir ins Unendliche meine Kinder und Kindeskinder, als seien sie aus der Zukunft herabgekommen zum Feste einer nahenden und doch jetzt schon gegenwärtigen Auferstehung ins Ewige Leben. Das Antlitz eines jeden von ihnen war verschieden, aber die Ähnlichkeit mit mir trugen sie alle; mir war, als

sei ich es, der ihnen den Stempel unseres Geschlechtes aufgeprägt hätte, sie dadurch für immer vor Tod und Untergang zu bewahren. Das fühlte ich mit weihevollem Stolz. – Nun ich näher trat zu dem Baume, sah ich in seinen höchsten Wipfeln wie einer Krone plötzlich ein doppeltes Gesicht; das eine davon schien männlich, das andere aber weiblich und beide Häupter waren in eins gewachsen. Und über diesem Doppelhaupt schwebte in goldenem Licht eine Krone unter einem Krystall von unaussprechlichem Glanze.

Alsbald erkannte ich in dem weiblichen Antlitz meine Herrin Elizabeth und hätte gern laut aufjubeln mögen, daran mich aber ein unerwarteter reißender Schmerz jäh verhinderte, denn ich sah und fühlte den männlichen Kopf nicht als den meinen, sondern als einen jüngeren und in allen Zügen unbekümmerteren, als ich seit den Tagen meiner unschuldigen Jugend auf den Schultern getragen. Zwar wollte mich eine Art Wehmut betrügen, als ob ich dieser Baumgeborene selber und dieser eben nur in meinen verloren gegangenen Kinderjahren sei, doch unbarmherzig durchschaute ich alsbald den Betrug und erkannte klar, daß nicht ich aus jenem Doppelhaupt blicke, sondern ein Ferner, ein aus dem Quell zu meinen Füßen Gestiegener, ein in dieser meiner Zeit mir Unerreichbarer, ein – Anderer! – – –

Und ein wütender Schmerz fiel mich an, daß nicht ich, sondern ein Anderer aus meinem Blute und Samen, ein ganz Später: der Erbe der Krone und der mit meiner Elizabeth untrennbar Vereinigte sein sollte. Und in meinem Zorn und Gram hob ich die Hand wider mich – den Baum – gleichsam, um

ihn zu fällen. Da sprach der Baum aus der Tiefe meines Rückenmarks hervor:
»Thörichter, der du noch immer dich selbst nicht erkennst! Was ist die Zeit? Was ist die Wandlung? – Auch nach Jahrhunderten bin ich: – *Ich* nach dem hundertsten Grab; bin ich: – *Ich* nach der hundertsten Auferstehung! An den Baum willst du die Hand legen, der du selber nur ein Ast bist und nichts als ein Tropfen aus dem Quell zu deinen Füßen?!«
Da schaute ich erschüttert zu der Krone des Deebaumes hinauf und sah, wie der Doppelköpfige zugleich die Lippen bewegte, und ich hörte aus unendlicher Höhe und Ferne ein Rufen, das wie nur mit großer Mühe zu mir herabdrang:
»Ein Mensch, der lange glaubt, lebt zuletzt! – Wachse mir zu, so bin ich du! – Erlebe dich selbst, so wirst du mich erleben, mich den – Baphomet!«
Ich stürzte nieder zu Füßen des Baumes und umfing seinen Stamm mit ehrfürchtigen Händen, und mich schüttelte solches Weinen, daß ich die Vision nicht mehr sehen konnte durch den Schleier der Tränen und die nüchterne Nachtlampe in meinem Zimmer wieder erblickte und das erste Grauen des Morgens draußen vor den Ritzen der geschlossenen Fensterläden. Die Stimme des Baumes hörte ich auch da noch, und sie sagte wie aus meinem Innern heraus:
»Unsterblich willst du werden? – Weißt du, daß dieser Verwandlungsweg vieler Processe des Feuers bedarf und des Wassers?! Es muß die *Materia* durch vielerlei Leiden gehen!«

– – –

Dreimal jetzt ist mir also in Gesichten des frühen Morgens das Bild und der Sinn und der Weg gewiesen worden. Der Weg, daß ich zu mir selber gelange nach der Zeit und nach dem Grabe, – es sei, wann es wolle – ist zweifach. Der eine Weg ist gar unsicher, zufällig, ein ausgestreuter Brosam, den vielleicht die Vögel des Himmels auffressen, ehe ich die Straße wiederkehre. Ich will ihn dennoch versuchen, denn er kann, wenn es damit glückt, ein mächtiges Hülfsmittel sein, mich – dereinst wieder zu erinnern. – Und was ist Unsterblichkeit, wenn nicht: Erinnerung? –

Also wähle ich den magischen Weg der Schrift und schreibe nieder mein Schicksal, und was mir davon offenbart ist, in dieses Diary, das ich auf gewisse Art geweiht und gefeit habe gegen den Verderb der Zeit und der bösen Geister, Amen.

Du Ferner aber, du Anderer, der du nach mir kommst, und am Ende der Tage des Baumes dies Buch liest: denke daran, von wannen du bist und daß du aus der silbernen Quelle gestiegen bist, die den Baum tränkt und die der Baum aussendet. Und hörst du dein Rauschen in dir und wachsen dir seine Zweige durch dein Fleisch: so beschwöre ich, John Dee, Baronet of Gladhill, dich, daß du schauest in dich und dich aufweckst aus den Gräbern der Zeit und erkennst: Du bist ich! – – –

Es ist aber da noch ein anderer Weg, den ich mir selber schuldig bin zu gehen, wie ich hier lebe im Fleisch und in Mortlakecastle: das ist der Weg der Alchymisierung dieses Leibes und dieser Seele, daß sie Unsterblichkeit erlangen mögen beide: in dieser gegenwärtigen Zeit.

Und diesen Weg nun kenne ich nicht erst seit heute, sondern ich gehe ihn jetzt bald schon ins dritte Jahr;

und habe ich große Ursache zu glauben, daß die Gnade jener mir dreimal hintereinander am frühen Morgen erschienenen Vision schon eine merkliche Folge und gleichsam ein erster Lohn und Fruchtgewinn aus solch steter Mühe ist. – Seit zwei Jahren ist mir ein Licht aufgegangen, worin die wahre Alchymie besteht, und schon um Weihnachten 1579 habe ich mir hier in Mortlake eine chymische Küche erbauen und mit allem Nötigen wohl versehen lassen, – auch mir einen tüchtigen Laboranten aus Shrewsbury verschrieben, so sich mir am Christtag jenes Jahres unversehens angemeldet und vorgestellt hat und seitdem treu, fleißig in allen Dingen redlich und über alles Erwarten in der Geheimen Kunst gar wohl unterrichtet und erstaunlich reich an allerlei Erfahrung erwiesen hat. Selbiger Laborant ist Master Gardener geheißen und mir recht ans Herz gewachsen als ein Freund, der wohl mein Vertrauen verdient, denn er hat jederzeit das Meine treulich wahrgenommen und ist mir mit Eifer und gutem Rat allerwegs zur Hand gegangen, was hier ausdrücklich bekennet und mit gerechtem Dank festgelegt stehen soll. Leider jedoch haben sich in letzter Zeit die Anzeichen gemehrt, daß das hohe Wissen sowohl, wie insbesonders das Vertrauen, das ich ihm schenke, ihn hochfahrend und störrisch gemacht haben, so daß er mir öfters mit Widerspruch, unerbetenen Warnungen und Ermahnungen, die mir nicht passen, entgegentritt. Ich hoffe, daß er solches bei Nächsten lassen und in mir den Brotgeber, wenn auch allzeit ihm wohlgeneigten Herrn wieder erkennen wird. – Es ist aber mein Streit mit ihm nicht allein um der Ausübung und rechten Methode der

Kunst der Alchymie willen, sondern er glaubt auch, sich meinem Verkehr mit den frommen Geistern der andern Welt von Drüben, den anzubahnen mir vor einiger Zeit auf die merkwürdigste Weise gelungen ist, widersetzen zu sollen. Daß dabei unmöglich ein Betrug der höllischen Geister, wie er meint, vorliegen könne, noch auch eine Fopperei derer Erd- und Luftwesen, erhellt mir schon aus der Tatsache, daß dabei allezeit ein frommes und inbrünstiges Gebet zu Gott und dem Heilbringer aller Kreatur, Jesus Christus, die Beschwörung der jenseitigen Welt einleitet und zuletzt auch wiederum das Werk beendet. Es zeigen sich desgleichen die Stimmen und Geister, die sich mir dabei offenbaren, stets so gottesfürchtig und all ihr Tun und Redestehen geschieht immer so ganz ausdrücklich im Namen der heiligen Dreifaltigkeit, daß ich Gardeners Warnung, sie seien maskierte Teufel, nimmermehr glauben kann und will. Zumal ihre Belehrungen, die sie mir erteilen, wie der Stein der Weisen und das Salz des Lebens zu bereiten sei, straks denen entgegenlaufen, die er behauptet zu kennen. Ich nehme an, daß sie ihn, der glaubt, alles zu wissen, in seiner Eitelkeit verletzen. Solches ist meinem menschlichen Verstehen keineswegs unbegreiflich, doch mag ich seine Widersprüche, so gut sie auch gemeint sein können, nicht länger hinnehmen. Ich will nur glauben, daß sich mein Laborant hier gründlich irrt, wenn er behauptet, gegen die maßlose Tücke der Bewohner der andern Welt sei nur jemand gefeit, der den ganzen heimlichen Proceß der geistigen Wiedergeburt in seinem Innern durchgemacht hat, als da sind: die mystische Taufe mit Wasser, mit Blut und mit Feuer, das Erscheinen von

Buchstaben auf der Haut, das Schmecken von Salz auf der Zunge, das Hören eines Hahnenschreis und anderes mehr, wie zum Beispiel, daß man ein Kind im Leibe weinen hören müsse. Wie das zu verstehen sei, das will er nicht sagen; er behauptet, er sei durch ein Gelübde zum Schweigen verpflichtet.
Da ich immerhin wankend wurde, ob nicht am Ende doch Teufelsspuk mich narrt, habe ich gestern in Abwesenheit Gardeners, meines Laboranten, die Geister in geziemender Weise im Namen Gottes des Vaters, Sohnes und Heiligen Geistes beschworen, zu erscheinen und mir zu sagen, ob sie von einem gewissen Bartlett Green Kunde besäßen und ob er ihrer Freundschaft und Genossenschaft etwa gar würdig befunden worden sei. Hörte ich da zuerst ein seltsam pfeifendes Lachen in der Luft, was mich stutzig machen wollte, doch gleich darauf schienen die Geister mit großem Getöse ihren Widerwillen gegen solche meine Zumutung an den Tag zu legen und seltsam wie Metall klingende Stimmen rings um mich her ertönten aus den Wänden und aus dem Fußboden, die mir befahlen, jede Gemeinschaft mit selbigem Sendling der schwarzen Isaïs hinfort zu meiden, und sie sagten mir später in Gegenwart meiner anwesenden alten Freunde, Harry Price und Edmund Talbot, zum Zeichen, daß sie allwissend seien, ein Geheimniß, das nur ich allein kannte und sogar vor meiner Frau Jane bisher verborgen gehalten hatte. Sie verwiesen mir also jeglichen Verdacht gegen die Bewohner der andern Welt und sagten, meine Gemeinschaft mit Bartlett Green könne nur dadurch gebrochen werden, daß ich mich des Kohlenspiegels für immer entäußerte, den er mir damals im

Tower geschenkt hat. Und im Namen Gottes befahlen sie mir, diesen Stein oder Kohlenkrystall auf der Stelle von mir zu tun und ihn zum Zeichen meiner Reue mit eigener Hand dem Feuer zu überantworten.

Damit hatte ich den schönsten Triumph über Gardener bekommen, der nur wortlos schwieg, als ich ihm erzählte, was mir die Geister befohlen hatten. In meinem Innern aber sagte ich mich heimlich von ihm los. Da mir außerdem an dem Bruch mit allem lag, was mich an Bartlett Green gemahnen oder gar binden könnte, so habe ich heute in der Früh den Kohlenspiegel aus seinem Versteck genommen und vor den Augen meines Laboranten Gardener in der alchymistischen Küche bei starkem Feuer verbrannt. Es ist aber zu meinem nicht geringen Erstaunen – Gardener verzog keine Miene dabei und machte nur ein ernstes Gesicht – die glatte Kühle bei grüner Flamme ohne irgend einen Rauch, auch ohne irgend eine Spur von Schlacke oder Asche zu hinterlassen, hell verbrannt.

Darauf sind nun wiederum ein Tag und eine Nacht vergangen, und in dieser Nacht erschien mir das höhnisch grinsende Haupt des Bartlett Green: ich nehme an, daß er grinste, um die Wut, die er doch empfinden mußte, weil ich seinen Kohlenspiegel verbrannt hatte, vor mir zu verbergen. Dann verschwand er in einem grünen Rauch, der seine Gesichtszüge derart verzerrte, daß es mir einen Augenblick schien: er habe sich in ein mir fremdes Antlitz verwandelt, – in das Gesicht eines mir unbekannten Mannes mit so glatt an den Wangen anliegenden Haaren, daß es fast aussah, als hätte er keine Ohren. Doch wird das

wohl eine Einbildung von mir gewesen sein. – Hierauf träumte ich, ich sähe abermals den Baum auf Gladhill und hörte dabei seine Stimme, die da sagte:
»Fördere nun fleißig den heilsamen Proceß, welcher ist: Leiden des Stoffes, daraus das Elixier des ewigen Lebens soll gekocht und gewonnen werden.« – Das machte mich beklommen und fast so schwermütig bis lange nach meinem Erwachen derart, daß es mich geradezu drängte, Gardener um Rat zu fragen und ob er vielleicht glaube, daß mir irgend ein Mißgeschick drohe; ich empfand es wie Wankelmut, mich an den Mann zu wenden, von dem ich mich doch innerlich losgesagt, aber meine Furcht überwog meinen Stolz auf mir unfaßbare Weise. Ich ging hinüber in die alchymistische Küche. Aber statt Gardener fand ich dort nur mehr einen Brief von ihm vor, in dem er sich in höflichen, aber dürren Worten von mir für lange, lange Zeit, wenn nicht für »immer«, verabschiedete. – – –
Ich erstaunte nicht wenig, als um die zehnte Morgenstunde, vorher von meinem Diener angemeldet, ein Fremder meine Stube betrat, dem, wie ich auf den ersten Blick sah, die Ohren abgeschnitten waren. Die Narben rings um die Ohrlöcher verrieten mir, daß diese Verstümmelung vor nicht sehr langer Zeit stattgefunden haben müßte. Möglicherweise wegen eines Deliktes gegen die Staatsgesetze. Da ich wußte, daß leider nur zu oft Unschuldige hierzulande zu solcher Strafe verurteilt werden, beschloß ich, kein Vorurteil gegen den Fremden zu hegen. Zudem trugen seine Gesichtszüge keine Ähnlichkeit mit dem Antlitz, von dem ich des Nachts geträumt hatte. Ich

nahm vielmehr an, es müßte sich um einen hellsehenden Traum für den kommenden Tag gehandelt haben. Der Fremde war größer gewachsen als ich und von breiter und derber Statur, die auf keine besonders vornehme Herkunft deutet. Sein Alter war schwer zu bestimmen, denn langes Haar und ein voller, ein wenig wirr gezauster Spitzbart verbargen sein fast kinnloses Gesicht mit der fliehenden Stirn und der frech vorspringenden, schnabelartigen Nase. Er schien noch ziemlich jung zu sein und ich möchte ihn kaum älter als in den ausgehenden Dreißigern schätzen. Er hat mir später zu wissen gegeben, er habe noch nicht einmal das achtundzwanzigste Jahr vollendet. Er wäre also jünger noch als meine Frau Jane Fromont. Dennoch will dieser Mensch bei seinen geringen Jahren England der kreuz und quer, sowie auch Frankreich und die holländischen Provinzen bereist und vielerlei Fahrten unternommen haben. So ist auch sein Aussehen: abenteuerlich, unstät und nach den Furchen in seinem Gesicht zu schließen, vom Schicksal grausam durchgepflügt.

Er trat nahe auf mich zu und sagte mit gesenkter Stimme, er hätte mir wichtiges anzuvertrauen, dabei keinerlei Störung zu dulden wäre, weshalb ich die Türe von innen verschließen möchte. Hernach bei abgesperrter Kammer holte er ein altes Buch, in Schweinsleder gebunden, auf Pergament mit fleißiger Hand beschrieben und bemalt, umständlich aus einer verborgenen Tasche seiner inneren Kleider hervor, schlug es auf und wies mir eine besondere Stelle. Ehe ich noch die krause, uralte Schrift zu lesen vermochte, frug er mich auf einmal mit bebender Stimme und mit sonderbar flackerndem Blick seiner ste-

chenden Mausaugen: »ob ich ihm zu sagen und zu erklären wüßte, was eine ›Projektion‹ sei?« –
Woraus ich mit einem Schlage erkannte, daß er von der alchymistischen Metallverwandlung nur einen sehr unzulänglichen Begriff haben mochte. Ich antwortete ihm also, daß ich dieses eigentlich rein chymischen Wissens allerdings mächtig wäre, und erklärte ihm den Vorgang der Projektion nach den Regeln der bekannten Wissenschaft. Er horchte scharf zu und schien zufrieden. Sodann, da er mir das Buch zur Hand ließ, bemerkte ich rasch, daß ein Werk von fast unschätzbarem Werte vor mir lag, nämlich eine Anweisung, wie der Stein der Weisen zur wahren alchymischen Bereitung des Leibes und zur Gewinnung des Elixirs der Unsterblichkeit hier und drüben herzustellen sei. Ich saß mit völlig betäubten Sinnen, unfähig eines Wortes, aber auch unfähig, meine Gefühle zu meistern, die in meinem Gesichte wohl ein ganzes Theater von aufgeregten Leidenschaften darstellen mußten, denn ich merkte, wie mich der Fremde unterweilen scharf ins Auge gefaßt hielt und ihm darum nichts von all meiner Erregung entging. Ich gedachte auch keineswegs, ihm etwas zu verbergen, klappte das Buch zu und sagte: »Ein feines Büchlein, fürwahr! Was wollet Ihr damit?« »Das Elixier und den Stein gewinnen, wie darinnen angezeigt«, – antwortete er mit starker Verhaltung seiner ihm sichtlich aus den Augen sprühenden Angst und Gier. »Dazu ist vorerst erforderlich, daß einer das Buch lesen und verstehen möge«, wendete ich ein.
»Könnet Ihr das und wollet Ihr Euer Edelmannswort geben und schwören auf Christi Leib und Blut?«

Ich antwortete, daß ich es gern tun wolle, daß aber damit nicht gesagt sei, das Werk müsse deshalb gelingen, denn es gäbe gar viele Bücher, die dergleichen Anweisung enthalten und von der Bereitung des alchymistischen weißen und roten Pulvers handeln, und dennoch bliebe alle Arbeit nach ihrem Recepte vergebens.

Nach diesen Worten verzog sich das Gesicht meines Gastes fast erschreckend im Kampf seiner Empfindungen, die in seiner Seele losbrachen; Mißtrauen und Triumph, finsterste Zweifel und wichtigtuerischer Stolz wechselten in seinen Mienen mit der Geschwindigkeit eines entfesselten Gedankensturms. Plötzlich riß über seiner Brust das Hemde auf und angelte einen ledernen Beutel hervor, den er auf dem bloßen Leibe verborgen getragen hatte. Er griff hinein, streckte den Arm gegen mich aus und ich sah: auf seiner Hand lagen – die beiden Elfenbeinkugeln des Mascee! Ich erkannte sie sofort, denn sie trugen beide die Zeichen, die ich ihnen eingeritzt hatte, bevor ich sie damals zum Fenster hinausgeworfen hatte, als die Häscher des Bischofs Bonner zu meiner Verhaftung in den Tower zu London geschritten waren. Diesmal gelang es mir besser als vorher, meine Gedanken und Gefühle zu meistern, und ich frug den Fremden mit scheinbarer Gleichgültigkeit, warum er mir die Kugeln mit so geheimnisvoller Gebärde entgegenhalte und was für eine Bewandtniß es mit ihnen habe. – Worauf er, ohne ein Wort zu sprechen, die weiße Kugel aufschraubte und mir darinnen ein graues feinkörniges Pulver verwahrt wies. Ich erschrak, denn die Farbe und Art der *Materia* gemahnten mich alsbald an die oft beschriebene *materia transmutationis* der alchymistischen Adepten. Mir wirbelte es im Kopf von einem Ansturm der wildesten Gedanken: wie war es nur möglich gewesen, daß ich in jener Angstnacht vor meiner Verhaftung nicht das offensichtliche Geheimniß dieser nur leicht verschraubten Kugeln erfaßt hatte! Wie war es möglich gewesen, daß ich stundenlang mit den Kugeln gespielt hatte und statt sie zu öffnen, mühselig Zeichen in die harte Schale des Elfenbeins einritzte, um sie dann in einem Anfall dunkeln Grauens aus dem Fenster zu werfen? Vielleicht war mir da, vor wohl dreißig Jahren nun, schon einmal das Geheimniß des Lebens in die Hände gespielt worden und ich hatte wie ein Kind, das Edelsteine für Kiesel hinwirft, mit blinden Sinnen das Geschenk des Himmels von mir gestoßen, um dafür ein Leben der Mühsal und der bittersten Enttäuschung wegen dieses mißverstandenen »Grönlands« auf mich zu nehmen! –

Indeß ich in solch trüben Grübeleien, die mein Gast wohl für zweiflerisches Mißtrauen nehmen mochte, auf die offenen Kugelhälften starrte, zerlegte er behutsam auch die rote Elfenbeinkugel und aus der hohlen Schale leuchtete mir das königliche Pulver, der »Rote Löwe« entgegen! Es war mir keinen Augenblick zweifelhaft, daß ich mich irren könnte. Die schiefrig purpurfarbenen Plättchen habe ich allzuoft in den besten Schriften der alten Eingeweihten beschrieben gelesen, als daß ich mich über die Natur dieses Stoffes hätte täuschen können. Und nun drohte mich die Verwirrung der von allen Seiten her mich überstürmenden Gedanken schier zu überwältigen. Ich nickte nur stumm, als der Fremde mich mit heiserer Stimme fragte:

»Was nun haltet Ihr davon, Magister Dee?«
Ich sammelte alle Kraft meines Willens, die noch in mir war, und fragte dagegen:
»Woher kommen Euch diese beiden Kugeln?«
Der Fremde zögerte. Sagte dann unschlüssig:
»Vorerst will ich wissen, was Ihr von Buch und Kugeln vermeinet.«
Ich antwortete:
»Ich halte dafür, daß man ihren Wert proben muß. Wenn beide halten, was sie versprechen, so ist es ein edler Besitz.«
Mein Gast brummte etwas, was sich wie eine Äußerung der Zufriedenheit anhörte. Dann sagte er:
»Es freut mich, daß Ihr aufrichtig seid. Ich meine, ich kann Euch vertrauen. Ihr seid keiner von den Schwarzkünstlern, die danach lauern, wie sie andere Leute um Lohn und Gewinn betrügen können. Darum bin ich auch zu Euch gekommen als zu einem Ritter und Ehrenmann. Ihr sollt mir raten und helfen, und ich will mit Euch Halbpart machen.«
Ich entgegnete ihm, daß er wohl daran täte, mir zu vertrauen, und daß ich allerdings der Meinung sei, es lohne sich, mit Buch und der Materie der beiden Kugeln einen Versuch zu machen. – Nachdem wir in einem Vertrag die Umrisse eines Vertrags auf gemeinsame Arbeit und gegenseitiges Vertrauen besprochen hatten, fragte ich ihn, wie er in den Besitz der beiden Dinge gelangt sei.
Folgende merkwürdige Erzählung gab er mir da zum besten:
Das Buch wie die Kugeln, so sagte er, stammten aus dem Grabe des Heiligen Dunstan, das wisse er gewiß. Als der Haufe der Ravenheads vor nunmehr

wohl dreißig Jahren unter der Anführung eines gewissen, berüchtigten Bartlett Green das Grab erbrachen, hätte der Bischof unverwest darinnen gelegen, als sei er selbigen Tags erst bestattet worden; er hätte das Buch in den gefalteten Händen gehalten und die Kugeln wären ihm auf sonderbare Weise auf Mund und Stirn befestigt gewesen. Die ketzerischen Plünderer wären grimmig enttäuscht gewesen, keinerlei Kleinodien bei dem Toten gefunden zu haben, wie der Bartlett sich erträumt, und hätten in ihrer Wut die Leiche des Bischofs in die Flammen der brennenden Kirche geworfen. Die Kugeln und das Buch aber wären von den Plünderern einem fremden Russen gegen geringes Geld verkauft worden, da sie nichts damit anzufangen gewußt.«

»Aha, der Mascee!« dachte ich bei mir und forschte gespannt:

»Und Ihr? Wie seid Ihr in den Besitz gekommen?«

»Ein alter Mann, ein ehemaliger Geheimagent des vor langen Jahren im Irrsinn gestorbenen Blutigen Bischofs Bonner, — er hielt in London ein verrufenes Haus, das ich oft besucht und dort geschlafen habe« — setzte mein Gast, cynisch lachend hinzu, — »war vor mir der letzte Besitzer der beiden Dinge. Ich hatte sie bei ihm gesehen und sofort beschlossen, sie müßten mein werden, denn ich wußte seit langem, daß der Heilige Dunstan ein großer Adept gewesen ist und der Alchymie kundig. Es gelang mir auch gerade noch zur rechten Zeit, sie zu erwerben, denn in derselben Nacht wurde der Geheimagent — — — das heißt, er starb ganz plötzlich«, verbesserte sich der Fremde rasch. »Ich erfuhr von einer Dirne, die in dem verrufenen Hause lebte, der alte Kuppler hätte das Buch und die Kugeln im Auftrage des Blutigen Bonner vor vielen Jahren suchen sollen und sie auch gefunden, den Fund aber verheimlicht und die beiden Dinge für sich behalten. Die Kugeln seien dann auf eine unerklärliche Weise eine Zeit lang plötzlich verschwunden gewesen, dann aber wieder auf ebenso merkwürdige Weise zur Stelle gekommen.«

»Seltsam!« – dachte ich bei mir, denn ich erinnerte mich genau, wie ich die beiden Elfenbeinkugeln doch vor meiner damaligen Verhaftung aus dem Fenster geworfen hatte.

»Und Ihr habt sie dem Geheimagenten vor seinem Tode abgekauft?« forschte ich.

»N-nein« – der Fremde wich meinem Blick aus und sah zur Seite, faßte sich jedoch rasch und sagte lauter, als nötig gewesen wäre: »er hat sie mir geschenkt.«

Ich fühlte deutlich, daß der Mann log, und es wollte mich der geschlossene Handel fast reuen. Hatte er vielleicht den alten Kuppler ermordet, um in den Besitz des Buches und der Kugeln zu gelangen? Auch zagte und schwankte ich sehr, denn das in der Nacht gehabte seltsame Gesicht von einem Menschen ohne Ohren wollte mir plötzlich wie eine Warnung scheinen. Doch gleich darauf beschwichtigte ich mich, daß mein Verdacht wohl unbegründet sei und der Fremde die beiden Dinge schlimmsten Falles nur gestohlen habe und auch das nur einem unehrlichen Finder. Zudem war die Versuchung so groß, im Mitbesitz dieser Köstlichkeiten zu bleiben, daß ich es nicht über mich bringen konnte, meinem Gast kurzerhand die Türe zu weisen, wie ich als Gelehrter und Adeliger vielleicht hätte tun müssen. Ich überredete mich vielmehr, ein von Gott gewolltes Schicksal hätte mir den Mann ins Haus gesandt, damit ich der Gnade des Steines der Unsterblichkeit teilhaftig werde. Auch sagte ich mir: meine eigenen Wege in meiner Jugend sind nicht immer einwandsfrei gewesen, weshalb ich kein Recht habe, gegenüber diesem verwegenen Gesellen da vor mir den Richter zu spielen. – Also beschloß ich nach kurzer Überlegung, meinem Schicksal nicht auszuweichen, und hieß den Fremden, der mir sagte, sein Name sei Edward Kelley, trotz allem in meinem Hause willkommen und gab ihm die Hand auf treuliche Untersuchung seiner Besitztümer und Erprobung auf ihre Echtheit und Wert. Er war, wie ich erfuhr, ein Winkelnotar in London gewesen, dann fahrender Apotheker und Quacksalber geworden, als er wegen Fälschung von Urkunden mit Abschneiden der Ohren durch den Stockmeister des Gefängnisses öffentlich bestraft wurde.

Nun wolle Gott lenken, daß er mir zum Segen ins Haus gekommen ist!

Ich habe ihn gänzlich zu mir genommen trotz der Vorstellungen meines lieben Weibes Jane, die von Anfang an einen heftigen Widerwillen gegen diesen Menschen mit den abgeschnittenen Ohren empfand.

Wenige Tage darauf machte ich mit ihm in meiner alchymistischen Küche den ersten Versuch mit den beiden Pulvern und er gelang weit über Erwarten: wir gewannen bei schon ganz geringer Projektion aus zwanzig Unzen Blei fast zehn Unzen Silber und aus demselben Quantum Zinn nicht viel weniger als zehn Unzen reines Gold. Die Mausaugen des Kelley glitzerten dabei wie im Fieber und ich entsetzte mich zu sehen, wie die Gier einen Menschen verwandeln kann. Ich sagte ihm, daß wir mit den Pulvern ungemein sparen müßten, zumal von dem »Roten Löwen« nur sehr wenig in der einen Kugel enthalten war, denn Kelley hätte am liebsten sogleich alles zu Gold gemacht.

Ich selbst aber nahm mir fest und heilig vor – und sagte es ihm auch unumwunden –, daß ich für meinen Teil nun und nimmer auch nur ein geringes von den köstlichen Pulvern dazu verwenden wolle, mich irdisch zu bereichern, sondern nur danach trachten, das Buch des Heiligen Dunstan auf das Geheimnis der Herstellung des Steins der Weisen hin zu erforschen, und wenn ich erst einmal wüßte, wie die rote Tinktur anzuwenden sei zur Projektion auf den unverweslichen Auferstehungsleib, sie zu nichts anderem als zu solchem Zweck gebrauchen wolle. Wozu der Kelley wahrscheinlich nur heimlich die spitze Nase gerümpft hätte. –

In meinem Innern nämlich konnte ich das Wurmen nicht loswerden, diese Schätze seien am Ende doch nicht rechtmäßig erworben; und überdies quälte mich der Gedanke, es müsse vielleicht ein heimlicher Fluch auf solchen dem Grabe eines Adepten entrissenen Dingen liegen, zumal ich mich selbst nicht ganz von einer Schuld freisprechen konnte, der – wenn auch entfernte Urheber – jener damaligen Plünderung durch die Ravenheads gewesen zu sein. So wollte ich denn wenigstens das Gelübde tun, den Fund nur zu edelstem Zweck zu verwenden. Ist das Geheimniß des alchymistischen Processes erst einmal gefunden, dann mag sich der Weg des Kelley von dem meinen in allem guten Frieden abscheiden; mag er dann von dem »Roten Löwen«, soviel er nur mag, auf die unedlen Metalle schütten und Gold über Gold gewinnen, um es mit Dirnen in heimlichen Häusern zu vertun und reich zu sein wie König Midas: ich will es ihm wahrlich nicht neiden – sowenig, wie er es mir neiden wird, daß ich mit dem köstlichen Stein zu andern Zielen strebe und wohl nur ein geringes von dem Pulver werde gebrauchen müssen, um das Unsterbliche daraus zu destillieren und selber fortzuleben bis auf den Tag der »chymischen Hochzeit« mit meiner Königin, wo ich den Baphomet in mir verwirklicht spüre und die Krone des Lebens über meinem Haupte. – Dieser »Löwe« führe mich von nun ab auf dem Wege zu meiner Königin! – – –

Merkwürdig ist, daß ich den von mir gegangenen treuen Laboranten Gardener täglich mehr und mehr vermisse, seit dieser Landstreicher Kelley mein Haus betreten hat und um mich ist bei jedem Mittag und Abendessen, wobei er schmatzt und rülpst wie ein Schwein. Wie gern möchte ich den wackern Gardener fragen, was er denn halte von diesem Eindringling und ob es nicht am Ende gar ein unwissentlicher Sendling des verfluchten Bartlett Green sei! Ist mir etwa gar die Gabe aus dem geschändeten Grabe des Heiligen wieder zugelaufen wie ein gebanntes Ding?! War ihr erster Überbringer denn nicht der unheimliche Mascee, der Bundesgenosse des Bartlett Green – , er, der geheimnisvoll Gehende und Kommende des Schicksals?

Doch diese Bedenken schwinden wie die Tage, die mir langsam und trüb dahingehen. Ich sehe die Fragen jetzt in einem viel ruhigern Lichte: weder Mascee noch Kelley sind die Boten des Bartlett, sondern vielmehr die blinden Werkzeuge der allgütigen Vor-

sehung, die mir trotz der Fallen und Schlingen des Bösen zu meinem rechtverstandenen Heil dienen sollen.
Wie wäre es sonst möglich gewesen, daß die Gaben eines Heiligen in die Hände eines Verworfenen wären gelegt worden! Kann solchen Geschenken ein Unheil anhaften? Kann aus dem Jenseits des Frommen Bischofs Fluch herüberdrohen auf mich, den demütigen und strebenden Schüler der göttlichen Geheimnisse und den ergebenen Diener der Erfüllung aller ihrer Absichten? – Nein: meine Verfehlungen einer frechen Jugend sind gebüßt und meine Torheiten lange an meinem Leibe gestraft und gesühnt worden. Heute bin ich nicht mehr der unwürdige Empfänger der Gaben des Jenseits, wie damals, als der »Magister des Zaren« zum erstenmal mir diese Geheimnisse darbot und ich sie mit spielerischer Hand zinkte und zum Fenster hinauswarf, damit ich sie nach dreißig Jahren wiedererkenne und sie mit ernster bereitetem Gemüte nochmals in Empfang nehme!
Der treue Gardener hatte gewiß recht, als er mich warnte, mich einer Alchymie zuzuwenden, die mit irdischer Metallverwandlung zu tun hat. – Sie hängt innig zusammen mit dem Eingreifen der Bewohner einer unsichtbaren finstern Welt – mit schwarzer, linker Magie würde er gesagt haben –, das glaube ich bestimmt, aber was geht das mich an! Ich beteilige mich selbst ja nicht daran und strebe nicht nach dem Gold, sondern nach dem Ewigen Leben!
Daß Geister mit im Spiele sind, will ich nicht leugnen: seit dem Tage des Einzugs Kelleys in meinem Hause sind gar seltsame unerklärliche Anzeichen ihrer Ge-

genwart zu spüren: ein vielfaches Klopfen, das kurz verhallt, als stäche jemand mit einem Zirkel in Holz; ein reißendes Knacken und Prasseln in Wänden und Schränken, in Tischen und andern Hausgeräten, – auch ein Kommen und Gehen von Schritten unsichtbarer Boten und ein Seufzen und hastiges Flüstern, das jäh verstummt, wenn man aufhorcht, – namentlich zur zweiten Stunde der Nachtzeit und öfters begleitet von langhinziehenden Klängen, als gehe der Wind durch gespannte Saiten. Ich habe schon häufig mitten in der Nacht das Haupt erhoben und im Namen Gottes und der Heiligen Dreifaltigkeit das unsichtbare Wesen beschworen, es möchte Rede stehen und verkünden, wozu es aus der Ruhe des Grabes gestört oder sonst aus dem Jenseits zu uns herübergesendet, bestellt oder beauftragt sei; aber es hat bis zur Stunde noch keine Antwort geben mögen. Kelley meint, daß es mit Buch und Kugeln des Heiligen Dunstan zusammenhängt. Die Geister, so sagt er, trachteten, noch den Rest der halberschlossenen Geheimnisse zu behüten, aber er würde es ihnen schon entreißen. Und er gestand mir, daß ihm solche Stimmen und Geräusche eben seit jener Zeit nachgegangen seien, als er diese Dinge erworben.

Diese Rede erschrak mich gar sehr, denn ich mußte wiederum denken, der alte Geheimagent und Kuppler, von dem Kelley die Dinge »erworben«, könnte doch vielleicht ihretwegen ermordet worden sein. Wiederum fielen mir auch die früheren Worte des treuen Gardener ein: es sei vergeblich und gefährlich Bemühen, den Stein der Unsterblichkeit chymisch herzustellen, wenn der geheimnisvolle Weg der geistigen Wiedergeburt nicht vorher vollendet sei, auf den die Bibel in verhüllten Worten anspielt. Diesen Weg solle ich vorher ergründen und wandeln, sonst fiele ich von einer Grube in die andere und von einem Leid ins andere, als ob ein Irrlicht mein Führer wäre.

Um mich zu beruhigen, ließ ich den Kelley rufen und frug ihn auf Heil seiner Seele, ob es wahr sei, was er mir jüngst erzählt: nämlich, daß ihm ein grüner Engel und nicht etwa ein Teufel erschienen sei, der ihm versprochen habe, uns das Geheimniß der Bereitung des Steins zu offenbaren. Und Kelley schwor mir mit erhobener Hand, daß alles wahr und wahrhaftig sei. Der Engel, so sagte er, habe ihm kund getan, die Zeit sei gekommen, da ich eingeweiht werden solle und das letzte Geheimniß erfahren.

Dann verriet mir der Kelley, welche Vorbereitungen zu treffen wären, damit es dem Grünen Engel nach den Gesetzen der unsichtbaren Welt möglich werde, vor unsern Augen und greifbar unsern Sinnen zu erscheinen. Nebst uns und vor allem Jane, meinem Weibe, die dicht an Kelleys Seite sitzen müßte, sollten noch zwei meiner Freunde zugegen sein in einer bestimmten Stunde und Nacht des abnehmenden Mondes in einem Zimmer, das ein Westfenster hat.

Ich habe daraufhin sofort einen Boten an meine zwei alten erprobten Freunde Talbot und Price gesandt und sie bitten lassen, zu mir zu kommen, damit die Beschwörung der Geister nach den Anweisungen Kelleys zur bestimmten Stunde stattfinden könne und zwar auf den Tag Mariä Opfer am 21. November nachts 2 Uhr.

Du Nacht Mariä Opfer, wie tief hast du dich eingegraben in das Tagebuch meiner Seele! Nun liegen sie hinter mir, versunken, vergessen, als hätte ich sie nie gelebt: diese langen endlosen Stunden der Erwartung und des brennenden Hoffens. Wunder, unbeschreibliche Wunder sind mir zuteil geworden, Wunder aus dem Reiche des Jenseits. Nicht fassen kann ich mich vor Staunen und Ergriffenheit ob der Allgewalt des dreifach gesegneten, gebenedeiten Engels. Tief im innersten Herzen habe ich Kelley Abbitte getan, jemals schlecht von ihm gedacht und den Splitter in seinem Auge und nicht den Balken im eigenen gesehen zu haben. Ein Werkzeug der Vorsehung ist er, das weiß ich jetzt, und Erschütterung durchfährt mich, wenn ich es denke.

Qualvoll waren die Tage, die der Nacht vorangingen. Immer aufs neue habe ich Diener nach London geschickt zu den Handwerkern, die Kelley beauftragt hatte, den Tisch nach seinen Weisungen herzustellen, um den wir fünf: Jane, Talbot, Price, er selbst und ich sitzen müßten, wenn der Engel beschworen werden würde. Aus Stücken von kostbarem Sandelholz, Lorbeerbäumen und Greenhart müßte er sein und die Form eines fünfeckigen Sternes haben. Mitten darin ein großes regelmäßiges Loch wie ein Fünfeck. Eingelassen in seine Kanten: kabbalistische Zeichen, Sigille und Namen, geschliffen aus Malachit und bräunlichem Rauchtopas. — Wie schäme ich mich in meine Seele hinein, wenn ich mich erinnere, daß ich kleinherziger, erbärmlicher Mensch mir Sorgen gemacht bei dem Gedanken, welche Summen die Herstellung dieses Ti-

sches verschlingen würde! – Heute risse ich mir die Augen aus und schmückte damit den Tisch als mit Edelsteinen, wenn es sein müßte!
Immer, wenn die Diener aus London zurückkamen, hieß es: morgen, übermorgen! Noch immer sei der Tisch nicht fertig; wie verhext zöge sich das Werk hinaus; ohne sichtbare Ursachen sei der oder jener Schreinergeselle plötzlich schwer erkrankt und bereits drei seien während der Arbeit eines jähen unerklärlichen Todes, wie gepackt vom Pestgespenst, gestorben.
Ruhelos habe ich die Räume des Schlosses durchwandert und die Minuten gezählt, bis der trübe Novembermorgen des Tages Mariä Opfer heraufzog.
Price und Talbot schliefen wie die Murmeltiere, betäubt von seltsam schwerem traumlosem Schlummer, wie sie mir später erzählten. Auch Jane war kaum zu erwecken gewesen und schauderte und fror innerlich, als hätte ein Fieber sie im Schlaf befallen. – Nur in meine Augen war keine Ruhe gekommen; Hitze, unerträgliche Hitze brannte mir durch die Adern.
Lange schon vorher war eine unheimliche Ruhelosigkeit in Kelley eingezogen; wie ein scheues Tier wich er allen Menschen aus; ich sah ihn in den Stunden der Dämmerung im Park umherirren und zusammenfahren wie ertappt bei heimlichem Tun, wenn Schritte sich näherten. Tagsüber saß er brütend auf den steinernen Bänken, bald da, bald dort, und murmelte in sich hinein geistesabwesend oder redete laut und schreiend in einer unbekannten Sprache in die leere Luft, als stünde dort jemand. – Wenn er bisweilen aus seinem Zustand erwachte, so geschah es kaum für Minuten und dann fragte er hastig, ob endlich alles

bereit sei, und verneinte ich verzweifelt, so begann er mich mit Scheltworten zu überhäufen, die er plötzlich unterbrach, um seine Selbstgespräche wieder aufzunehmen ...

Endlich, kurz nach Mittag – ich hatte vor Ungeduld und Schwäche infolge des langen bangen Wartens keinen Bissen herunterwürgen können – sah ich in der Ferne des Hügellandes die Karren und Wagen der Londoner Handwerker nahen. – In wenigen Stunden darauf stand der Tisch – zusammengefügt, denn ihn als ganzes Stück durch die Türen zu schaffen, wäre wegen seiner Größe unmöglich gewesen – oben im vorbereiteten Zimmer des Turmes im Schloß. Drei der Fenster, die nach Osten, Süden und Norden waren bereits zugemauert, wie Kelley befohlen hatte, und nur das hohe Bogenfenster nach Westen – wohl sechzig Fuß über der Erde stand offen gelassen. An den Wänden des kreisrunden Raumes hingen nach meinem Geheiß die dunklen Bilder meiner Ahnen und zu ihnen sollte sich auch das Porträt des sagenhaften Hoël Dhat gesellen, gemalt aus der Phantasie von einem großen unbekannten Meister. Es hatte aber bald darauf wieder entfernt werden müssen, denn Kelley verfiel geradezu in Raserei, als er es erblickte.

In den Mauernischen standen meine hohen silbernen Kandelaber und dicke Wachskerzen staken in ihren Tulpen, gewärtig der kommenden feierlichen Beschwörung. – Wie ein Schauspieler memorierend, war ich oft und lang durch den Park gegangen, mir die rätselhaften unverständlichen magischen Formeln und Worte einzuprägen, die dem Anruf des Engels vorhergehen sollten. Kelley hatte sie mir eines Morgens gegeben und gesagt, sie seien ihm, auf einen Streifen Pergament eingeritzt, von einer aus der Luft kommenden Hand, an der der Daumen gefehlt habe, überreicht worden. Unwillkürlich hatte ich an den scheußlichen Bartlett Green denken müssen, wie er sich den Daumen aus dem Gelenk gebissen und dem Bischof Bonner ins Gesicht gespuckt hatte im Tower. – Wohl befiel mich bei diesem Gedanken ein kaltes Grauen, aber ich verscheuchte es: hatte ich doch die Kohle, das Geschenk des Straßenräubers, verbrannt und damit jegliche Verbindung mit dem Bartlett zerstört....

Endlich nach langer Mühe waren mir die Beschwörungsworte so ins Blut übergegangen, daß sie wie mechanisch von meinen Lippen liefen, wenn ich den Mund zu diesem Behufe öffnete. – – –

Wir saßen zu fünft schweigend im großen Saal und ich horchte mit vor Erregung schmerzend geschärftem Ohr auf den dritten Viertelschlag vor Zwei der Uhr im Glockenstuhl draußen im Kirchspiel. Dann klommen wir in den Turm hinauf. Der fünfzackige Tisch, den Raum fast ganz erfüllend mit spiegelnder Fläche, glitzerte auf, als Kelley taumelnd wie ein Berauschter von Kerze zu Kerze wankte und sie mit einem brennenden Spahn entzündete. Dann setzten wir uns der Reihe nach in die hohen Lehnstühle. Die beiden untern Spitzen des Pentagrammtisches waren nach Westen gerichtet, dem offenen Fenster zu, aus dem die frostig klare mondscheintriefende Nachtluft eiskalt hereindrang. An diese Spitzen setzten sich Jane und Kelley. Ich selbst saß mit dem Rücken gegen Osten und mein Blick schweifte hinaus ins ferne, in scharfe Schlagschatten getauchte Waldland der Hügel, darinnen sich weiß wie vergossene Milch die bereiften Wege und Straßen hinzogen. Neben mir saßen stumm und erwartungsvoll Price und Talbot. Die Kerzen im Raum flackerten beständig, getroffen vom Luftzug, als sei auch ihre Ruhe verloren. – Der Mond, der hell am Himmel stand, war meinen Augen verborgen; nur sein greller Schein troff von hoch oben herab, die weißen Steine der Fensterbrüstung mit seinem Lichtwasser begießend. – Vor mir das fünfeckige Loch im Tisch gähnte gleich einem breiten Brunnenschacht schwarzdunkel. – – –

Wir saßen unbeweglich wie Tote, und wohl jeder von uns hörte sein Herz hämmern.

Kelley schien plötzlich in tiefen Schlaf zu fallen, denn vernehmbar wurden mit einemmal röchelnde Atemzüge. Sein Gesicht begann zu zucken, doch mochte mir das nur scheinen, denn das flackernde Licht der Wachskerzen lief wechselnd über seine Züge hin. Ich wußte nicht, wann ich mit der Beschwörung beginnen sollte, denn ein Befehl aus Kelleys Mund, den ich erwartet hatte, blieb aus. Ich wollte versuchen, die Formeln herzusagen, aber jedesmal war mirs, als legten sich unsichtbare Finger auf meine Lippen ... Sollte alles nur Einbildung Kelleys gewesen sein? fragte ich mich und Zweifel beschlich mich, da fing mein Mund plötzlich wie von selbst an zu sprechen und ich stieß mit einer Stimme, so dröhnend und tief, daß ich mir selbst wie ein Urfremder vorkam, die Citation heraus. – – –

Eiskalte Erstorbenheit lag plötzlich im Raum, die Kerzen standen unbeweglich wie von Todeshauch getroffen. Ihr Schein war anders als noch kurz vorher: ihre Lichter standen steif und ohne Helle zu verbreiten. Man könnte sie abbrechen von den Kerzen, kam mir ein Gedanke zu Sinn, – abbrechen wie dürre Ähren. ... Die Ahnenkonterfeis an den Wänden waren zu schwarzen Schlünden geworden – wie Eingänge durch die Mauern hindurch in finstere Gelasse, und mir wurde durch das Verschwinden der Bilder zu Mut, als sei ich jetzt abgeschnitten von Wesen, die mich bis dahin hätten beschirmen wollen. – – –

In die Totenstille hinein klang da eine helle Kinderstimme:

»Ich heiße Madini und bin ein armes kleines Mädchen. Ich bin das vorletzte der Kinder meiner Mutter und habe noch ein Wickelkind zu Hause.«

Zugleich sah ich draußen in freier Luft dicht vor dem Fenster die Gestalt eines niedlichen kleinen Mädchens von sieben bis neun Jahren schweben; sein Haar war vorn gelockt und hing hinten lang herab; es war mit einem rot und zugleich grün schillernden seidenen Schleppkleid angetan, das aussah, als sei es aus den Flächen des Edelsteins Alexandrit geschnitten, der bei Tag grün erscheint und des Nachts rot wie dunkles Blut. – So lieblich das Kind auf den ersten Blick zu sein schien, so grauenhaft war dennoch der Eindruck, der von ihm ausging: es schwebte und flatterte wie straffe glatte Seide vor dem Fenster und die Umrisse hatten keine räumliche Tiefe; die Züge des Gesichts waren wie gemalt: ein Phantom, bestehend nur aus zwei Dimensionen. Ist das die verheißene Erscheinung des Engels? fragte ich mich und eine wilde und zugleich tiefbittere Enttäuschung, die keineswegs durch die unerklärliche und wunderbare Sichtbarkeit des Wesens gemildert wurde, beschlich mich. Da neigte sich Talbot zu meinem Ohr und flüsterte erstickt:

»Es ist mein Kind; ich glaube es wiederzuerkennen. Es ist bald nach seiner Geburt gestorben. Wachsen die Toten nach ihrem Hinscheiden?«
So wenig schmerzlich und so wenig gerührt klang die Stimme meines Freundes, daß ich fühlte: ihm graut so, wie mir. – Ob es nicht ein Bild ist, tief in seinem Innern, das da gespiegelt ist in die Luft hinein, das sich losgelöst hat irgendwie und uns jetzt sichtbar erscheint? – packte mich ein Gedanke, aber ich mußte ihn sogleich wieder loslassen, denn das Phantom wurde mit einem Ruck überdeckt von einem fahlgrünen Glanz, der jäh aus dem Lochschacht des Tisches zwischen uns emporschoß, und im Nu zu überwältigender Höhe wie ein Geysir aus dem Boden springend, in eine Gestalt gerann, die Menschenform hatte und doch nichts Menschliches. Sie wurde zu einer smaragdenen Masse, durchscheinend wie Beryll, der man die furchtbare Härte des Gesteins ansah, – eine Härte, deutlicher und tief im eigenen Innern ahnbarer, als man wohl irgendeinem irdischen Stoff Härte nachfühlen oder ansehen könnte. Arme lösten sich aus dem Felsen, Kopf und Hals. – – Und die Hände! Die Hände! Irgend etwas war an ihnen, das ich nicht bestimmen konnte. Ich vermochte den Blick von ihnen lange nicht zu wenden, bis ich langsam begriff: der Daumen an der Hand des rechten Armes stand außen, war der seiner linken Hand. Ich kann nicht sagen: ich wäre entsetzt gewesen bei diesem Anblick – warum auch? Aber das Wesen, das da riesenhaft vor mir aufragte, war mir durch diese scheinbare Nebensächlichkeit bis ins urfremde Außermenschenhafte noch weiter entrückt, als durch sein so wunderbar unerklärliches greifbares Erscheinen. . . .

Das Gesicht mit den weitauseinanderstehenden wimpernlosen Augen war starr bis zur Unbeschreiblichkeit. Etwas Furchtbares, Lähmendes, Tötendes und doch unsagbar Erschütterndes und Erhabenes ging von dem Blick aus und machte mich frieren bis ins Gebein. Jane konnte ich nicht sehen, denn sie war verdeckt von der Gestalt des Engels, aber Talbot und Price neben mir schienen zu Leichen geworden zu sein, so leblos weiß waren ihre Gesichter.

Die Lippen des Engels waren rot wie Rubin und in einem mir fremden Lächeln, fein an den Mundwinkeln verlaufend, in die Höhe gezogen. — — So unfaßbar eigentümlich mir das Kind vorhin in seiner Flächenhaftigkeit geschienen hatte, so fast betäubend wirkte auf mich die weit irdische Gewohnheit des Anblicks übersteigende Körperhaftigkeit der riesenhaften Figur: kein Schatten in der Gewandung, der sie hervorgehoben und perspektivisch betont hätte! Und trotzdem, vielleicht gerade deshalb, war mir, als seien es nur Flächen und nie Körper gewesen, die ich bis dahin in meinem Leben auf der Erde erschaut hatte, verglichen mit diesem Anblick eines Wesens aus der Überwelt!

Ich weiß nicht mehr: war ichs, der da fragte: »Wer bist du?« oder war es Price gewesen. Ohne die Lippen zu öffnen, sagte der Engel kalt und schneidend mit einer Stimme, die mir klang, als sei sie ein Echo tief aus meiner eigenen Brust:

»Il bin ich, der Bote vom westlichen Tor.«

Talbot wollte eine Frage tun; er konnte nur lallen. Price riß sich empor; er wollte fragen; auch er konnte nur lallen! Ich raffte meine ganze Kraft zusammen, wollte den Blick zum Antlitz des Engels erheben; ich

mußte die Augen senken; ich fühlte: ich werde sterben, wenn ich es erzwinge. Den Kopf gesenkt, fragte ich stammelnd:
»Il, Allmächtiger, du weißt, wonach meine Seele sich sehnt! Gib mir das Geheimnis des Steins! Und koste es mein Herz, koste es mein Blut — die Verwandlung aus dem Menschentier in einen König, in einen Auferstehenden, in einen Auferstandenen hier und drüben ... will ich. Ich will das Buch des Heiligen Dunstan verstehen und seine Geheimnisse! Mach mich zu Dem, der ich ... sein soll!«
Eine lange Zeit verging, die mir eine Ewigkeit dünkte. Tiefer Schlaf wollte mich erdrosseln, aber ich wehrte mich dagegen mit aller Macht meiner Sehnsucht. Dann dröhnten Worte durch den Raum, als sprächen die Wände und Mauern mit:
»Gut ists, daß du im Westen gesucht hast, im grünen Reich! Das ist mir ein Wohlgefallen. Ich gedenke, dir den Stein zu geben!«
»Wann?« schrie ich auf und verbrannte fast vor wilder, namenloser Freude.
»Übermorgen!« — kams, Silbe für Silbe zerbeißend, zurück.
»Übermorgen!!« jauchzte meine Seele. »Übermorgen!«
»Weißt du auch, wer du bist?« fragte der Engel.
»Ich? — Ich ... bin John Dee!«
»So? Du bist ... John Dee?!« — wiederholte die Erscheinung. Der Engel sagte es schneidend, noch schneidender, als früher seine Stimme klang. Es berührte mich ... ich wage es nicht zu denken: ... als ob ... nein, ich will nicht, daß es mein Mund ausspricht, solange ich Macht über ihn habe, und die

Feder es niederschreibt, solange ich sie daran hindern kann.

»Sir John Dee bist du, der Besitzer des Speers des Hoël Dhat, oh ich kenne dich wohl!!« – höhnte eine schrille, boshafte Stimme vom Fenster her; ich fühlte: das gespenstige Kind draußen wars, das da sprach.

»Wer den Speer hat, der ist der Sieger!« – tönten Worte aus dem Munde des Grünen Engels. »Wer den Speer hat, der ist berufen und ist auserwählt. Ihm sind untertan die Wächter aller vier Tore. – Folge du immerdar Kelley, deinem Bruder; er ist mein Werkzeug hier auf der Erde. Dir zum Führer bestellt, um dich zu geleiten über die Abgründe des Hochmuts. Ihm sollst du gehorchen, was immer er dir sagt und von dir verlangt. Was der geringste der Meinigen von dir fordert, das gib ihm! Ich bin er, und was du ihm giebst, das giebst du mir! Dann kann ich bei dir sein, in dir und um dich bis ans Ende der Tage.«

»Das gelobe ich dir, gebenedeiter Engel!« rief ich, erschüttert bis ins Mark und bebend an allen Gliedern. »Das gelobe ich mit schwörender Hand, und sollte ich darob zu Grunde gehen!«

»Zu ... Grunde ... gehen!« hallte es nach von den Wänden.

Totenstille lag im Raum. Mir war, als dröhnte mein Schwur durch die Tiefen des Weltraums. – Die Kerzen flackerten auf. Waagrecht standen die Lichter der Flammen, als hätte ein Windstoß sie geduckt.

Kälte, daß mir die Finger erstarrten, ging von dem Engel auf mich aus. – Mit fast gelähmten Lippen fragte ich:

»Il, du Gesegneter, wann sehe ich dich wieder? Wie kann ich dich sehen, wenn du fern von mir bist?«

»Sehen kannst du mich immer in der Kohle. Aber sprechen kann ich durch sie nicht!«

»Ich habe die Kohle verbrannt«, stammelte ich und Reue ergriff mich, den Spiegelkrystall vor Gardener, meinem verfluchten Laboranten, zerstört zu haben in feiger Angst vor dem Bartlett Green.

»Willst du, daß ich sie dir wiedergebe? – John Dee ... Erbe des ... Hoël ... Dhat?«

»Gib sie mir, Il, du Mächtiger, du ...!« flehte ich.

»So schließ die Hände zum Gebet! Beten heißt: empfangen, wenn ... Einer zu ... beten gelernt hat!«

»Das hab ich«, jubelte es in mir. Ich legte die Finger zusammen. – Ein Gegenstand quoll zwischen den Handflächen; trieb sie auseinander. – – Als ich sie öffnete, da hielt ich ... die Kohle darin! ...

»Du hast sie verbrannt! Damit hat sie das alte Leben verloren! Jetzt lebt *dein* Leben in ihr, John Dee; sie ist ... wiedergeboren und auferstanden von den Toten! Auch Dinge können nicht sterben!« – – –

Ich staunte das Ding an, der äußersten Verwunderung voll! – Wie wunderbar sind doch die Wege der unsichtbaren Welt. Nicht einmal das verzehrende Feuer auf Erden ist Bringer der Vernichtung! – –

»Ich ... danke dir ... Il ... ich danke dir!« – wollte ich stammeln. Vor Rührung konnte ich nicht mehr reden. Tränen erstickten mir die Stimme. Dann brachs aus mir mit Springflutgewalt:

»Und der Stein? Du wirst mir auch ihn ...?!«

»Ü ... ber ... mor ... gen ...« – flüsterte es wie aus weiter Ferne, denn der Engel war ein zarter Hauch geworden. Durchsichtig wie durch trübes Glas

schien das Kind vor dem Fenster in mein Auge. Leblos wie ein Stück seidenen Schleiers hing es in der Luft. Dann verschwand es ins Land hinein, sank als grünlicher schillernder Nebel zur Erde und wurde Wiesenfläche . . .
Das war meine erste Begegnung mit dem Engel vom westlichen Fenster.
Wie könnte noch das Schicksal mich quälen und fürder bedrücken!? Mich, der ich solcher Gnade teilhaftig wurde! Gesegnet sei die Nacht Mariä Opfer!

Lange sind wir noch beisammengesessen und haben erschüttert Reden getauscht über das wunderbare Begebniß. Als sei es der größte Schatz der Welt, habe ich die Kohle des Bartlett . . . nein, nein: die Kohle des Engels in der Hand gehalten, damit sie mich beständig gemahne, daß ich eines Wunders gewürdigt worden. Mein Herz zerbarst fast, wenn ich der Versprechung des Engels gedachte: Übermorgen!— — —

Kelley lag in tiefem Schlaf, bis früh das Morgenrot, blutend wie aus Wolkenwunden, am Himmel stand. Dann ging er schweigend, schlurfend wie ein müder Greis, stumm hinunter, ohne den Blick auf uns zu richten. — — —
Oh, wie falsch ist doch das Wort der Menge: »Hüte dich vor den Gezeichneten!« begriff ich, wie ich so dem Mann mit den abgeschnittenen Ohren nachsah. »Ein Werkzeug der Vorsehung ist er, und . . . ich hab ihn, meinen Bruder, für . . . einen Verbrecher gehalten!« — — — Demütig will ich sein! nahm ich mir vor. Demütig, dann werde ich des . . . Steines würdig werden! — — —

Seltsam war, was ich von Jane erfuhr: der Engel hatte, wie ich geglaubt, mit dem Rücken gegen sie gewendet gestanden. Jetzt sagte sie mir zu meinem Erstaunen, sie hätte, ebenso wie ich, beständig sein Gesicht auf sie gerichtet gesehen. Was er gesprochen, das hatten alle genau so gehört wie ich. Price gab sich Mutmaßungen hin, wie das wunderbare Geschehnis mit der Wiederbringung der Kohle sich vollziehen konnte und nach welchen uns verborgenen Gesetzen. Er meinte, Dinge seien etwas anderes, als wir wohl mit unsern befangenen Alltagssinnen vermuteten; vielleicht seien sie gar keine Gegenstände, sondern nur Wirbel einer unbekannten Kraft. Ich hörte nicht hin! Mein Herz war zu voll.
Talbot war wortkarg. Mag sein, er dachte an sein totes Kind! . . .

Monate, viele Monate sind vergangen und die Protokolle, die ich über die Geistersitzungen führe, sind allmählich zu dicken Bänden angeschwollen. Verzweiflung ergreift mich, wenn ich sie sehe. Hoffnungen — Hoffnungen, verzehrendes Feuer der Erwartung all die langen nicht enden wollenden Tage hindurch! Immer noch keine Gewißheit, keine Erfüllung! — Erneuert ist die alte Qual? Der bis zur Neige gekostete Kelch? Soll es auch mir so ergehen, daß ich einst ausrufen muß: mein Gott, mein Gott, warum hast Du mich verlassen?! Sei es drum, aber darf ich dann hoffen, den Auferstehungsleib zu gewinnen? —
Die Versprechungen des furchtbaren Grünen Engels vom Westlichen Fenster haben nicht aufgehört — aber auch meine Zweifel nicht, die an mir nagen wie der Wurm im Holz! Mit jeder Sitzung, die ich teils

mit meinen Freunden, teils auch allein mit Kelley und meinem Weibe Jane Nacht für Nacht abhalte, wenn die Zeit des abnehmenden Mondes anhebt, wiederholen sich die glänzenden Verheißungen, die mir Reichtum ohne Maaß, vor allem aber die Erkenntnis und den geheimen Gebrauch des Steines in immer nähere und immer sichere Aussicht stellen. Wenn der Mond zunimmt, dann zähle ich die Stunden und Minuten, bis die Zeit wiederkommt, wo wir zu abermaligen Sitzungen schreiten dürfen; es ist ein Warten von solch zermürbender, mir jegliche Tatkraft raubender Entsetzlichkeit, daß es sich nicht beschreiben läßt. Die Zeit wird zum Vampyr an mir und saugt mir die Lebenskraft aus dem Blute. Der wahnwitzige Gedanke, unsichtbare grauenhafte Wesen mästeten sich davon, krallt sich in mich ein und ich wehre mich vergebens mit oft laut geschrieenen Gebeten. Ich sage mir mein Gelübde vor, daß ich Reichtum nimmer begehren will, und doch klammere ich mich zu gleicher Zeit an die heiße Hoffnung auf Geld und Gut, denn was soll werden: täglich schmilzt, was ich noch besitze, dahin wie Eis an der Sonne. Es ist, als wolle das Schicksal selbst mir beweisen, daß ich das Gelübde nicht halten könne, daß es mich zwingen werde, ja: zwingen, es zu brechen. Hat Gott, der Allmächtige, den Teufeln Macht eingeräumt, mich zum Eidesbrecher zu machen? Oder ist der Gott, an den wir Menschen glauben und auf den wir hoffen, vielleicht selbst – ein ... nein, ich will es nicht denken, ich will es nicht zu Wort kommen lassen, will es nicht niederschreiben: das Haar sträubt sich mir!

Und wieder reihe ich Geisterbeschwörung an Geisterbeschwörung in Sitzung auf Sitzung, häufe Mühe und Aufwand, lasse jede Rücksicht dahinten: Rücksicht auf Gesundheit, Verpflichtungen anderer Art, Rücksicht auf Ruf und Vermögen und fahre fort, den Segenbringer, den unersättlichen Engel, den unermüdlichen Förderer, zu beschwören, anzuflehen und ihm Hoffnungen und Herzblut darzubringen. Das Buch meiner Protokolle wird mir ein höhnendes Orakel, wenn ich es in den Nächten meiner Schlaflosigkeit mit brennenden Augen durchprüfe und immer wieder und wieder durchprüfe, nach Fehlern suche, die ich mir vorzuwerfen hätte, um Einsicht ringe, wie ich zum nächsten Mal Bedingungen stellen und erfüllen möchte, die mir die Macht verleihen, die Gaben des grünfeurigen Engels zu gewinnen und sei es auch mit dem letzten Blutstropfen meines müden Herzens. Wenn ich so bis zum Morgengrauen mit fiebrigen Lidern, mit versagendem Puls und zerschlagenen Gliedern wache und bete und suche, dann werde ich irre an Dir, Gott! Gott! Danach bin ich tagelang unfähig, das Buch des Heiligen Dunstan, wie ich sollte, zu durchgrübeln, und Kelley überhäuft mich mit Vorwürfen, ich verzögerte das Werk und setzte das Gelingen in Frage.

Nächte lang liege ich dann wieder auf wunden schmerzenden Knieen vor Dir, mein Gott, und büße, zerreiße mir die Brust in tiefster Reue und ohnmächtigem Versprechen, meinen Glauben wieder aufzurichten, mein Gemüt zu stärken und auszuharren in Gläubigkeit und Zutrauen auf Deine himmlischen Sendboten und Deinen Grünen Engel. Weiß ich doch gar wohl: daß ein Mensch in der geistigen Welt nichts zu gewärtigen und zu erhoffen hat, der nicht mit der Unerschütterlichkeit und Seelengröße eines Elias oder Daniel in der Löwengrube die Versuchungen der Gottverlassenheit und die Schrecken des tiefen Abgrunds zu überwinden und zu bestehen weiß! — Was rufe ich die Andere Welt und ihre glühenden Boten, ich Elender und Unberufener, wenn ich zweifle und zage trotz ihrer herrlichsten Offenbarungen?! Wenn ich sie zu hassen beginne, statt sie zu lieben, bloß weil sie ihre Versprechungen nicht halten?! — Redet nicht der Engel zu mir! Soll ich wieder zurücksinken in die Gemeinschaft der unzähligen blinden unwissenden Menschenzwerge, die dergleichen nicht einmal zu glauben, geschweige denn zu erleben imstande sind? Ist mir nicht der Anblick des Engels hundertemale in Glanz und loderndem Feuer geworden? Hat nicht seine unergründliche Gnade und liebreiche Huld mir schon bei der ersten Begegnung das vollkommene Wissen um die Schmerzen und die unstillbaren Hoffnungen meines Herzens und die geheimsten Wünsche meines Innern geoffenbart und mir Erfüllung verheißen? Was verlange ich mehr, ich Tor und Schwächling, vom Ewigen Wesen? Sind nicht alle Zeichen um mich her aufgerichtet, die mir bezeugen, daß Gottes Kraft und die Geheimnisse der verborgenen jenseitigen Welt im Begriffe sind, sich mir zu enthüllen und in meine Hände sich zu legen, wenn nur diese Hände nicht zittern wie Greisenhände und nicht fallen lassen das köstlichste Gut gleich rinnendem Sande? — Ist nicht Opfer des Herrn, christliches Abendmahl und heißes Gebet an den Ordner aller Dinge unser Anfang und Ausgang, um die bösen Geister fern von unsern Sitzungen zu halten? Und kündet nicht jedesmal ein überirdisches

Licht, ja: ein Licht den feurigen Boten an? Werden nicht geheimste Dinge offenbar? Redet nicht Kelley in Entrückungen in Zungen, nicht anders als die Apostel des Herrn beim Feste der heiligen Pfingsten? – Ich weiß doch seit langem und nicht ohne sorgfältige, ja listige Prüfung, daß Edward Kelley kaum des Lateins mächtig ist, geschweige denn des Griechischen, des Hebräischen oder gar des Aramäischen, in denen er redet, wenn der Geist über ihn kommt. Und alle diese Reden haben Bezug auf die edeln Geheimnisse der Perfektion, und oft will es scheinen, als kämen durch den bewußtlosen Mund des Kelley zu Wort: die großen Helden der Vorzeit: Platon, der König Salomon, Aristoteles selbst und Sokrates und Pythagoras!

Wie also darf ich Gieriger mich in Ungeduld verzehren und verzagen, weil die Operationes, deren es bedarf, um die Geister hörbar und sichtbar zu machen, nach den Anweisungen des Kelley ungemein kostspielig sind und tiefe Löcher in meine bescheidene Kasse reißen. Soll ich knausern, wenn er teure Ingredienzien auf Geheiß des Grünen Engels aus London besorgt, die nötig sind, um die Herstellung des Steins zu probieren, zumal die Recepte in dem Buche des Heiligen Dunstan immer dunkler und geheimnisvoller werden, je weiter wir fortschreiten im Lesen und Studieren? – Zudem kommt noch, daß mein Haus in Mortlake mählich eine Art Gasthaus für viele meiner früheren Kumpane geworden ist, die sich herandrängen, weil durch Kelleys Prahlereien viel von unsern Versuchen und Erfolgen im Goldmachen in den Mund der Leute gekommen ist. Ich habe die Kraft nicht mehr, diesem Treiben ein Halt zu

gebieten; ich lasse es laufen, wie es laufen will, und starre dem Sein entgegen wie ein Vogel den Augen einer Schlange. Bald werde ich nicht mehr wissen, wie ich Weib und Kind versorgen soll, derweilen sich der Kelley von Tag zu Tag mehr dem Wein und der Schwelgerei ergiebt. Ich habe ihm nachgeben müssen, als er verlangte, immer mehr und mehr von dem roten Pulver in Gold zu verwandeln und ich sehe mit Angst, wie die köstliche Essenz von Tag zu Tag schwindet. Nun ist meine ganze Aufmerksamkeit darauf gerichtet, die Geheimnisse des Dunstan'schen Buches mit Hilfe der leider so dunklen Andeutungen des Grünen Engels zu enthüllen, ehe der »Rote Löwe« völlig zur Neige geht!
Inzwischen hat sich das Gerücht, daß Geisterbeschwörungen in meinem Haus stattfinden, und daß es spuke und rumore in der Nacht bei mir, weit in der Umgebung ausgebreitet und ist bis zu den Ohren des Hofes und der Königin Elizabeth gedrungen. Während dort bei den Großen und bei Elizabeth all dies Wunderbare mehr Spott als Aufmerksamkeit der Gelehrten hervorruft, ist das Ergebniß meiner Forschung und der damit verbundenen Gerüchte hier auf dem Lande bei dem gemeinen abergläubischen Volk um vieles gefährlicher. Das alte Mißtrauen, ich huldigte der schwarzen Magie und den teuflischen Künsten, hat neue Nahrung bekommen und wendet sich in gefährlichem Murren gegen mich. Alte Feinde horchen auf. Die Hetze wider mich, den vielfach im Leben Ausgezeichneten, gegen den gestürzten Günstling der Königin, gegen den immer noch Gefährlichen, den von ungewissen Einflüssen umwitterten Politiker und Kenner der höfischen Intriguen, kurz:

die alte hämische Angst der Neider und oft von mir Gedemütigten erhebt ringsum die hundertmal gespaltene Zunge und sucht mich zu verderben.
Unterdessen wir hier hinter verschlossenen Türen den Himmel anflehen um Erleuchtung unseres armen irrenden Verstandes und den geheimen Weg suchen, der die Menschen über sich selbst erheben könnte und sie vom Fluche des Todes und des Tierlebens befreien, ziehen sich draußen vor den Mauern von Mortlake die Gewitter der Hölle zusammen und alles sinnt auf meinen Untergang! — — —
Oft, mein Gott, schwinden mir die Sinne und wankt mir der Glaube an meine Berufung. — — — Ist es denn Wahrheit, was Gardener, mein im Zorn von mir gegangener Freund, mir einmal, als ich ihm widersprach, vorhielt: daß ich einen Baum ziehen wolle, ehe ich den Samen in die Erde gesenkt hätte!! — Wüßte ich, wo ich den Freund suchen soll, ich riefe ihn reuevoll zurück und bettete mein altes müdes Haupt wie ein Kind in seinem Schoß . . . Aber auch dazu ist es zu spät. —
Kelleys Kräfte wachsen mit meiner Schwäche. Ihm habe ich alle Leitung übergeben. Meine Frau Jane billigt es schweigend; sie sieht seit langem meine verstörte Miene mit Sorge und Mitleid. Ihre Tapferkeit allein erhält mich noch aufrecht. Sie ist ein zartes, keineswegs von besondern Kräften des Leibes emporgetragenes Geschöpf und dennoch schaut sie mit ruhigem Mut der Not ins Auge um meinetwillen. Sie sieht und will nichts als mein Heil. Das ist eine gute Kameradschaft auf der Straße des Verschmachtens. — — — Oft muß ich denken, wie seltsam es ist, daß nicht nur Kelley von Tag zu Tag mehr ge-

deiht nicht nur an leiblichem Wohlbefinden, je siecher und müder und erschöpfter ich werde, sondern auch an seinen nicht wegzuleugnenden übernatürlichen Kräften, – ebenso der Grüne Engel vom westlichen Fenster und das gespenstige Kind, das ihm vorangeht, werden immer deutlicher und leibhaftiger! Der Gedanke an die biblischen Worte Johannes des Täufers läßt mich nicht los: »Jener wird wachsen, ich aber schwinde.« – Ob dies geheimnißvolle Gesetz einer geistigen Welt wohl auch für die finsteren Wesen des Abgrunds seine Gültigkeit hat? Ists so, dann Gnade mir Gott! Dann wäre Kelley der, der wächst, und ich – – –. Und der Grüne Engel wäre – – – nein! nein! ich will es nicht ausdenken. – – –
Unruhige Träume zerfressen meine Nächte; aber je verzehrter von vergeblichen Hoffnungen meine Tage zerflattern, desto herrlicher tritt der Grüne Engel hervor, wenn die Gezeiten des abnehmenden Mondes kommen: immer reicher und prunkhafter ist er gekleidet, von Gold und Juwelen überdeckt stellt er sich unsern Augen dar. So groß ist der Glanz seiner Erscheinung geworden, daß, bliebe nur ein winziges Stück von dem Mantel seiner Herrlichkeit zurück, wenn er verschwindet, wir auf Lebenszeit aller Sorgen um das tägliche Brot enthoben wären.
Seit neuestem zieren seine Stirn Edelsteine, wie Blutstropfen so groß, und von rubinrotem Feuer, daß ich oft schon mit Schmerz und Schauer vermeinte, das Haupt des von Dornen zerfleischten Heilands in überirdischem Glanze vor mir zu sehen. Und Schweißtropfen, von herrlichsten Diamanten gebildet, leuchten auf seiner Stirn, als mir auf der meinigen in so mancher verwichenen Nacht gestan-

den haben. – Oh Gott, daß ich nicht lästere: warum fällt nicht einer dieser Tropfen unermeßlich kostbaren Blutes und Schweißes auf die Diele meiner Stube!
Ich warte – – – warte – – – warte – – –.
Die Zeit ist für mich geworden ein kreißendes Weib, das nicht gebären kann und Erlösung erfleht in einem kein Ende findenden ununterbrochenen Schrei. – Ich lebe von der Hoffnung, aber diese Nahrung zerreißt mir den Leib. Mein Trank ist die Vertröstung, aber ich verdurste daran. Wann werde ich sagen können: es ist vollbracht?! – – –
Nun haben wir uns gänzlich der Zubereitung der Goldtinktur zugewendet und kaum vergeht eine Sitzung, in der nicht der Grüne Engel uns für den kommenden Tag und dann wieder für die nächste geeignete Sternstunde das Geheimnis des Steins zu enthüllen und die Formel mitzuteilen verspricht, die das Werk krönt. Und immer wieder ist eine neue Bedingung dabei, eine neue Vorbereitung, ein neuer Wurf des Letzten an Können und Habe, ein neues Opfer, ein neues sich Hinabstürzen in den schwarzen Abgrund der Hoffnung und des Vertrauens. –
Die wildesten Gerüchte gehen wieder im Volke um, was alles sich zutrüge auf Mortlake, so daß es mir am besten scheint, die Leute — übel- wie wohlgesinnte – möchten erfahren, was nötig, wie es mit meinen Versuchen und Studien steht. Besser, als der Verläumdung freien Zügel lassen und an einem unverhofften Tage der Wut, der Feindseligkeit und dem Blutdurst des Pöbels ausgeliefert sein! Ich habe darum gestern dem Ansinnen Lord Leicesters in London, der mir alter Zeit wegen noch immer wohlge-

sinnt scheint, endlich nachgegeben und ihn, zusammen mit mehreren Herren des Hofes, die neugierig sind, unsere Wunder zu sehen, zu mir nach Mortlake herausgebeten. ———

Also sind nun Lord Leicester mit Gefolge samt dem Polenfürsten Albert Laski bei mir im Schloß eingetroffen und füllen mir Haus und Hof mit lärmendem Wesen bis zum letzten Winkel. Von den Kosten der standesgemäßen Bewirtung und Unterkunft will ich lieber ganz schweigen. Es hat wieder eine erkleckliche Prise aus dem Grabraub des Heiligen Dunstan gekostet, aber Kelley lachte nur höhnisch dazu und hat etwas in den Bart gebrummt: er werde seine Vögel schon rupfen!! Ich biß die Zähne zusammen, denn ich erriet, was er vorhatte. Was ist mir in meinem Leben rastlosen Suchens nach der Wahrheit erspart geblieben?! Was alles an Schmutz, Gemeinheit, Strafe und Verbrechen hat nicht dieser fahrende Apothekerlandstreicher mit seinem Ärmel an mir abgewischt?! ———

In meinen Protokollen steht verzeichnet, was sich in den Sitzungen begab, die die Herren aus London bei mir veranstaltet haben. Die Verwirrung in meinem Hause und meiner Seele steigt von Tag zu Tag. Was soll ich noch vieles sagen zu dem neuerlichen Wechsel und Abschweifen des mystischen Frage- und Antwortspiels zwischen Kelley und dem grünen gespenstigen Kind? Nicht mehr ist die Rede von Unsterblichkeit und »Grönland« und Königin und Krönung der Persönlichkeit und von all den überirdischen Gnaden der Auserwählten; ja nicht einmal die Rede ist mehr, wie das Salz und die Essenz zu bereiten sei, sondern mit dem Ehrgeiz und dem weltlichen oberflächlichen Geschwätz und Gelüst der Hofleute und des intriganten Polenwojwoden ist alle Sammlung und Einkehr des Gemütes in das Gegenteil verdreht und die Sitzungen hallen wieder von den ungestümen Fragen dieser Menschen nach dem lächerlichen Lauf ihrer angesponnenen Pläne und ehrgeizigen Absichten, als ob sie in der Höhle der Hexe zu Uxbridge säßen und aus dem Gebräu ihres Unrates sich nach Art der Jahrmarktsdirnen wahrsagen lassen wollten. Und dabei liegt Kelley in Verzückung wie damals, als die Fragen des geistigen Lebens an Aristoteles, Plato und König Salomo gestellt worden, — nur sprechen jetzt aus seinem Munde die Kammerdiener und die Speichellecker der königlichen Schlafstuben. — — —

Ekel! — Ekel über Ekel! — Und nicht einmal, wovor mir ekelt, weiß ich! — — —

Nach jeder solcher Sitzungen erhebe ich mich mit ausgelaugtem Mark, kaum daß meine Füße mich noch zu tragen vermögen; aber nach jeder solcher Sitzungen geht Kelley hervor mit einem neuen Zuwachs an robuster Stärke, an siegreicher Zuversicht und mit immer selbstbewußterer Haltung. Nicht mein Gast ist er mehr in meinem Hause, mein Schüler und Famulus, sondern ich bin hier nur mehr der Geduldete, der Diener seiner Wunderkraft, der Sklave seiner wachsenden Ansprüche und Forderungen.

Und damit mir kein Bekenntnis der Scham erspart bleibe: Er, Kelley, ist es nun, der die Kosten dieses Haus- und Hofhaltes zeitweilig damit bezahlt, daß er sich von meinen Gästen, namentlich von dem Fürsten Laski, der über märchenhafte Einkünfte zu verfügen scheint, für die Mitteilung bezahlen läßt, die er ihnen im Namen des Grünen Engels macht. So also lebe ich nun jetzt mit den Meinen von den Trinkgeldern des Scharlatans!! – Denn seit neuestem ist es mir kein Geheimnis mehr, daß der Kelley vor Betrug und Täuschung in diesen Sitzungen nicht zurückschreckt, sondern er verkündet mit verstellter Stimme und Gebärde, was die Eitelkeit und die Unersättlichkeit der törichten Frager nur zu hören wünscht und was ihrem grenzenlosen Ehrgeiz schmeichelt. – Er hat mir auch mit frechem Wort und zynischem Lachen eingestanden, daß es so ist, und mir anheim gestellt, mir das Bett unter dem Leibe wegpfänden zu lassen, um die illustren Gäste zu verköstigen, wenn mir das lieber sei. Aber viel tiefer noch als diese Demütigung, gewissermaßen der Geschäftsgenosse eines Beutelschneiders und Schwindlers zu sein, wühlt in mir die furchtbare Frage: wie darf die Vorsehung dulden, daß himmlische Boten wie der Grüne Engel und das gespenstige Kind vom Westlichen Fenster ruhig solch gräßlichem Betrug vor ihren Augen und in ihrer Gegenwart und in ihrem Namen zusehen?! Denn daß sie mittendrin erscheinen, leibhaftig, greifbar und sichtbar für alle Anwesenden, hat sich dutzende Male erwiesen! – Es ist das alles über mich gekommen, verheerend und plötzlich wie ein Wüstensturm, und ich sehe den Schlund des Verhängnisses offen, der mich jede Stunde zu verschlingen droht. Wird der Kelley entlarvt, so falle ich mit, denn ich bin an ihn gefesselt, und wer würde mir glauben, ich sei unschuldig? Bin ich es doch selbst in meinen eigenen Augen nicht mehr! – Schon sind die Einladungen dringend geworden, die mich nach London rufen zur Königin Elizabeth, die

durch die überschwenglichen Berichte des Polen Laski neugierig geworden ist und von mir verlangen wird, daß ich ihr die neuentdeckten Wunder der geöffneten Tür zum Jenseits nicht vorenthalte. In diesem Falle gehts dann um mein Leben. Aber nie werde ich dulden, daß Kelley auch vor ihr seinen Betrug erneuere!! – Hier steht das Letzte, John Dee, und hier ist die Grenze deiner Irrtümer und Verbrechen an dem Geheimnis des Baphomet!! – – –
Oh, hätte ich nie meine Träume aufgeschrieben! – Wie wahr ist doch, was die alten Eingeweihten sagen: wer Träume aufschreibt oder sie erzählt, dem werden sie Wirklichkeit! – Ist er nicht leibhaftig geworden, der Mann mit den abgeschnittenen Ohren, von dem ich geträumt habe?! Jetzt steht er hüllenlos vor mir in der schmutzigen Gestalt meines Haus- und Schicksalsgenossen Kelley! – Und wieder und wieder muß ich des Bartlett Green gedenken und des Mascee, der beiden Aasgräber und Gruftschänder, der beiden Boten aus dem Jenseits des toten rächenden Bischofs Dunstan. Ich bin das Opfer des unheimlichen Verhältnisses geworden, das mir die Elfenbeinkugeln zugesandt hat, damit sie sich in Eisenkugeln verwandeln, an meine Füße gebunden wie die, die ein Verbrecher durchs Leben schleppt. – – –
Nun hat der Pole Laski aus London mit beredtem Fürwort der Königin nach mir und Kelley geschickt, daß wir an den Hof kommen sollen und dort in feierlicher Sitzung den Grünen Engel beschwören, – – – weil den Wojwoden aus Polland das Podagra ergriffen und wir ihm aus dem Munde der Unsterblichen ein wirksames Heilmittel gegen seine Burgunderfüß mitteilen sollen!!

Oh, es nimmt den Weg, den ich habe kommen sehen: — Wirrwarr über Wirrwarr! Not über Not! Schande und Untergang! — — —

Wir sind auf Befehl der Königin aus unserer Weigerung abberufen und müssen eilends nach London kommen. — — — Wir haben bei Hofe die prächtigste Aufnahme gefunden, aber um welchen Preis meiner Seele! —

Elizabeth bestand darauf, daß sofort einige Sitzungen abgehalten wurden, wobei zwar keine sichtbaren Erscheinungen auftraten, wohl aber aus dem bewußtlosen Munde des Kelley zwei Geister sprachen, die sich Jubandalace und Galbah nannten und dem Polen verhießen, er werde nicht nur bald genesen, sondern sogar König der Türkei werden. Elizabeth verbiß nur mühsam das Lachen, aber ich sah ihr an, wie sehr es sie gelüstete, mit mir das alte grausame Katz-Mausespiel wieder zu beginnen, und welche satanische Freude es ihr bereitete, mich am Abgrund der Lächerlichkeit hintaumeln zu sehen.

Was treibt sie zu solchem Beginnen? — Unerforschliche Vorsehung! — Ist dies die Bürgschaft und die Verheißung unserer geheimnisvollen seelischen Verbindung?! — Ist dies das Ende des Wegs zum Baphomet mit der Krone und dem ewig funkelnden Krystall?! — — —

Ich konnte dem allen nur Einhalt tun, indem ich meinen alten Freund Leicester anflehte, zu bewirken, daß die Sitzungen in London abgebrochen würden. Sonst hätte sich noch ereignet, daß die Geister dem Laski zu schlimmerletzt die Herrschaft über Großbritannien und die ganze Welt versprochen hätten. Es fand sich denn auch zum Glück alsbald Gelegenheit, die Königin aus ihrer teuflischen Lust an meiner Verlegenheit zu reißen. Ich beschwor sie bei einer Unterredung, Abstand zu nehmen von ihrer Neugier, mit den Geistern des Kelley zu verkehren, solange ich selbst nicht klar sehen könnte, welcher Art sie seien. – Ich stellte ihr vor, wie auch das Jenseits bevölkert sein möchte von Wesen der allerverschiedensten Gattungen und von Irrlichtern, die imstande seien, die Formen von Engeln vorzutäuschen, so daß die Erhabenheit der Majestät gleichsam in Gefahr stünde, sich den bösartigen Klatschzungen von Neckphantomen auszusetzen. Worauf die Königin nach langem ernsten Nachdenken die Frage an mich stellte, ob ich mir denn in Zukunft von meinen Geisterbeschwörungen mehr verspräche, als von meinen früheren Plänen, Grönland zu erobern?

Ich antwortete mit einem festen »Ja!« – Und indessen sie mich mit einem tiefen Blick prüfte, fuhr ich fort: »Ob ich nun auf solche oder auf eine andere Weise mein Leben hinbringe, – auf der Entdekkungsreise nach dem Lande der Erfüllung war ich und bleibe ich, solang ich das Licht schaue; und wo immer ich landen oder stranden mag, da will ich die Fahne meiner letzten Liebe hissen und Engelland nicht anders greifen als Wilhelm der Eroberer, da er England niederstürzend mit Händen griff und in Besitz nahm.«

Die Königin antwortete nicht. Ich ließ sie bei ihrem Schweigen. Ich sah aber, daß sich ihr Hochmut wider mich bäumte, und darum verstand ich wohl, warum sie zum Spott als Abwehr griff, indem sie sagte:

»Inzwischen, Magister Dee, hören Wir ja zu Unserer Befriedigung, daß Euer Verkehr mit der obern Welt

nicht ohne irdischen Nutzen für Euch bleibt, da Ihr doch den Stein der Weisen und die Bereitung der edlen Tinktur des Goldmachens Euch habet von den Überirdischen offenbaren lassen.«
Ich erschrak nicht wenig über diese Kundschaft, denn ich hatte meine alchymistischen Versuche jedermann gegenüber geheim gehalten und konnte nicht fassen, daß sie dennoch zu Ohren der Königin gekommen waren. Dann aber hob ich unerschrocken das Haupt, weil ich hoffte, es böte sich mir da unversehens Gelegenheit, mich aus allen meinen Verlegenheiten lösen zu können. Ich legte darum der Königin mit aller Offenheit dar, daß ich mich bisher vergebens bemüht hätte, das Geheimnis der Metalltransmutation zu finden, und daß ich nicht nur keinen Nutzen, sondern vielmehr den Ruin meines Vermögens gewonnen.
Da erst horchte Elizabeth auf, als habe eine menschliche Regung ihr gegen mich so kaltes Herz ergriffen, und sie fragte mich, ob ich ihrer Börse bedürfe.
Ich wollte nicht als Bettler vor ihr stehen und erwiderte deshalb mit meinem letzten Rest von Stolz, daß ich nicht unnötig die Gnade meiner Gebieterin in Anspruch nehmen wolle, mich aber ihrer Worte erinnern werde, sobald die tiefste Not mich dazu zwingen sollte. — — —
Nun sind wir endlich wieder dem Trubel der Stadt entronnen und haben in dem stillen Mortlake die Arbeit von neuem in der alchymistischen Küche aufgenommen.
Neues Unheil hat nicht lange auf sich warten lassen: bei einem Experiment, das ich anstellte, ist das ganze Laboratorium in die Luft geflogen. Wie durch ein

Wunder bin ich dabei unversehrt geblieben, aber die Mauern meines Schlosses zeigen tiefe Risse und der abergläubische Haß der bäurischen Umwohner ist so erregt, daß ich stündlich mit einem Überfall rechnen muß, denn sie ließen mich wissen, daß sie den Teufel nicht länger in ihrer Gemarkung zu dulden willens seien. – Es geht zu Ende.

Der Grüne Engel verspricht und verspricht – von Tag zu Tag bestimmter, zuversichtlicher: näher der endlichen Erfüllung soll alles sein, so sagt er. Aber wir alle fühlen, daß Hilfe zu spät kommt; der lange mit Schrecken erwartete Tag des Zusammenbruchs ist da.

Wir berieten mit Kelley ein letztes Mal und kamen zu dem Entschluß, nichts mehr von dem roten Pulver zu opfern, um mit dem gewonnenen Gold das knappe Leben zu bestreiten, sondern so rasch wie möglich außer Land und nach Böhmen zu gehen, um dort bei Kaiser Rudolf, dem berühmten Adepten der königlichen Kunst, und seinen ebenso begeisterten adeligen reichen Freunden die Arbeiten wieder aufzunehmen und dies mit um so größerem Erfolg, als ja dem mißtrauischen Habsburger mit einem Experiment der Metallverwandlung vor seinen Augen könne aufgewartet werden dank der noch vorhandenen Reste aus den Elfenbeinkugeln des heiligen Dunstan. Dort in Prag müsse dann eben das Letzte daran gesetzt werden, inzwischen aus dem Buch des Heiligen den Weg zu finden, wie der Stein zu bereiten sei, womit schließlich aller Not ein Ende gemacht und unserem Glück und Ruhm freie Bahn geschaffen würde. Daß am Hof zu Prag die Aussichten eines erfolgreichen Alchymisten ganz anders sind, als in England und

unter den Augen einer undankbaren Herrin, darüber kann kein Zweifel bestehen.
Lang erwog ich mit meiner Frau Jane den Schritt, denn es wollte mich hart ankommen, in meinem nun bald sechzigsten Jahr nochmals landflüchtig zu werden, aber der Grüne Engel hatte uns mit so starken und verheißungsvollen Worten den Befehl gegeben, aufzubrechen, die Heimat zu verlassen und zu Kaiser Rudolf zu reisen, daß ich nicht mehr länger zu zögern beschloß. Als wollte der Himmel selber den Beweis für die Richtigkeit dieses Befehls erbringen, erhielt ich gestern einen Brief des Fürsten Laski aus Polen, worin er mich einlud mit den schmeichelhaftesten Worten und mich bat, mit meiner Gattin und Kelley auf seinen Gütern als Gast zu verweilen, solange es uns gefiele. Die Kosten der Reise trage er selbstverständlich, und über dies setzte er mir ein hohes Jahresgehalt aus. – Die Freude über diesen Brief hielt nicht lange vor; Zettel und Drohungen, uns allesamt zu erschlagen und mir den roten Hahn aufs Dach zu setzen, staken bereits am nächsten Morgen unter meiner Tür. – Das ist zuviel: das Leben der Meinigen darf ich nicht aufs Spiel setzen. – Den Schutz der Behörden anrufen? Es hätte keinen Zweck. Sie würden mich im Stich lassen. Ich fühle zu deutlich, daß hinter dem Bauernaufstand sich mächtige heimliche Feinde verbergen, die mir übel wollen und mich zu verderben trachten. So werde ich selber handeln! – – – Geld von Laski ist nicht gekommen und das hat die Lage so verschlimmert, daß ich mich durch die Vermittlung Leicesters an Königin Elizabeth habe wenden müssen um Hilfe. – Das ist nun schon alles einerlei! An Stolz habe ich nichts

mehr zu verlieren. Ich will nicht zum Mörder meines Weibes und meines Kindes werden! — — —
Von der Königin erhielt ich heute durch einen reitenden Boten: — — — vierzig Engelstaler und ein Handschreiben, in dem sie mir antwortet auf meine Vorstellungen wegen des ungenügenden Schutzes unseres Lebens und Hauses, daß ihre Macht nicht weiter reiche als die der bestellten Behörden. Überdies wundere sie sich, daß der Grüne Engel, auf den ich doch so baue, nicht ein besserer Schutzpatron sein solle als sie, eine lediglich irdische Herrscherin. Und anderes Eiskaltes mehr.
Somit ist es nun beschlossen und alles in Stille getan worden, das geringe Gepäck, dessen wir bedürfen, auf das bescheidenste zu bemessen, um die Reise so billig wie möglich zu gestalten. Alles übrige hier in Mortlake und dort draußen in der dunkeln Zukunft gebe ich in die Hand der allbarmherzigen Macht des Himmels! — — —
Heute am 21. September 1583 ist die Stunde des Abschieds gekommen; wir verlassen vor Morgengrauen in aller Heimlichkeit das Haus auf bestelltem Reisewagen und gedenken noch vor Abend Gravesend zu erreichen. — — —
Gestern zur Nacht noch hat eine Rotte von Bauern und Marodeuren vor dem Schlosse gelärmt und es ist eine Brandfackel in den verschlossenen Hof hereingeworfen worden, die mein alter Knecht mit seinen Füßen austrat. Wir sind mit Mühe einer Horde neuer Unruhestifter auf unserer Flucht ausgewichen und im Frühnebel knapp entkommen. — — —
Mein Gott, nun ist es so, wie ich es hier in meinem Diary geschrieben habe: ich bin auf der Flucht! —

Hinter mir liegt das letzte Besitztum, das auf Erden mein war und den Namen meines Geschlechtes mit dem Boden Englands verbindet: Mortlake ist dem Ansturm des Pöbels preisgegeben, vielleicht noch, bevor ich den ungastlichen Strand der Heimat verlassen habe. — — —

Mit meinen alten trüben Augen habe ich den Brand von Mortlake gesehen! Schwarze Wolken stehen am Horizont, dort, wo mein Schloß hinter den Hügeln liegt. Schwarze Wolken von dickgeblähtem Rauch, der von giftgeschwollenen Dämonen bewohnt und emporgetrieben scheint, wirbeln im Hexentanz über der Stätte einstigen Friedens. Die bösen Geister der Vergangenheit sind über ihrem Fraß. Mögen sie sich sättigen! Möge ihnen das endlich hingeworfene Opfer genügen! Mögen sie mich vergessen über ihrer Orgie und ihrem Leichenschmaus!! — Eins nur schmerzt mich tief: meine schöne, liebe Bibliothek! Meine mir ans Herz gewachsenen Bücher! Die Racheteufel so wenig wie der Pöbel in seiner hoffnungslosen Dummheit werden sie verschonen. So manches Werk ist darunter, das das einzige und letzte seiner Art auf Erden war. — Verbrennende Offenbarung tiefster Weisheit, verkohlende Liebe treuester Belehrung: fahre hin und löse dich wieder in der Flamme, aus der du stammst; es ist schade um ein gutes Wort, das man zur Bestie spricht. — Besser, ewig zu brennen und aufzufahren in die Heimat, die der Herd des ewigen Feuers ist! — — —

Seit einer Stunde sitze ich nun an meinem Schreibtisch und halte das letzte Blatt aus John Dees Diarium in der

Hand. – Ich habe das Schloß in Mortlake brennen sehen, als hätte ich davor gestanden. So lebendig kann nicht ein Bild sein, das beim Lesen entsteht!
Mehrmals, einem jähen Wunschantrieb gehorsam, habe ich in die Schublade gegriffen, in der die Bündel aus Vetter Rogers Nachlaß liegen, immer wieder ist dabei mein Arm wie gelähmt herabgefallen, und ich finde den Entschluß nicht, nach neuen Papieren zu fassen, die mir weitere Aufklärungen versprechen. Neue Aufklärung? Wozu? Neue Moderwolken soll ich aufrühren? Vergangenheit ausgraben? Wo doch alles in hellste Gegenwart für mich gerückt ist? In eine blendende Helle, die mich fast betäubt! – Viel besser, ich nütze diese seltsame, diese ungeheure Stille der Stunde, die mich umfängt; mir ist, als säße ich, abgeschieden von aller Welt und doch nicht allein, in meiner Arbeitstube, – als säße ich irgendwo im leeren Weltraum und außerhalb der menschlichen Zeit – –.
Es gibt keinen Zweifel mehr für mich: John Dee, mein ferner Ahnherr, lebt! Er ist gegenwärtig, er ist hier, hier in diesem Zimmer, hier neben meinem Stuhl, neben mir – – vielleicht in mir! – Ich will es hart und unzweideutig aussprechen: es ist sehr wahrscheinlich, daß – daß ich John Dee bin! ... Vielleicht immer gewesen bin! Gewesen bin seit je, ohne es gewußt zu haben! – – Wie das möglich ist, was kümmert es mich?! Genügt es nicht, daß ich es mit unbeschreiblicher Klarheit und Schärfe fühle?! Übrigens gibt es doch beliebig viele Gründe und Beispiele aus allen möglichen Gebieten der Wissenschaft unserer Tage, die das, was ich erlebe, belegen, erklären, rubrizieren, mit gelehrten Namen bezeichnen. Man spricht von Persönlichkeitsspaltung, von Doppelbewußtsein, von Schizophrenie, von parapsychologischen Phäno-

menen aller Art – einerlei, von was sonst noch! Lächerlicherweise bemühen sich um solche Dinge besonders die Irrenärzte, die unbelehrbar für verrückt halten, was nicht im dürren Felde ihrer Ignoranz wächst.
Ich stelle zur Vorsicht vor mir selber fest, daß ich mich geistig vollkommen gesund fühle. Aber genug mit solchen Verwahrungen vor mir selbst und den abwesenden, mir übrigens höllisch gleichgültigen Psychiatern und siebengescheiten menschlichen Maulwürfen.
Also: John Dee ist keineswegs tot; er ist eine – sagen wir der Kürze wegen: eine jenseitige Persönlichkeit, die mit deutlich gesetzten Wünschen und Zielen weiter wirkt und weiter sich zu verwirklichen strebt. Die geheimnisvollen Bahnen des Blutes mögen die »guten Leiter« dieser Lebenskraft sein; immerhin: das ist Nebensache. – Nehme ich an, der unsterbliche Teil John Dees kreise in dieser Bahn wie der elektrische Strom im Metalldraht, dann bin ich eben das Ende dieses Kupferdrahtes, und der elektrische Strom »John Dee« staut sich an der Mündung dieses Drahtes mit seinem ganzen Jenseitsbewußtsein. – Ach, wie gleichgültig das alles ist! Tausend Erklärungen sind möglich, und doch ersetzt mir keine die furchtbare Klarheit meines Erlebens! – – Mein ist die Mission. Mein ist das Ziel und die Krone und die Verwirklichung des Baphomet! Wenn ich – würdig bin! Wenn ich standhalte! Wenn ich reif bin. – – Auf mir, dem Letzten, ruht Erfüllung oder Scheitern in Ewigkeit!
Ich fühle die Verheißung auf meinen Scheitel niederbrennen, genau so wie den Fluch. Ich weiß alles und bin bereit. Ich habe viel gelernt, John Dee, aus den geweihten und gefeiten Büchern, die du dir zu deiner eigenen Wiedererinnerung niedergeschrieben hast! ich bestätige dir, edler Geist meines Blutes, daß ich mich wieder erinnere!

— Somit liegt deine Sache in guter Hand, John, und du bist »ich« mit meinem freien Entschluß! — — —
Bartlett Green hat es kaum mehr erwarten können, mich zu mir selbst erwacht zu finden! Er hat schon neulich hinter meinem Schreibtisch gestanden in dem Glauben, die mystische Einung zwischen seinem Opfer John Dee und mir sei bereits vollzogen. Das war dumm von dir, Bartlett Green! Du hast das Böse gewollt und fürs Gute gearbeitet, wie ihr immer tut, ihr dummen Teufel von der linken Hand! — Du hast mein Erwachen nur beschleunigt, Bartlett Green, und meine Augen geöffnet und geschärft für den Anblick deiner uralten Herrin aus Schottland und den Abgrund des schwarzen Kosmos! — Die Katzengöttin, die schwarze Isaïs, die Lady Sissy, die edle Fürstin Assja Chotokalungin — sie, die ewig Gleiche, sei mir willkommen! Ich kenne sie. Ich kenne ihren Weg durch die Zeitlosigkeit seit der Stunde, da sie sich zum Sukkubus meines unglücklichen Ahnherrn machte, bis zu dem Tag, wo sie hier neben mir saß und mich um die Lanzenspitze bat. — Es war eine magische Suggestion von ihr, die ich nicht verstehen sollte, eben weil sie mir geheim blieb. Das Weibliche in mir, das noch schlummernde Ferne, die königliche »Elisabeth«, kann sie nicht zerstören, weil die magische Zukunft nicht vernichtet werden kann, solange sie nicht Gegenwart geworden ist, aber das wirkend verkörperte Männliche, das möchte sie an sich reißen, um die kommende »Chymische Hochzeit« zu hintertreiben! — Wir werden, so denk ich, abrechnen miteinander! — —
Freund Lipotin hat sich bereit erklärt, als ich ihn noch nicht verstand. Er nannte sich den Abkömmling des »Magisters des Zaren«. Er nannte sich, wenn auch verschleiert: Mascee. Gut, ich will ihm einstweilen glauben, er sei Mascee.

Und mein ertrunkener Freund Gärtner? Ich werde den grünen Spiegel befragen, der da als Geschenk Lipotins vor mir steht, und ich weiß, Theodor Gärtner wird lächeln aus dem Spiegel und sich eine Zigarre in den Mund stecken, die Beine gemütlich übereinanderschlagen und sagen: »Kennst du mich denn gar nicht mehr, old John? Mich, deinen Freund Gardener, deinen Laboranten? Deinen Warner? Ach, leider deinen vergeblichen Warner? Aber, nicht wahr, heute kennen wir uns, und jetzt wirst du besser auf meine Ratschläge hören?!«
Fehlt nur noch Edward Kelley, der Scharlatan mit den abgeschnittenen Ohren, der Verführer, das Medium, – jener Mensch aus John Dees Tagen, der heute in unserm Jahrhundert zum tausendfältigen Krebsgeschwür geworden ist, das wächst und wächst, trotzdem es kein Ich mehr hat. Das Medium! die Brücke zum Jenseits der schwarzen Isaïs! –
Ich bin gespannt, wann dieser Kelley in mein Leben tritt und mir seine Reverenz macht, damit ich ihm die Zeitmaske vom Gesicht reißen kann! – Ich bin auf alles gefaßt, Edward, erscheinst du mir nun als Gespenst auf Spiritistenart oder als Volksprophet und Landstreicher heute noch drunten auf der Gasse!
Bleibt nur: Elisabeth. – – –
Ich gestehe, daß mich ein Zittern ergreift und ich nicht niederzuschreiben vermag, was der Kopf zu denken versucht.
Nebel und Aufruhr verdecken mir die Aussicht. Wie ich mich auch anstrenge: meine Gedanken und Vorstellungen verwirren sich in mir auf eine seltsame Weise, wenn ich »Elisabeth« denken will. – – –
So weit war ich in meinen teils zuversichtlichen, teils

zweifelnden Überlegungen gekommen, da ließ mich ein heftiger Wortwechsel aufschrecken, der sich draußen vor der Flurtür erhoben zu haben schien und bald immer lauter gegen mein Zimmer heranzog.

Dann erkannte ich die scharf gegeneinander streitenden Stimmen, die kurz und befehlend, wie schneidende Hiebe niederfallenden Ausrufe der Fürstin Chotokalungin, und der sanftere Tonfall der darum nicht minder hartnäckigen Einwände meiner Hausdame: der gewissenhaft nach meinem Auftrag verfahrenden Frau Fromm.

Ich sprang auf: die Fürstin in meiner Wohnung! – Sie, die mich noch vor kurzem durch Lipotin hatte wissen lassen, daß sie endlich meinen Gegenbesuch erwarte. – Was sage ich: Fürstin Chotokalungin! Nein: die Dämonin der grauenvoll nächtlichen Taighearm-Riten, die Feindin von Anbeginn, die »Lady Sissy« meines Vetters John Roger, das Weib aus dem abnehmenden Mond; sie wiederholt den Angriff!

Eine wilde, nervendurchbebende Freude loderte mit greller Flamme in mir hoch: willkommen, willkommen zu deiner nahen, schmählichen Niederlage, Weibsgespenst! – Ich bin in Stimmung! Ich bin bereit! –

Und ich eilte mit ein paar raschen Schritten zur Tür, riß sie auf und rief mit möglichst zu freundlichem Vorwurf gebändigter Stimme hinaus:

»Nicht doch, Frau Fromm! Lassen Sie die Dame ruhig bei mir eintreten. Ich habe mich anders besonnen! Ich bin sehr gern bereit, sie zu empfangen! Ich bitte ...«

Dicht an der erstarrten Frau Fromm vorüber rauschte die Fürstin auf mich zu, hochatmend und ihrerseits nicht ohne hörbare Mühe die erlittene Erregung gewandt umbiegend zu freundlich spöttischem Willkomm:

»Ich bin geradezu erstaunt, lieber Freund, Sie so strenge

von der Außenwelt abgeschieden zu sehen! Büßer oder Heiliger, jedenfalls sollten Sie mit einer Freundin eine Ausnahme machen, die Sehnsucht spürt, Sie wiederzusehen! Nicht wahr?«

Ich gab Frau Fromm, die immer noch starren Blicks und kaum atmend gegen die Wand des Flurs gelehnt stand, — von innen heraus frierend, wie es schien, denn ich sah das fliegende Beben immer neu über ihren Körper laufen, — ein beruhigendes Zeichen und ließ die Fürstin mit einladender Gebärde an mir vorbei in mein Studierzimmer eintreten. In dem Augenblick, als ich die Tür hinter mir zuziehen wollte, sah ich noch Frau Fromm die Hände in jäher Bewegung gegen mich erheben. Ich nickte ihr nochmals zu, und mein Lächeln sollte sie verständigen, daß sie unbesorgt bleiben dürfe.

Dann saß ich der Fürstin Chotokalungin gegenüber.

Sie sprudelte ein Gewirr von liebenswürdigen Vorwürfen, daß ich ihre Hartnäckigkeit damals gewiß mißdeutet, sie darum gemieden und mein Versprechen, sie zu besuchen, aus diesem Grunde nicht gehalten hätte, hervor. — Es war schwer, zu Wort zu kommen. Ich wehrte ihren schmeichlerischen Reden mit einer eben noch höflichen, kurz abschneidenden Bewegung der Hand. Einen Augenblick wurde es still im Raum.

»Panthergeruch« — stellte ich insgeheim wieder fest. Das Parfüm der Fürstin kitzelte mir die Nerven. Ich strich mir den leise aufsteigenden Taumel von der Stirn; dann begann ich:

»Sehr verehrte Fürstin, Ihr Besuch ist mir, ich wiederhole, ungemein willkommen. Ich lüge nicht, wenn ich hinzufüge, daß ich mir noch heute die Ehre gegeben hätte, Sie aufzusuchen, wenn Sie nicht selbst gekommen wären.« — Es machte mir Spaß, eine kurze Pause einzulegen und zu beobachten. Ich sah indes nur, wie die angebliche Fürstin sich koketten Dankes gegen mich verneigte und mit einem Lächeln stumm antwortete. Aus einem plötzlichen Gefühl heraus ergriff mich ein Trieb, sie zu überrumpeln; ich fuhr deshalb rasch fort:

»Es drängt mich nämlich, Ihnen zu sagen, daß ich Ihre Wünsche, die Sie inbetreff meiner Person hegen, inzwischen verstehen gelernt habe, — daß ich Ihre Motive durchschaue . . .«

»Wie mich das freut!« unterbrach mich die Fürstin mit impulsivem Zwischenruf, — »wie außerordentlich mich das freut!«

Ich gab mir alle Mühe, mein Gesicht unbewegt zu zeigen: ich achtete nicht auf den Einwurf, faßte ihr lächelndes, wirklich verführerisch lächelndes Antlitz kalt und scharf ins Auge und sagte:

»Ich kenne Sie.«

Sie nickte erwartungsvoll, hastig, wie von angenehmstem Staunen erregt.

»Sie nennen sich Fürstin Chotokalungin«, fuhr ich fort, »Sie besitzen oder besaßen — das ist ja einerlei — ein Schloß in Jekaterinodar.«

Wieder ein ungeduldiges Nicken.

»Besitzen oder besaßen Sie nicht auch ein Schloß in Schottland? Oder sonstwo in England?!«

Die Fürstin schüttelte befremdet den Kopf.

»Wie kommen Sie darauf? Meine Familie hat nicht die geringsten Beziehungen zu England.«

Ich lächelte kalt.

»Ist das so gewiß, Lady — — Sissy?«

Nun hatte ich meinen Panthersprung getan und zitterte innerlich vor Erwartung, was sich begeben würde. Aber mein schönes Gegenüber hatte sich offenbar mehr in der

Gewalt, als ich erwartet hatte. Sie lachte mir, sichtlich belustigt, ins Gesicht und fragte:

»Wie amüsant! Sehe ich einer englischen Frau Ihrer Bekanntschaft so ähnlich? Man sagt mir sonst gerne, – ich weiß nicht, ob um mir zu schmeicheln, – meine Gesichtszüge seien unverwechselbar und von rein kaukasischem Schnitt! Das sind doch nicht die Züge einer Schottin?«

»Möglich, daß die Schmeicheleien meines armen Vetters Roger so geklungen haben, Gnädigste«, – – eigentlich wollte ich sie anreden: »gnädigste Herrin der schwarzen Katzen«, aber beim Aussprechen schob sich mir ein Widerstand dagegen unter meine Zunge und so ließ ich es bei dem andern Sinn des Wortes »Gnädigste« bewenden – »ich meinerseits gestatte mir, Ihre Gesichtszüge nicht so sehr kaukasisch als satanisch zu finden. Hoffentlich kränkt Sie das nicht?«

Die Fürstin kippte fast hintenüber vor Heiterkeit, und ihre geschmeidige Stimme perlte ganze Kadenzen von Lachtrillern heraus. Dann aber hielt sie, wie von plötzlicher Neugier ergriffen, ein und beugte sich mit der Frage vor:

»Nun bin ich aber wirklich gespannt zu hören, mein Freund, wozu mir alle diese kapriziösen Komplimente gemacht werden.«

»Komplimente?«

»Aber ja! Es sind doch Schmeicheleien von ganz besonderer Wahl! Englische Lady! Satanische Physiognomie! Alles das sind interessante Details, deren ich mich nie für würdig erachtet hätte.«

Es wurde mir langweilig, dieses Wortgeplänkel. Die Spannung riß in mir wie ein überstrafftes Seil. Ich brach los:

»Genug, Fürstin, oder wie Sie sich sonst genannt wünschen! Fürstin der Hölle auf jeden Fall! Ich habe Ihnen

gesagt, daß ich Sie kenne, hören Sie? Daß ich Sie kenne! — Die schwarze Isaïs kann Kleid und Namen tauschen, wie sie mag; mir, mir, John Dee, hat sie keine Maske mehr zu bieten!« — ich sprang auf — »die ›Chymische Hochzeit‹ werden Sie nicht hintertreiben!«
Die Fürstin war langsam aufgestanden; ich lehnte ihr gegenüber am Schreibtisch und blickte ihr fest ins Gesicht.
Aber nichts von dem, was ich erwartet hatte, trat ein.
Mein beschwörender Blick vermochte den Dämon nicht zu bannen oder ihn zum Weichen zu bringen, ihn in Rauch aufzulösen, oder wie immer ich mir die Wirkung meiner Rede in der Hitze des Augenblicks vorgestellt hatte. Nichts von alledem geschah; die Fürstin maß mich vielmehr mit einem unsagbar hoheitsvollen und abweisenden Blick, in dem doch der kaum versteckte Spott lauerte, und sagte nach einigem Zögern:
»Ich bin nicht ganz vertraut mit den seltsamen Umgangsformen, die hierzulande uns russischen Vertriebenen gegenüber beliebt sind; ich bin darum ein wenig unsicher, ob Ihre sehr sonderbaren Worte nicht dem Ausdruck einer mir nicht erklärlichen Gestörtheit Ihres seelischen Wohlbefindens entspringen. Bei uns, wo die Sitten oft rauh scheinen, empfangen die Männer Damen nicht, wenn — — sie zuviel getrunken haben.«
Ich stand da wie mit Wasser übergossen und keines Wortes mächtig. Mein Gesicht wurde heiß. Wider meinen Willen zwang mich gleichsam die Gewohnheit der anerzogenen Höflichkeit gegen das andere Geschlecht, daß ich stammelte:
»Ich möchte, Sie verstünden mich . . .«
»Ungezogenheiten sind immer schwer zu verstehen, mein Herr!«
Ein verrückter Gedanke durchzuckte mich. Blitzschnell

beugte ich mich vor und faßte nach der schmalen, aber energisch auf den Schreibtischrand aufgestützten Hand der Fürstin. Ich riß sie an mich, spürte unter meinem Zugriff die nervige Beschaffenheit dieser Zügel und Sportgerät gewohnten Hand und führte sie dann, wie Verzeihung erbittend, zum Mund. Sie war geschmeidig und von normaler Wärme, duftete zart nach dem unbegreiflich animalisch erregenden Parfüm, das die Fürstin an sich hat; aber sonst war an ihr weder etwas Gespenstisches noch etwas Dämonisches wahrzunehmen. Die Fürstin entzog sie mir, um eine Sekunde verzögert, und hob sie, wie in halber Drohung und halbem Ernst, gegen mich.

»Es wäre angebracht, diese Hand zu anderem zu gebrauchen, als sie einem so launenhaften Gönner zu nichtssagenden Schmeicheleien zu überlassen«, wetterleuchtete sie; der leichte Schlag, den sie mir an die Wange gab, war auch von Fleisch und Sehnen, wenn auch noch so feinrassigen, erteilt.

Ich fühlte mich enttäuscht, leer, widerstandslos durch das Phantom eines eingebildeten Gegners hindurchgefahren und merkwürdig erschlafft von diesem vergeblichen Hieb in die Luft. Unsicherheit befiel und verwirrte mich vollends. Zugleich bebte in mir ein unerklärliches Gefühl nach, das mit der Berührung meiner Lippen und dem Handrücken der Fürstin irgendwie zusammenhing. Ein Schauer rätselhafter Anziehung – plötzlicher Angst: eine feiner, edler organisierte Natur als die meine gekränkt zu haben, überprickelte mir die Haut. Mit einem Male kam ich mir unsäglich albern vor, – konnte meinen vorigen Verdacht nicht mehr begreifen, fand ihn überspannt, ja geisteskrank, – verstand mich selbst nicht mehr, kurz, ich muß eine ziemlich traurige und komische Figur in diesem mich überfallenden Zustand der Ratlosigkeit gemacht

haben, denn die Fürstin lachte auf einmal spöttisch, doch nicht ohne hörbares Mitleid im Ton, sah mich von oben bis unten prüfend an und sagte:
»Ich bin bestraft für meine Zudringlichkeit. Das sehe ich ein. Also wollen wir uns gegenseitig keine weiteren Vorwürfe machen! Die Rechnung ist bezahlt, und in einem solchen Falle ist es angebracht, das Hotel zu verlassen.«
Sie machte eine rasche, nicht mißzuverstehende Bewegung zur Tür. – Ich fuhr aus meiner Betäubung auf:
»Ich flehe Sie an, Fürstin! – Nur nicht so! Gehen Sie nicht im Zorn, nicht mit solcher Meinung von mir – von meinen Manieren!«
»Ein wenig verletzte Kavaliereitelkeit, mein werter Freund?« – sie lachte im Weiterschreiten – »das geht vorüber. Leben Sie wohl!«
Jetzt hielt ich mich nicht länger:
»Nur eine Sekunde noch, Fürstin, um Ihnen zu sagen, daß ich ein Tölpel, ein Unzurechnungsfähiger, kurz, ein kompletter Narr bin! Aber ... Sie bemerken, nicht wahr, ich bin weder ein Trinker noch ein berufsmäßiger Flegel ... Sie wissen ja nicht, was mit mir in den letzten Stunden vorgegangen ist, ... womit ich mich beschäftigt habe, – was alles meinem Kopf zugemutet wird ...«
»Ich dachte es mir sogleich«, antwortete die Fürstin mit echter Teilnahme, aus der gar kein Spott mehr herauszuhören war, – »es sind wirklich keine falschen und übertriebenen Vorstellungen, die man sich in der Welt von den deutschen Dichtern macht; sie erfüllen sich den Kopf mit weltfernen Gedanken und mit oft unverständlichen Träumereien! Sie sollten mehr an die Luft, teurer Freund! Reisen Sie! Zerstreuen Sie sich! ...«
»Schmerzlichste Einsicht zwingt mich, zuzugestehen, wie sehr Sie recht haben, Fürstin«, fiel ich ein, und ich konnte

meine Zunge nicht mehr im Zaum halten, – »ich wäre glücklich, wenn ich meinen ersten Erholungsurlaub von den Schreibtischgeschäften, die mir in der Tat über den Kopf zu wachsen drohen, dorthin lenken könnte, wo ich – vielleicht durch die schon einmal angebotene Vermittlung Lipotins – Gelegenheit und Gunst erhoffen dürfte, Sie wiederzusehen und Verzeihung für mein heutiges Betragen von Ihnen zu erlangen.«
Die Fürstin hatte die Türklinke ergriffen, wandte sich mit einem langen Blick gegen mich, schien einen Moment zu zögern und seufzte dann mit einem gedehnten Scherzton, der aber irgendwie an das Gähnen einer großen Katze gemahnte:
»Meinetwegen also, und abgemacht. Und hoffentlich sehen Sie nun auch ein, daß Sie verpflichtet sind, einiges wieder gutzumachen . . .«
Sie nickte mir spöttisch zu und war im nächsten Augenblick einem erneuten Versuch, sie aufzuhalten, entglitten. Vor meiner Nase fiel die Tür ins Schloß, und bis ich mich besann, war es zu spät. Von der Straße herauf tönte ein Hupensignal.
Ich riß das Fenster auf und schaute dem Wagen nach.
Wenn schottische Teufelsdämonen, wenn die furchtbare Katzengöttin des Bartlett Green heutzutage in wundervollen modernen Lincolnlimousinen Besorgungen machen, so ist es wahrhaftig schwer, sich ihrem unholden Treiben zu entziehen, verspottete ich mich selbst.
Als ich das Fenster nachdenklich schloß und mich wieder ins Zimmer zurückwandte, stand Frau Fromm dort, wo vor einer Minute noch die Fürstin am Schreibtisch gelehnt hatte. Im ersten Augenblick erschrak ich beinahe, denn ich erkannte sie erst, nachdem ich einen Schritt auf sie zu getan hatte, so verändert in Ausdruck und Haltung kam sie

mir vor. Sie stand da, stumm und regungslos und mit verfallenen Gesichtszügen, aber unverwandten Blickes jede meiner Bewegungen beobachtend und mit einer namenlosen Angst in den Augen bemüht, in meinem Gesicht zu lesen.

Ich unterdrückte rasch mein aufsteigendes Erstaunen über ihr Verhalten, erinnerte mich meiner eigenen widerspruchsvollen Anordnungen und schämte mich zugleich ein wenig – ich wußte im Grunde selbst nicht warum – vor dieser merkwürdig sympathischen Frau, in deren Nähe mir die Luft auf einmal wie gereinigt vorkam von... Ich strich mir mit der Hand übers Gesicht: ein ganz leiser, erregender Duft von Wildparfüm – von dem sonderbaren Duft der Fürstin – haftete immer noch an meiner Haut.

Ich gab Frau Fromm eine Erklärung, die scherzhaft klingen sollte:

»Sie wundern sich, liebe Frau Fromm, über meine wankelmütigen Weisungen? Nehmen Sie mir das nicht übel. Eben meine Arbeit,« – ich wies mit flüchtiger Handbewegung auf meinen Schreibtisch, und Frau Fromm folgte mit übertrieben genauem Blick dieser Bewegung – »meine Gedanken und Einfälle dabei sind die Ursache gewesen, daß mir der Besuch dieser Dame plötzlich willkommen war. Sie verstehen doch?«

»Ich verstehe vollkommen.«

»Nun also, dann sehen Sie, daß es nicht launisch von mir war...«

»Ich sehe nur das eine, daß Sie in großer Gefahr sind.«

»Aber Frau Fromm!« – ich lachte, ein wenig unangenehm berührt von der harten, gar nicht auf meinen kordialen Ton eingehenden Sprache meiner Hausdame – »was bringt Sie auf solche überraschenden Vermutungen?«

»Keine Vermutung, mein Herr. Es geht ... es geht um Ihr Leben!«
Ein Schauer überlief mich. Hatte Frau Fromm einen ihrer »Zustände«? Sah sie mit den Sinnen der Somnambulen? – Ich trat näher. Die Augen der blonden Frau folgten mir hatnäckig und hielten meinen Blick fest. Das war nicht der Gesichtsausdruck einer in Halbtrance befindlichen Person! – Ich nahm den leichten Ton wieder auf:
»Was denken Sie nur, Frau Fromm! Die Dame – es ist übrigens eine Fürstin Chotokalungin, eine landflüchtige kaukasische Russin und sicher mit dem beklagenswerten Schicksal aller dieser von den Bolschewisten Verfolgten und Vertriebenen – diese Dame, Frau Fromm, seien Sie unbesorgt, steht in keinerlei Beziehung zu mir, die – die ...«
»– die Sie beherrschen, mein Herr.«
»Wieso?«
»Weil Sie sie nicht kennen!«
»Kennen denn Sie die Fürstin?«
»Ich kenne sie!«
»Sie ... kennen die Fürstin Chotokalungin?! Das ist nun allerdings höchst interessant!«
»Ich kenne sie – nicht von Person – –«
»Sondern?«
»Ich kenne sie ... drüben. – Wo es grün ist, wenn ich dort bin. – Nicht wenn es hell ist, so wie sonst ...«
»Ich verstehe Sie nicht recht, Frau Fromm. Was ist grün – drüben?«
»Ich nenne es das grüne Land. Manchmal bin ich dort. Es ist wie unter Wasser, und mein Atem steht still, wenn ich dort bin. Es ist tief unter Wasser, im Meer, und alles scheint in ein grünes Licht getaucht.«
Das grüne Land!! – Ich hörte meine eigene Stimme wie

ganz weit weg von mir. Es überschüttete mich mit der Wucht eines Kataraktes, dieses Wort. Ich stand betäubt und wiederholte nur mehrmals: »Das grüne Land!« –
»Es kommt nichts Gutes von dort; das weiß ich immer, wenn ich drinnen bin«, fuhr Frau Fromm fort, ohne den beinahe gleichgültigen, dennoch eigentümlich harten, fast drohenden Ton ihrer Stimme zu ändern, aus der Schüchternheit und verhaltene Angst zugleich hervorbebten.
Mit Gewalt schüttelte ich meine Betäubung ab und fragte wie ein sorgfältig beobachtender Arzt:
»Sagen Sie mir, was hat das ›grüne Land‹, das Sie manchmal sehen, mit der Fürstin Chotokalungin zu tun?«
»Sie hat dort einen anderen Namen.«
Meine Spannung wurde unerträglich.
»Was für einen Namen?!«
Frau Fromm stockte, sah mich geistesabwesend an, zögerte;
»Ich ... ich weiß es jetzt nicht.«
»Besinnen Sie sich!« schrie ich beinahe.
Ich fühlte, sie stand unter meinem Befehl; aber sie schüttelte nur, unaussprechlich gequält, den Kopf. – – Wenn der Rapport hergestellt ist, so sagte ich mir, so muß jetzt der Name kommen. Jedoch Frau Fromm blieb stumm; ihr Blick irrte zum erstenmal von mir ab. Ich sah, daß sie Widerstand leistete, aber sich zugleich geistig an mich anzuklammern versuchte. Ich bemühte mich, meine Erregung zu meistern und meinen Einfluß von ihr zu lösen, – meinen Willen von ihr abzuwenden, damit sie zu sich selber käme.
Sie machte eine ruckartige Bewegung. Ich ahnte nicht, was es bedeuten sollte, daß sie sich plötzlich aufstraffte und ihren Fuß langsam vorsetzte. Dann fing sie an zu gehen, schritt langsam an mir vorbei mit so hilfloser, er-

schütternd suchender und widerstrebender Gebärde, daß es mir heiß zu Herzen drang und ich von einem unsinnigen Trieb ergriffen wurde, sie an mich zu ziehen, sie zu trösten, mit ihr zu weinen, sie zu küssen, sie zu mir zu nehmen wie eine lange, lange entbehrte Geliebte – wie das zu mir gehörige Weib. Es bedurfte allen Aufwandes an Willenskraft, daß ich nicht tat, was meine Vorstellung eigentlich schon getan hatte.

Frau Fromm wandte sich an meinem Lehnstuhl vorbei, in dem ich während der Arbeit zu sitzen pflege, der entgegengesetzten Schmalseite des Schreibtisches zu. Ihre Gebärden hatten etwas seltsam Automatenhaftes; ihr Blick war der einer Leiche. Als sie dann den Mund öffnete, klang mir ihre Stimme vollkommen fremd. Ich hörte nicht alles, was sie sagte, nur dies:

»Bist du wieder da? Geh fort, Tierquäler! Mich täuschst du nicht! – Und dich, dich spüre ich, – sehe deine schwarze und silberne Schlangenhaut – ich fürchte mich nicht, ich habe Befehl – ich – ich . . .«

Frau Fromm war an der linken Schmalkante meines Schreibtisches angelangt. Ehe ich noch begriff, was das alles zu bedeuten hatte, fuhren ihre Hände wie mit einem wahren Katzensprung plötzlich auf den schwarz-silbernen Tulakasten los, den ich kürzlich erst durch Lipotins Vermittlung von Baron Stroganoff erworben und so überaus sorgfältig hatte in die Richtung des Erdmeridians stellen müssen.

»Halte ich dich endlich in Händen, silberschwarze Schlange«, zischte Frau Fromm und tastete mit schnellen, vor Nervosität zitternden Fingern an den eingelegten Ornamenten des Tulakästchens entlang.

Zuerst wollte ich zuspringen und ihr das Ding aus der Hand reißen. Ein sonderbarer Aberglaube hatte ja seit einiger Zeit Besitz von mir ergriffen, daß ich irgendeinen Sinn in der Weltordnung verletzt meinte, wenn das Kästchen nicht in seiner ihm angewiesenen Richtung verblieb. Dieser kindische Wahn übermannte mich in diesem Augenblick mit geradezu irrsinniger Gewalt.

»Nicht anfassen! Stehen lassen!« glaubte ich zu brüllen, aber ich hörte nur einen heiseren halblauten Schrei aus meiner Kehle hervordringen, und es gelang mir nicht, die Worte zu artikulieren.

Im nächsten Augenblick sammelten sich die ruhelosen Finger der Frau auf eine bestimmte Stelle der glatten silbernen Oberfläche; sie liefen förmlich zusammen wie Spinnentiere — wie selbstbewußte Lebewesen, die vom Geruch oder Anblick einer gemeinsamen Beute jählings zu einem Punkte hingerissen werden. Sie sprangen übereinander, drängten sich, umirrten immer die gleiche Stelle mit hungrigen Bewegungen, und plötzlich knackte eine leise Feder: das Tulakästchen lag geöffnet in den Händen Frau Fromms.

Im Nu stand ich neben ihr. Sie war ganz ruhig geworden und hielt das offene Kästchen in flacher, ausgestreckter Hand mit einer Gebärde, die fast wie Abscheu oder Ekel vor einem häßlichen oder gefährlichen Tier aussah, mir entgegen. In ihrer Miene lag Triumph, Freude und eine schwer zu deutende Beseeltheit, die auf mich wirkte wie bittende, schüchtern sich nähernde Liebe.

Wortlos nahm ich ihr das Kästchen aus der Hand. Da schien sie gleichsam aufzuwachen. Verwunderung, leichter Schreck liefen über ihr Gesicht. Sie wußte, wie streng ich darauf hielt, daß auf meinem Schreibtisch nichts berührt, nichts von seiner Stelle gerückt werden dürfe. Ängstlich, verständnislos und siegesgewiß zugleich schaute sie mich groß an, und ich fühlte, daß ein Wort des Tadels in die-

sem Augenblick sie für immer von mir und aus dem Hause getrieben hätte.
Die warme Welle rätselhafter Zuneigung, die aber gerade jetzt mein innerstes Empfinden überströmte, verhinderte mich, das Wort auszusprechen, das mir auf der Zunge lag. Dies alles waren die Vorgänge einer Sekunde.
Mein nächster Blick galt dem Tulakästchen. Ich sah: auf ein sorgfältig gearbeitetes, aus grünem und vor Alter verschossenem und verschliffenem Atlas gefertigtes Polster lag gebettet der »*Lapis sacer et praecipuus manifestationis*« des John Dee, wie er ihm einst vom Grünen Engel des westlichen Fensters übergeben worden war in den letzten Tagen von Mortlake: die geschliffene Kohle des Bartlett Green, die John Dee im Feuer verbrannt und dann auf so wunderbare Weise aus dem Jenseits wieder zurückerhalten hatte.
Schon der erste Blick schloß jeden Zweifel für mich aus: der von Dee so genau beschriebene goldene Fuß, die kostbare Fassung der dodekaëderförmigen Kohle – alles stimmte: vor mir lag das Geschenk des Bartlett Green und des Grünen Engels.
Ich wagte nicht, den Deckel des Kästchens zufallen zu lassen; es konnte ja sein, daß das geöffnete Schicksal sich noch einmal vor mir zugeschlossen hätte wie einst vor John Dee, als er das Geschenk der roten und weißen Kugeln zum Fenster hinauswarf.
Ich habe jetzt keine Zeit zu verlieren, sagte ich mir, ich stehe im Hellen und – weiß, während John Dee, mein Vorfahr, nur im Dunkeln tastete.
Ich hob also den wunderbaren Kristall sorgsam aus seinem altersmorschen Bett, prüfte sorgsam die Verschraubung an Fuß und Ornament, die das prachtvoll glatt und regelmäßig von glänzenden Flächen begrenzte Stück Fett-

kohle festhielt, und stellte das kleine Kunstwerk mitten auf den Schreibtisch. Da zeigte sich ein rätselhafter Vorgang: der Kohlekristall begann in seiner Achse zu zittern und machte oszillierende Bewegungen; es zeigte sich, daß er an seinen Polen lose in den Stiften des Fußes und des oberen Ornamentes aufgehängt war. Die Kohle stellte sich, wie suchend, von selbst in den Meridian! – Dann kam sie zur Ruhe.

Frau Fromm und ich sahen stumm dem Spiele zu. Dann gab ich ihr die Hand und sagte, ohne zu überlegen:

»Ich danke Ihnen, meine Freundin – meine Helferin!«

Ein Freudenschein zuckte in ihrem Gesicht auf. Sie beugte sich jäh und küßte mir die Hand.

Mich durchbrannte ein helles Licht auf die Länge eines halben Gedankens. Ich sagte, ohne im geringsten zu wissen und zu wollen, was ich tat: »Jane!« ... und zog die blonde junge Frau an mich, küßte sie leise auf die Stirn. Sie neigte den Kopf. Ein Schluchzen kam aus ihrer Brust; sie stammelte unter hervorstürzenden Tränen etwas, was ich nicht verstand, schaute mich dann in wilder Verwirrung beschämt, ratlos, entsetzt an und floh, ohne ein weiteres Wort zu sagen, aus meinem Zimmer.

Die Beweise, die Zeugnisse häufen sich. Wie wollte ich in dieser Klarheit, die mich umgibt, noch mit Zweifel und absichtlich blinden Augen umhertasten. Gegenwart ist aus Vergangenheit geworden! Gegenwart ist die Summe aller Vergangenheit in einem Moment der Besinnung, sonst nichts. Und weil diese Besinnung – diese Erinnerung – möglich ist, sooft der Geist sie ruft, so ist ewige Gegenwart im Strom der Zeit, und das fließende Gewebe wird zum ruhend ausgebreiteten Teppich, auf den ich herabblicken und auf ihm mit dem Finger die Stelle bezeichnen kann, wo ein bestimmter Einschlag eine ganz bestimmte Zeichnung im Muster beginnen läßt. Und dann kann ich den Faden von Knüpfung zu Knüpfung, vorwärts wie rückwärts, verfolgen; er reißt nicht ab: er ist der ewige Träger der Zeichnung und des Sinnes der Zeichnung; er ist der Wert des Teppichs, der nichts zu tun hat mit seinem zeitlichen Dasein!

Hier stehe ich nun geöffneten Auges und erkenne mich am Punkte meiner Knüpfung: als mich, den zur Wiedererinnerung erwachsenden John Dee, Baronet of Gladhill, der ich eine Zeichnung des Schicksals vollenden – der ich das uralte Blut der Hoël Dhats und des großen Roderich knüpfen soll mit dem Blut der Elisabeth, damit die Zeichnung des Teppichs vollendet werde! Nur die Frage bleibt: was bedeuten mir die lebendigen Einschläge aus anderem Kettenschuß, die mich umgeben, die mich durchschießen? Stehen sie mit im Plan des Teppichs oder gehören sie der unendlichen Vielfalt der anderen Bilder an, die das Spiel des Brahma unaufhörlich hervorbringt?

Frau Fromm – wie fremd und unzugehörig mich der Name jetzt anmutet! – gehört mit zum Gewebe! Daß ich das so spät erst durchschaue! Sie ist Jane, John Dees zweite Frau – – –: meine Frau! Immer wieder ziehen mich Schwindelanfälle nieder in die Abgründe der Geheimnisse des Wachseins außer der Zeit! –

Jane irrt seit ihrer Geburt in diesem gegenwärtigen Dasein an den Grenzen ihres Lebenstraums viel näher und wachbereiter entlang als ich. Ich – – ich? – Bin ich nicht erst berufen worden, als ... Vetter Roger versagte?! – – War auch Roger: John Dee? Ist John Dee überall?! Bin auch ich nur eine Maske? Eine Hülle? Eine Trompete, die bloß den Atemstoß durch sich hindurchläßt und nur tönen läßt, was draußen, droben der blasende Mund will?! Aber: einerlei! So wie ich es jetzt in meiner Gegenwart erlebe, so ist es und nicht anders. Aber genug der Spinnwebgedanken! Die Augen auf und die Hand fest! Deine Fehler, John Dee, begehe ich nicht. Deinen Untergang, Vetter Roger, mache ich dir nicht nach. Mich sollen die Irdischen nicht narren, aber auch nicht – und noch weniger – die Unsichtbaren. Wer die Fürstin Chotokalungin ist, werde ich wissen, ehe die Sonne denselben Stand erreicht hat, den sie soeben einnimmt.

Ich werde den Briefträger von meinen Schicksalsträgern schon zu unterscheiden wissen; nicht wahr, Freund Lipotin?! –

Ich habe den Kohlenkristall auf mehreren seiner Flächen lange beschaut. Es zeigte sich aber – ich muß es zu meiner Enttäuschung gestehen – keinerlei Anzeichen von Rauch, Nebel, Wolken, oder gar Bildern, wie von magischen Spiegeln und Kristallen übereinstimmend berichtet wird. In meiner Hand blieb die Kohle eine schön geglättete und bearbeitete Kohle, weiter nichts.

Ich habe natürlich sofort bedacht, ob Jane . . . ich will sagen Frau Fromm – nicht entscheidendere Fähigkeiten besitzen möchte, dem Kristall sein Geheimnis zu entlocken. Ich rief soeben nach ihr. Sie ist nicht zu finden. Es scheint, sie ist ausgegangen. Ich muß mich gedulden, bis sie wiederkommt. – – – – – – –

Kaum hatte mein mehrmaliger Ruf nach Frau Fromm das Haus durchhallt, da läutete das Telephon: – – Lipotin! Und ob er mich zu Hause antreffen werde? Er habe mir viel Interessantes zu zeigen. – Ja, ich sei zu Haus. – Gut. Abhängen. – –

Ich hatte nur wenig Zeit, über diese theatermäßig prompte Abwicklung des Regisseurs »Schicksal« nachzu-

denken und nachzugrübeln, was wohl Lipotin mir in diesem Augenblick mitzuteilen habe, da stand er auch schon in meinem Zimmer unbegreiflich rasch angesichts des weiten Weges von seinem Gewölbe bis heraus zu mir.
Nein! Er habe in der Nähe antelephoniert; es sei ihm plötzlich so eingefallen; wie ein Impuls sei es gewesen; und ein purer Zufall, daß er gerade bei sich getragen habe, was mich interessieren dürfte.
Ich sah ihn mit zweifelndem Schmerz an und fragte:
»Sind Sie eigentlich ein Gespenst oder sind Sie wirklich? Gehen Sie, sagen Sie mirs aufrichtig; wir können dann um so gemütlicher plaudern! Sie wissen gar nicht, wie furchtbar gern ich Gespenster habe!«
Lipotin nahm den immerhin etwas sonderbaren Spaß ganz unbefangen auf und lächelte aus den Augenwinkeln:
»Diesmal bin ich schon echt, Verehrtester. Brächte ich Ihnen sonst eine solche ... Merkwürdigkeit?!«
Er grub in einer seiner vielen Taschen und hielt mir auf einmal zwischen ausgestreckten Fingern eine kleine rote Elfenbeinkugel hin.
Mich traf der Schlag, — buchstäblich, denn der Nervenriesel rann mir mit Blitzgewalt vom Hinterhaupt den Rücken entlang bis in die Fußspitzen.
»Die Kugel aus St. Dustans Grab!« stotterte ich.
Lipotin grinste auf seine fatalste Art.
»Sie träumen, Verehrtester. Sie scheinen sich an roten Kugeln zu erschrecken. Haben Sie in jüngster Zeit Pech im Billardspiel gehabt, oder sind Sie mal in einem Ihrer unwürdigen Klubs ausballotiert worden?«
Mit diesen Worten steckte er die Kugel wieder zu sich und tat, als ob nichts geschehen wäre.
»Entschuldigen Sie«, sagte ich verwirrt, »— es sind Um-

stände vorhanden, Umstände ... geben Sie mir doch die rote Kugel; sie interessiert mich in der Tat.«
Lipotin war neugierig an den Schreibtisch getreten, schien meine Worte gar nicht zu hören. Betrachtete mit größter Aufmerksamkeit den goldgefaßten Kohlekristall.
»Wo haben Sie das her?«
Ich deutete auf den offenen Tulakasten:
»Von Ihnen.«
»Ah, gratuliere!«
»Wozu?«
»Das also war der Inhalt aus Stroganoffs letztem Besitz? Merkwürdig!«
»Was ist merkwürdig?« verharrte ich lauernd.
Lipotin schaute auf. Er kniff das linke Auge zu:
»Eine ganz feine Arbeit! Böhmische Arbeit. Man möchte fast an den berühmten Hofgoldschmied Rudolfs von Habsburg, an den Prager Meister Hradlik denken.«
Wieder ein kurzes Aufblitzen in meiner Seele: Prag? – Dann erwiderte ich, einigermaßen verstimmt:
»Lipotin, Sie wissen ganz gut, daß mich Ihre erstaunlichen Kenntnisse in kunstgeschichtlichen Angelegenheiten in dieser Stunde wenig interessieren. Dieses Stück bedeutet mir mehr – –«
»Ja, ja. Sehen Sie nur die vorzügliche, köstliche Arbeit des Fußgestells!«
»Hören Sie auf, Lipotin!« befahl ich zornig. »Sagen Sie mir lieber, da Sie doch alles wissen, wie ich mit dem Ding zurechtkomme, das Sie mir ins Haus geschleppt haben.«
»Was wollen Sie denn mit ihm anfangen?«
»Ich – sehe nichts drin«, anwortete ich kurz.
»Ach sooo! –« machte Lipotin gedehnt und unecht.
»Hab ichs doch gewußt, Sie verstehen mich!« triumphier-

te ich. Mir war, als hätte ich jetzt die Karten des Spieles in der Hand.
»Kunststück!« brummte Lipotin, zerbiß seine unvermeidliche Zigarette und warf den glimmenden Stummel in meinen Papierkorb, eine Nachlässigkeit, die mir zuwider ist, »Kunststück! Es ist doch ein magischer Kristall; ein ›*glass*‹, wie man in Schottland sagt.«
»Warum gerade Schottland?!« fiel ich ihm ins Wort wie ein Untersuchungsrichter.
»Das Ding kommt doch aus England«, sagte Lipotin träge und wies mit dem Fingernagel auf eine feingravierte Schmuckschrift, in spätgotisches Rankenwerk versteckt, die um die Greifklauen des Fußgestells lief. Sie war mir bis jetzt entgangen. – Die Inschrift war englisch und lautete:

»Dieser edle und köstliche Stein, von Wunderkräften erfüllt, stammt aus dem Nachlaß des hochgeehrten Meisters aller verborgenen Weisheit, des unglücklichen John Dee, Baronets of Gladhill. Im Jahre seines Heimgangs 1607.«

Da war also zu allem Überfluß nun auch noch das Zeugnis urkundlich vorhanden, daß John Dees kostbarster Besitz, den er höher als Geld und alle Schätze der Welt gehalten, getreulich seinen Weg zu mir, dem berufenen Erben und Sachwalter seines Geschickes, zurückgefunden hatte. Diese Entdeckung benahm mir den letzten Zweifel, wer im tiefsten Grunde seines Wesens Lipotin war. Ich legte ihm die Hand auf die Schulter und sagte:
»Nun, alter Bote der Geheimnisse, sagen Sie mir endlich: was wollen Sie mir bringen? Was ists mit der roten Kugel? Wollen wir Blei tingieren? Wollen wir Gold machen?«

Lipotin wandte seinen Fuchskopf gegen mich und antwortete ausweichend, aber im Ton ruhigster Sachlichkeit: »Sie haben also schon einen Versuch mit der Kohle gemacht? Sie können aber darin nichts sehen, nicht wahr?«

Er wollte nicht hören. Er war eigensinnig, wie so oft, und wollte seinen eigenen Weg verfolgen. Gut. Ich kenne das an ihm. Man muß sich fügen, sonst ist nichts mit ihm anzufangen. Ich sagte daher ruhevoll:

»Nein. Ich kann nichts drin wahrnehmen, wie ich's auch anstelle.«

»Das wundert mich nicht.« – Lipotin zuckte die Achseln.

»Und wie würden Sie es anstellen, wenn Sie etwas aus der Kohle lesen wollten?«

»Ich? Mich gelüstet nicht danach, ein Medium zu werden.«

»Medium? – Und anders, denken Sie, ist es unmöglich?«

»Das einfachste ist: Medium werden«, erwiderte Lipotin.

»Und wie wird man ein Medium?«

»Fragen Sie Schrenck Notzing.« Ein maliziöses Lächeln spielte in Lipotins Gesicht.

»Auch ich habe weder Lust noch Zeit, ein Medium zu werden, wenn ich die Wahrheit sagen soll«, wehrte ich seinen Spott ab. – »Aber sagten Sie nicht soeben, das Mediumwerden sei nur das einfachste? Was wäre weniger einfach?«

»Die ganze Kristallguckerei sein lassen!«

Ich stutzte: »Sie haben recht mit Ihren Paradoxen; es fällt mir in der Tat schwer, es ganz und gar sein zu lassen! Gewisse Umstände veranlassen mich nämlich, zu vermuten, daß auf den Flächen dieser Kohle Bilder fixiert schlummern – so würden sich wohl manche Okkultisten ausdrücken –, Vergangenheitsbilder, sagen wir einmal, die für mich von vielleicht nicht geringer Bedeutung sind ...«

»Dann müssen Sie eben etwas riskieren!«

»Was zum Beispiel?«

»Zum Beispiel die Sicherheit vor Täuschungen seitens der – nennen wir es: eigenen Phantasie. Mediumistisches Halluzinieren wird oft zu einer Art Morphinismus im seelischen Sinn. Außer ...«

»Außer ...?«

»Man ›tritt‹ aus.«

»Wie meinen?«

»Man geht hinüber!«

»Wie?«

»So!!« – Lipotin hatte auf einmal wieder die rote Kugel in der Hand und ließ sie zwischen seinen Fingern spielen.

»Geben Sie her! Ich habe Sie schon einmal darum gebeten.«

»O nein, Verehrtester; ich kann Ihnen die Kugel doch nicht überlassen! Es fällt mir soeben ein, daß es nicht geht.«

Ich wurde ärgerlich: »Was soll das wieder heißen?«

Lipotin machte ein ernsthaftes Gesicht –: »Verzeihen Sie! Ich hatte vorhin eine Kleinigkeit vergessen. Ich fühle, ich bin Ihnen eine Aufklärung schuldig. Diese Kugel ist hohl.«

»Weiß ich.«

»Sie enthält ein gewisses Pulver.«

»Weiß ich.«

»Woher wissen Sie ...?« – Lipotin tat sehr erstaunt.

»Faxen! Ich habe Ihnen, denke ich, schon einmal gesagt: ich kenne die Angebinde des Herrn Mascee aus St. Dunstans Grab genau! Geben Sie endlich her!«

Lipotin wich zurück.

»Was reden Sie da von Mascee und Sankt Dunstan?! Ich verstehe keine Silbe. Die Kugel hat nichts mit dem ehrwürdigen Mascee zu tun! Ich selbst habe sie zum Geschenk erhalten vor langen Jahren. Von einem Rotkappenmönch in den Felsgrotten von Ling Pa am Berge Dpal bar.«

»Sie wollen mich wohl vexieren, Lipotin?«

»Aber nein; es ist mein voller Ernst! Ich werde mir doch nicht erlauben, Ihnen Fabeln aufzutischen! – Die Sache war so: mehrere Jahre vor Ausbruch des russisch-japanischen Krieges war ich in besonderer Sendung einer meiner reichen russischen Gönner in Nordchina, an der chinesisch-tibetischen Grenze; es handelte sich darum, tibetanische Tempelikone von ziemlich phantastischem Wert zu erwerben: uralte chinesische Seidenmalereien und dergleichen. Genug: ich mußte mich mit meiner Klientel dort erst einmal gründlich anfreunden, ehe an Geschäfte zu denken war. Unter anderem auch mit den merkwürdigen Bewohnern von Dpal bar skyd. Die Sekte nennt sich ›Yang‹. Sie haben dort ein höchst seltsames Ritual. Es ist sehr schwierig, Genaueres darüber zu erfahren. Es ist auch mir kaum gelungen, Einblick zu gewinnen, obgleich ich in fernöstlicher Magie ziemlich Bescheid weiß. – – Die Leute haben besondere Einweihungen. Zu dem Einweihungsritual eben gehört ›der Zauber der roten Kugel‹. Ein einziges Mal durfte ich der Zeremonie beiwohnen. Wie ich dazu kam, tut nichts zur Sache. – Die Neophyten räuchern mit einem Pulver, das in roten Elfenbeinkugeln verwahrt wird. Es geschieht das alles auf eine besondere Weise, wovon zu erzählen keinen Zweck jetzt hätte. Jedenfalls: die Räucherung wird von dem Abt selbst geleitet und befähigt die neu in die Sekte aufzunehmenden Jungmönche, ›Yang Yin‹ zu machen oder

›die Hochzeit des vollkommenen Kreises‹ an sich zu erleben. Was sie damit meinen, ist mir gleichfalls dunkel geblieben. Auch rede ich nicht gern davon. Sie behaupten, sie erwürben durch ›Austreten‹ aus dem Leibe infolge Einatmens des roten Rauches die Macht, über die Schwelle des Todes zu gelangen und unvorstellbare magische Kräfte zu bekommen, indem sie sich mit ihrer weiblichen, im irdischen Leben fast immer verborgenen ›anderen Hälfte‹ vermählen, wie zum Beispiel: Unsterblichkeit der Person, Stillstand des Rades der Geburt, kurz, eine Art Götterrang, der andern sterblichen Wesen versagt bleibt, solange sie das Geheimnis der blau und roten Kugeln nicht kennen. – Offenbar liegen diesem Aberglauben Ideen zugrunde, wie sie als Zeichnung im Staatswappen von Korea niedergelegt sind: das männliche und das weibliche Prinzip in der innigen Einschmiegung in den Kreis des Unwandelbaren. – Aber das alles ist Ihnen, verehrter Gönner, natürlich viel geläufiger als mir selbst.«
Ich bemerkte wohl den scheinheilig-wegwerfenden Ton in den letzten Worten Lipotins. Er mag eine recht schlechte Meinung von meinen Kenntnissen ostasiatischer Mystik haben; aber er irrt sich. Soviel weiß ich allerdings: das Yin-Yang-Symbol genießt in Ostasien die höchste Verehrung. Es wird als Kreis gemalt, der durch eine Schlangenlinie zur Doppelfigur wird, in der zwei birnenförmige Flächen – die eine rot, die andere blau – sich innig aneinander schmiegen: das geometrische Zeichen der Vermählung zwischen Himmel und Erde: dem männlichen und dem weiblichen Prinzip.
Ich nickte nur mit dem Kopf. Lipotin fuhr fort:
»Die Yangsekte ist der Meinung, der geheime Sinn der Zeichen sei die Bewahrung oder Fixierung der magnetischen Kraft der beiden Prinzipien, anstatt ihrer Vergeu-

dung im Auseinandertritt der Geschlechter. Sie meinen damit so etwas wie eine – hermaphroditische Ehe . . .«
Wieder schlug ein Blitz senkrecht vor mir ein; ich glaubte in der blendenden Helle seines Lichtes aufbrennen zu müssen! – Daß mir diese Erleuchtung jetzt erst zu Bewußtsein kam! Yin Yang: der Baphomet! Ein und dasselbe! . . . Ein und dasselbe!! – »Das also ist der Weg zur Königin!« – schrie eine Stimme laut in mir, so daß ich meinte, mit den äußeren Ohren den Ruf zu hören. Zugleich zog eine wunderbare Ruhe in meine aufgeregten Sinne und Gedanken ein.
Lipotin hatte mich scharf beobachtet: offenbar sah er, welche Veränderung mit mir vorging, sah mein Erschrekken und mein von Gewißheit erhelltes Lächeln, denn er lächelte gleichfalls.
»Sie kennen den alten Glauben an das Geheimnis des Hermaphroditen, wie ich sehe«, sagte er nach einer Pause. »Nun, man erklärte mir damals in dem asiatischen Kloster, der Inhalt dieser roten Kugel hier bewirke die Vereinigung mit dem Weiblichen in uns.«
»Geben Sie her!« rief ich, – befahl ich.
Lipotin wurde feierlich.
»Ich muß wiederholen, daß mir unbegreiflicherweise erst vorhin ein sonderbarer Umstand wieder ins Gedächtnis zurückgekehrt ist, der sich mit dem Geschenk dieser Kugel verbindet. Ich habe nämlich dem Mönch, der sie mir gab, versprechen müssen, sie zu vernichten, falls ich selbst keinen Gebrauch von ihr zu machen wünschte, keinesfalls aber sie in eine dritte Hand zu geben, es sei denn, diese Hand verlange ausdrücklich danach.«
»Ich verlange danach!« rief ich rasch.
Lipotin zuckte nicht mit der Wimper und fuhr gleichmäßig fort:

»Sie wissen ja, wie ein Reisender mit den skurrilen Gastgeschenken von Halbwilden umzugehen pflegt: es sammelt sich da auf weiten Reisen, wie ich sie tun mußte, mancherlei an, so daß man das einzelne sehr rasch wieder vergißt. Was denken Sie, wie wenig mich oft die Kugel des Yangmönches interessiert hat! Man wirft so etwas in den Koffer, reist weiter und vergißt den Raritätenschund. Ich meinesteils habe nie das allergeringste Bedürfnis gespürt, mein ›Yang‹ neben mein ›Yin‹ zu legen und das Weibliche in mir zum Kreisschluß aufzufordern.«
Dazu grinste Lipotin auf eine zynische Weise und machte eine abstoßend laszive Handbewegung.
Ich suchte das zu übersehen und wiederholte mit Ungeduld:
»Sie hören doch: ich verlange danach! Mit allem Ernst und mit aller Kraft meines Wesens. – So wahr mir Gott helfe!« fügte ich hinzu und wollte gerade die Hand zum Schwur erheben, da unterbrach mich Lipotin:
»Wenn Sie schon schwören wollen bei einer solchen Gelegenheit, dann müssen Sie, und sei es auch nur Scherzes halber, die Methode der Yangmönche einhalten. Wollen Sie?« – – Und als ich bejahte, ließ er mich die linke Hand auf den Boden legen und sagen:
»Ich verlange und nehme die Folgen auf mich, damit du entbunden seiest aller karmischen Vergeltung.« – – Ich lächelte, denn die Komödie kam mir reichlich dumm vor, trotzdem mich dabei ein widerwärtiges Gefühl beschlich.
»Jetzt ists etwas anderes!« sagte Lipotin befriedigt. »Sie verzeihen, daß ich soviel Umstände mache, aber als Russe bin ich selber ein wenig Asiat und möchte nicht gern pietätlos gegen meine tibetischen Freunde sein.«
Dabei reichte er mir die rote Kugel ohne weiteres mit rascher Hand hin. Ich suchte und fand auch bald die feine

Verschraubung. War es nicht doch eine von den Kugeln John Dees und des Apothekers Kelley? — — Die Kugelhälften klappten auseinander. Ein graurötliches Pulver, ungefähr so viel, wie eine hohle Walnuß zu füllen vermöchte, lag in den Schalen.
Lipotin stand neben mir. Er schaute mir seitlich über die Schulter und sprach halblaut auf mich ein. Seltsam eintönig, leblos und weitab drang seine Stimme mir ins Ohr:
»Man muß eine Steinschale bereitstellen und ein reines Feuer; am besten eine Spiritusflamme. Man muß Spiritus in die Schale gießen und dann anzünden. Man muß den Inhalt der Elfenbeinkugel darüber ausschütten. Man muß das Pulver aufbrennen lassen; man muß warten, bis der Spiritus ausgebrannt ist, und muß den Rauch des Pulvers aufsteigen lassen; man muß dabei einen Oberen haben, der das Haupt des Neophyten . . .«
Ich hörte nicht mehr auf das Geflüster, reinigte rasch die Onyxschale, die mir sonst als Aschenbecher dient, so sorgfältig, wie es in der Eile ging, goß Spiritus aus dem Siegellämpchen, das immer auf meinem Schreibtisch steht, in die Schale, entzündete ihn, nahm die roten Kugelhälften zur Hand und räucherte. Lipotin stand beiseite; ich beachtete ihn nicht. Bald war der Alkohol verflammt. Langsam fing der Rückstand in der Schale an zu glühen und zu schwelen. Eine grünlich-blaue Rauchwolke hob sich, kräuselte sich, stieg zögernd aus der Onyxschale auf.
»Eigentlich eine unbedachte Torheit«, hörte ich Lipotin sagen, und es klang wie höhnisches Geschnatter in meinen Ohren, »die alte voreilige Torheit, köstlichste Materie zu vergeuden, ohne Gewißheit, ob auch alle Bedingungen erfüllt sind, die den Erfolg verbürgen. — Wer sagt Ihnen, Verehrtester, daß einer der verlangten Oberen zur Stelle ist, um Ihre Einweihung zu leiten? — Es ist ein Glück, —

es ist Ihr ganz unverdientes Glück, mein Verehrtester, daß zufällig ein Oberer anwesend ist; daß zufällig ich anwesend bin, daß zufällig ich ein eingeweihter Dugpamönch von der Yangsekte bin ...«
Ich sah noch, wie aus weiter Ferne, die Gestalt Lipotins, rätselhaft verändert, in einem violetten Mantel mit sonderbar geformtem, rotem, aufrecht stehendem Talarkragen, eine kegelförmige purpurne Mütze, darin paarweise übereinander sechs Menschenaugen aus Glas glitzerten, auf dem Kopf, schlitzäugig grinsend mit teuflisch frohlockendem, ganz verzerrtem Gesichtsausdruck sich mir nähern. Ich wollte etwas rufen, so wie »Nein!«, aber ich hatte die Gewalt über meine Stimme verloren. Lipotin oder der fürchterliche Rotkappenmönch hinter mir, oder der Teufel in Person, oder wer sonst immer es war, ergriff mich von rückwärts beim Schopf mit eiserner, unwiderstehlicher Kraft und drückte mir das Gesicht tief auf die Onyxschale und in die aufsteigenden Dämpfe des roten Pulvers hinab. – Ein süßlich-bitterer Geruch stieg mir durch die Nase hoch, eine unsagbare Beklemmung, sich steigernd zu Todesrütteln von so entsetzlicher, unbeschreiblich grauenvoller Stärke und Dauer, daß ich fühlte, wie die Grabesschrecken ganzer Generationen in unablässigem Zug durch meine Seele fluteten. – Dann war mein Bewußtsein ausgelöscht.

Es ist von den Erlebnissen, die ich »drüben« gehabt haben muß, so gut wie gar nichts in meinem Geiste haften geblieben. Ich glaube sagen zu dürfen: Gott sei Dank! denn die abgerissenen, wie sturmgepeitschten Erinnerungsfetzen, die noch ab und zu durch die Traumwelt meiner Seele flattern, sind so mit nachklingendem Grauen gesät-

tigt, daß es höchste Wohltat scheint, sie nicht mehr im einzelnen deuten zu können. Ich erinnere mich nur mit dunkler Ahnung, ähnliche Welten gesehen und durchschritten zu haben, wie sie Frau Fromm mir beschrieb, als sie von der gründurchdämmerten Tiefsee erzählte, in deren glasigem Schein sie der schwarzen Isaïs begegnet sein will. — — Ich bin dort auch irgend etwas Entsetzlichem begegnet. Ich war auf rasender Flucht vor, vor — — ich glaube vor Katzen, vor schwarzen Katzen mit weißglühendem Rachen, mit glühenden Augen; — mein Gott, wie soll man vergessene Träume schildern! — —
Und dann auf dieser betäubenden, von Schrecken unausdenklicher Art überfüllten Flucht rang sich ein allerletzter Rettungsgedanke hoch: »Wenn du zum Baum gelangen könntest! — Wenn du die Mutter, die Mutter erreichen könntest, die Mutter vom blauroten Kreis, — oder so ähnlich ... dann wärest du gerettet.« Ich glaube, ich habe den Baphomet hoch und fern über Glasgebirgen, über unbeschreitbaren Sümpfen und qualvollen Hindernissen gesehen! Ich habe — Mutter Elisabeth gesehen, auf irgendeine mir nicht mehr erinnerliche Weise aus dem Baum winken; — — und dann beruhigte sich bei ihrem Anblick das jagende Herz allmählich, und ich erwachte aus der Betäubung. Ich erwachte, so meinte ich, nach jahrhundertlangem Erleben in der grünen Tiefe.
Als ich, schwindelig im Kopf, aufschaute, saß Lipotin vor mir, den unverwandten Blick auf mich gerichtet und mit den leeren Schalen der kleinen roten Elfenbeinkugel spielend. Ich befand mich in meinem Arbeitszimmer, und ringsum lag und stand alles, wie ich es vor ... vor ...
»Drei Minuten. Das genügt«, — sagte Lipotin grämlich und mit verfallenem Gesichtsausdruck und steckte seine Uhr in die Tasche.

Ich werde nie den rätselhaft enttäuschten Ausdruck in seinen Mienen vergessen, als er mich fragte:
»Und es hat Sie in der Tat nicht der Teufel geholt? Das deutet auf eine solide Konstitution. – Übrigens meinen Glückwunsch! Ich glaube, Sie werden jetzt mit einem gewissen Erfolg mit dieser verbrannten schwarzen Kohle operieren können. Geladen ist sie, das habe ich inzwischen festgestellt.«
Ich bestürmte ihn mit Fragen, was denn mit mir vorgegangen sei. Es wurde mir klar, daß ich eine der üblichen Räucherungen überstanden hatte, die von jeher in der angeblich magischen Praxis eine so große Rolle gespielt haben. Ich hatte einen Hanf- oder Opium- oder Bilsenkrautrausch hinter mir, das spürte ich an dem leisen Kopfschmerz und der leichten Übelkeit, die mich noch mit Gifthauch umtastete.
Lipotin blieb einsilbig und schien ungemein mürrisch. Er verabschiedete sich nach ein paar ironischen Worten in formloser Eile:
»Sie haben ja die Adresse, Verehrtester; gehen Sie nach Dpal bar skyd. Werden Sie dort der Vertreter des Dharma Rajah von Bhutan. Sie haben das Zeug dazu. Man wird Sie mit den bekannten offenen Armen empfangen. Sie haben die schlimmste Prüfung hinter sich. – Meine Verehrung, Meister!«
Damit nahm er hastig seinen Hut und eilte davon. – –
Vom Flur herein hörte ich einen kurzen höflichen Wortwechsel: Lipotin war mit meiner Hausdame, die soeben heimgekehrt war, zusammengetroffen. Dann hörte ich die Flurtür ins Schloß fallen, und im nächsten Augenblick stand Frau Fromm, stärkste Erregung im Gesicht, auf meiner Schwelle: »Ich hätte Sie nicht verlassen sollen! Ich mache mir Vorwürfe ...«

»Machen Sie sich keinerlei Vorwürfe, liebe...« – Das Wort erstarb mir. Ich sah Frau Fromm mit einem jähen Ausdruck des Entsetzens vor mir zurückbeben. »Was ist Ihnen, liebe Freundin?«

»Das Zeichen über dir! Das Zeichen!« – stotterte sie mit versagender Stimme. – »Oh, nun ist – alles – alles – – für mich aus!«

Gerade noch rechtzeitig fing ich sie in meinem Arm auf. Sie hing an meinem Hals.

Ich beugte mich nieder, tief erschrocken und zugleich von einem rasend aufquellenden Gefühl der Verbundenheit, des Mitleids, einer dunkeln Schuld und Verpflichtung, kurz, von einem Wirbel unklarster, aber dafür um so heftigerer Gefühle gezogen und getrieben.

Anstatt mich über ihren Zustand zu vergewissern, küßte ich sie wie einer – – wie einer, der jahrhundertelang entbehrt hat. Und mit geschlossenen Augen, aus halb erloschenem Bewußtsein heraus küßte sie mich wieder, so heftig, so hemmungslos, so rasend, wie ich es dieser stillen, schüchternen Frau nie im Leben zugetraut hätte.

Zugetraut? Herrgott, was schreibe ich da? Hätte ich mir das alles zugetraut? Das alles war ja kein Wille und keine Absicht und kein Überfall der immer und immer gleich täppischen Sinne! Das war, das ist – Verhängnis, Zwang, Schuld, uralte Notwendigkeit! – –

Es ist uns nun beiden klar geworden, daß Jane Fromont und Johanna Fromm – – daß ich und John Dee – – – ja wie soll ich das sagen? – daß wir eine, eine Knüpfung im Teppich der Jahrhunderte sind, eine Knüpfung, die wiederkehrt, bis die Zeichnung vollendet ist.

Ich bin also der »Engländer«, den das Spaltungsbewußtsein Johannas seit ihren Entwicklungsjahren »weiß«. Nun wäre ja, möchte ich denken, alles gut, und ein bizarrer, parapsychologisch untergründeter Lebensroman könnte im üblichen Sande verlaufen. – Ich fühle in meinem tiefsten Innern nicht anders als Johanna. Das Wunder dieses Erlebnisses hat mich so ganz erfaßt, daß ich mir keine andere Gattin wünschen möchte als Johanna, die Frau, mit der ich über Jahrhunderte hinweg schicksalsverbunden bin!

Aber Johanna, mit der ich lange, lange gesprochen habe – soeben erst, nachdem der Schwächeanfall vorüber war Johanna bleibt bei ihrem Ausspruch: daß alles zwischen uns vergebens, verdorrt, ja verflucht sei von Anbeginn. Daß ihre Hoffnung verloren und alle ihre übermenschliche Anstrengung der Liebe und des Opfers vertan sei, denn die »Andere« sei stärker als sie. Sie könne die »Andere« wohl stören und hindern, aber nie, nie, nie aus der Welt schaffen und besiegen.

Sie kam darauf zu sprechen, was sie gleich bei ihrem Eintreten so erschreckt hätte; ein helles, scharf umgrenztes Licht habe über meinem Kopfe geschwebt; ein Licht von der Gestalt eines etwa faustgroßen diamantklaren Kristalls.

Johanna läßt sich das nicht ausreden. Sie lehnt jede noch so naheliegende Erklärung ab. Sie gibt an, sie kenne das Zeichen aus ihren Zuständen her seit langem und sehr genau. Es sei ihr gewiesen, sagt sie, daß dieses Zeichen das Ende ihres Schicksals und ihrer Hoffnungen verkünde. Und dabei blieb sie. – Sie verweigerte sich keinem meiner Küsse, keinem liebevollen Wort. Sie sei mein und bleibe mein. Sie sei ja meine eheliche Frau, sagte sie – – »Dein Weib aus älterer Würde, als irgendein Weib, das heute hier auf Erden lebt, von ihrer Frauenwürde sagen kann.« – – Aber da, eben da ließ ich von ihr ab. Die Hoheit ihres reinen und von Liebe leuchtenden Wesens

beugte mich zu ihren Füßen, und ich habe diese Füße geküßt wie urältestes, ewig junges Heiligtum. Ich habe gefühlt, wie je ein Priester vor dem Bild der Isis im Tempel.
Und dann wehrte mir Johanna, fast verzweifelt wehrte sie mir und meiner Anbetung und gebärdete sich wie unsinnig und schluchzte und rief nur immer: ihr, ihr allein läge alle Schuld auf, und sie, sie allein habe um Gnade, um Verzeihung und Sühne ihrer Versündigung zu ringen und zu bitten, und sie sei zum Opfer befohlen.
Mehr war nicht aus ihr herauszubringen.
Ich habe eingesehen, daß die seelische Erregung zu schwer war für Johanna. Ich habe ihr beruhigend zugeredet und sie, so heftig sie sich auch sträubte, selbst zur Ruhe gebettet.
Sie ist unter meinen Küssen und meine Hand haltend sanft eingeschlafen. Nun soll sie sich ausruhen in tiefem Schlaf.
Wie wohl werde ich sie finden, wenn sie erwacht?

Die erste Schau

Es will mir kaum mehr gelingen, mit schreibender Hand dem Ansturm der Erlebnisse und Gesichte zu folgen, die mich überfallen.
Ich nehme die stillen Nachtstunden zu Hilfe, um auf dem Papier festzuhalten, was sich alles begeben hat.
Als ich Johanna – oder soll ich schreiben: Jane? – zu Bett gebracht hatte, kehrte ich in mein Arbeitszimmer zurück und beendete zunächst mein Protokoll, wie mir das jetzt schon zur Gewohnheit geworden ist, indem ich das Begebnis mit Lipotin niederschrieb.
Sodann griff ich nach dem »*Lapis sacer et praecipuus ma-*

nifestationis« des John Dee und beschaute nachdenklich Fuß und Inschrift, die darauf eingraviert ist. Allmählich glitt mein Blick von den goldenen Ornamenten ab und blieb immer länger haften auf der fettglänzenden Fläche der Steinkohle selbst. Da ging es mir ähnlich — so will es mir jetzt nachträglich scheinen — wie damals, als ich in Lipotins florentinischen Spiegel blickte und unmerklich zu träumen begann, ich stünde auf dem Bahnhof und erwartete meinen Freund Gärtner.

Ich kam jedenfalls nach einiger Zeit von dem Hinstarren auf die schwarzspiegelnde Kristallfläche der Kohle nicht mehr los. Dann sah ich dies: oder, vielmehr, ich sah es nicht so sehr als: ich war mittendrin; — mitten unter einer Schar in rasender Eile galoppierender fahler Pferde, die über einen grünschwarz wogenden Grund einherbrausten. Zuerst dachte ich — übrigens vollkommen geordnet und mit klarem Urteil: aha, das grüne Meer meiner Johanna! —, aber nach kurzer Zeit nahm ich deutlicher die Einzelheiten wahr und bemerkte, daß die ledige Roßherde über Wälder und wechselnde nächtliche Ackerbreiten hinwegfegte wie das wilde Heer Wotans. Und zugleich begriff ich: es sind die Seelen der Abermilliarden von Menschen, die auf ihren Lagerstätten schlafen, derweilen ihre Seelen herren- und reiterlos, von dunklen Instinkten getrieben, eine ferne unbekannte Heimat suchen, von der sie nicht wissen, wo sie liegt — von der sie nur ahnen, daß sie sie verloren haben und nicht mehr finden können.

Ich selbst war ein Reiter auf schneeweißem Pferd, das gleichsam wirklicher und körperhafter war als die andern, die fahlen.

Die wildentfesselten, schnaubenden Mustangs — wie Schaumwogen waren sie auf einer stürmischen See —

überquerten alsbald ein wellig unter uns hinziehendes Waldgebirge. Fern zitterte das feine Silberband eines vielfach gewundenen Flusses hin. — — —
Ein weiter Landkessel öffnet sich, von niedrigeren Höhenzügen durchwirkt. Der rasende Ritt geht auf den Stromlauf zu. Fern türmt sich eine Stadt. Es ist, als lösen sich die galoppierenden Umrisse der Pferde um mich her in graue Nebelschwaden auf. — — Dann reite ich plötzlich in der hellen Sonne eines strahlenden Augustmorgens über eine breit gewölbte steinerne Brücke, auf deren Brüstung die hohen Statuen von Heiligen und Königen stehen. Am Flußufer vor mir drängt sich ein altes, bescheidenes Häusergewirr, von einigen prunkvollen Palästen überragt und wie beiseite gedrängt, aber auch diese stolzen Bauten sind erdrückt von dem gewaltigen Rücken eines hoch oben auf baumbestandenem Hügel ragenden Mauerwerks, das finster gezackt ist von Türmen, Dächern, Wehrgängen und Domspitzen: »Der Hradschin!« — sagt eine Stimme in mir.
So bin ich also in Prag?! — Wer ist in Prag? — Wer bin ich? — Was begibt sich rings um mich her? —: Ich sehe mich reiten in gutem Schritt, kaum beachtet von dem gleich mir die steinerne Moldaubrücke überquerenden Bürger- und Landvolk, an dem Standbild des heiligen Nepomuk vorbei zur Kleinseite hinüber. Ich weiß, ich bin zur Audienz befohlen zu Kaiser Rudolf, dem Habsburger, im Belvedere. Neben mir reitet noch einer, mein Begleiter, auf einer Isabellstute, in einen Pelzmantel von ein wenig verschlissener Pracht gehüllt, obschon der Morgen blau ist und die Sonne empfindlich zu stechen beginnt. Der Pelzmantel ist offenbar das Paradestück aus seiner Garderobe, und er hat es angelegt, um vor den Augen der Majestät einigermaßen Figur zu machen. »Landstreicher-

eleganz« – fährt es mir durch den Sinn. Ich wundere mich nicht, daß ich selbst Kleider altertümlichen Schnittes trage. Wie könnte es anders sein! Schreiben wir doch den Tag Laurenzii, den zehnten August im Jahre unseres Herrn Geburt, das man als das fünfzehnhundertund-vierundachtzigste zählt! Ich bin in die Vergangenheit hin-eingeritten, sage ich mir vor, und ich finde nichts Wunderbares daran.
Der Mann mit den Mausaugen, der fliehenden Stirn und dem weichenden Kinn ist Edward Kelley, den ich nur mit Mühe abgehalten habe, in der Herberge »Zur Letzten Latern« abzusteigen gleich den hochmögenden und sternhagelreichen Landbaronen und Erzherzögen, wenn sie zu Hofe kommen. — Er führt unsern gemeinsamen Säckel und ist immer wieder obenauf wie ein richtiger Jahrmarktsdoktor! Immer wieder bringt er's fertig, den Beutel zu füllen, schamlos und erfolgreich, wo unsereins lieber die Hand sich abhauen möchte und hinter dem nächsten Zaun sich niederlegen und in Gottes Namen verrecken. Ich weiß: ich bin John Dee, mein eigener Ahnherr, wie könnte sonst so deutlich vor meinem Gedächtnis stehen, was sich seit meiner Flucht aus der Heimat und aus Mortlake mit uns begeben hat! – Ich sehe unser gebrechliches Segelboot auf dem Kanal im Sturm, lebe nochmals die Todesangst meiner Gattin Jane mit, die sich furchtverzehrt an mich klammert und wimmert: »Mit dir, John, sterbe ich gern. Mit dir sterben, oh, wie gern! Nur laß mich nicht allein ertrinken, – nicht in die grüne Tiefe gehen, aus der es kein Wiederkommen mehr gibt!« – Und dann die elende Fahrt durch Holland: Rasten und Nächtigen in den elendesten Spelunken, um das knappe Reisegeld zu sparen. Hunger und jämmerliches Frieren, ein erbärmlicher Landstreicherzug mit Weib und Kind

und dem straßenfindigen Apothekerkrämer, ohne dessen Jahrmarktsgaukeleien wir doch niemals durch den harten frühen Schneewinter des 1583. Jahres da droben in der deutschen Tiefebene hindurchgekommen wären.
Dann haben wir uns in grimmiger Kälte nach Polen durchgeschlagen. In Warschau ist es dem Kelley gelungen, mit einer Spur von dem weißen Pulver des Heiligen Dunstan, aufgelöst in einem Glase süßen Weins, einen Wojwoden von der fallenden Sucht in drei Tagen zu heilen, so daß wir mit herrlich neugefüllter Tasche weiterziehen konnten zu dem Fürsten Laski. Der nahm uns auf mit großen Ehren und verschwenderischer Gastfreundschaft. Wohl ein Jahr lang fraß sich Kelley dort fett und rund, und er konnte sich nicht genugtun, mit verstellter Geisterstimme dem eitlen Polen sämtliche Kronen Europas zu versprechen, bis ich dem Schwindel ein Ende machte und auf Abreise nach Prag drängte. – So zogen wir denn, nachdem Kelley so ziemlich alles, was wir – oder er – ergaunert, verpraßt hatten, nach Prag von Krakau aus, wohin mir Briefe der Königin Elisabeth mit Empfehlungsschreiben an Rudolf den Habsburger geworden waren. – In Prag wohne ich jetzt mit Weib, Kind und Kelley bei dem hochgelehrten Leibarzt der Majestät, Herrn Doktor Thadäus Hajek, in dessen stattlichem Haus am Altstädter Ring.
Heute also ist der Tag der ersten, für mich so ungeheuer wichtigen Audienz bei dem Fürsten unter den Adepten, dem Adepten unter den Königen, bei Kaiser Rudolf, dem Geheimnisvollen, Gefürchteten, Verhaßten und Bewunderten! Neben mir der zuversichtliche Edward Kelley; er läßt sein Rößlein tänzeln, als gehe es wieder zu einem Bankett wie jahrszuvor im Holzschloß des Polen Laski. – Mir aber ist das Herz schwer von Ahnungen wenig be-

sonnter Art, und die finstere Natur Kaiser Rudolfs droht mit einem schwarzen Wolkenschatten, der soeben über die glänzende Fassade der Burg da droben hinstreicht. – Die Hufe unserer Pferde dröhnen, wie wir durch den gähnenden Rachen eines düsteren Turmtores reiten am Ende der Brücke; fern hinter uns liegt, abgeschlossen wie durch Mauerwände, die heitere Welt des Alltagstreibens fröhlicher Menschen. Freudlos schweigende Gassen hingeduckter, furchterfüllter, hochgeklebter Häuser steigen bergan. Schwarze Paläste wie Torhüter der drohenden Geheimnisse, die um den Hradschin lagern, schieben sich in den Weg. – Breit öffnet sich jetzt die majestätische Schloßauffahrt, die Kaiser Rudolfs kühne Baumeister in den Berg gesprengt und dem engen Waldtal abgerungen haben. Vor uns, fern auf der Höhe, ragen die trotzigen Türme eines Klosters: »Strahov!« sagt eine Stimme in mir: Strahov, das hinter seinen schweigenden Mauern so manch lebendigen Toten birgt, den der Blitz des Verhängnisses aus den düstern Augen des Kaisers traf und der noch von Glück sagen darf, daß sein Weg dort geendet hat und er nicht jene andere schmale Gasse hinab von der Burg zur Daliborka schreiten mußte nächtlicherweile, wo er dann für diese Lebenszeit das Licht der Sterne zum letztenmal gesehen hätte. – – Doppelt, dreifach stehen die Hausbauten der kaiserlichen Dienstleute übereinander gleich Schwalbennestern am Felsen befestigt, jede auf dem Dache des andern fußend: die Habsburger wollen um jeden Preis eng umgeben sein von ihrer deutschen Leibwache; sie trauen nicht dem Wellenschlag des fremden Volkes da drunten über der Moldau. Zusammengerafft steht der Hradschin in gesträubter Rüstung über der Stadt; aus allen Torgängen hier droben raschelts und klirrts von immer bereitem Zaumzeug und Waffen. Wir

reiten langsam bergan; aus den kleinen Fenstern über uns betasten mich fortwährend mißtrauische Blicke; schon zum drittenmal sind wir unversehens von vortretenden Wachen angehalten und nach Weg und Ziel gefragt worden; der Audienzbrief des Kaisers wird immer wieder und wieder geprüft. – Wir reiten hinaus auf die prächtige Rampe, und tief unter uns liegt das hingebreitete Prag. – Wie der Blick eines Gefangenen in die Freiheit hinaus, so ist meine Umschau. Hier oben drosselt eine würgende unsichtbare Hand; hier oben ist der Gipfel des Berges ein Kerker! – Silberner Duft liegt über der Stadt da unten. Die Sonne über uns glostet aus dunstigen Schleiern. Da blitzen mit einemmal im lichtstaubigen Graublau des Himmels dort drüben silbrige Striche auf: Taubenschwärme kreisen, spiegeln sich in der stillen Luft und verschwinden hinter den Türmen der Teynkirche. – Lautlos – unwirklich. – Aber ich nehme die Tauben über Prag für ein gutes Omen. Der hochgewölbte Bau des Niklasdoms dicht unter uns verkündet mit Glockenschlag die zehnte Morgenstunde; ein scharfer befehlender Uhrklang irgendwoher aus dem Gemäuer der Burg vor uns wiederholt mit bestimmter und schneller Glockentrommel das Zeichen der Stunde; es ist hohe Zeit! Der uhrenfanatische Monarch ist gewohnt, auf die Sekunde genau seine Zeit einzuhalten. Weh dem, der unpünktlich vor ihn treten wollte! Noch fünfzehn Minuten – denke ich –: dann werde ich vor Rudolf stehen.
Wir haben die Höhe erreicht und könnten die Rößlein traben lassen, aber auf Schritt und Tritt strecken sich uns die Hellebarden in den Weg: des Revidierens ist kein Ende. – Endlich donnert unter unsern Pferden die Hirschgrabenbrücke, und wir umreiten den stillen Park des einsiedlerischen Monarchen.

Das grünkupferig, wie von einem unförmigen Schiffskiel bedachte, luftige Bauwerk des Belvederes taucht aus alten Eichen vor uns auf. Wir springen aus den Sätteln.
Mein erster Blick fällt auf die Steinreliefs, die am Sockel der zierlichen, von säulengetragenen Bögen ringsum gebildeten Loggia eingelassen sind. – Simsons Kampf mit dem Löwen ist da abgebildet, und gegenüber: Herakles, der den nemeischen Löwen erwürgt. Das sind die Symbole, mit denen Kaiser Rudolf sich den Eingang in sein allerletztes Refugium wie ein Abwehrzeichen flankiert. Es ist ja bekannt, daß der Löwe sein Lieblingstier ist, und daß er sich einen mächtigen Berberlöwen als wie seinen Begleithund gezähmt hat, mit dem er selbst seine Vertrauten zu schrecken liebt. – – Öd und still ists ringsumher. Niemand da, uns zu empfangen? Soeben klirrt ein gläserner Ton zum Zeichen des ersten Viertels der elften Stunde. Auch hier die Uhren!
Und mit dem Schlag öffnet sich die schlichte Holztür. Ein eisgrauer Diener lädt uns wortlos zum Eintritt. Plötzlich sind Stallknechte da, um unsere Pferde entgegenzunehmen. Wir stehen in der langen, kühlen Halle des Belvederes. Es riecht nach Kampfer zum Ersticken: der ganze Raum ein vollgestopftes Naturalienkabinett. Glaskasten an Glaskasten mit seltsamem, exotischem Inhalt. Lebensgroße Puppen von wilden Menschen in den seltsamsten Stellungen und Verrichtungen; Waffen; riesige Tiere; Geräte aller Art, Fahnen der Indianer und Chinesen; Kuriositäten der beiden Welten in unabsehbarer Fülle. – Wir bleiben auf den Wink unseres Führers vor dem Schreckphantom eines mächtigen, zottig behaarten Waldmenschen mit satanisch grinsendem Schädel stehen. Kelleys kecker Mut hat sich in die innersten Falten seines Pelzmantels verkrochen. Er flüstert etwas von bösen Geistern.

— Ich muß lächeln über den Marktschreier, der sich vor seinem Gewissen nicht fürchtet, wohl aber vor einem ausgestopften Gorilla.
Aber im selben Augenblick erschrecke ich selbst bis in die Nieren: ein schwarzes Gespenst biegt lautlos um die Ecke des Affenkastens und vor uns steht eine hagere Gestalt; gelbe Hände raffen einen schäbigen schwarzen Tuchmantel und spielen unruhig unter den Falten mit einer deutlich sich abzeichnenden Waffe, wohl einem kurzen Dolch; darüber ein bleicher Vogelkopf, in dem gelbe Adleraugen lodern —: der Kaiser!
Sein fast schon zahnloser Mund ist dünn gefaltet. Nur die schwere Unterlippe hängt schlaff und bläulich über dem harten Kinn. — Sein Raubvogelblick überfliegt uns. Er schweigt.
Mein Kniefall scheint ihm eine Sekunde zu spät zu kommen. Dann aber, als wir geneigten Hauptes vor ihm in den Knien verharren, macht er eine wegwerfende Handbewegung:
»Dummes Zeug. Steht auf, wenn ihr was Rechtes seid. Andernfalls schert euch und bestehlt mich nicht um meine Zeit!«
Das sind die Begrüßungsworte des erhabenen Rudolf.
Ich beginne meine lang zuvor sorgfältig bedachte, wohlgefaßte Rede. Ich komme kaum bis zur Erwähnung der gnädigen Fürbitte meiner mächtigen Monarchin, da unterbricht der Kaiser schon wieder mit Ungeduld:
»Lasset sehen, was ihr könnt! Grüße der Potentaten bestellen mir meine Gesandten bis zum Überdruß. — Ihr behauptet, die Tinktur zu besitzen?«
»Mehr als dies, Majestät.«
»Was: mehr?« faucht Rudolf. »Frechheiten bewirken bei mir nichts!«

»Ergebenheit, nicht Übermut, läßt uns unsere Zuflucht zu der Weisheit des Hohen Adepten nehmen ...«
»Einiges nur ist mir vertraut. Genug, um euch vor Betrug zu warnen!«
»Ich suche nicht den Vorteil, Majestät! Ich suche die Wahrheit.«
»Wahrheit?!« — der Kaiser hüstelt ein böses Greisenlachen. — »Bin ich ein Schwachkopf wie Pilatus, um euch nach Wahrheit zu fragen? Ich will wissen: habt ihr die Tinktur?«
»Ja, Majestät.«
»Her damit!«
Kelley drängt vor. Er trägt die weiße Kugel aus Sankt Dunstans Grab in einem Lederbeutel tief in seinem Wams verborgen:
»Euer allmächtige Majestät wolle uns doch nur versuchen!« — beteuert er gröblich.
»Wer ist das? Euer Laborant wohl und Geisterseher?«
»Mein Mitarbeiter und Freund: Magister Kelley«, antworte ich, im Innersten spürend, wie Gereiztheit in mir aufkeimt.
»Quacksalber seines Zeichens, wie ich sehe«, zischt der Monarch. Sein uralter, von allzuvielem Durchschauen müde gewordener Geierblick streift kaum den Apotheker. Dieser knickt ein wie ein gezüchtigter Gassenjunge und schweigt.
»Erzeige uns die Majestät die Gnade, mich anzuhören!« beginne ich nochmals.
Fast wider Erwarten winkt Rudolf. Der graue Diener bringt einen kahlen Feldstuhl herbei. Der Kaiser setzt sich und gibt mir kurz nickend Erlaubnis.
»Euer Majestät fragen nach der Tinktur der Goldmacher. Wir besitzen die Tinktur; aber wir besitzen und — wir

hoffen zu Gott, wir sind dessen würdig – wir erstreben mehr.«

»Was wäre mehr als der Stein der Weisen?« – der Kaiser schnippt mit den Fingern.

»Die Weisheit, Majestät!«

»Seid ihr Pfaffen?«

»Wir ringen um die Würde der Adepten, in deren Zahl wir die Majestät Kaiser Rudolfs wissen.«

»Mit wem ringt ihr da?« spöttelt der Kaiser.

»Mit dem Engel, der uns befiehlt.«

»Was ist das für ein Engel?«

»Es ist der Engel . . . des westlichen Tores.«

Der Geisterblick Rudolfs erlischt hinter gesenkten Lidern: »Was befiehlt euch der Engel?«

»Die Alchimie beider Naturen: die Transmutation des Sterblichen in das Unsterbliche. Den Eliasweg.«

»Wollt ihr auch wie der alte Jude auf dem feurigen Wagen in den Himmel fahren? Das hat mir schon mal einer vorgemacht. Er hat sich dabei den Hals gebrochen.«

»Der Engel lehrt uns keine Gauklerstücke, Majestät. Er lehrt uns die Bewahrung des Leibes übers Grab hinaus. Hierfür kann ich der Adeptschaft der kaiserlichen Majestät Beweis und Zeugnis anbieten.«

»Ist das alles, was ihr könnt?« – der Kaiser scheint einzuschlafen. Kelley wird unruhig.

»Wir können noch mehr. Der Stein, den wir besitzen, tingiert jegliches Metall – – –«

Der Kaiser schnellt vor: »Beweis!«

Kelley nestelt seinen Beutel los.

»Der großmächtige Herr kann befehlen. Ich bin bereit.«

»Du scheinst mir ein recht waghalsiger Bursche, du! Aber offenbar von hellerem Verstand als der da!« – der Kaiser deutet auf mich.

Würgende Kränkung droht mich zu ersticken. Kaiser Rudolf ist kein Adept! Er will Gold machen sehen! Der Anblick des Engels und seiner Zeugnisse, das Geheimnis der Unverweslichkeit ist seiner Seele fremd oder ein Gespött. Geht er den Weg der linken Hand? — — Da sagt der Kaiser plötzlich:

»Wer mir unedles Metall in edles verwandelt, daß ich es mit Händen greifen kann, der mag mir nachher von Engeln erzählen. Den Projektenmacher sucht weder Gott noch der Teufel heim!«

Mir gibts einen Stich, ich weiß nicht warum. — Jetzt hebt sich der Kaiser rascher und straffer, als der kränklichen Greisengestalt zuzutrauen schien. Der Hals reckt sich vor. Der Geierkopf wendet sich beutesichtend, ruckartig nach allen Seiten und nickt der Wand zu.

Eine Tapetentür öffnet sich plötzlich vor uns.

Wenige Augenblick darauf stehen wir in der kleinen Versuchsküche Kaiser Rudolfs. Sie ist mit allem Gerät wohl versehen. Der Tiegel harrt beim gut unterhaltenen Kohlenfeuer. Rasch ist alles bereit. Der Kaiser selbst tut mit werkgewohnter Hand den Dienst des Laboranten. Er wehrt mit heftiger Drohung jedem helfenden Zugriff. Sein Mißtrauen ist grenzenlos. Die Maßregeln, die er mit aller Umsicht trifft, müssen einen Betrüger zur Verzweiflung bringen. Es ist unmöglich, gegen den Kaiser falsch zu spielen. Plötzlich wird leiser Waffenlärm hörbar. Vor der Tapetentür, ich fühl es, lauert der Tod ... Rudolf macht kurzen Prozeß mit landfahrenden Adepten, die ihm Schwindeleien aufzutischen wagen. —

Kelley erbleicht, schaut mich hilfesuchend an und zittert heftig. Ich fühle, er denkt: Was, wenn jetzt das Pulver versagt?! Ihn packt die Landstreicherangst ...

Blei zischt im Tiegel. Kelley schraubt die Kugel auf. Arg-

wöhnisch beobachtet ihn der Kaiser. Er befiehlt die Kugel in seine Hand. Kelley zögert; ein Schnabelhieb des Adlers trifft ihn:
»Ich bin kein Dieb, Tabulettkrämer! Gib her!«
Rudolf prüft, sehr lang, sehr genau, das graue Pulver in der Kugelhäfte. Sein höhnisch gekniffener Mund lockert sich langsam. Die bläuliche Unterlippe fällt aufs Kinn. Der Geierkopf bekommt einen nachdenklichen Ausdruck. Kelley bezeichnet die Menge der Dosis. Der Kaiser befolgt jede Weisung gewissenhaft und pünktlich wie ein an Gehorsam gewohnter Laborant: er stellt seine Bedingungen gerecht. — —
Das Blei fließt. Nun tingiert der Kaiser. Jetzt ist auch schon die Projektion kunstgerecht vollendet: das Metall fängt an zu brodeln. Der Kaiser gießt die »Mutter« ins kalte Wasserbad. Er hebt mit eigener Hand den Klumpen ans Licht: rein schimmert das Silber.

Heiße Nachmittagssonne flirrt über den Baumgarten, durch den wir fröhlichen, fast übermütigen Sinnes reiten, Kelley und ich. Kelley klimpert mit der silbernen Gnadenkette, die ihm Kaiser Rudolf heute vormittag umgelegt hat. Die Worte des Kaisers waren gewesen: »Silber für Silber; Gold für Gold, Herr Quacksalber. Das nächste Mal die Probe, ob ihr das Pulver selbst gemacht habt und wieder machen könnt. Die Krone, merke dir, ist nur für den Adepten: Ketten deuten auf — Ketten!«
Mit dieser überaus deutlichen Drohung waren wir für diesmal aus dem Belvedere entlassen, ohne der klirrenden Schergen ansichtig geworden zu sein.

Aus dem Fenster der behaglichen Stube, die ich in Herrn Hajeks Haus am Altstädter Ring bewohne mit Weib und

Kind, genieße ich einen schönen Ausblick auf den breiten Markt, der rechts von der spitzgetürmten und wunderlich gezackten Teynkirche, links von dem prunkvollen Stadthaus der trotzigen Prager Bürgerschaft flankiert wird. Hier ist immer ein bewegtes Kommen und Gehen von kaiserlichen Boten. Sind sie in Tuch und Sammet gekleidet, so bedeutet es, daß der Herr auf dem Hradschin Geld braucht. Leihweise um hohen Tageszins. – Kommen sie in Rüstung und Wehr, so bedeutet das: der Kaiser ist gesonnen, sich die ausbedungene Schatzung selber holen zu lassen – im guten oder bösen. Es geht immer um Geld zwischen Habsburg und Böhmen.
Ein sonderbarer Aufzug kommt heran: ein seidener Bote, aber gefolgt von einem Fähnlein Reisiger. Welche Verlegenheiten gedenken sie dem Bürgermeister zu bereiten? – Was ist das? Warum wendet der Zug nicht hinüber zum breiten Tor des Stadthauses? – Er kommt quer über den Ring auf Herrn Hajeks Haus zu!
Des Kaisers Abgesandter, Geheimrat Curtius, steht mir gegenüber. Es handelt sich um die Auslieferung der »Beweise«, der Zeugnisse des Engels: der Protokolle, des Buches aus dem Grabe des Heiligen Dunstan, an den Kaiser! Ich weigere mich entschieden:
»Die Majestät hat mein Beweisangebot verworfen. Er verlangt zuvor das Zeugnis meiner Goldmacherkunst. Er will von mir das Rezept, wie der Stein zu bereiten sei. Seine Majestät wird begreifen, daß ich diesem Begehren ohne alle Sicherheiten und sonstige Zusagen an mich nicht willfahren kann.«
»Der Kaiser befiehlt!« lautet die Entgegnung.
»Ich bedaure. Auch ich darf Bedingungen stellen.«
»– – – befiehlt. Bei Ungnade der Majestät.« – Waffengeklirr im steinernen Flur des Hauses.

»Ich mache aufmerksam: ich bin großbritannischer Untertan! Baronet der Krone von England! Der Brief meiner Königin ist in der Hand des Kaisers!«
Geheimrat Curtius lenkt ein. Die Schwerter und Hellebarden draußen verstummen.
Jämmerlicher Handel. Wann ich dann bereit sei?
»Nach einer ferneren Audienz beim Kaiser, um die ich wiederholt ersuche ... Von ihrem Ausgang hängt alles ab. Nur das Wort des Kaisers in Person vermag mich zu bestimmen.«
Der Geheimrat droht, feilscht, bittet. Es geht um seine Reputation. Er hat dem Kaiser versprochen, den Hasen bei den Ohren in die Küche zu liefern. Er findet statt des Hasen einen knurrenden Wolf.
Gut, daß der feige Kelley nicht anwesend ist.
Der halb seidene, halb eiserne Aufzug biegt um die Rathausecke, zieht an der weltberühmten Kunstuhr vorüber, verschwindet.
Kelley stelzt wie ein Reiher, der sich in die Luft abstoßen will, über den Ring. Aus der Richtung her, wo die Gassen der Freudenhäuser liegen. Er flattert die Treppe herauf, stürzt herein:
»Der Kaiser hat uns eingeladen?«
»Der Kaiser hat uns eine Einladungskarte in die Daliborka zugehen lassen! — Oder eine Einladung in den Hirschgraben zu seinen Bären, die von Adeptenfleisch leben.«
Kelley erbleicht.
»Verrat!?«
»Keineswegs. Der Kaiser will nur ... unsere Dokumente.«
Kelley stampft mit den Füßen auf wie ein ungezogener Junge.

»Niemals! – Eher schlucke ich St. Dunstans Buch wie weiland der Apostel Johannes auf Patmos das der Offenbarung!«
»Wie steht es mit der Entzifferung des Buches, Kelley?«
»Für übermorgen hat mir der Engel die Erklärung des Schlüssels versprochen.«
Übermorgen! ... Oh, dieses ewig hirnzerstörende, markaussaugende: Übermorgen!!!

Mir ist, ich schlafe.
Und schlafe doch nicht. Ich gehe durch die alten Gassen der Stadt Prag, – gehe über den baumbestandenen Wall, der zum Pulverturm führt. Es herbstelt im Laub der Bäume. Es ist kühl. Es muß ein später Oktobertag sein. Nun biege ich durchs Tor in die Zeltnergasse ein. Ich will über den Altstädter Ring zur Altneusynagoge hinab und zum jüdischen Rathaus. Ich will – nein, ich muß – zu dem »hohen Rabbi« Löw, dem Wundermann. Ich habe vor kurzem durch Vermittlung meines liebenswürdigen Gastwirtes Doktor Hajek seine Bekanntschaft gemacht. Wir haben ein paar Worte gewechselt über die Geheimnisse ...
Wie ich so meinen Weg nehme, wechselt klar und doch wie zwangsläufig das Bild der Straßen. Es ist, als träumte ich, und, doch ist es sicherlich kein Traum; es ist so, wie Johanna Fromm durch Prag gehen kann, wenn sie – – will.
Johanna Fromm? Wer ist das eigentlich? Selbstverständlich meine Hausdame! Wie kann ich mich das nur fragen! Johanna Fromm ist doch meine Haushälterin. – – Aber – – ich bin doch John Dee!?: – John Dee, der soeben den hohen Rabbi Löw besuchen will, den Freund Kaiser Rudolfs!

Da bin ich auch schon in des Rabbis niedriger, kahler Stube und spreche mit ihm. Nur ein Strohsessel und ein rohgehobelter Tisch stehen im Raum. In der Wand ist eine winzige Nische ziemlich hoch angebracht, darin sitzt oder vielmehr lehnt halb stehend der Rabbi – so wie die Mumien in den Katakomben halb stehen, halb lehnen – und sein Blick ist unverwandt auf die mit Kreide an die Wand ihm gegenüber hingezeichnete geometrische Figur des »kabbalistischen Baumes« gerichtet. Kaum daß er aufblickte, als ich eintrat.
Der Rabbi ist gebückt. Zweifelhaft, ob ihn das schneeweiße Alter niederdrückt oder die Wucht der niedrigen, rauchgeschwärzten Balkendecke seiner Wohnung. Er scheint ein riesengroßer Mann zu sein. Sein gelber, von unentwirrbaren Runzeln durchquerter Raubvogelkopf erinnert an den des Kaisers. Nur noch viel kleiner ist dieser Kopf, noch falkenhaft schärfer geschnitten das Profil. Wirre Haarsträhnen, nicht zu sagen, ob das Haupthaar oder ob als Bart aus Wange und Hals hervorgewachsen, umflattern dies scheinbar kaum mehr als faustgroße Prophetengesicht. Tiefliegende kleine, schier lustig funkelnde Augen unter schweren, weiß gebuschten Brauen. Der übergroße, unheimlich schmale Leib des Rabbis ist in einen sorgfältig rein und gut gehaltenen schwarzseidenen Kaftan gehüllt. Die Schultern sind hochgezogen. Arme und Füße nach Art der Orientalen Jerusalems in ständig redender Bewegung.
Wir sprechen von den Mühsalen der unwissenden Menschen um die Geheimnisse Gottes und der irdischen Bestimmung.
»Man muß dem Himmel Gewalt antun«, sage ich und verweise den Rabbi auf den Kampf Jakobs mit dem Engel.

Der Rabbi erwidert:
»Recht haben Euer Ehren. Gott wird bezwungen durch Gebet.«
»Ich bin ein Christ; ich bete mit dem Herzen und aus allen Kräften meiner Seele.«
»Und worum, Euer Ehren?«
»Um den Stein!«
Der Rabbi wiegt das Haupt langsam, melancholisch, wie ein ägyptischer Sumpfreiher.
»Gebet will gelernt sein!«
»Was wollt Ihr damit sagen, Rabbi?«
»Ihr betet um den Stein. Recht haben Euer Ehren. Der Stein ist ein gut Ding. – Hauptsache nur, daß Euer Gebet in Gottes Ohr trifft!«
»Wie sollte ich es nicht?« rufe ich aus. – »Bete ich ohne Glauben?«
»Glauben?« wackelt der Rabbi heraus. – »Was nutzt mir der Glauben ohne Wissen?«
»Ihr seid ein Jud, Rabbi«, fährt es mir heraus.
Der Rabbi funkelt mich an:
»Ä Jüd. Wahr gesprochen, Euer Ehren. – Warum fragt Ihr dann einen Juden um die ... Geheimnisse?! – Beten, Euer Ehren, ist überall in der Welt nur eine Kunst.«
»Da habt Ihr gewiß die Wahrheit gesprochen, Rabbi«, – sage ich und verbeuge mich, denn mein verfluchter Christenhochmut reut mich.
Der Rabbi lacht nur mit den Augen.
»Schießen könnt ihr Gojim mit der Armbrust und mit dem Gewehr. Ä Wunder, wie ihr zielt und trefft! Ä Kunst, wie ihr schießt! Aber könnt ihr auch beten? Ä Wunder, wie ihr da falsch zielt und wie selten ihr ... trefft!«
»Rabbi! Ein Gebet ist doch keine Kugel aus dem Rohr!«

»Wieso nicht, Euer Ehren? Ein Gebet ist ein Pfeil in Gottes Ohr! Wenn der Pfeil trifft, so ist das Gebet erhört. Jedes Gebet wird erhört, – muß werden erhört, denn das Gebet ist unwiderstehlich, . . . wenn es trifft.«

»Und wenn es nicht trifft?«

»Dann fällt das Gebet wie ä verlorener Pfeil wieder herunter, trifft manchmal noch was Falsches, fällt auf die Erde wie Onans Kraft – oder . . . es wird abgefangen vom ›Andern‹ und seinen Dienern. Die erhören dann das Gebet auf . . . ihre Weise!«

»Von welchem ›Andern‹?« frage ich mit Angst im Herzen.

»Von welchem ›Andern‹?« äfft der Rabbi. »Von dem, der immer zwischen Oben und Unten wacht. Vom Engel Metatron, dem Herrn der tausend Gesichter . . .«

Ich verstehe und schaudere: Wenn ich nun – falsch bete –?

Der Rabbi achtet meiner nicht. Sein Blick geht irgendwohin in die Ferne. Er fährt fort:

»Man soll nicht beten um den Stein, wenn man nicht weiß, was er bedeutet.«

»Der Stein bedeutet die Wahrheit!« werfe ich ein.

»Die Wahrheit –?« spöttelt der Rabbi genau so wie der Kaiser. Ich meine, ich müßte ihn fortfahren hören: »Bin ich Pilatus . . .?« – Aber der hohe Adept sagt nichts.

»Was denn sonst bedeutet der Stein?« dränge ich unsichern Herzens.

»Das müssen Euer Ehren drinnen wissen, nicht auswendig!« sagt der Rabbi.

»Ich weiß wohl: der Stein ist innerlich zu finden, – aber . . . er wird dann auch von außen bereitet und heißt: das Elixir.«

»Gib acht, mein Sohn«, flüstert der Rabbi, auf einmal den

Ton seiner Stimme gegen mich ändernd, daß es mir durch Mark und Bein geht. – »Gibt acht, wenn du um den Stein betest und bittest! Gibt acht auf den Pfeil, auf das Ziel und auf den Schuß! Daß du nicht den falschen Stein bekommst, den falschen Stein auf den falschen Schuß! Das Gebet kann etwas Furchtbares werden.«
»Ist es denn so schwer, richtig zu beten?«
»Ungeheuer schwer ist es, Euer Ehren! Recht haben Euer Ehren. Ungeheuer schwer ist es, Gott ins Ohr zu treffen.«
»Wer lehrt mich das rechte Beten?«
»Recht beten ... das kann nur einer, der bei seiner Geburt geopfert worden ist und geopfert hat ... Einer, der nicht nur beschnitten ist, sondern auch weiß, daß er beschnitten ist, und den Namen kennt hinwärts und herwärts ...«
Ärger quillt in mir hoch: der jüdische Hochmut schimmert durch den Riß, wo die Worte des Rabbis zerreißen. Ich falle ein:
»Ich will Euch sagen, Rabbi, ich bin zu alt und zu weit in der Lehre der Weltweisen, um mich beschneiden zu lassen.«
Aus unbegreiflicher Tiefe seiner Augen lächelt der Adept.
»Nicht lassen beschneiden lassen wollt Ihr Euch, Euer Ehren! Das ists! Nicht lassen beschneiden will sich der wilde Apfelbaum. Was trägt er?! Holzessigäpfel.«
Ich spüre einen doppelten Boden unter den Worten des Rabbis. Unklar ahne ich, es wird hier ein Schlüssel gezeigt, ich brauche jetzt nur zuzugreifen. Aber der Unmut über die hochmütige Rede des Juden hat im Augenblick noch die Oberhand in mir. Ich entgegne mit Trotz:
»Mein Gebet geschieht nicht ohne Weisung und Lehre. Ich selbst mag den Pfeil schief auflegen; aber ein Engel hält mir den Bogen und lenkt mein Geschoß.«

Rabbi Löw horcht auf:
»Ein Engel? Was für ein Engel ist das?«
Ich beschreibe ihm den Engel vom westlichen Fenster. Ich mache ihm mit Anstrengung ein Bild vom Grünen Engel, der uns berät und auf übermorgen endlich die Offenbarung der Formel verheißen hat.
Da plötzlich befällt das Gesicht des Rabbis ein wahnwitziges Lachen. Ja: es ist ein Lachen, ich kann es nicht besser bezeichnen, und doch ist es anders als menschliches Lachen; es ist wie das rasende Flattern des ägyptischen Ibis, wenn er eine Giftschlange in der Nähe sichtet. – In dem wirren Haarkranz, der silbrig schimmernd auf und nieder tanzt auf dem Vogelkopf des Rabbis, verkrampft sich das kleine gelbe Gesicht wie zu einem einzigen Faltenstern, in dessen Mitte ein schwarzes rundes Loch lacht, lacht, lacht; ein einzelner langer gelber Zahn hüpft widerwärtig in der schwarzen Höhle ... irrsinnig! muß ich denken. – »Irrsinnig!«
Unruhe, nicht zu beseitigende Unruhe treibt mich die Schloßstiege hinan. – Man kennt mich jetzt hier oben im deutschen Viertel als den Alchimisten aus England, der Zutritt zur Burg und ihrer Umgebung hat. Meine Schritte werden zwar immer belauert, aber ich kann hier oben umherlaufen, wie ich will; und ich brauche diese stillen Gassen und Baumwege; ich brauche Abgeschiedenheit und Entfernung von Kelley, dem Blutsauger an meiner Seele. – – Ich verirre mich in dem Gassengewinkel. Ich stehe vor einem der an die Hradschinmauer angeklebten Häuser und erblicke über einem spitzbogigen Toreingang: Jesus am Brunnen bei der Samariterin, in Stein gehauen. Auf dem Brunnentrog steht geschrieben:
Deus est spiritus. – Deus est spiritus – Gott ist Geist. – Ja, Geist ist Er und nicht Gold! – Gold will Kelley, Gold

will der Kaiser, Gold will ... will auch ich nur Gold?! Mein Weib Jane hat mir mein Söhnlein Arthur auf den Armen entgegengetragen und zu mir gesprochen: »Womit soll ich dein Kind erhalten, wenn der letzte Taler aus dem Beutel ist?« – Und ich sah, daß der Schmuck, den sie am Halse früher getragen hatte, nicht mehr vorhanden war. Jane hatte Stück um Stück ihres Besitzes verkauft, um uns zu retten vor dem Schuldturm, vor der Schande, vor dem Untergang.
Deus est spiritus. – Ich habe geistig und leiblich gebetet. Hab ich den Pfeil in Gottes Ohr geschossen? Hat der Rabbi recht? Sitzt immer der Rabbi am Brunnen des ewigen Lebens und belehrt die Wasserschöpferin, die müde Seele? Gold fließt nicht, Goldgebet fliegt nicht. – Ich frage, gedankenlos, ein Weib, das aus dem Hoftor tritt: »Wie heißt mans hier?« – Ich will den Namen der Gasse kennen.
Das Weib, das wohl gesehen hat, woher mein Blick kam, antwortet:
»Zum goldenen Brünnlein, Herr«, und geht weiter.
Kaiser Rudolf im Belvedere. Er lehnt an einem der hohen Glaskasten, darinnen ein Nordlandsmensch, in Felle gewickelt, kreuz und quer mit Lederriemen umschnürt, an denen Schellen dicht aufgereiht hängen, sich zu schaffen macht. Die wächserne Puppe mit den schräg öligen Glasaugen hält in viel zu kleinen Händen Triangel und unverständliches Gerät. »Ein Schamane«, sagt eine Stimme in mir.
Neben Rudolf ragt ein Mann in schwarzer Soutane auf. Mit Mühe beugt er sich und sichtlich ungern zu geziemender Haltung vor der Majestät. Ein rotes Käpplein auf dem Hinterhaupt verrät den Kardinal. Ich weiß sofort, wer er ist: das ist, in seiner ganzen Länge und mit den

unbeweglich zum starren Lächeln emporgezogenen Mundwinkeln, der päpstliche Legat, Kardinal Malaspina. Der Kardinal spricht mit oftmals muschelscharf sich schließenden Lippen ruhig und bestimmt auf den Kaiser ein. Langsam werden mir seine Worte verständlich:

»Und also kann Eurer Majestät der unvernünftige Vorwurf der Menge nicht erspart bleiben, daß Sie die Schwarzkünstler begünstigen und denen, die im Verdacht – im begründeten Verdacht sogar – der Teufelsbrüderschaft stehen, freien Aufenthalt, ja noch größere Gunst in Euerer Majestät katholischen Landen zugestehen.«

Der Kaiser wirft den Geierkopf vor.

»Gewäsch! Der Engländer ist ein Goldmacher; und das Goldmachen, mein Freund, ist eine Sache der natürlichen Kunst. Ihr haltet den Menschengeist nicht auf, ihr Priester, der durch die unheiligen Geheimnisse der Natur nur desto ehrfurchtsbereiter zu den heiligen Geheimnissen Gottes vordringt ...«

»– um einzusehen, daß es Gnade war«, ergänzt der Kardinal. Des Kaisers gelbe Augen verlöschen völlig hinter dem trägen Leder der Augendeckel. Nur die schwere Unterlippe bebt vor heimlichem Spott. Der Kardinal zieht die feinen Mundwinkel noch höher in sicherer Überlegenheit:

»Wie auch über das Goldmachen zu urteilen sei: dieser englische Edelmann samt seinem abenteuerlichen Genossen hat öffentlich bekannt, daß es ihm eben nicht um Gold und Silber zu tun ist, sondern um die Macht zu zaubern mit seinem Leib und den Tod zu überwinden mit seinem Willen. Ich habe davon allergenaueste Berichte. Ich klage darum im Namen unseres obersten Herrn Jesus Christus und des heiligen Stellvertreters auf Erden diesen John Dee und seinen Gesellen der teuflischen Künste, der schwarzen und mit dem zeitlichen und ewigen Tode bedrohten gotteslästerlichen Magie an. Das weltliche Schwert kann sich seines Amtes nicht entschlagen. Es wäre zum Nachteil der Christenheit. Eure Majestät weiß genau, was auf dem Spiele steht!«

Rudolf knöchelt gegen die Scheibe des Glaskastens, – murrt:

»Soll ich alle Narren und Heiden in die vatikanischen Kerker und auf die Holzstöße eures Pfaffendünkels liefern? Der heilige Vater kennt mich und weiß, was für ein eifriger Sohn und Verteidiger des Glaubens ich bin; aber er soll mich nicht zum Büttel seiner Büttel machen, die mir auf Schritt und Tritt auflauern. Es könnte sonst so weit kommen, daß ich wohl gar noch das Todesurteil über Rudolf von Habsburg, des Heiligen Römischen Reiches Kaiser, mit eigener Hand unterschreiben müßte – wegen schwarzer Magie?!«

»Euer Majestät setzen selbst die Grenzen aller weltlichen Dinge. Sie urteilen selbst und verantworten selbst vor Gottes Gericht, wessen Rudolf von Habsburg würdig ist ...«

»Keine Unverschämtheiten, Pfaffe!« zischt der Kaiser.

Der Kardinal Malaspina biegt sich zurück wie eine vom Adler gehackte Schlange. Sein gekniffener Mund lächelt:

»Die Diener des Herrn haben vom Meister aller Meister gelernt, bespien und geschlagen, dennoch Gottes Lob allein auf den Lippen zu tragen.«

»Und den Verrat im Herzen!« stößt der Kaiser nach.

Der Kardinal verbeugt sich tief und langsam:

»Wir verraten, wo wir können, die Finsternis an das Licht, die Schwachheit an die Majestät, den Betrüger an die Wachsamkeit des gerechten Richters. John Dee und sein Anhang ist der Ketzerei in ihren ärgsten Auswüchsen entsprossen. Er trägt das Stigma der Gotteslästerung, der Schändung heiliger Gräber und des Umgangs mit überwiesenen Bundesgenossen des Teufels. Es würde dem Heiligen Vater zu Rom leid tun müssen, wenn er dem weltlichen Arm vorzugreifen und in aller Öffentlichkeit den verflossenen Prozeß dieses John Dee zum peinlichen Schaden kaiserlicher Autorität *forma juris* vor alle Welt zu bringen sich genötigt sähe.«

Der Kaiser wirft einen flammenden Haßblick zum Kardinal hinüber. Er wagt keinen Schnabelhieb mehr. Der Adler hat die Schlange aus den Fängen verloren. Er zieht fauchend den gereckten Hals in die schwarzen Schultern zurück.

Die Hinterstube unseres Quartiers bei Doktor Hajek ists, in der ich stehe und weinend am Halse Kelleys liege.

»Der Engel hat geholfen! Der Engel sei gepriesen! Der Engel hat geholfen!! — —«

Kelley hält in Händen die offenen Schalen von St. Dunstans Kugeln; sie sind beide neu gefüllt bis zum Rand mit dem kostbaren roten und grauen Pulver. Der Grüne Engel hat es gebracht, gestern nachts in einer Sitzung, die Kelley allein mit Jane, ohne mich zu verständigen, veranstaltet hat. Nun halte ich den neuen Reichtum in zitternden Händen; aber was unendlich viel mehr ist: der Grüne Engel hat Wort gehalten!! Er hat mich und mein Gebet beim goldenen Brünnlein nicht betrogen! — Meine Gebete sind nicht zu Boden gefallen. Meine Gebete haben Gott ins Ohr getroffen. Sie haben den Grünen Engel vom Westlichen Fenster ins Herz getroffen! — O Jubel! O Gewißheit! — Der Weg war nicht umsonst, er war nicht irregegangen! In meinen Händen liegt das Zeugnis des wahren Bundes! —

Nun ist die Not des Leibes zu Ende! Nun beginnt die Not der Seele und der Sehnsucht gestillt zu werden!
Kelley sagt mir auf meine Frage nach dem Geheimnis, wie der Stein zu gewinnen ist, der Engel habe auch diesmal noch nicht geoffenbart; seine Gabe sei diesmal genug; Vertrauen und Glaube seien gerechtfertigt. Ein andermal werde uns auch das übrige zuteil nach Verdienst. Ausharren und Gebet! Es wird Gott den Seinen alles geben, darum sie ihn bitten und dessen sie bedürfen! –
Jane steht bleich und stumm, das Kind auf dem Arm, neben uns.
Ich frage sie, wie die gesegnete Sitzung verlaufen ist. Sie schaut mich aus verstörten Augen müde an und antwortet:
»Ich kann nichts sagen. Ich weiß nichts mehr. Es war – grauenvoll ...« Staunend blicke ich zu Kelley hinüber: »Was ist mit Jane geschehen?«
»Der Engel erschien in unerträglichem Feuer«, ist die stockende Entgegnung.
»Gott der Herr im brennenden Dornbusch!« – muß ich denken und umarme stumm und von heißer Liebe ergriffen mein tapferes Weib.

Vage Bilder ziehen gleich vernebelten, halbwach erneuerten Erinnerungen an mir vorüber. Viel Getümmel, Bankettieren, Händeschütteln und Fraternisieren mit hohen Herren, mit ketten- und spornklirrendem Adel, sammet- und seidegefüttertem Diplomaten- und Gelehrtenvolk. Aufzüge durch die engen Gassen von Prag, überall Kelley voraus, aus offenem Silberbeutel unsinnig das Geld unter die geknäuelte johlende Menge verstreuend. Wir sind das Wunder, der Skandal, das Abenteuer von Prag. Tolle Gerüchte über uns schwirren bis zu unseren eigenen Ohren.

Man hält uns für unsagbar reiche Engländer, die sich das Vergnügen machen, den Hof und die Bürgerschaft von Prag zu mystifizieren mit ihrem Vorgehen, Adepten und Alchimisten zu sein. – Das ist von allen den umlaufenden Sagen über uns noch die harmloseste und gutmütigste.

Lange ermüdende Auseinandersetzungen mit Kelley des Nachts nach rauschenden Festen. – Kelley taumelt, schwer vom Wein und aller Prasserei der böhmischen Küche, müd in sein Bett. Ich packe ihn, unfähig, das alltägliche Schauspiel dieser sinnlosen Verschwendung weiter zu ertragen, beim Hemdbund und schüttle den Betrunkenen und schreie ihn an:

»Schwein! Prolet! In der Gosse von London aufgelesener Winkeladvokat! Besinne dich! Komm zu dir! Wie lange noch soll das so fortgehen? Das graue Pulver ist vertan! Das rote zur Hälfte auch!«

»Wird mir der Grüne ... gr ... üne Engel schon wieder eine neue Po... Portion nachschießen«, rülpst der Patron.

Hochmut, Wollust, eselhafte Vergeudung des nie gekannten Reichtums, grobe und dumme Aufgeblasenheit, bäuerisches Protzentum: das sind die vom Golde des Engels aufgescheuchten Nachtvögel, die aus der dunklen Seele Kelleys, des Mannes mit den abgeschnittenen Ohren, empor ans Tageslicht flattern. In den Zeiten der Armut ein leidlicher Gesell, ein Virtuos im Hungern und im humorigen Sichdurchschlagen durch die Nöte des Leibes, ist er nun, zum zweitenmal im Wohlstand und Überfluß, nicht mehr zu bändigen und zu halten in seinem lostobenden, unmäßig schwelgenden Vergeudungstaumel. –

Gott will nicht, daß das Gold gemein werde auf Erden. Denn diese Welt ist die Stätte der Schweine.

Ich mag wollen oder nicht: es treibt mich in die engen Gassen der Judenstadt hinaus, der Moldau zu, in die Nähe des Rabbis, der meinen Glauben an den Engel so irrsinnig lachend verhöhnt hat, — der mich mit seinem gelben Zahnstummel aus aller Feierlichkeit meines heißen Glaubens aus seiner Stube hinausgelacht hat.
Ich stehe vor einem der uralten turmhohen Durchlaßhäuschen des finsteren Ghettos. Einen Augenblick lang weiß ich nicht, welchen Weg ich einschlagen soll, da flüstert mir aus dem schwarzen Torbogen eine Stimme zu: »Hierher! Hier führt Eure Straße Euch zu dem erwünschten Ziel!« — und ich folge dem unsichtbaren Rufer.
Im finsteren Durchlaß fühle ich mich plötzlich von fremden Männern umringt. Man drängt mich flüsternd in einen Seitengang, durch eine eisenbeschlagene Türe in einen halbhellen, langen Verbindungsgang, dessen vermoderte Fußbodenplanken unter unsern Schritten stauben. Den Gang erhellen seltene, hoch oben angebrachte Lichtschlitze. Angst will mich überkriechen: in irgendeine Falle bin ich gegangen! — Ich bleibe stehen: was will man von mir? Die Gestalten, die sich um mich drängen, sind maskiert und bewaffnet. Einer macht den Anführer. Er hebt die Maske. Es ist ein ehrliches Soldatengesicht.
Er sagt: »Auf Befehl des Kaisers.«
Ich weiche zurück.
»Verhaftet? Weshalb? Ich mache aufmerksam auf den Schutzbrief der Königin von England!«
Der Offizier schüttelt den Kopf. Er deutet vorwärts:
»Nicht von Verhaftung ist die Rede, Sir! Der Kaiser hat Gründe, Euren erwünschten Besuch geheimzuhalten. Folgt uns!«
Der Gang senkt sich zusehends in die Tiefe. Das letzte

Tageslicht schwindet. Die Holzbohlen unter den Füßen hören auf. Glitschige, modrige Erde beginnt. Nasse, Schimmelgerüche aussendende, notdürftig geglättete Wände neben mir. – Mit einemmal Halt! Ein leises Raunen meiner Begleiter. Ich mache mich auf eine plötzliche, unvorstellbare, grausame Todesart gefaßt. Längst hat sich mir das Gefühl aufgedrängt, daß wir uns in dem geheimen unterirdischen Gang befinden, von dem der Volksmund raunt, er zöge sich von der Altstadt her unter der Moldau hindurch zum Hradschin hinüber. Die Arbeiter, die ihn auf Befehl der Habsburger angelegt, seien in letzter Stunde darin bis auf den letzten Mann ersäuft worden, um das Geheimnis der Ausgänge nicht verraten zu können. –

Da plötzlich flammt eine Fackel auf; mehrere Fackeln entzünden sich; in ihrem Schein sehe ich, daß wir in einer Art Bergwerksstollen dahinschreiten. Von Zeit zu Zeit stützen mächtige Durchzugsbalken das aus dem natürlichen Stein gebrochene Gewölbe der Decke. Manchmal donnert von irgendwoher ein dumpfes Rollen. Es ist wie über unsern Köpfen. Lange, lange gehen wir so durch den unerträglich modrigen Gestank dieses Ganges. Zahllose Ratten huschen zwischen unsern Beinen dahin. Wir wekken mit jedem Schritt unheimliches Ungeziefer aus Schutt und Rissen der Wände. Fledermäuse versengen sich die schwappenden Flügel an den schwelenden Fackeln.

Endlich steigt der Weg wieder merklich bergan. Von fern ein blau aufblitzender Schein. Die Fackeln erlöschen. Das Auge, an die Dunkelheit gewöhnt, nimmt wahr, daß die Männer die Brandspäne in eiserne Ringe stecken, die da und dort in die Wand eingelassen sind. – Dann: wieder Holz unterm Fuß. Stärker bergan, zeitweilig von Stufen unterbrochen, steigt die Galerie. Gott weiß, wo wir sind, wo wir auftauchen werden. – Aber schon ist wieder Tageslicht um uns. Plötzlich: Halt! Zwei Männer heben mit Mühe eine eiserne Falltür. Wir steigen empor und stehen in einer engen, elenden Küche, aus deren Herd wir heraufgekommen sind wie aus einem Brunnenschacht. Es muß ein Katnerhaus sein oder dergleichen. Puppenwinzig ist der Raum und die Tür, durch die wir jetzt einen kleinen Flur betreten und sogleich danach noch eine andere winzige Kammer, in die ich allein eintrete. Meine Begleiter sind hinter mir geräuschlos verschwunden. – – –

Vor mir sitzt in einem mächtigen Ohrenstuhl, der fast die Hälfte des kleinen Zimmers einnimmt: Kaiser Rudolf, genau so gekleidet wie damals, als ich ihm zum erstenmal im Belvedere entgegentrat.

Neben ihm liegt ein levkoienüberwachsenes Fenster im warmen Goldschein der Nachmittagssonne. Es ist ein fast traulich zu nennendes Stübchen. Es fördert Behagen, Freude, heiteres Sichgehenlassen vom ersten Augenblick an. Fast muß ich lachen, wie ich mich umschaue in diesem Gemach, in dem ein Stieglitz im Käfig flöten sollte, – jetzt, nach dem düstern unheimlichen Weg durch jenen mordhauchenden Gang unter der Moldau.

Der Kaiser nickt mir stumm zu und wehrt mit der fahlen Hand meiner Ehrfuchtsbezeigung. Er befiehlt mir, mich ihm gegenüber in einem gleichfalls bequemen Sessel niederzulassen. Ich gehorche. – Schweigen im Raum. – Draußen rauscht es von alten Bäumen. Ein Blick hinaus macht mich völlig verwirrt: das ist kein mir bekannter Ort in Prag. Wo bin ich? Bergwände heben sich jenseits der Baumwipfel, die kaum bis zur Höhe des Fensters heraufwinken. Wir sind demnach in einem Hause über einer schmalen Schlucht oder Bergfalte ... »Hirschgraben!« – meldet sich meine innere Stimme.

Der Kaiser richtet sich in seinem Sessel langsam auf.
»Ich habe Euch zu mir kommen lassen, Magister Dee, weil ich erfahre, daß Eure Goldmacherei Fortschritte gemacht hat, falls Ihr nicht doch zwei ganz abgefeimte Betrüger seid . . .«
Ich schweige und bekunde durch mein Schweigen meine Erhabenheit über Beschimpfungen aus einem Munde, der mir keine Genugtuung zu geben braucht. – Der Kaiser bemerkt, was ich damit ausdrücken will, und ruckt mit dem Kopf.
»Ihr könnt also Gold machen. Gut. Solche Leute suche ich lange; was verlangt Ihr?«
Ich schweige und schaue den Kaiser unverwandt an.
»Oder: was wollt Ihr?«
Meine Antwort ist:
»Eure Majestät wissen, daß ich, John Dee, Baronet of Gladhill, nicht den Ehrgeiz der Marktschreier und alchimistischen Scharlatane habe, von dem Gold, das die Tinktur bringt, ein liederliches Leben aufzuputzen. Vom kaiserlichen Adepten wollte ich Weisung und Rat. – Wir suchen den Stein der Verwandlung.«
Rudolf legt das Haupt auf die Seite. Nun sieht er wahrhaftig so aus wie ein alter Steinadler, der den Kopf schief macht und, halb ehrfurchtgebietend, halb unaussprechlich komisch und melancholisch zugleich, mit Resignation zum Himmel emporschaut, von dem ihn eiserne Gitterstäbe trennen. – »Gefangener Aar«, muß ich unwillkürlich denken.
Endlich erwidert der Kaiser:
»Ketzerei, Sir! – Das Heiltum, das uns verwandeln soll, ist in den Händen der Stellvertreter Gottes auf Erden und heißt: das Sakrament des Brotes.«
Halb drohend klingt das, halb wie versteckter Spott.

»Der echte Stein, Majestät, — so wenigstens wage ich zu vermuten — hat mit der Oblate nur das eine gemeinsam, daß er sowenig mehr wie sie, wenn sie die Konsekration erfahren hat, ein Stoff dieser Welt ist ...«
»Das ist Theologie!« sagt der Kaiser müde.
»Es ist Alchimie!«
»Dann müßte der Stein ein magisches *injectum* sein, das unser Blut verwandelt«, flüstert Rudolf nachdenklich.
»Und warum nicht, Majestät? Wo doch das *aurum potabile* nur ein Trank ist, den wir unserem Blut zuführen!«
»Ihr seid ein Narr, Sir«, unterbricht der Kaiser unwirsch, »nehmt Euch in acht, daß Euch nicht Euer erbeteter Stein eines Tages schwer im Leibe liegt!«
Wie kommt es nur, daß mir bei diesen Worten des Kaisers die Warnungen des Rabbi Löw vor den fehlgehenden Gebeten jäh aufgellen? — — Ich antworte nach langer Pause:
»Wer unwürdig ißt, der isset und trinket sich das Gericht! spricht der Herr.«
Kaiser Rudolf schnellt den Hals hoch. Mir ist, als hörte ich ihn gleichsam mit dem Schnabel happen:
»Ich rate Euch gut, Sir, machet es wie ich: trinket nichts und esset nichts, was Ihr nicht zuvor einen andern habet proben lassen. Die Welt ist voll von Hinterlist und Giften. Weiß ich, was mir der Pfaffe im Kelch reicht? Kann nicht der Leib des Herrn ... meine Himmelfahrt wollen? Es wäre nicht neu — —! Grüne Engel und schwarze Hirten — es ist alles von derselben Bruthölle ausgeheckt. — — Ich warne Euch, Sir!«
Ein Schauer überläuft mich. Mir kommt zu Bewußtsein, was man mir da und dort — schon auf dem Weg nach Prag — zugeraunt hat und was ich aus Andeutungen, sehr vorsichtigen Andeutungen des Doktors Hajek ent-

nehmen konnte: der Kaiser ist nicht immer einwandfrei bei Verstande ... er ist vielleicht ... wahnsinnig. –
Ein lauernder Blick streift mich schräg.
»Nochmals, ich warne Euch, Sir. Wenn Ihr Euch verwandeln wollt – verwandelt Euch rasch. So möchte ich raten. Die heilige Inquisition interessiert sich lebhaft für Eure – Verwandlung. Es möchte sich nur fragen, ob dies Interesse ganz Eurem Geschmack entspricht! Und ob ich in der Lage bin, Euch vor der Anteilnahme dieser wohltätigen Institutionen zu schützen. – – Ihr müßt wissen: ich bin ein einsamer alter Mann. Ich habe da nicht viel zu sagen ...«
Es ist, als wolle der Adler einschlafen. Mir hebt es die Brust: Kaiser Rudolf, der mächtigste Mensch auf der Erde, – der Monarch, vor dem Könige und Prälaten zittern, nennt sich einen alten, ohnmächtigen Mann!? – – Ist das Schauspielerei, ist es Tücke?
Der Kaiser liest zwischen fast geschlossenen Lidern hervor meine Gedanken mir vom Gesicht ab. Er hüstelt höhnisch:
»Werdet selbst König, Sir! Dann werdet Ihr merken: es ist eine lange Mühsal. Wer sich nicht selbst gefunden hat und doppelhäuptig geworden ist wie der Adler meines Hauses, der soll die Hände nicht nach Kronen ausstrekken, – es seien nun Kronen dieser Erde oder Kronen der Adeptschaft.«
Der Kaiser sinkt in sich zusammen wie ein seit langem schon Erschöpfter. – Mir wirbeln die Sinne. Woher weiß dieser seltsame, rätselhafte Greis da vor mir in dem verblichenen Lehnstuhl meine verborgensten Geheimnisse?! – Wie kann er ahnen ...? Und dabei fällt mir Königin Elisabeth ein: hat nicht auch sie bisweilen mir Worte gesagt, die unmöglich aus ihrem Hirn hatten kommen kön-

nen?! Die geklungen haben, als kämen sie aus einem andern Reich, in dem Elisabeth unmöglich bewußt verankert sein kann! – Und jetzt: Kaiser Rudolf! Auch er! – Welch rätselhafte Bewandtnis hat es mit Menschen, die auf Thronen sitzen?! Sind sie die Schatten großer Wesen, die »drüben« gekrönt sind?! – – –
Der Kaiser richtet sich wieder in seinem Stuhl auf.
»Also, wie ists mit Eurem Elixier?«
»Wenn Euer Majestät befehlen, werde ich es überreichen.«
»Gut. Morgen um dieselbe Zeit«, sagt der Kaiser kurz. »Schweiget gegen jedermann von diesen Zusammenkünften mit mir. Es ist Euer Vorteil.«
Ich verneige mich stumm und zögere. Bin ich entlassen? – Es scheint. Der Kaiser ist eingeschlafen. Ich wende mich zu der niedrigen Tür, öffne, – pralle entsetzt zurück: hinter der Schwelle erhebt sich, greulich gähnend, ein sandgelbes Ungeheuer. Ein Dämon der Unterwelt? – Ein zweiter, gefaßterer Blick macht meinen Schrecken nicht geringer: ein mächtiger Löwe ists, die grünen Katzenaugen kurzsichtig und bös auf mich gerichtet; die rauhe Zunge schlägt hungrig um das gefletschte Gebiß.
Wie ich Schritt vor Schritt zurückweiche, schiebt sich der Hüter der Schwelle lautlos trägen Schrittes immer massiger herein. Jetzt hebt er den Rücken nach Katzenart – jetzt, so scheint es, setzt er zum Sprung gegen mich an. Ich wage keinen Laut. Todesschreck lähmt mich: es ist kein Löwe! Das rotbemähnte Teufelsgesicht . . . es grinst mich an . . . es fletscht mir ein kollerndes Gelächter entgegen . . . das ist: – »das Gesicht des Bartlett Green!!« will ich schreien, aber die Stimme versagt . . .
Da kommt aus dem Mund des Kaisers ein schnalzender Ton: das gelbe Ungeheuer wendet den Kopf, schleicht ge-

horsam zum Sitz des Kaisers, streckt sich schnurrend, daß beim Niederfallen des gewaltigen Körpers die Diele erzittert. Es ist doch nur ein Löwe! Das Riesenexemplar eines Berberlöwen von brandroter Färbung der Mähne. Draußen vor dem Fenster rauscht der Hirschgraben. –
Der Kaiser nickt mir zu:
»Sehet, wie wohl man Euch bewacht. Der ›Rote Löwe‹ steht überall am Eingang der Geheimnisse. Lehrlingswissen der Adeptschaft. Geht!«

Lärm überfällt mein Ohr. Schmetternde Tanzmusik. Ein Riesensaal. – Ach ja ... ich erinnere mich: das ist das Fest, das ich und Kelley der Stadt Prag im großen Rathaussaal gerichtet haben. Das Toben und Stampfen der ausgelassenen Menge, das Vivatgeschrei der halbtrunkenen Gäste verwirrt die Sinne. Kelley taumelt auf mich zu mit einem Humpen voll schäumenden böhmischen Bieres. Der Ausdruck seines Gesichtes ist gemein. Unsagbar gemein. Das Rattengesicht des betrügerischen ehemaligen Notars verhüllt kein glattgescheiteltes Haar mehr. Die abgeschnittenen Ohren glühen an den Wundrändern ekelhaft hervor.
»Bruderherz«, geifert der Betrunkene, »Br ... Bruderherz, gib den Rest vom ro ... roten Pulver heraus, – es ist Z ... Zeit, sag ich dir, ... w ... wir sind pl ... pleite, Bruderherz!«
Widerwillen, Schreck und Ekel zugleich überfallen mich.
»Wie? Schon wieder alles verpraßt, was monatelanges Gebet auf blutenden Knien dem Engel abgerungen hat?!«
»Was schiert mich dein blutiges Knie, Bruderherz?« johlt fröhlich der Prolet. – – »Gib das rote Pu ... Pulver her, verstehst du, dann sind wir bi ... bis morgen aus dem S ... Saft!«

»Und dann?«
»Dann?! Der Oberburggraf des Kaisers, der Ursinus Graf Rosenberg, der Narr, der pu . . . pumpt schon . . .«
Blutroter Zorn in mir kocht über. Ich schlage mit der Faust zu, – blindlings. Der Bierhumpen poltert zur Erde und befleckt mir den besten meiner Röcke mit Vysehrader Dickbier. Der Kelley flucht ein rohes Wort. Haß züngelt auf aus dem Dunst der Schlemmerei rings um mich her. Die Musik im Saal spielt auf:

Drei Heller, drei Batzen,
drei Busserln seind gnug.

»Mausig machen, Seidenkater?!« schreit der Quacksalber. »Das Pu . . . Pulver, sag ich!«
»Das Pulver ist dem Kaiser versprochen!«
»Der Kaiser kann mir . . .«
»Still, du Hundsfott!«
»Diebsbaron! Wem gehören Kugeln und Buch?!«
»Wer hat Kugeln und Buch lebendig gemacht?«
»Und wer pfeift dem Engel: schön Apport! Häh?«
»Ruchloses Lästermaul!«
»B . . . Betbruder!«
»Aus meinen Augen, Gotteslästerer, oder . . .!«
Von hinten schlingen sich zwei Arme um meine Schultern und lähmen den Stoß meines hervorgerissenen Degens. – Jane hängt weinend an meinem Halse . . .

Für einen Augenblick bin ich wieder der, der am Schreibtisch sitzt und in den Kohlekristall starrt, – nur für einen kurzen, schnellen Augenblick, dann bin ich abermals in meinen Urahn John Dee verwandelt und irre durch die ältesten verkommensten Viertel des mittelalterlichen Prag und weiß nicht, wohin mein Fuß mich tragen

wird. Ich habe das dumpfe Bedürfnis, unterzutauchen in den Bodenschlamm des namenlosen, gewissenlosen, verantwortungslosen Pöbels, der seine stumpfsinnigen Tage mit der Befriedigung qualmiger Triebe ausfüllt und zufrieden ist, wenn Wanst und Geilheit satt sind.
Was ist das Ende alles Strebens? – Müdigkeit ... Ekel ... Verzweiflung. – Der Kot des Adels und der Kot des Pöbels ist ein und derselbe Kot. – – Der Kaiser verdaut nicht anders als der Kanalräumer. – Welcher Irrtum, zum Kaiserlichen da drüben auf dem Hradschin emporzuschauen wie zum Himmel! – Und was kommt vom Himmel? Nebel, Regen, unendlicher Schmutz von wäßrigem Schnee. – Seit Stunden wate ich durch den Himmelskot, der aus bleigrauer Höhe klebrig niederfällt. – – Verdauung des Himmels, widerlich, widerlich . . . widerlich! – – Ich merke, ich bin ins Ghetto hinabgeraten. Zu den Ausgestoßenen unter den Ausgestoßenen. Erstickender Gestank eines unbarmherzig auf ein paar Gassen zusammengestellten Volkes, das zeugt, gebiert, wächst, Tote in seinem Friedhof über faulende Tote schichtet, – Lebendige über Lebendige in seinen finsteren Wohntürmen stapelt wie Heringe. – – – Und sie beten und harren und rutschen sich die Knie blutig und warten ... warten ... hundert Jahr um hundert Jahr ... auf den Engel. Auf die Erfüllung ihrer Verheißung ...
John Dee, was ist dein Beten und Warten, was ist dein Glauben und Hoffen auf die Versprechungen des Grünen Engels, verglichen mit dem Warten, Glauben, Beten, Harren und Hoffen dieser elenden Hebräer?! – Und Gott, der Gott Isaaks und Jakobs, der Gott des Elias und des Daniel: ist er ein geringerer, ein treuloserer Gott als sein Diener vom Westlichen Fenster?! – –
Mich überfällt ein heißes Verlangen, den hohen Rabbi

Löw aufzusuchen und ihn zu befragen um die furchtbaren Geheimnisse des Wartens auf Gott ...
Ich weiß, irgendwie weiß ich: ich stehe leibhaftig im niedrigen Zimmer des Kabbalisten Rabbi Löw. Wir haben vom Opfer des Abraham gesprochen, – vom unabwendbaren Opfer, das Gott verlangt von denen, die er sich blutsverwandt machen will ... Dunkle, geheimnisvolle Worte habe ich da vernommen von einem Opfermesser, das nur einer sehen kann, dessen Augen aufgetan worden sind für die dem sterblichen Menschen unsichtbaren Dinge der andern Welt: – Dinge, die wirkhafter und wirklicher sind als die Dinge der Erde und dem blinden Suchenden nur angedeutet werden können durch die Symbole von Buchstaben und Ziffern. Durch Mark und Knochen gingen mir diese rätselhaften Worte aus dem zahnlosen Munde des alten wahnsinnigen Mannes! ... Wahnsinnig? – Wahnsinnig, wie sein Freund dort drüben, hoch auf der Burg, der kaiserliche Rudolf von Habsburg! – Monarch und Ghettojude: Brüder im Geheimnis ... Götter im lächerlichen Firlefanz der Erscheinung beide ... wo ist der Unterschied?
Auf meine Bitte hat der Kabbalist meine Seele in die seine gezogen. Ich bat ihn, er solle meine Seele entrücken; er hat es verweigert, hat gesagt, sie bräche zusammen, wenn er es täte. Sie müsse sich an die seinige klammern, die jenseitig geworden ist vom Leib der irdischen Welt. – Oh, wie habe ich bei diesen Worten denken müssen an den Silbernen Schuh des Bartlett Green! – Dann hat der Rabbi Löw mir das Knöchlein an meinem Schlüsselbein berührt, so wie – – damals der Straßenräuber im Gefängnis des Tower. – – Und dann sehe ich – sehe mit den tränenlosen, ruhevollen, unerschütterlichen Augen des alten Rabbis: mein Weib Jane kniet vor Kelley in der

Stube, drüben im Haus am Ring. Sie ringt mit ihm um mein Glück, wie sie meint: um Gold und um den Engel. — Kelley will sich das Buch und die Kugeln aus meiner Truhe mit der Brechstange holen, weil die Schlüssel, ihm unzugänglich, in meinem Verwahr sind. Er will bei Nacht und Nebel mit seinem Raub aus Prag fort, will uns sitzenlassen in Not und Elend. Jane schützt mit ihrem Leib die Truhe. Sie verhandelt mit dem Schurken. Sie fleht, sie weiß nicht, was sie tut.
Ich . . . lächle!
Kelley macht Einwendungen jeder Art. Rohe Drohung wechselt mit listigem Überlegen und kaltes Pläneschmieden mit geheucheltem Erbarmen. Er stellt Bedingungen. Jane sagt zu allem ja. Immer gierigere Blicke streifen mein Weib. Wie Jane vor ihm kniet, reißt das Tuch über ihrer Brust. Kelley wehrt ihrer ordnenden Hand. Er schaut hinab zu ihr. Feuer beschlägt ihm den Kopf.
Ich . . . lächle.
Kelley hebt Jane empor. Die Griffe seiner Hände sind lüstern, schamlos. Jane macht ihm schwache Vorhaltungen: die Angst um mich nimmt ihr jeden Mut.
Ich . . . lächle.
Kelley läßt sich überreden. Er macht alles Künftige von den Befehlen des Grünen Engels abhängig. Er läßt Jane schwören, daß sie — gleich ihm — Gehorsam, Gehorsam leisten wolle bis zum Tod und über den Tod hinaus dem Gebot des Engels, wie immer es auch lauten möge. Nur so, droht er, sei noch Rettung. — Jane schwört. Angst färbt ihr Gesicht totenblaß.
Ich . . . lächle; aber ein feiner spitziger Schmerz wie von einem haarscharfen Schächtmesser durchschneidet mir, ich fühle es, die Lebensader. Es ist fast wie Todeskitzel . . .
Dann sehe ich wieder vor mir, als schwebe es frei in der

Luft, das uralte, von Furchen durchpflügte, seltsam winzige Kindergesicht des hohen Rabbi Löw. Er sagt:
»Isaak, das Messer Gottes ist dir an die Kehle gesetzt. Aber im Dornbusch zappelt das stellvertretende Lamm. Wenn du einst ein Opfer annimmst, sei gnädig wie ›Er‹; sei barmherzig wie der Gott meiner Väter.«
Dunkelheit gleitet an mir vorüber wie ein Heer von blinden Nächten, und ich fühle die Erinnerung an das, was ich gesehen mit den Augen der Seele des Rabbis, verblassen und verschwinden. Es rührt mich an, als sei's ein böser Traum gewesen.

Waldgebirge steigt vor mir auf. Ich stehe, in einen dunkeln Reisemantel gehüllt, mit müden Füßen auf einem Felsvorsprung und fröstle. Kühler Morgen dämmert herauf. Irgendwer, ein Köhler, ein Waldmensch, hat mich verlassen, der mein nächtlicher Führer war ... Ich soll dort hinauf, dort, wo aus dem niederflutenden Nebel sich ein grauer Mauerstrich aus dem entlaubten moderbraunen Wald abhebt. Jetzt wird eine mächtige, von zinnengezähntem Mauerkranz doppelt umschlossene Burganlage deutlicher: ein schmalgestreckter Wohnbau, davor, steil aus dem Felsen ausspringend, das Torhaus; dahinter ein niedriger, massiger Turm, auf dem sich der Habsburger Doppeladler als riesige schwarzeiserne Wetterfahne dreht. Noch höher hinauf, hinter einem Lustgarten: der ungeheure Würfel eines zweiten, in sechs Stockwerken ragenden Turmes mit Fensterschlitzen von der Höhe gotischer Chorbögen. Ein Turm, halb unbezwingliche Festung, halb heilige Dinge bergender Dom: Karluv Tyn – Burg Karls Teyn, – so hat es der Köhler genannt: des Heiligen Römischen Reiches Schatzhaus; ehrwürdige Zu-

flucht und drohender Wardein der Kleinodien des Reiches. — —
Ich steige den schmalen Felspfad hinab. Ich weiß: da drüben wartet Kaiser Rudolf auf mich. Er hat mich heimlich nächtlicherweile zu sich befohlen, geheimnisvoll wie immer, plötzlich, mit verhüllter Absicht, unter völlig undurchsichtigen Vorsichtsmaßregeln. — Ein unheimlicher Mensch!
Furcht vor Verrat, Mißtrauen gegen jedermann, Menschenverachtung und Welthaß machen den alten Adler räudig und ausgestoßen aus aller Liebe und aus dem natürlichen Adel seiner Natur. — Welch ein Kaiser — — — und was für ein seltsamer Adept! — Ist Welthaß denn Weisheit? Ist hohe Einweihung bezahlt mit ständiger Todesfurcht vor Giftmördern?? Solche Gedanken umflattern meine Stirn, indessen ich der in den Felsen gerissenen Schlucht entgegengehe, über die in schwindelnder Höhe die Zugbrücke zu Karls Teyn hinübergeschlagen ist.

Ein von Gold und Edelsteinen funkelnder Raum: die Kreuzkapelle in der »Zitadelle«. Hinter dem Altar, weiß ich, ist die gemauerte Gruft der Reichsinsignien.
Vor mir steht der Kaiser, im schäbigen schwarzen Mantel wie immer; aber in dieser Umgebung ist der Gegensatz noch viel toller, der zwischen Macht und Rang dieses Mannes und seinem Äußern zur Schau tritt.
Ich übergebe Rudolf die Protokolle unserer Sammlung über die »*Actions*«, die wir mit dem Grünen Engel gehabt haben seit den ersten Tagen in Mortlake. Jedes der Protokolle beglaubigt von den Teilnehmern der Sitzungen. Kaiser Rudolf prüft flüchtig die Unterschriften. Die Namen Leicesters, des Fürsten Laski, des Königs Stefan von Polen stechen ihm in die Augen.

Er wendet sich ungeduldig gegen mich:
»Was weiter? Macht rasch, Sir; Ort und Stunde ist nicht von der Art, daß ich lange mit Euch unbelauscht verweilen kann. Das Gezücht verfolgt mich bis in die Gruft meiner Väter.«
Ich ziehe das dem Kelley abgerungene geringe Quantum des roten Pulvers des Engels hervor und überreiche es dem Kaiser. — Seine Augen funkeln auf. »Echt!« stöhnt sein greisenhaft offener Mund. Die bläuliche Unterlippe fällt kraftlos aufs Kinn herab. Mit scharfem Blick hat der Adept erkannt, welches Arkanum er in Händen hält. Vielleicht zum erstenmal in einem Leben, das voll ist von unausdenklichen Enttäuschungen und Nasführereien, frechen wie dummen Versuchen der Gaukler, einen verbissen und verzweifelt Suchenden zu betrügen.
»Wie macht Ihr das?« — die Stimme des Kaisers bebt.
»Nach den Anweisungen des edlen Buches aus Sankt Dunstans Grab, wie Euerer Majestät aus den Reden meines Freundes Kelley schon seit einigem bekannt.«
»Her mit dem Buch!«
»Das Buch, Majestät ...«
Der gelbe Hals des Kaisers verlängert sich, wie bei einem ägyptischen Sattelgeier.
»Das Buch?! Wo ist es?«
»Das Buch kann ich — zur Stunde wenigstens — nicht in Euer Majestät Hand legen; ... schon deshalb nicht, weil ich es nicht bei mir habe. Es wäre in der Tasche eines einsamen Wanderers in böhmischen Wäldern übel aufbewahrt gewesen.«
»Wo ist das Buch?« faucht der Kaiser.
Ich werde unterm Überlegen ruhig.
»Das Buch, Majestät, das wir selbst noch immer nicht zu lesen vermögen ...« — der Kaiser wittert Betrug — —

wie soll ich ihm da die Hilfe des Engels glaubhaft machen?! ... Es ist klar: ich darf nicht – jetzt noch nicht – – Rudolf darf das Buch erst zu sehen bekommen, wenn ... wenn wir die Herren des Geheimnisses geworden sind.

»Wo ist das Buch?« unterbricht die zischende Frage Rudolfs mein blitzschnelles Denken zum zweitenmal. Drohung flammt aus dem Geierblick. – Bin ich in eine Falle gegangen?! Ich antworte:

»Majestät, das Buch ist in gutem Verwahr. Nur gemeinsam mit Kelley ist es mir möglich, den Verschluß zu lösen, unter dem das kostbare Geschenk des Heiligen Dunstan liegt. Ein Schlüssel ist bei mir, ein anderer bei ihm: nur beide Schlüssel zusammen öffnen die Eisentruhe. – – Aber wenn auch Kelley hier wäre und beide Schlüssel zur Hand und die Truhe desgleichen – Majestät, was verbürgte mir ...«

»Landstreicher! Gauner! Galgenvögel!!« hackt der Kaiser los.

Ich entgegne mit Würde:

»Ich bitte die Majestät, mir das rote Puvler aus Dero Hand zurückzugeben. Es ist für Euer Majestät offenbar wertloses Gestäube, denn wie sollten Landstreicher, Gauner und Galgenvögel im Besitze des dreimal heiligen Geheimnisses des *Lapis transformationis* sein?!«

Rudolf stutzt, knurrt. – Ich fahre fort:

»Auch ist es nicht mein Wille, die unverletzliche Majestät im Schutze Ihrer Erhabenheit sicher zu sehen vor der Rache meiner beleidigten Ehre, – der Ehre eines englischen Baronets, denn solche Sicherheit ehrt nicht.«

Meine überkühnen Worte machen den gewünschten Eindruck auf den Kaiser. Er krallt seine Finger fester um die Büchse mit dem roten Pulver, zögert, bricht dann los:

»Muß ich immer wieder sagen, daß ich kein Räuber bin?! Wann werde ich das Buch in Händen haben?«
Zeit gewinnen – raunt mir mein Herz zu. Dann sage ich laut:
»Kelley ist in Angelegenheiten, die uns wichtig sind, abzureisen im Begriff gewesen, als mich Majestät hierher befahlen. Wenn er zurück ist, werde ich ihn bestimmen, Euer Majestät das Buch des Heiligen Dunstan zugänglich zu machen.«
»Bis wann ist dieser Kelley zurück?«
Aufs Geratewohl sage ich:
»In einer Woche, Majestät.« – – (Nun ists gesagt. –)
»Gut. Heute binnen zehn Tagen meldet Euch bei meinem Burggrafen Fürsten Rosenberg. Ich werde dann das Weitere bestimmen. – Hoffet auf keine Ausflüchte weiter! Der Bann der heiligen Kirche liegt schon auf Euch. Kardinal Malaspina hat vorzügliche Augen. Es riecht nach Scheiterhaufen, Sir Dee! Meine Macht ist an den Grenzen Böhmens leider zu Ende. – – Und diese Grenzen müßt Ihr mit dem Rücken beschauen, wenn ich in der bemessenen Frist nicht das Buch Sankt Dunstans beschaue und Eure Belehrung über seinen Inhalt genossen habe. Wir verstehen uns? Es ist gut.« –
Die Kapelle kreist um mich her. – Das also ist das Ende!? Binnen zehn Tagen muß ich das Buch Sankt Dunstans lesen können, oder wir sind verloren, als Betrüger beschimpft, landesverwiesen und von den Häschern der Inquisition abgefangen! – – Binnen zehn Tagen muß der Engel helfen! Binnen zehn Tagen muß ich wissen, was die dunklen Sätze in den Anweisungen der Pergamenthandschrift bedeuten! – – Wären diese Blätter doch nie dem stillen Grabe des Bischofs entrissen worden! Wären sie niemals vor meine Augen gekommen! – –

Wer hat Sankt Dunstans Grab geplündert? Wer anders als ich selbst, der ich den Ravenheads die Geldmittel sandte und sie zu all ihren Schandtaten anspornte?! — — — Es rächt sich die Schuld, es vollzieht sich das Gericht. Nun hilf du, der du allein mir zu helfen vermagst, Retter meiner Ehre, meiner Mühen, meines Lebens: Engel des Herrn, Wundertäter vom westlichen Fenster!

Eine elende Lampe brennt trüb im Gemach. Schlaf will mich übermannen nach tage- und nächtelangem Grübeln, Studieren und Warten; meine Augen sind entzündet, und sie brennen, wie meine Seele brennt, nach Ruhe . . .
Kelley ist zurückgekommen. Ich habe ihm vorgestellt, wie ich mich abgequält, in den Sinn der Pergamente des Heiligen Dunstan einzudringen. Habe ihm das furchtbare Schicksal vor Augen gerückt, das uns allen zusammen droht, wenn die Forderungen des Kaisers unerfüllt bleiben sollten.
Kelley liegt halb schlafend in dem Lehnstuhl, in dem ich mir das Hirn zermartert habe. Er hat ein ganz spitzes Gesicht bekommen. Seine Augen glimmen manchmal unter den halbgeschlossenen Lidern hervor, daß michs mit prickelnden Schaudern überläuft. Was denkt, was brütet dieser Mensch? Und was soll ich tun?
Mich schüttelt das Fieber der Angst. Ich kann nur mühsam das Zusammenschlagen meiner Zähne in diesem bald heißen, bald kalten Aufrauschen meines Blutes unterdrücken. Meine Stimme klingt rauh und belegt, als ich sage:
»Du weißt nun genau, lieber Freund, wie die Dinge liegen. Wir müssen von jetzt in kaum mehr als drei Tagen das Rezept der Tinkturbereitung, das Geheimnis des Pul-

vers aus Sankt Dunstans Grabpergamenten entziffert haben, sonst sind wir wie Jahrmarktsbetrüger angesehen und demgemäß behandelt. Wir sind der Inquisition ausgeliefert und brennen in wenigen Tagen wie . . . wie . . .« – das Wort zwängt sich mir zwischen die Zähne: »wie . . . der Bartlett Green im Tower zu London.«

»So gib halt dem Kaiser das Buch!« — Kelleys Trägheit wirkt aufreizender als der schlimmste Hohn.

»Ich kann ihm doch das Buch nicht geben, das ich nicht lesen und entziffern kann!« – mein Aufschrei läßt Kelley das Haupt ein wenig heben. Sein Blick übergleitet mich mit dem lauernden Ausdruck einer Pythonschlange.

»Wenn also einer uns aus dieser . . . aus dieser Fuchsfalle, in die du uns gebracht hast, retten kann, so bin ich das, nicht wahr?«

Ich nicke nur stumm . . .

»Was ist dann der Lohn des . . . Winkeladvokaten, den Sir John Dee aus dem Londoner Straßendreck aufgelesen hat?«

»Edward!!« schreie ich auf, »Edward, sind wir nicht Blutsfreunde?! Habe ich nicht alles, – alles mit dir geteilt wie mit einem wahren Bruder, – mehr: wie mit einem Stück von mir?!«

»Nicht alles«, hüstelt Kelley.

Mich fröstelt.

»Was wünschest du von mir?!«

»Ich von . . . dir, Bruder? Nichts, Bruder . . .«

»Der Lohn! Der Lohn! – – Was ist der Lohn, dein Lohn, Edward?«

Kelley neigt sich im Sessel vor.

»Die Geheimnisse des Engels sind unerforschlich. – Ich, sein Mund, kenne die Furchtbarkeit seiner Macht. Ich habe erfahren, was dem droht, der ihm Gehorsam ge-

schworen hat und den Gehorsam nicht hält ... Ich rufe den Engel nicht mehr ...«
»Edward!« schreit aus mir die unmenschliche Angst.
»... ich rufe ihn nicht mehr, John, es sei denn, ich weiß, daß den Befehlen, die er gibt, Gehorsam folgt, wie dem Sonnenstrahl aus der Wolke das spiegelnde Aufleuchten des Sees. — — Willst du, Bruder John Dee, den kommenden Befehlen des Grünen Engels vom Westlichen Fenster gehorchen, wie ich gehorche?«
»Habe ich je anders gewollt?!« — in mir bäumt sichs hoch.
Kelley streckt mir die Hand entgegen.
»Das sei, wie es will. Schwöre Gehorsam!«
Mein Schwur füllt das Gemach wie ein wallender Rauch, wie Geflüster zahlloser Dämonen, wie Rauschen von grünen ... ja, von grünen Engelsfittichen. — —

Burggraf Rosenberg ist das, der da vor mir auf und ab schreitet und mit bedauernder Miene die Achseln hebt und senkt. — Dann weiß ich plötzlich, wo ich bin: das farbige Dämmerlicht, das uns umgibt, fällt durch hohe Glasfenster eines Chorumgangs, und wir stehen hinter dem Hochaltar des Sankt-Veit-Doms auf der Burg.
Wieder solch ein seltsamer Begegnungsort, wie ihn Kaiser Rudolf und seine Beauftragten immer neu zu wählen wissen, um sich vermeintlicher oder wirklicher Belauerung und der hämischen Angeberwut der Spione des Kardinallegaten zu entziehen. — — Hier in dem majestätischen Gotteshause glaubt sich der Vertraute des Kaisers unbeobachtet.
Er bleibt endlich dicht vor mir stehen, und sein ernster, guter Blick, dem ein wenig hilflose Schwärmerei beige-

mischt ist, versucht mein Inneres zu erforschen. Er sagt zu mir:
»Sir Dee, ich vertraue Euch vollkommen. Ihr sehet mir nicht danach aus, als ob Ihr zwischen Galgen und Rad nach einem Silberheller haschen wollt, wie die Landstörzer und solche verzweifelte Gesellen zuweilen tun. Euch hat das rechte Wollen und der wahre Eifer um die Geheimnisse Gottes und der Natur nach Prag und in die nicht ungefährliche Nähe Kaiser Rudolfs geführt. – Ich darf Euchs nochmals wissen lassen: die Nähe Kaiser Rudolfs ist für keinen ein Ruheport. Auch für seine Freunde nicht, Sir, wie ich Euch vertrauen will. Am wenigsten für Freunde seiner großen Leidenschaft, seiner ... hm ... seiner Adeptschaft. – Kurz: was habt Ihr mir zu sagen auf des Kaisers Befehl?«
Ich verneige mich in aufrichtiger Achtung vor dem Burggrafen.
»Der Engel, dem wir gehorchen, hat leider noch nicht die Gnade gehabt, auf unser inbrünstiges Flehen zu antworten. Er ist bis heute stumm geblieben. Aber er wird reden, wenn die rechte Zeit gekommen ist. – Er wird uns die Erlaubnis geben, zu handeln.«
Im stillen wundere ich mich, wie leicht mir die Lüge, die rettende Ausflucht, von den Lippen geht.
»Ihr wollt also, daß ich meinem Monarchen glaubhaft mache, es hänge nur von der Erlaubnis des ... des von Euch so genannten ›Engels‹ ab, daß Ihr der Majestät die Rezepte aus dem Grab des Heiligen Dunstan ausliefert? – Gut, aber wer verbürgt dem Kaiser, daß Euer Engel die Erlaubnis je erteilen wird? Ich mache Euch nochmals aufmerksam, Sir Dee: der Kaiser läßt nicht mit sich spaßen!«
»Der Engel wird seine Erlaubnis geben, Graf, ich weiß

es; ich bürge dem Kaiser . . .« – Zeit gewinnen! Zeit gewinnen, das ist alles, was mir übrig bleibt. –
»Euer Edelmannswort?«
»Mein Edelmannswort!«
»Es soll mir gelingen, Sir. – Ich will mir Mühe geben, die Majestät zu überreden, Geduld mit Euch zu haben. Es geht um mein eigenes Wohlbefinden dabei, möget Ihr wissen, Sir! Aber ich gedenke Euerer und Eures Freundes Versprechen, daß Ihr mich wollet teilhaben lassen an den Einweihungen, die das Buch verheißt. – Ist und bleibt auch das Euer Manneswort?«
»Mein Wort, Graf!«
»Man wird also sehen, was sich tun läßt. – Heda?! –«
Rosenberg fährt herum. Hinter ihm taucht aus der Tiefe einer der Kapellen, die den Chorumgang begleiten, eine schwarze Gestalt. Die Priesterkutte verneigt sich tief im Vorbeischlurfen. Der Burggraf schaut dem Mönch erbleichend nach.
»Nattern, wohin man tritt! Wann wird man dieses Nest des Verrates ausräuchern?! – Jetzt hat der Kardinallegat wieder Stoff zu Berichten . . .«

Der dröhnende Doppelschlag der zweiten Stunde zittert vom Turm der Prager Teynkirche durch die Nachtluft. Ein zorniges Sausen des nachschwingenden erzenen Ungeheuers da droben im Glockengebälk zischt herab und durch das Haus Doktor Hajeks, des kaiserlichen Leibarztes, darin wir wohnen.
Wir stehen vor der schweren Gelaßtür und Kelley dreht den Schlüssel; sein Gesicht ist ausdruckslos und leer, wie immer in den Stunden, die dem Erscheinen des Grünen Engels vorausgehen.
Kienfackeln in den Händen, klimmen wir eine eiserne

Leiter, die kein Ende nehmen will, in gähnende furchtbare Tiefe hinab. Kelley voran; über mir mein Weib Jane. Die Leiter ist mit armdicken Klammern in die Felswand eingeschmiedet, denn es ist kein gemauerter Raum, in den wir hinabsteigen: es ist eine steinerne Höhle, ein Krater vielleicht aus grauer Vorzeit, der sich durch strudelndes Wasser gebildet haben mag? Auf ihm steht das Haus des Doktor Hajek. Aber die Luft ist trocken, nicht naß und dumpf wie in Grotten. Tot und dürr ist sie wie die Wüstenluft, daß bald die Zunge mir am Gaumen klebt trotz der schrecklichen Kälte, die zunimmt Schritt vor Schritt, wie es mehr und mehr in die Tiefe geht. Von unten herauf bis zur gewölbten Mauerdecke des Abgrunds haucht ein erstickender Geruch nach trockenen Pflanzen und den fremdländischen Drogen, die der Leibarzt hier aufzubewahren pflegt, empor, und ein quälender Husten befällt mich. Die Wände sind mattschwarzes, glattgemeißeltes Gestein. Ich kann nur ahnen, wo sie sind: die lautlose Finsternis verschlingt Geräusch wie auch den spärlichen Schein unserer Kienlichter. Mir ist, als stiege ich in den grenzenlosen Raum des Weltalls selbst hinab. Wohl dreißig Fuß mag die Kellerdecke über uns liegen, da fasse ich festen Fuß. Versinke fast bis zum Knöchel in einer weichen, schwarzen, aschigen Bodenschicht, die aufstäubt bei jedem Schritt.

Fahl wie Schemen leuchten da und dort die Umrisse von Dingen auf: von einem breiten Tisch, von Fässern und Pflanzensäcken aus der dicken Finsternis. Ich stoße mit der Stirn gegen einen im Raum hängenden aufklirrenden Gegenstand: eine Ampel aus Steingut. Sie baumelt an einer eisernen Kette, die in undurchdringliche Nacht emporläuft. Kelley zündet die Ampel an; ihr elendes Licht erhellt unsere Gestalten kaum bis zur Hüfte.

Allmählich schimmert ein grauer brusthoher Steinwürfel vor mir auf; wir treten hinzu und sehen eine gemauerte Einfriedigung, wohl eine Mannslänge im Geviert, aus deren Innerem ein Schacht wie ein Abgrund uns entgegengähnt. »Sankt Patricks Loch«, muß ich denken. Doktor Hajek hat mir von diesem Schacht erzählt und von dem Geraun aus Volksmund, das darüber umläuft. Seine Tiefe ist nicht abzumessen; es heißt in ganz Böhmen, er führe senkrecht hinab zum Mittelpunkt der Erde in einen kreisrunden meergrünen See, in dem Gäa, die Mutter der Finsternis, hause auf einer Insel. Fackeln, hinabgelassen, erlöschten, wie sich immer und immer wieder gezeigt habe, alsbald schon in geringer Tiefe, erstickt von giftigen Gasen der Dunkelheit.
Mein Fuß stößt an einen faustgroßen Stein; ich hebe ihn auf und werfe ihn hinab in den Schlund. Wir beugen uns über die Brustwehr und lauschen. Lauschen, lauschen: nicht das mindeste Geräusch, das verriete, der Stein habe Grund erreicht. Lautlos ist er in der Tiefe verschwunden, wie in das leere Nichts aufgelöst.
Plötzlich beugt sich Jane so schnell und weit vornüber, daß ich sie am Arm fasse und zurückreiße.
»Was tust du?« schreie ich; die Luft ist so unbeschreiblich trocken, daß die Worte fast tonlos aus meiner Kehle kommen. Jane antwortet nicht. Ihr Gesicht ist verzerrt.
Dann sitze ich neben ihr an dem wurmstichigen Tisch auf einer Kiste und halte ihre Hand, die wie zu Tod und Eis erstarrt ist in der uns umfangenden gräßlichen Kälte.
Kelley ist mit der seltsamen Ruhelosigkeit, die als Vorzeichen die unsichtbare Nähe des Engels verkündet, auf einen Stapel von Säcken hinaufgeklettert und sitzt dort hoch oben mit gekreuzten Beinen, das Kinn vorgestreckt mit dem spitzigen Bart, den Kopf ins Genick gedrückt

und die Augäpfel nach innen gedreht, daß nur noch das Weiße darin glitzert wie milchiges Glas. Er sitzt so hoch, daß der Schein der brennenden Ampel, deren Flamme unbeweglich steht, als sei sie gespenstisch eingefroren, von unten her seine Züge matt erhellt und den Schatten seiner Nase nach aufwärts fallen macht auf seine Stirn wie ein verkehrtes schwarzes Dreieck oder ein kantiges Loch tief hinein in seinen Schädel.

Ich warte, daß seine Atemzüge länger werden, um die Beschwörung des Engels vorzunehmen, wie ich das kenne seit den Tagen von Mortlake her.

Meine Augen sind gebannt in die Finsternis vor mir gerichtet; ein inneres Gefühl raunt mir zu, von der Stelle her, wo die Brustwehr des Schachtes steht, müsse mir eine Erscheinung kommen. Ich warte auf einen grünen Lichtschimmer, aber es ist, als würde die Dunkelheit dort nur noch tiefer und dichter. Und dichter und tiefer wird sie, da ist länger kein Zweifel mehr. Sie ballt sich zusammen zu einem Klumpen von unbegreiflicher, unfaßbarer, unvorstellbarer Schwärze, daß äußerste Blindheit des Auges dagegen Helle zu nennen wäre. Die Finsternis, die im Raume liegt, erscheint mir plötzlich dagegen wie grau. Und der schwarze Klumpen nimmt die Umrisse einer weiblichen Gestalt an, die gleich darauf als wabernder Rauch über dem Abgrund des Schachtes schwebt und bebt. Ich kann nicht sagen: ich sehe sie; mit dem leiblichen Auge sehe ich sie nicht: ich sehe sie mit einem innern Organ, dem der Name »Auge« nicht zukommt. Immer deutlicher und schärfer nehme ich sie wahr, trotzdem nicht der kleinste Schein der Ampel auf sie fällt: ich sehe sie schärfer, als ich je etwas Irdisches gesehen habe. Es ist eine weibliche Gestalt, obszön und doch von einer wilden, sinnesverwirrenden, fremdartigen Schönheit; ihr Kopf ist der einer riesigen Katze: ein Kunstwerk – kein lebendes Wesen – ein Götzenbild ägyptischen Ursprungs wohl, – eine Statue der Göttin Sechmet. Lähmendes Entsetzen will mich befallen, denn das Hirn schreit mir zu: das ist die schwarze Isaïs des Bartlett Green; aber das grauenhafte Gefühl gleitet machtlos an mir ab, so furchtbar im Bann hält mich der Anblick des verzehrend schönen Bildes. Mir wird, als müsse ich aufspringen hin zu ihr, der Dämonin, um mich – kopfüber hinabzustürzen in den bodenlosen Abgrundtrichter zu ihren Füßen, sinnesverwirrt vor . . . vor . . . ich habe keinen Namen für den wilden Selbstvernichtungstrieb, der nach mir krallt. Da schimmert ein fahlgrüner Schein auf irgendwo im Raum; ich kann die Quelle des Lichtes nicht finden: der matte Glanz ist überall um uns her. – – Die Gestalt der Katzengöttin ist verschwunden.

Die Atemzüge Kelleys sind langsam, ruhevoll und laut geworden. Der Augenblick ist gekommen, daß ich die Beschwörungsformel sagen muß, wie sie mir mitgeteilt worden von den Geistern vor vielen Jahren schon, – Worte einer mir unbekannten barbarischen Sprache sinds, aber ich weiß sie auswendig wie das Vaterunser; sie sind mir lange, lange in Fleisch und Blut übergegangen. O Gott, wie lange schon!

Ich will sie laut hersagen, aber eine unsagbare Angst befällt mich. Geht dieses Angstgefühl von Jane aus? Ihre Hand zittert – nein, sie bebt! Ich raffe mich auf: es muß sein! Hat nicht Kelley heute morgen gesagt, jetzt in der Nacht um die zweite Stunde werde der Engel uns einen großen Befehl geben und . . . und das letzte, so namenlos heiß ersehnte, seit so vielen Jahren mit brennendem Herzen erflehte Geheimnis enthüllen?! – Ich öffne den Mund und will das erste Wort der Zitation hervorstoßen, da sehe ich die Gestalt des Rabbi Löw wie in weiter Ferne ragen, die Hand erhoben und darin das Opfermesser. Und gleich darauf taucht wiederum über dem Schacht für weniger als einen Augenblick die schwarze Göttin auf; in ihrer linken Hand hält sie einen kleinen ägyptischen Frauenspiegel und in der rechten ein Ding wie aus Onyx, das aussieht, als sei es eine Speerklinge oder die Spitze einer Lanze oder ein aufwärts gerichteter Dolch. Gleich darauf sind beide Gestalten verschlungen von einem grellen grünen Glanz, der von Kelley herstrahlt und auf mich herabfällt. Geblendet schließe ich die Augen. Mir ist, als schlösse ich sie für immer, um nie mehr das Licht dieser Erde zu schauen, aber es ist nicht Todesangst, es ist das Empfinden, gestorben zu sein; und ruhigen, erstorbenen Herzens sage ich laut die Beschwörungsformel.

Als ich aufblicke, ist . . . Kelley verschwunden! Wohl sitzt noch jemand dort oben auf dem Säckestapel, und die gekreuzten Beine sind die Kelleys – ich erkenne sie deutlich in dem grünen Licht an den plumpen Schuhen des Landstreichers, – aber der Leib, die Brust und das Gesicht sind verwandelt. Verwandelt auf rätselhafte, unbegreifliche Weise: der Engel, der Grüne Engel ists, der da oben kauert mit gekreuzten Beinen, wie . . . wie . . . die alten Mendäer Persiens den sitzenden Teufel abbilden. Viel kleiner ist der Engel, als ich ihn jemals gesehen habe, aber seine Züge, die drohenden, furchtbar erhabenen Züge sind es, die mir so wohl bekannten. – Der Körper wird strahlend und durchscheinend gleich einem ungeheuren Smaragd, und die schrägstehenden Augen leuchten wie lebendige Mondsteine; die schmalen feinen Mundwinkel sind hochgezogen in starrem, schönem, rätselvollem Lächeln.

Die Hand in der meinen ist leichenhaft still geworden. Ist Jane tot? – Sie wird so tot sein, wie ich es bin, sagt mir ein Gedanke. Sie wartet wie ich, das weiß ich, das fühle ich: auf einen furchtbaren Befehl.

Wie wird dieser Befehl sein? – frage ich mich. Nein: ich frage mich nicht, denn in mir ist ein Wissen, wie er lauten wird, aber ein »Wissen«, das nicht bis empor dringt in mein erkennendes Gehirn. – – – Ich . . . lächle.

Da kommen aus dem Munde des Grünen Engels Worte . . . Höre ich sie? Verstehe ich sie? . . . Es muß wohl so sein, denn das Blut steht still in mir: das Opfermesser, das ich bei dem Rabbi Löw gesehen habe, wühlt in meiner Brust, in meinen Eingeweiden, in meinem Herzen, in meinen Knochen, zerreißt mir Sehnen, Haut und Hirn. Eine Stimme zählt dabei wie ein Marterknecht laut und langsam, grauenvoll langsam, in mein Ohr von eins bis zweiundsiebzig. – – – Hab ich jahrhundertelang in namenlos peinvoller Totenstarre gelegen? Bin ich dann erst aufgewacht, um die entsetzlichen Worte des Engels zu hören? Ich weiß es nicht. Ich weiß nur: ich halte die eiskalte Frauenhand in der meinen und bete wortlos, Jane möchte gestorben sein! – In mir brennen wie Feuer die Worte des Grünen Engels fort:

»Da ihr Gehorsam geschworen habt, so will ich euch endlich das Geheimnis aller Geheimnisse offenbaren, doch müßt ihr zuvor das letzte Menschentum von euch streifen, damit ihr werdet, wie die Götter sind. Dir, John Dee, getreuer Knecht, befehle ich: du sollst dein Weib Jane meinem Diener, Edward Kelley, ins Brautbett legen, damit auch er ihrer teilhaftig werde und sich ihrer erfreue als irdischer Mann eines irdischen Weibes, denn ihr seid Blutsbrüder und zusammengeschmiedet, wie auch Jane, dein Weib, zu einem Dreibund, der ewiglich bestehe im

Reiche der Grünen Welt! Freu dich, John Dee, und jauchze!« – – –
Wieder und wiederum wühlt ohne Unterlaß in meiner Seele und in meinem Leibe das furchtbare Opfermesser, und ich brülle in mich hinein das Gebet, den verzweifelten Schrei nach Erlösung von Leben und Bewußtsein.

Von zuckenden Schmerzen geweckt, fahre ich empor: ich sitze verkrümmt in meinem Schreibtischstuhl, vor mir in erstorbenen Fingern immer noch krampfhaft den Kohlekristall John Dees haltend. Zerschnitten hat auch mich das Opfermesser! Zerschnitten in zweiundsiebzig Teile! – Und die Schmerzen, die unsinnigen Schmerzen werfen ihre Wellen, messerscharfen Lichtbändern gleich, durch unendliche Räume, unendliche Zeiten, treffen auch mich, gehen durch mich hindurch ... Lichtjahre lang, von Sternenferne zu Sternenferne, so will es mir scheinen. – –
Weiß der Kuckuck, ob die Schmerzen in meinen Gliedern von der unbequemen Haltung kamen, in der ich mich beim Erwachen aus dem magischen Halbschlaf vorfand, oder ob Lipotins verdammtes Räuchergift schuld war, das ich eingeatmet hatte: einerlei, mir war recht elend zumute, als ich mich taumelnd aus meinem Sessel erhob. Allzu lebhaft klang auch das seltsame Begebnis nach, das ich in meiner Versunkenheit – oder wie ich dies Hineingehen in den merkwürdigen Kohlekristall, dies Betreten der Vergangenheit durch das schwarzglänzende Tor des »*Lapis praecipuus manifestationis*« nennen soll – halb wie ein Zuschauer, halb aber auch wie der Täter aller jener Handlungen durchgemacht hatte. – –
Ich brauche Zeit, um mich in die Gegenwart zurückzufinden. Die schneidenden Schmerzen glühen noch immer

durch mein Fleisch. Es bleibt mir gar kein Zweifel: das, was ich da im »Traum« (lächerliches Wort!) – was ich da in magischer Rückschau erlebt habe, das ist von mir erlebt worden damals, als ich . . . John Dee war mit Haut und Knochen und mit Seele und Wissen meiner selbst. –
Ich mag mich jetzt nicht aufhalten mit Grübeleien, obschon sie mich unaufhörlich, selbst bis in den Schlaf hinein, überfallen. – Es genüge für heute, daß ich mir notiere, was ich für die wichtigste Einsicht dieser Stunde halte:
Wer wir sind, wir Menschen, wissen wir nicht. Wir sind uns nur selber gegenwärtig und Gegenstand unserer Erfahrung in der gewissen »Verpackung«, die uns aus einem Spiegel entgegenschaut und die wir unsere Person zu nennen belieben. Oh, wie beruhigt sind wir, wenn wir nur das Paket kennen mit der Aufschrift darauf: Absender: die Eltern; Empfänger: das Grab; Paketsendung aus »Unbekannt« nach »Unbekannt«, mit verschiedenem Postvermerk, als »Wertsendung« deklariert, oder als . . . »Muster ohne Wert«, je nachdem – je nach der Meinung unserer Eitelkeit.
Kurz: was wissen wir Pakete von dem Inhalt der Sendung? Mir scheint, als transfiguriere sich der Inhalt nach dem Belieben der Kraftquelle, von der seine fluide Substanz ausgeht. – Ganz andere Wesen sind das, die durch uns hindurchscheinen! . . . Die Fürstin Chotokalungin zum Beispiel?! – O gewiß ist sie das nicht, was ich den letzten Taten manchmal in der tollen Überreiztheit meines Gehirns von ihr gedacht habe; ganz gewiß ist sie . . . kein Gespenst! Ganz gewiß ist sie eine Frau von Fleisch und Blut; wie ich ein Mann bin von Fleisch und Blut und ein Kind meiner Eltern, wie nur einer unter den Lebenden. – – – Aber die schwarze Isaïs sendet ihre Strah-

len aus dem jenseitigen Kosmos durch diese Mittlerin und verwandelt sie in das, was sie von Anbeginn ihres Wesens an war. Ein jeder Sterbliche hat seinen Gott und seinen Dämon: und in ihm leben und weben und sind wir, nach dem Worte des Apostels, von Ewigkeit zu Ewigkeit. — — In mir lebendig ist: John Dee; was verschlägts, wer John Dee ist? Wer bin ich? — Es ist da Einer, der den Baphomet gesehen hat und das doppelte Gesicht erwerben soll, oder zugrunde gehen!

Jane fiel mir plötzlich ein — — das heißt: Johanna Fromm. — Daß das Spiel des Schicksals sich bis auf Namen erstreckt! — — Aber auch dies geschieht nur nach dem Gesetz; sind unsere Namen doch eingetragen in das Buch des Lebens!

Ich fand Jane — so will ich sie hinfort nennen, statt Johanna — nicht mehr schlafend. Sie saß aufrecht in ihrem Bett und lächelte sonderbar vor sich hin, derart in sich versunken, daß sie mein Eintreten gar nicht wahrnahm.

Schön saß sie in ihren Kissen; mir hob sich das Herz; und um so wunderbarer mischte sich in mir gegenwärtige Zuneigung und uralt herüberwehende Melodie zweier verschlungener Tonreihen, als ich fast mit Schrecken erkannte, wie ähnlich die gegenwärtige Johanna Fromm der soeben in Prag — — in dem Prag Kaiser Rudolfs — verlassenen Jane ist!

Ich saß dann bei ihr auf der Kante ihres Bettes und küßte sie. Mir kam gar kein anderer Gedanke zu Sinn, als daß ich alter Junggeselle, der ich doch bin, der selbstverständliche, durch untrennbar alte Bande der schicksalsgeheiligten Ehe mit meiner Frau verbundene Gatte Johannas sei. Auch Jane nahm meine Gegenwart hin mit der Vertraulichkeit des in sicherer Gewohnheit ruhenden Weibes.

Und dennoch nicht so, wie ich wollte. Sie wehrte mit sanfter Hand meiner näher zudringenden Zärtlichkeit. Ihr Gesicht blieb freundlich, aber zugleich entfernte ein sonderbarer Ernst ihr Gefühl spürbar immer mehr dem meinen. Ich bestürmte sie mit Fragen, ich suchte vorsichtiger und immer behutsamer den Weg zu ihrer Seele, zu den Quellkammern ihrer Leidenschaft. — — Umsonst.

»Jane«, rief ich, »auch ich bin betäubt von dem Wunder dieses ... dieses Wiederfindens« — ein Schauer lief mir leise über den Rücken — »aber nun öffne dich endlich der lebendigen Gegenwart! Nimm mich, wie du mich zu finden bestimmt warst! Laß uns leben! Vergessen! — Und uns ... erinnern!«

»Ich erinnere mich!« — ihre Lippen lächelten leise.

»So vergiß!«

»Auch dies, Liebster. — Ich ... vergesse — — —«

Eine würgende Angst quoll mir in der Kehle, als entrinne mir eine sterbende Seele:

»Johanna! — Jane!! — Welche Wege der Vorsehung, die uns wieder vereinigen!« Sie schüttelte langsam den Kopf.

»Nicht Wege der Vereinigung. — Wege des Opfers, Liebster!«

Kalt prickelte mir die Kopfhaut. War Janes Seele mit auf der Reise meines Geistes in die Vergangenheit gewesen? Ich stammelte: »Das ist der Betrug des Grünen Engels!«

»Oh nein, Liebster, das ist die Weisheit des hohen Rabbi Löw.« — Und dabei lächelte sie mir so tief und nah in die Augen, daß mir Tränen, Ströme von Tränen den Blick verdunkelten.

Ich weiß nicht, wie lange ich an ihrer still atmenden Brust lag und mich ausweinte und meine zum Reißen gespannten Nerven an ihrer tiefen Ruhe erquickte wie ein Kind an der Brust der Mutter ...

Endlich verstand ich ihr flüsterndes Zureden, indessen ihre Hand unablässig über mein Haupt strich:
»Es ist nicht leicht, sich auszurotten, Liebster! Wurzeln bluten; es tut weh. Es ist aber doch nur das Vergängliche. Drüben ist alles anders. Ich glaube es wenigstens, Liebster. Ich habe dich zu sehr geliebt ... einmal; ... es ist ja so unwesentlich, wann; ... die Liebe weiß ja auch nichts von der Zeit. Auch sie ist Bestimmung, nicht wahr? – Nun ja, ich habe dich verraten ... ich habe dich damals verraten, o Gott ...« – ihren Körper erschütterte ein kurzer, fürchterlich in gebändigtem Schmerz aufzukkender Krampf, aber sie fuhr mit unbegreiflich tapferer Beherrschung fort:
»... es war wohl meine Bestimmung. Denn mein Wille, Liebster, mein Wille war es nicht. Es war, wie wir Jetzigen sagen können: es war wie die Weichenzunge an der Schiene. Ein so unansehnliches Ding, und doch treibt es mit seiner unscheinbaren Existenz und Macht den Schnellzug aus seiner Richtung und entführt ihn unaufhaltsam, unabwendbar in die abgegabelte Ferne, dort hinaus, wo kein Rückweg mehr ist in die Heimat. – Siehe, Liebster: damals war mein Verrat an dir die Weichenzunge. Dein rasender Schicksalsflug ging rechts – der meine links; was soll die einmal abgezweigten Bahnen wieder vereinen? – Dein Weg führt zur – ›Anderen‹. Mein Weg führt ...«
»Zur ›Andern‹ führt mein Weg?« – ich raste auf; ich lachte; ich entrüstete mich; jetzt war ich Sieger! – »Johanna, wie kannst du das von mir glauben! Eifersüchtige, kleine Jane! Und du glaubst, die Fürstin könne dir gefährlich werden?!«
Johanna fuhr jäh aus den Kissen und starrte mich verständnislos an.
»Fürstin? Welche Fürstin meinst du? – Ach so, die Rus-

sin! – Ich habe vergessen gehabt, daß sie... daß sie noch lebt.« – Dann wurde ihr Blick nachdenklich, fast entrückt, und sie sagte plötzlich laut vor sich hin:
»Um Gottes willen, an sie habe ich noch nicht gedacht!« – und sie klammerte sich mit solcher Heftigkeit des Entsetzens an meine beiden Arme, daß ich in dem Schraubstock ihrer Angst erschrocken keiner Bewegung fähig war. Ich verstand nicht, was sie meinte und wovor sie sich fürchtete. Ich sah fragend in ihr Gesicht.
»Warum diese Furcht, Johanna, liebe kleine Törin...?«
»Auch das ist also noch zu bestehen!« flüsterte sie vor sich hin – »oh, ich weiß jetzt, was geschehen muß!«
»Weniger als gar nichts weißt du!« rief ich und fühlte scheu, daß ich ins Leere hinaus lachte. Sie sagte:
»Liebster, dein Weg zur Königin ist noch nicht frei. Ich... werde ihn dir frei machen!«
Ein ungewisser Schreck – ich hätte nicht sagen können, wovor – ging durch mich hindurch wie ein minutenlang flammender Blitz. Ich wollte reden; ich konnte nicht. Still sah ich auf Jane. Sie lächelte traurig auf mich nieder. Ich glaubte sie mit einemmal dunkel zu verstehen und war wie gelähmt.

Ich habe Jane allein gelassen. Es war ihr Wunsch gewesen.
Nun sitze ich wieder an meinem Schreibtisch und suche mir Rechenschaft zu geben, indem ich meine Aufzeichnungen fortsetze:
War das Eifersucht? Weibliches Spiel der Vorsicht gegenüber gefühlter, eingebildeter Gefahr?
Ich könnte mir einreden: Janes ausgesprochener Wille, auf mich zugunsten eines Phantoms, einer romantischen

Einbildung zu verzichten, sei ein Wille mit heimlichem Vorbehalt. Denn wo ist diese »Andere«, diese Königin?! Wer holt mir die Vision des Baphomet herüber aus der Welt der Träume in die Gegenwart dieses gesegneten Jahres? Mag alles das eine Mission sein, ein geistiges Ziel, ein Symbol der Lebensvertiefung, das ich heute noch nicht ganz zu verstehen vermag, – gleichviel, und wie ich es auch ehre, was hat es zu tun mit der schönen Gegenwart einer geliebten Frau?! Denn ich liebe, liebe Jane, das ist nun entschieden; sie ist der reine gute Gewinn aus dem seltsamen Spiel des Schicksals, das mir die Erbschaft Vetter Rogers ins Haus geworfen hat wie Strandgut aus einem Schiffbruch.

Jane wird mich den Weg zur »Königin« entweder vergessen machen, oder sie wird mir diesen Weg ins Jenseits ebnen mit ihrer Güte und ihren seltsamen seelischen Fähigkeiten. – – – So bliebe also nur noch die Fürstin Chotokalungin? Wenn ich so spöttle, prüfe, Mannesüberlegenheit spüre, so taucht Johannas Gesicht immer wieder störend und ernst vor mir auf: dies geschlossene Gesicht, das ein Ziel zu sehen scheint, ein Ziel, das ich nicht einmal ahnen kann. Mir ist, als habe diese Frau einen bestimmten festen Plan, als wisse sie etwas, was ich nicht weiß ... als sei sie die Mutter und ich nicht viel mehr als ... als ihr Kind. – –

Ich hätte vieles nachzutragen. Ich muß es zusammendrängen, denn die Zeit am Schreibtisch gilt mir fast wie verloren in diesen Wirbeln des Lebens ...

Vorgestern unterbrach mich der Kuß Janes in meiner Schreiberei – ein Kuß der auf einmal unhörbar hinter mich getretenen, liebsten Frau.

Sie plauderte wie eine wohlberatene, umsichtig nach langer Abwesenheit die Herrschaft des Hauses wieder an sich nehmende verständige Gattin. Ich neckte sie darum ein wenig, und sie lachte harmlos und vertraulich. Meine Arme zuckten beständig nach ihr und ihrer mütterlichen Liebkosung. Plötzlich, zusammenhanglos, befestigte sich ihr klares Gesicht wieder zu dem seltsamen Ernst, den ich an ihr vorhin nach ihrem Erwachen wahrgenommen hatte, und sie sagte ruhig:

»Liebster, es ist nötig, daß du die Fürstin aufsuchst.«

»Was ist das, Jane?« rief ich erstaunt. »Du schickst mich zu dieser Frau?«

»Auf die ich doch so eifersüchtig bin, Liebster, nicht wahr?!« – Über dem Lächeln ihres Mundes stand ein grübelnder Ernst.

Ich begriff nicht. Ich weigerte mich, einen solchen Besuch zu machen. Wozu auch? Wem zuliebe?

Jane – ich nenne sie nur noch »Jane«, und es ist jedesmal ein tiefes Atemholen dabei, wie ein Kraftsaugen aus kühlen Brunnen der Vergangenheit –, Jane gab nicht nach. Sie häufte Gründe auf Gründe und Einfälle auf Einfälle, unsinnige Einfälle: ich sei der Fürstin Genugtuung schuldig; aber auch ihr, Jane, sei daran gelegen, daß meine Beziehungen zu der Fürstin aufrechterhalten würden, und zwar mehr, als sie sagen könne. Schließlich zieh sie mich sogar der Feigheit. Was bei mir den Ausschlag gab. Feigheit? Nur das nicht! Ist schon eine alte Rechnung John Dees zu begleichen oder meines Vetters Roger, so soll sie bezahlt werden auf Heller und Pfennig. Ich sprang auf und sagte es Jane. Da ... glitt sie zu meinen Füßen nieder, rang stumm die Hände und ... weinte.

Als ich auf dem Wege zur Fürstin Chotokalungin war, dachte ich darüber nach, wie sonderbar sich Jane immer wieder zu verwandeln pflegt. Wenn sie, von Dingen unserer Vergangenheit berührt, sich als Jane Fromont, John Dees einstige Gattin, fühlt, verändert sich ihr ganzes Wesen ins Unterwürfige, ins Dienende und ein wenig Larmoyante; spricht hingegen die Frau Johanna Fromm aus ihr, so geht eine unerklärliche Kraft von ihr aus, eine Bestimmtheit und eine mütterliche Festigkeit und Güte, die mich bezwingt.

Unter solchen Gedanken war ich, ehe ichs mich versah, bei der einsam gelegenen Villa draußen an den ersten Hängen des Gebirges angelangt, die von der Fürstin Chotokalungin bewohnt wird.

Eine leichte Beklemmung befiel mich, als ich die elektrische Klingel berührte, obschon ein rascher Blick auf Vorgarten und Haus mich darüber beruhigen mußte, daß mich hier schwerlich etwas Unerwartetes überraschen würde. Das Haus war eines der gewöhnlichsten seiner Art, vor etwa dreißig Jahren gebaut und sicherlich durch viele Spekulantenhände gegangen. Die Fürstin soll es nur gemietet haben, weil es eben jederzeit für Geld zur Verfügung stand: Eine Allerweltsvilla in einem kleinen Allerweltsgarten am Rande der Großstadt.

Der Türdrücker knackte. Ich trat ein und wurde unter dem vorspringenden Milchglasdach der Eingangstür bereits erwartet.

Das Licht muß wohl irgendwie von oben durch das weißliche Glas fallen und mit widerlichem Reflex Gesicht und Hände des Dieners so fahl bläulich färben, sagte ich mir und schob einen Schreck damit beiseite, den mir der Anblick eines Menschen in dunkler Tscherkessentracht einjagen wollte. Es war ein Mann von unverkennbar mongolischem Typus. Unter fast geschlossenen Lidern kaum ein Auge zu erkennen! Auf meine Anrede, ob die Fürstin zu sprechen sei, keine Antwort, nur ein kurzes zuckendes Nicken, ein Niederklappen des Oberkörpers, ein orientalisches Kreuzen der Arme über der Brust, alles so, als ob jemand hinter dieser leblosen Puppe unsichtbar stünde und sie an Fäden zupfte.

Dann verschwand dieser leichenbläuliche Türhüter hinter mir, und ich sah mich in dämmrigem Flur von zwei andern, lautlos gegenwärtigen Gesellen empfangen, die mir Mantel und Hut abnahmen und mich wie ein Postpaket abfertigten, geschäftig, sorgsam, stumm und automatenhaft. »Postpaket« — jawohl: Postpaket! Ich kam mir vor wie der lebendig gewordene Vergleich, den ich selber noch vor kurzem in meiner Niederschrift als Symbol des irdischen Menschen gebraucht hatte.

Inzwischen riß einer der beiden kurdischen Teufel die Flügeltüre auf und nötigte mich mit einer überaus kuriosen Handbewegung ein.

»Ist das wahrhaftig ein Mensch?« — kam mir ein toller Gedanke zu Sinn, als ich an dem Diener vorüberschritt, vielleicht ist dieser ausgesogene, erdfahle, mumienhaft mit Grabgeruch behaftete Bursche ein ... Lemure! — Ich verwies mir den verrückten Einfall sofort: selbstverständlich hat die Fürstin als Asiatin altes, mongolisches Personal, vorzüglich dressierte östliche Automaten, es ist doch selbstverständlich! Man muß nicht alles mit romantischen Augen sehen und Abenteuer sich zurechtphantasieren, wo keine sind.

Vorwärts genötigt und mit meinen Gedanken beschäftigt, schritt ich durch mehrere Gemächer, an deren Aussehen ich mich wegen ihrer farblosen Gleichgültigkeit nicht mehr erinnern kann.

Dann aber sah ich mich plötzlich in einem Raum allein gelassen, der wohl orientalisches Gepräge trug, denn er wies die verschwenderische Fülle mehr oder weniger kostbarer Asienteppiche, mehrerer Ottomanen und jeden Schritt verschluckender Felle und Pelze, so daß er mehr einem Zelt als dem Zimmer einer deutschen Dutzendvilla glich, aber das Eigentümliche des Raumes wäre damit noch keineswegs bezeichnet gewesen.

Waren es die schwarzfleckigen Waffen, die allenthalben aus den Raffungen der Gewebe hervorstarrten? Waffen, denen man sofort ansah, daß sie kein Tapezierer da hingesteckt hatte, um zu »dekorieren«, sondern an denen sichtbar und spürbar der Blutrost und der bitterliche Geruch des furchtbaren Gebrauches haftete, – Waffen, von denen der fernsummende Lärm nächtlichen Verrates, unbarmherzigen Schlachtens, grausamen Marterns der Opfer ausging?

Oder war es die befremdende Sachlichkeit eines mächtigen, die eine Wand fast völlig füllenden Büchergestells, das mit Bänden in uraltem Leder und Pergament vollgestopft, zuoberst ein paar schwarze Bronzen trug: spätantike, halbbarbarische Götterköpfe, aus deren obsidianschwarz patinierten Gesichtern onyx- und mondsteinfarben eingelegte Edelsteinaugen mit dämonisch packendem Glanz wie lauernd niederfunkelten?

Oder war es? ...

In der Ecke, gerade mir im Rücken, als bewache er die Tür, durch die ich eingetreten war: ein altarartiger Aufbau, marmorschwarz und von mattem Goldlack schimmernd. Darüber das nicht viel über einen Meter hohe Steinbild einer nackten Göttin aus schwarzem Syenit; soviel ich sehen konnte: eine möglicherweise ägyptisierte, übrigens gräkopontische Darstellung der löwenhäuptigen Sechmet – der Isis. Das bös lächelnde Katzengesicht von unheimlich lebendigem Ausdruck; der Realismus des überaus fein und kunstreich durchbehandelten Frauenkörpers bis zum Obszönen deutlich. Als Attribut in der linken Hand der Katzengöttin: ein ägyptischer Frauenspiegel. – Die rechte Hand, zum Griff gekrümmt, war leer. Sie umschloß einstmals offenbar ein zweites, verlorengegangenes Attribut.

Das für seinen barbarisch-thrakischen Ursprung selten schöne und künstlerisch vollendete Werk genauer zu betrachten würde mir unmöglich gemacht, denn die Fürstin stand plötzlich neben mir; – sie war geräuschlos, wie einer ihrer kurdischen Lemuren, aufgetaucht aus irgendeinem der Teppichvorhänge, die die Wände ringsum bedeckten.

»Schon wieder der Kenner bei der Kritik?« gurrte ihre Stimme in meinem Ohr.

Ich fuhr herum.

Assja Chotokalungin versteht sich anzuziehen! Sie trug ein kurz geschnittenes Kleid nach der letzten Mode, aber es wäre mir nicht möglich gewesen zu bestimmen, welche Stoffart diese Wirkung von schwärzlich glänzender Bronze auch nur annähernd hätte hervorbringen können; für Seide zu stumpf, für Tuch zu metallisch. Einerlei: sie sah aus wie die Katzengöttin da vor uns, in durchscheinende Metallhäute gekleidet, bei jeder ihrer Bewegungen die prachtvollen Formen der steinernen Göttin heimlich ausdeutend und in unausdenkbar ahnungsvolles Leben übersetzend.

»Ein Lieblingsstück meines verstorbenen Vaters«, gurrte sie. – »Der Ausgang vieler seiner Studien – und auch der meinigen. Ich bin eine dankbare Schülerin des Fürsten geworden.«

Ich brachte einiges Lobende, einiges Nichtssagend-Bewundernde vor über die Statue, über die gelehrten Kenntnisse ihrer Besitzerin, über die eigenartig faszinierende Stimmung, die von dem Kunstwerk ausginge, – und dabei sah ich immer das lächelnde Gesicht der Fürstin vor mir und empfand: außerdem noch etwas Unbestimmtes, eine quälende, dumpfe, halbe Erinnerung, die ich unterm Sprechen in klares Bewußtsein zu zwingen mich abmühte und die mir schattenhaft und ungreifbar immer wieder an den Augen vorbeihuschte wie grauer Rauch... Ich fühlte nur: dieser Wunsch nach Erinnerung hing mit der fatalen Statue zusammen. Zerstreut heftete sich mein Blick mit hartnäckigem Saugen immer wieder darauf; was alles ich inzwischen aber der unverwandt lächelnden Fürstin ins Gesicht stammelte, das weiß ich nicht mehr.

Sie jedenfalls nahm mich sofort auf das allerliebenswürdigste beim Arm und überschüttete mich mit halb spöttischen, halb freundlichen Vorwürfen wegen meines so ungebührlich verspäteten Besuches. Keine Spur dabei von einem nachträgerischen Gemahnen an jene unerquickliche Szene, die sich einstmals zwischen uns abgespielt hatte. Es schien für sie vergessen, oder so, als habe sie das nie für Ernst genommen – nie für etwas anderes genommen als für scherzhaftes Geplänkel. Sie schnitt mir schließlich auch jeden Versuch, mich wegen meines damaligen Benehmens zu entschuldigen, mit rascher, anmutiger Gebärde ab:

»Nun sind Sie also endlich hier. Endlich sind Sie, mein spröder Gönner, doch ein wenig mein Gast. Und ich hoffe, Sie werden dieses Haus nicht eher verlassen, als bis Sie sich von den bescheidenen Eigenschaften meiner Person ein hinlängliches Bild gemacht haben. – Natürlich haben Sie mir auch mitgebracht, worum ich Sie bat. Oder?« – und sie lachte über ihren Scherz.

Wahnsinn! Sie ist also doch wahnsinnig! zuckte es mir durch den Sinn: schon wieder diese Anspielung auf die verdammte Lanzenspitze! — — »Lanzenspitze?« — mein Kopf fuhr mir wie gerissen herum, und ich starrte auf die rechte, zum Griff gekrümmte, leere Hand der schwarzen Statue auf dem Altar hinter mir. Die Katzengöttin! Sie ist die Herrin des Symbols, das mir so hartnäckig abverlangt wird! — Ahnungen, wirre Versuche, zu kombinieren, blitzschnell vorüberhuschende Einfälle und Sachverhalte miteinander zu verknüpfen, wirbelten in mir auf. Ich stammelte: »Was hat die Statue einst in der Hand gehalten? Sie wissen es; natürlich wissen Sie es, — und in der Tat, es brennt mich geradezu, es von Ihnen zu erfahren . . .«

»Aber natürlich weiß ich es!« war die lachend gegebene Antwort. »Interessiert es Sie so sehr? Es wird mir eine Freude sein, Ihnen mit meinen geringen archäologischen Kenntnissen dienen zu dürfen. Wenn Sie also gestatten, werde ich Ihnen sofort ein kleines Privatkolleg lesen. Wie ein Professor, nicht wahr? — Also: ich bin ein Professor . . . ein deutscher Professor . . .!« — die Fürstin lachte ihre perlende Tonleiter und klatschte dann nach orientalischer Art kaum hörbar in die Hände. Sofort stand ein kalmückischer Diener stumm wie ein Automat in der Türöffnung. Ein Wink, und der gelbe Geist war von seinem Platz wieder verschwunden, wie aufgeschluckt von der warmen Dämmerung, die überall von den Teppichen hing.

Diese seltsam leuchtende Dämmerung! Jetzt erst fiel mir auf, daß das Zeltzimmer ohne Fenster, somit ohne irgendeine wahrzunehmende Lichtquelle war. Ich fand die Zeit nicht, mich zu vergewissern, woher diese sanfte, wie von abendlicher Sonne rötlich vergoldete Beleuchtung in

den Raum kommen mochte. Flüchtig dachte ich, es sei da irgendwo eine starke blaue elektrische Tageslichtlampe versteckt, wie Photographen sie haben; und es müsse sich mit ihrem Licht irgendwie der Schein von schwächeren Rot- und Gelblichtbirnen mischen, wodurch dieser Eindruck von warmem Abenddämmer hervorgebracht wurde. Und dabei bemerkte ich, wie sich ganz allmählich ein fortdauernder Wechsel in dieser Beleuchtung vollzog und das rötliche Licht einem tieferen grünlichen Schimmer wich; bisweilen wars mir, als passe er sich geradezu der Stimmung an, die sich ebenso unmerklich zwischen der Fürstin und mir, langsam wechselnd, entfaltete. — — —
Es mag das wohl Einbildung gewesen sein!

Der dunkellivrierte Diener in seinen tadellosen hohen Lackschaftstiefeln, in denen die bauschigen Hosen staken, kehrte geräuschlos wieder. Er trug ein silbernes Tablett mit silbernen Schalen, schwarz tauschiert; »Persische Arbeit«, stellte ich fest. Darin lag allerlei Konfekt.

Im nächsten Augenblick war der Mongole wieder wie fortgewischt; zwischen mir und der Fürstin standen die Schalen auf niedrigem Taburett, und ich sah mich genötigt, zuzugreifen.

Nun bin ich kein besonderer Freund von Süßigkeiten; eine Zigarette wäre mir lieber gewesen, wenn schon die Bewirtungsszene unumgänglich war. Ich griff also ein wenig widerstrebend nach dem klebrigen orientalischen Zeug und kaute eine solche überkandierte Sache hinunter, indessen die Fürstin ohne Umschweife begann:

»Ich soll also wirklich allen Ernstes dozieren, verehrter Freund? Soll Ihnen von der pontischen Isaïs erzählen? — Man nennt die Göttin nämlich in jenen Landstrichen Isaïs, müssen Sie wissen, nicht Isis! . . . Das setzt Sie in Erstaunen?«

»Isaïs?!« — entfuhr es mir; ich glaube vielmehr, ich habe das Wort geschrien; ich war aufgesprungen und starrte die Fürstin an. Sie legte aber sachte die Hand auf meine Hüfte und zog mich auf meinen Sitz zurück.

»Nun, das ist nichts weiter als eine vulgärgriechische Abwandlung des Namens Isis und hat mit gelehrten Entdeckungen durchaus nichts zu tun, wie Sie anscheinend denken. Die Göttin hat ja mit ihren wechselnden Kultorten und Verehrern auch mannigfache Namensänderungen mitmachen müssen, nicht wahr? Die schwarze Isaïs zum Beispiel, die Sie dort sehen ...« — die Fürstin deutete auf die Statue. Ich nickte nur. Ich konnte nur murmeln: »Ausgezeichnet!« Wahrscheinlich bezog die Fürstin meinen Ausruf auf ihre Belehrungen, ich meinte aber die soeben genossene Süßigkeit; Bittermandelmischung wohl; dem Gaumen eines Mannes jedenfalls angenehmer als das gewöhnliche fade Geschleck. Ich griff unaufgefordert in die Schale vor mir und führte ein zweites Stück zum Munde.

Indessen sprach die Fürstin weiter:

»Die schwarze Isaïs hat allerdings andere — sagen wir: andere kultische Bedeutung als die Isis der Ägypter. Die Isis ist im Mittelmeergebiet zur Venus, zur Muttergötttin, zur Beschützerin aller kinderliebenden, zeugungsfrohen Weltbürger geworden, wie ja allgemein bekannt. Unsere pontische Isaïs dagegen ist ihren Freunden erschienen ...« Hier blendete mich die Helle des Wiedererinnerns dermaßen, daß ich kaum die Worte finden konnte, um auszurufen:

»Sie ist mir erschienen im Kellergewölbe des Doktors Hajek in Prag, als ich mit Kelley und Jane den Grünen Engel beschwor! Sie war es, die über dem Brunnen der unermeßlichen Tiefe schwebte als ein prophetisches Bild

meiner kommenden Leiden, als die bittere Botin der Liebe zu meinem Haß gegen Kelley, zu meinen Haß gegen alles, was mir je teuer war!!«
Die Fürstin neigte sich vor: »Wie interessant! Sie ist Ihnen also wirklich schon einmal erschienen, die Göttin der schwarzen Liebe? – Nun, dann verstehen Sie gewiß desto leichter, was ich Ihnen von der schwarzen Isaïs zu berichten hätte; vor allem nämlich, daß die Göttin im Reiche des anderen Eros herrscht, dessen Größe und Gewalt keiner ahnt, der die Weihen des Hasses nicht in sich erfahren hat.«
Gierig fuhr meine Hand in die silberne Schale; ich spürte einen unbezwinglichen Heißhunger nach diesem bittersüßen Konfekt unwiderstehlich Macht über mich gewinnen. Und dann – schiens mir nur so, oder war es Wirklichkeit: das Licht im Raum war plötzlich seltsam grün. Mir war, als säße ich plötzlich unter Wasser, tief auf Meeresgrund oder in einem unterirdischen See, in einem urlange versunkenen Schiff oder einer Insel auf dem Grunde des Ozeans. – Und in diesem Augenblick wußte ich wieder: mag das alles zusammenhängen, wie es will, mag es ein Durchscheinen der schwarzen Isaïs durch den Leib einer irdischen Frau, einer noch so leibhaftigen kaukasischen Fürstentochter, sein: diese Frau da vor mir ist die schwarze Isaïs, die Feindin John Dees, die Erzfeindin meines Geschlechtes, die Zerstörerin der Bahn, die emporführt ins Übermenschentum. – – Und ein eiskaltes Haßgefühl stieg mir durch die Wirbelsäule zum Hinterhaupt hinauf. Ich dachte an Jane, blickte die Fürstin an, und ein wütender Abscheu befiel mich.
Die Fürstin mußte wohl fühlen, was sich in meinem Innern begab, denn sie sah mir fest ins Auge und sagte halblaut:

»Ich glaube, Sie sind ein gelehriger Schüler, mein Freund; Sie begreifen rasch; es ist ein Vergnügen, Sie zu unterrichten.«

»Ja, ich habe begriffen und wünschte zu gehen!« sagte ich kalt.

»Wie schade! Gerade jetzt könnte ich Ihnen so manchen Aufschluß geben, verehrter Freund!« ...

»Es ist mir alles aufgeschlossen. Es genügt mir. Ich ... hasse Sie!!« unterbrach ich.

Die Fürstin sprang auf.

»Endlich! Das ist das Wort eines Mannes! Jetzt wird der Sieg vollkommen sein!« ...

Eine unbegreifliche Erregung, die ich kaum zu bemeistern vermochte, machte mir das Sprechen schwer. Ich hörte mich selbst und meine Stimme klang heiser vor Haß:

»Mein Sieg ist: Sie trotz allem durchschaut zu haben. Sehen Sie dorthin!« – ich deutete auf die steinerne Katzengöttin – »das sind Sie selbst! Das ist Ihr Gesicht, wie es in Wahrheit ist! Das ist Ihre Schönheit und das ganze Geheimnis! Und der Spiegel und die fehlende Lanze in diesen Händen, das sind die Zeichen Ihrer höchst primitiven Macht: Eitelkeit und Verlockung, das tausendmal und bis zum Überdruß getändelte Spiel mit den vergifteten Geschossen des Kupido!«

Während ich dies und vieles andere der Art in verwirrtem Zorn hervorstieß, war die Fürstin mit dem Ausdruck größter Aufmerksamkeit und mit allen Zeichen sachlicheifrigen Bejahens meiner Behauptungen neben die schwarze Statue der Katzengöttin getreten und nahm, als wolle sie zu genauestem Vergleich auffordern, mit rascher geschmeidiger Anmut ebendieselbe Haltung an wie das Steinbild. Lächelnd gurrte sie:

»Sie sind nicht der erste, mein Freund, der mir die Schmeichelei sagt, es bestehe eine gewisse Ähnlichkeit zwischen diesem ehrwürdigen Kunstwerk und mir – –«
Ich ließ die letzten Zügel der Rücksicht fallen:
»Ja, in der Tat! Bis in die schamlosen Einzelheiten dieses Katzenkörpers stimmt die Ähnlichkeit, Gnädigste!«
Ein spöttisches Lächeln, ein Biegen, ein schlangenförmiger Ruck des Leibes, und die Fürstin stand nackt neben der Steinstatue. Ihr Gewand schien vom Teppich schimmernd emporzuschäumen wie die uralte Meermuschel der Aphrodite.
»Nun, mein Schüler, haben Sie recht? Bestätigt sich Ihre Mutmaßung? Darf ich mir schmeicheln, Ihren Erwartungen – ich darf vielleicht sagen: Ihren Hoffnungen – zu entsprechen? Sehen Sie: In diese linke Hand nehme ich nun den Spiegel –« sie griff mit rascher Bewegung nach einem ovalen Gegenstand, der auf dem Schrein gelegen haben mußte, und hielt mir für einen Augenblick einen bronzegrünen antiken Metallspiegel entgegen –: »den Spiegel, dessen Bedeutung Sie übrigens recht oberflächlich zu kennzeichnen beliebten. Der Spiegel in der Hand der Göttin ist durchaus nicht ein Zeichen der weiblichen Eitelkeit, sondern, wenn Sie das verstehen können, ein Zeichen für die Richtigkeit aller menschlichen Vervielfältigung im Seelischen sowohl wie im Körperlichen. Er ist ein Symbol des Irrtums, der jedem Zeugungstrieb zugrunde liegt. – Und nun, sehen Sie, fehlt auch mir, auf daß die Ähnlichkeit mit dem Bilde der Gottheit vollkommen sei, nur noch die Lanzenspitze in der rechten Hand. Die Lanze, um die ich Sie so oft schon bat! ... Sie würden beträchtlich irren, wenn Sie meinen sollten, sie sei das Attribut des kleinbürgerlichen Amors. Eine solche Geschmacklosigkeit dürften Sie mir übrigens nicht zumu-

ten. Was die unsichtbare Lanze ist, das, hoffe ich, werden Sie heute noch, verehrter Freund, an sich erfahren dürfen — —.« Mit vollendeter Sicherheit schritt die Fürstin aus dem Ring ihres am Boden rundum gebauschten Gewandes. Ihr wundervoll ebenmäßiger, hellbronzefarbener Körper, den kaum ein Zeichen schon erfahrener Liebkosung seiner jungfräulichen Straffheit beraubt zu haben schien, behauptete sich mit Recht als das schönere Kunstwerk neben der steinernen Isaïs. Ein wilder Duft, so schien es mir, stieg aus den Gewändern am Boden; das Parfüm, das ich kannte und das nun anfing, meine sowieso schon überreizten Sinne vollends zu betäuben. Ich brauchte kein weiteres Zeugnis mehr, daß hier der Kampf um die Probe meiner Kraft, die Entscheidung über die Echtheit meines Berufenseins und über mein ganzes Schicksal auf mich zutrat.

Leicht an die dunkle Kante des hohen Bücherschranks gelehnt, stand jetzt die Fürstin mit der völlig freien, unnachahmlichen Grazie unschuldig tierhafter Bewegtheit und fuhr fort, mit ruhiger, wundervoll weicher Stimme zu erzählen von dem alten Kult der pontischen Isaïs, wie er sich bei einer geheimen Sekte der Mithrapriesterschaft entwickelt hatte.

»Jane! Jane!« rief ich stumm in mich hinein und versuchte, meine Ohren dem dunklen Wohllaut der in sachlichem Vortrag sich ergehenden Stimme neben mir zu verschließen. Das Bild Janes schien mir in einem grünlichen Lichtschein zu schweben; es nickte mir mit traurigem Lächeln zu; es verschwamm und verzitterte in ziehendem, grünem Wasser. — Sie ist wieder »drüben«, wie jetzt auch ich, auf dem grünen Grund . . . schoß mirs durch den Sinn; aber ich verlor die Vision vor meinen Augen, und Assja Chotokalungins wunderbar vollkommene körper-

liche Nähe, ihre klar und gemessen fortfließende Rede nahmen mich wieder gefangen.
Sie sprach jetzt von den Mysterien des pontischen Geheimkultes, der dieser schwarzen Isaïs gewidmet war und die Priester zwang, nach unausdenklichen Orgien der geistigen Introversion, sich in Frauenkleider zu hüllen, der Göttin von links mit der weiblichen Natur ihres Leibes zu nahen und ihr das Bewußtsein ihrer männlichen Natur zu opfern. Nur entartete Schwächlinge, denen darum auch jede weitere Einweihung, jede fernere Entwicklung auf dem Wege der Jüngerschaft versagt blieb, opferten ihr männliches Prinzip im Rauschtaumel des Ritus an ihrem Körper selbst. Diese Verstümmelten blieben für immer im Vorhof des Tempels, und manche, die später, ernüchtert und von den Ahnungen der höheren Wahrheit heimgesucht, den Fehler ihrer voreiligen Raserei mit Entsetzen erkannten, endeten im Selbstmord, und ihre Larven, ihre Gespenster, bildeten die dienende Lemurengefolgschaft – den Sklavenstaat der Herrin drüben in Ewigkeit.
»Jane! Jane!!« fing ich wieder an, um Hilfe in mich hineinzubeten, denn ich fühlte, wie mir ein innerer Halt hinschwand, als brenne ein Rebpfahl mit senkrecht aufstechender Flamme, um den ein traubenschwer reifender Weinstock gerankt ist ...
Vergebens die Anrufung. Ich fühlte deutlich: Jane war weit, unendlich weit von mir; vielleicht lag sie im Tiefschlaf, selbst hilflos und entrückt und abgeschnitten von jeder irdischen Verbindung mit mir.
In diesem Augenblick faßte mich ein wütender Zorn auf mich selbst an. »Schwächling! Feigling!! Kastrat wohl gar schon? Wert, wie ein thrazischer Korybant zu enden?! Raff dich auf! Selber stelle dich auf deine eigene Kraft

und dein eigenes Bewußtsein! Selbstbewußtsein ist das Prinzip, um das es in diesem satanischen Kampf geht! Selbstbewußtsein soll dir geraubt werden! Selbstbewußtsein nur kann dich retten und kein Gebet zur Mutter – zum Weib in anderer Offenbarung ihres Wesens, sonst wirft sie dir Weiberkleider über, und Priester der Katzengöttin bleibst du so oder so!« – –

Ich hörte Assja Chotokalungin ruhig weitersprechen:

»Ich hoffe, es ist mir gelungen, deutlich zu machen, daß es im Kulte der pontischen Isaïs vor allem darauf ankam, die Priesterneophyten unbarmherzig auf die Stärke ihres unerschütterlichen Selbstbewußtseins zu prüfen, nicht wahr? Liegt doch diesem Mysteriumsbekenntnis der große Gedanke zugrunde, daß nicht die selbstverräterische Preisgabe des tierisch fortzeugenden Eros, sondern allein der Haß der Geschlechter gegeneinander, der das Geschlechtsmysterium selber ist, die Erlösung der Welt, die Vernichtung des Demiurgen bewirken kann. – Die Anziehung, der jeder gemeine Mensch von seinem Geschlechtspol her zu unterliegen bereit ist und die er in verächtlich beschönigender Lüge mit dem Wort ›Liebe‹ bezeichnet, ist das widerwärtige Mittel des Demiurgen, durch das er den ewigen Pöbel der Natur am Leben erhält, so lehrt die geheime Weisheit des Isaïskults. Darum ist ›Liebe‹ pöbelhaft; denn ›Liebe‹ raubt dem Manne wie dem Weibe das heilige Prinzip ihrer Selbstheit und stürzt sie beide in die Ohnmacht einer Vereinigung, aus der es für die Kreatur kein anderes Erwachen mehr gibt als das Wiedergeborenwerden in die niedrige Welt, aus der sie gekommen ist und immer wiederkommt. Liebe ist gemein; edel allein ist der Haß!« – – die Augen der Fürstin brannten mir entgegen und zündeten in meinem Herzen wie der elektrische Funken im Dynamit.

Haß! – Haß durchfuhr mich mit der Weißglut der Stichflamme gegen Assja Chotokalungin. Sie stand nackt, gereckt wie eine Riesenkatze zum Sprung, ein sachtes, undeutbares Lächeln um den Mund, vor mir und schien zu lauschen.

Mühsam bezwang ich das Toben in meiner Brust und gewann die Herrschaft über meine Zunge wieder. Ich konnte nur flüstern: »Haß! Das ist die Wahrheit, Weib! Könnte ich dir sagen, wie ich dich hasse!«

»Haß!« flüsterte sie lüstern. »Haß! Das ist schön. – Endlich, mein Freund, auf dem rechten Weg! Hasse mich! Aber ich spüre nur lauwarme Ströme ...« – ein rasend machendes Lächeln der Geringschätzung lief über ihr Gesicht.

»Her zu mir!« schrie ich; meine Kehle gehorchte kaum.

Ein wollüstiges Zucken überlief das Fell, das glatte süchtige Fell der Weibskatze vor mir:

»Was willst du mir tun, mein Freund?«

»Würgen! Erwürgen will ich dich, Mörderin, Blutkatze, Teufelsgöttin!« – mein Atem ging keuchend; Ringe, Klammern legten sich mir scheußlich beengend um Brust und Hals; ich fühlte: wenn ich jetzt nicht sofort das Geschöpf da vor mir vertilgte, so kam Vernichtung über mich.

»Du fängst an, mich zu genießen, mein Freund; ich beginne es zu spüren«, hörte ich Worte aus ihrem Munde hauchen.

Ich wollte auf sie zuspringen; ich merkte, es war mir nicht möglich; meine Füße wuchsen in den Boden hinein; also: Zeit gewinnen, meine Nerven beruhigen, Kraft sammeln! Da trat die Fürstin mit weichem Ruck einen Schritt auf mich zu.

»Jetzt noch nicht, mein Freund ...«

»Warum nicht?« tobte und brüllte aus mir eine kaum hörbare Stimme, die heiser war vor sinnloser Wut und ... Begier.
»Du hassest mich noch nicht genug, mein Freund!« gurrte die Fürstin.
Da schlug mein Paroxysmus des Abscheus und des Hasses ganz plötzlich um in eine tief aus meinem Innern aufkriechende elende, jämmerliche Angst, und ich schrie mit ebenso plötzlich befreiter Kehle:
»Was willst du von mir, Isaïs?!«
Ruhig antwortete das nackte Weib, wie mit sanfter Überredung ihre Stimme dämpfend:
»Dich auslöschen aus dem Buche des Lebens, mein Freund!«
Da überschlug sich die Angst in mir zu neu auflodernden Hohn und Übermut; es übertäubte dieses Gefühl der Sicherheit in mir die drohende Kälte der Lähmung; ich höhnte, auflachend:
»Mich?! Ich werde dich ausrotten, du – du Weib aus dem Blute der geschlachteten Katzen! Nicht mehr ruhen werde ich; nicht mehr abspringen werde ich, nicht mehr loslassen deine Schweißspur, die du ziehst, du vom Jäger schon angeschossene Pantherin! Und Haß und Verfolgung und Herzschuß dir, Raubtier, wo ich dich aufstöbere, wo immer ich dich treffe!«
Langsam saugenden Blickes nickte mir die Fürstin zu.
Ich verlor für die unnennbar kurze Dauer einer Ewigkeit das Bewußtsein. – – –
Als ich mich mit unbeschreiblicher Kraftanstrengung aus diesem Zustand lähmender Lethargie wieder emporriß, stand die Fürstin nicht mehr wie zuvor nackt zwischen Altaraufbau und Bücherschrank, sondern sie lag vielmehr angekleidet, leicht aufgestützten Armes, auf dem Diwan

und machte soeben eine lässige bestätigende Bewegung in der Richtung gegen die Türe hinter mir.
Unwillkürlich fuhr ich herum.
Zweierlei erfaßte ich fast mit ein und demselben Blick:
Im Türrahmen stand, gekleidet in die Livree der Fürstin, totenbleich und stumm, wie alle diese Lakaien hier, mit erloschenem Blick unter fast geschlossenen Augen: — mein Vetter John Roger . . .
Das lodernde Entsetzen muß mir wie Elmsfeuer über dem Kopf aufgeflackert sein. Ich hörte einen halben, gewürgten Schrei aus mir hervorbrechen; suchte einen Halt für meine vom Schwindel gepackten Füße; sah nochmals mit aufgerissenen Augen zur Türe: ich muß wohl einer Täuschung meiner überreizten Sinne zum Opfer gefallen sein: der Diener, der immer noch dort stand, war zwar in der Tat ein blonder, großer Mensch — ein Europäer jedenfalls, ein deutscher Diener offenbar unter diesem unheimlichen Gesindel von Asiaten hier, — aber mein Vetter John Roger, von einer geringfügigen Ähnlichkeit abgesehen, — — war das — doch wohl — nicht.
Und dann sah ich noch etwas; zuerst, weil mich der Schreck über den Diener noch allzu sehr im Banne hielt, mit einer Art bloß dumpfen Feststellens: die schwarze Statue der gräkopontischen Isaïs hielt in ihrer rechten zugekrümmten Steinhand das Bruchstück einer schwarztauschierten Lanze . . .
Ich machte ein paar Schritte auf den Altar zu und sah deutlich, daß der kurz abgebrochene Schaft der Lanzenspitze, wie diese selbst, aus schwarzem Syenit gearbeitet war, — nicht anders als die Statue selber. Stein war mit Stein verwachsen und alles aus einem Stück Stein gehauen, als ob das Attribut niemals in der Hand der Göttin gefehlt hätte . . . Erst als mir gewiß war, daß ich mich

nicht täuschen könnte, kam es mir mit dem Nackendruck einer von hinten zupackenden Faust wieder zum Bewußtsein: die Statue hatte zuvor nichts in ihrer griffbereiten Hand gehalten! Wie kam jetzt die Lanzenspitze in diese schwarze Steinfaust?!
Es blieb mir aber keine Zeit zu fernerem Besinnen.
Die Meldung des Dieners, von der Fürstin zustimmend entgegengenommen, betraf einen Besuch, der draußen warte. An mein Ohr drang die weiche Stimme Assjas:
»Was hat Sie nur so schweigsam gemacht, verehrter Freund? Seit Minuten starren Sie vor sich hin und schenken meinen unendlich sorgfältigen Ausführungen über thrazische Lokalkulte nicht die geringste Beachtung mehr? Ich spreche immer weiter in der eitlen Anmaßung, interessant zu dozieren wie ein deutscher Professor, und Sie schlafen mitten im Kolleg ein?! Hören Sie, mein Freund, ist das artig?«
»Ich ... habe ich? ...«
»Jawohl! Richtig geschlafen, wie mir scheint, haben Sie, mein Bester; ich will versuchen –« die Fürstin ließ ihre Lachperlen wieder über mich hinwegrollen – »ich will versuchen, meiner Empfindlichkeit ein Schnippchen zu schlagen und die Schuld nicht auf meinen Vortrag, sondern auf Ihr nur geheucheltes Interesse für gräkopontische Kunst und Kultur zu schieben. Da ist freilich alle gelehrte Mühe vergebens verschwendet ...«
»Ich weiß in der Tat nicht, Fürstin«, stotterte ich, »ich bin verwirrt ... ich bitte, zu verzeihen ... aber ich kann mich doch nicht so unbegreiflich getäuscht haben: ... die Statue der löwenhäuptigen Isis dort zum Beispiel ...« – Schweiß perlte mir über die Stirne herab. Ich mußte mein Taschentuch zu Hilfe nehmen.
»Natürlich, es ist viel zu warm hier«, rief die Fürstin leb-

haft, »verzeihen Sie, lieber Freund! Ich liebe die Wärme eben zu sehr! Aber es wird Ihnen darum genehm sein, unserm Gast, der mir soeben gemeldet wurde, einige Schritte entgegenzugehen?«

Eine überraschte Frage, die ich gerade noch unterdrückte, um nicht gänzlich dem Verdachte, geschlafen zu haben, zu verfallen, schien von meiner liebenswürdigen Wirtin dennoch verstanden.

»Lipotin erwartet uns im Vorzimmer. Ich hoffe, Sie sind nicht ungehalten, daß ich nicht ablehnte, ihn zu empfangen, da er ja ein gemeinsamer Bekannter ist?«

Lipotin! — — Ich hatte das Gefühl, jetzt erst wieder ganz zu mir und in den Besitz meiner seelischen Kräfte zu kommen.

Ich kann es nicht anders und nicht besser bezeichnen: ich hatte das Gefühl, als tauchte ich empor aus ... wo war das grünliche Licht, das soeben noch den Raum erfüllt hatte? — Hinter dem Haupte der ruhenden Fürstin war ein schwerer Kelim halb gerafft aufgezogen; sie selbst sprang auf und öffnete einen verborgenen Fensterflügel. Warme Nachmittagssonne machte ein goldenes Staubband im Raume tanzen.

Mit aller Gewalt schlug ich das in mir aufwirbelnde Heer von Zweifeln, Fragen und Selbstbeschuldigungen nieder, so gut es gehen wollte, und begleitete die Fürstin ins Vorzimmer, wo Lipotin bereits wartete und uns beiden alsbald mit lebhaftem Gruß entgegentrat.

»Es tut mir unendlich leid«, begann er, »schon die erste Begegnung meiner verehrten Gönnerin mit einem so oft vergeblich erwarteten Gast in ihrem Hause zu stören! Aber ich bin überzeugt, wer einmal diese sehenswürdigen Räume besucht hat, der wird keine Gelegenheit mehr vorübergehen lassen, die es ihm gestatten, sie wieder zu

betreten. Ich beglückwünsche Sie, mein werter Freund!«
Noch immer mißtrauisch, suchte ich vergebens aus irgendeinem Blick oder einer Bewegung ein geheimes Einverständnis zwischen den beiden zu erspähen. Aber in dem nüchternen Licht und der trivialen Umgebung dieses Vorzimmers war die Fürstin ganz Dame und die liebenswürdig einen alten Vertrauten begrüßende Frau des Hauses; selbst ihr auffallend gut geschnittenes Kleid erschien mir jetzt bei aller Eleganz durchaus nicht mehr so ungewöhnlich wie zuvor, und es blieb mir nur übrig, festzustellen, daß es aus einem allerdings selten kostbaren Seidenbrokat gearbeitet war. –
Mit raschem Lächeln nahm die Fürstin Lipotins Worte auf:
»Lipotin, ich fürchte, unser gemeinsamer Freund hat im Gegenteil einen ziemlich ungünstigen Eindruck von mir als Hausfrau und Wirtin davongetragen. Denken Sie nur: Ich habe mich nicht entblödet, ihm eine Vorlesung zu halten. Natürlich ist er darüber eingeschlafen!«
Gelächter, Neckerei nach allen Seiten hin machten das Gespräch lebhaft. Die Fürstin blieb dabei, sie hätte ihre vornehmsten Pflichten weiblicher Gastlichkeit versäumt, – sie hätte vergessen, ja wahrhaftig: vergessen, Mokka bringen zu lassen; und dies nur deshalb, weil sie es nicht hätte erwarten können, einem Kenner von dem seltenen Range ihres Gastes mit ihrem eigenen, doch bloß angelernten Wissen etwas vorzuprunken. Man solle eben niemals Vorträge halten, ohne vorher seine Opfer und Zuhörer mit einer Herzstärkung zu laben, und was dergleichen Scherzreden mehr waren. Mir stieg dabei die Schamröte ins Gesicht, wie ich so bedachte, mit was für Traumphantasien ich während der Zeit, in der mich die Frau des Hauses eingeschlafen glaubte, beschäftigt gewesen war!

Zu allem hin traf mich in diesem Moment ein schräger Blick Lipotins, der mir zu besagen schien, daß er als instinktfester alter Antiquar mit mehr oder weniger eindringender Hellfühligkeit in meinen Gedanken zu lesen verstehe, – und meine Verwirrung nahm zu. Glücklicherweise schien die Fürstin nichts zu ahnen und deutete meine Befangenheit als Nachwirkung meiner durch heiße Zimmerluft entstandenen Schlaftrunkenheit.

Ein verschmitztes Lächeln unterdrückend, half mir Lipotin aus der fatalen Situation, indem er die Fürstin fragte, ob mich vielleicht die Besichtigung ihrer einzigartigen Waffensammlung zuvor so sehr erschöpft hätte, was er angesichts einer solchen Menge sinnverwirrender Schätze wohl begreifen könnte, aber wieder verneinte die Fürstin mit komischer Verzweiflung und klagte und lachte, was er sich wohl dächte, und daß sie dazu überhaupt noch keine Zeit gefunden hätte und auch gar nicht wage . . .

Damit war die Gelegenheit für mich gekommen, endlich mein schwer beschädigtes Ansehen wiederherzustellen, und ich flehte, von Lipotin unterstützt, um die Gunst, die Sammlung, von der ich schon so Märchenhaftes gehört hatte, sehen zu dürfen; ich erbot mich im Scherz zu den härtesten Proben der Aufmerksamkeit, auch gegenüber noch so entlegenen Belehrungen auf einem Gebiete, von dem ich leider nur ganz laienhafte Begriffe besäße.

Die Fürstin ließ sich bewegen, und so schritten wir aufs neue den innern Gemächern zu und erreichten unter fortgesetzten Scherzreden einen Raum, der, offenbar in einem andern Flügel der Villa gelegen, sich plötzlich lang hinstreckte wie eine Galerie.

Zwischen gläsernen Schaukästen strahlten die Wände förmlich wider von dem matten Stahlglanz zahlloser Rüstungen. Wie die entseelten Hüllen von Insektenmenschen standen sie da in langer Reihe nebeneinander, als warteten sie hoffnungslos auf einen plötzlichen Befehl, der sie wieder ins Leben zurückrufen möchte. Zwischen und über ihnen: Topf- und Stechhelme, eingelegte Brünnen, tauschierte Harnische und künstlich genietete Kettenhemden, — meist, soweit ein erster Blick mich belehrte, von asiatischer und osteuropäischer Herkunft. Es war die reichste Rüstkammer, die ich je gesehen, reich vor allem an überaus kostbar eingelegten, mit Gold und Edelsteinen gezierten Waffen, vom merowingischen Skramax herab bis zu den Sarazenenschilden und -dolchen der besten arabischen, sassanidischen und pontischen Schwertschmiedekunst. Seltsam berührte mich der phantastische, eigentümlich starr lebendige Eindruck, der von dieser fast drohend funkelnden Sammlung ausging, als seien es scheintote Wesen, die hier umherstanden oder von den Wänden herabglänzten, — aber viel seltsamer, fremdartiger noch erschien es mir, die Sammlerin all dieser männermordenden Geräte mit leichtem Schritt und in ziemlich extravagantem modischen Gewand hier als Kennerin und belehrende Führerin vor mir herschreiten zu sehen. Ein Weib, eine kapriziöse Dame als leidenschaftliche Verwalterin einer Kammer voll von Folter- und Mordwerkzeugen! — Es blieb mir wenig Muße, diesen Gefühlen nachzuhängen. Die Fürstin sprach eifrig, fließend und gewandt von den Sammlerneigungen ihres verstorbenen Vaters und von ihren eigenen. Mit geschickter Wahl wußte sie immer auf neue kostbare Seltenheiten aufmerksam zu machen, wovon ich aber naturgemäß nur das wenigste im Gedächtnis behalten habe. Nur so viel war mir aufgefallen, daß diese Sammlung keineswegs nach den üblichen Gesichtspunkten zusammengestellt zu sein schien. Der alte Fürst hatte offenbar nach Sonderlingsart ein ganz besonderes

Interesse an solchen Stücken gehabt, die durch Herkunft oder Schicksal irgendwie ausgezeichnet waren. Mehr ein historisch-kuriositätenmäßiges Interesse, ja zum Teil ein schon aufs Legendenhaft-Antiquarische gerichteter Trieb mußte ihn befallen gehabt haben; waren da doch Rolands Schild und Kaiser Karls Handaxt zu sehen; auf altrotem Sammetkissen lag die Lanze des Hauptmanns Longinus von Golgatha; da fand sich Kaiser Sun Tiang Sengs Zauberdolch, mit dem er zuerst jenen Graben hatte anreißen lassen, den hernach kein Westmongole mehr zu überschreiten wagte, so daß spätere Kaiser nur zu ihrem eigenen Ruhm und Gedächtnis noch die große chinesische Mauer darüberbauen ließen, deren es angesichts jener magischen Grenzlinie gar nicht mehr bedurft hätte ... Da funkelte grauenvoll Abu Bekrs Damaszenerstahl, mit dem er eigenhändig die siebenhundert Juden von Kuraiza enthauptet hatte, ohne auch nur die Länge eines Atemzugs in seinem blutigen Werk zu rasten. Und so ins Endlose fort wies die Fürstin mir die Waffen der größten Helden dreier Kontinente, oder Stücke, an denen Blut und Grausen der ausschweifendsten Legenden klebten.

Wiederum begann ich rasch zu ermüden; ich fühlte mich wie gewürgt von dem gespenstischen Einfluß, der von diesen stummen und doch so beredten Dingen ausging. Lipotin schien es zu bemerken; er wandte sich zur Fürstin und scherzte:

»Wollen Gnädigste nun nicht nach dem Paraderitt durch so viele Wunderdinge Ihren geduldigen Gast auch noch mit dem geheimen Kummer und dem unauslöschlichen Schmerzenspunkt Ihrer herrlichen Sammlung vertraut machen? – Ich glaube, wir beide hättens um Sie verdient, Fürstin!«

Ich verstand nicht, was Lipotin meinte, und noch weniger,

was daraufhin noch Eiliges zwischen ihm und der Fürstin in russischer Sprache halblaut hin und her gezischt und geknurrt wurde. Gleich darauf wandte sich die Dame lächelnd zu mir:

»Verzeihen Sie! Lipotin bedrängt mich wegen der Lanze ... der Lanze, in deren Besitz ich Sie vermutete – damals, Sie wissen! ... Ich bin Ihnen endlich Aufklärung schuldig, nicht wahr? Natürlich, ich begreife wohl, daß es so ist. Ich hoffe, wenn ich Sie, wie Lipotin sagt, mit dem ... dem Kummer der Chotokalungins vertraut mache, daß Sie vielleicht ... vielleicht doch noch ...«

Das widerwärtige Gefühl saß mir plötzlich wieder in der Kehle, die Mystifikation mit der rätselhaften Lanzenspitze solle wiederum beginnen und mit ihr könnten die zweideutigen Vorkommnisse dieses Nachmittags von neuem aufleben. Ich nahm mich jedoch zusammen und sagte so kurz und trocken wie möglich, daß ich gern bereit sei, mich aufklären zu lassen.

Die Fürstin führte mich an eine der hohen Glasvitrinen und wies auf ein leeres, sammetbezogenes Etui von einer Größe, die ausreichen mochte, etwa einen Dolch von fünfunddreißig Zentimeter Länge aufzunehmen. Sie gurrte:

»Sie haben bereits bemerkt, daß jedem meiner Sammlungsobjekte ein Zettel in russischer Sprache beigefügt ist, – von meinem Vater sorgfältig verfaßt, der Herkunft und Schicksal des betreffenden Gegenstandes behandelt. Da Sie nicht Russisch verstehen, so genügt zu sagen: die Zettel enthalten die sogenannte Legende der einzelnen Stücke. Waffen haben oft viel interessantere Erlebnisse als die interessantesten Menschen. Vor allem leben sie länger, und schon deshalb sind sie reicher an Geschehenem. Meinen Vater haben vor allem diese Schicksale und das Wissen um sie in Bann geschlagen, und ich muß bekennen:

diese ... diese brennende Anteilnahme an der Legende dieser Dinge — wenn man sie schon ›Dinge‹ nennen will — habe ich von ihm geerbt. Sie bemerken hier einen leeren Platz. Das Stück, das ihn ausfüllen sollte, ist ...«

»Ah!« — ich erschrak fast, daß ich so plötzlich erriet — »es ist Ihnen gestohlen worden.«

»N—nein« — die Fürstin zögerte — »n—nein, mir nicht. Auch nicht gestohlen, um es wörtlich zu nehmen. Sagen wir: abhanden gekommen auf eine unaufgeklärte Weise. Ich rede nicht gern davon. Kurz: das Stück war für meinen Vater das wertvollste von allen und das unersetzlichste. Auch für mich ist es das immer noch. Es fehlt in der Sammlung, seit ich denken kann; der leere Plüsch hat schon meine frühesten Mädchenträume beschäftigt. Mein Vater hat mir, trotz meiner stürmischsten Bitten, niemals verraten, auf welche Weise diese Lanzenspitze abhanden kam. Er wurde jedesmal auf Tage hinaus traurig und verstimmt, wenn ich ihn danach fragte« — die Fürstin brach jäh ab und murmelte, halb geistesabwesend, auf russisch etwas vor sich hin, aus dem ich das Wort »Isaïs« herauszuhören glaubte, und fuhr dann laut fort: »Ein einziges Mal, es war kurz vor unserer Flucht aus der Krim und wenige Wochen vor seinem Tode, da sagte er eines Tages zu mir: es wird deine Aufgabe sein, mein Kind, das verlorene Kleinod wiederzubeschaffen, wenn nicht alle meine Bemühungen hier auf Erden umsonst gewesen sein sollen; ich habe dafür geopfert, mehr als einem sterblichen Menschen hätte zugemutet werden dürfen. Du, mein Kind, bist diesem Dolch mit der Lanzenspitze vermählt, und du wirst deine Hochzeit damit machen!

Sie können sich denken, mein Herr, welchen Eindruck diese Worte meines Vaters auf mich gemacht haben. Lipotin, der alte Vertraute des Fürsten, wird Ihnen bestä-

tigen, daß der Hinweis des Sterbenden auf gewisse Bemühungen, denen er sich ein Leben lang unterzogen hat, um wieder in den Besitz der hier fehlenden Waffe zu gelangen, tief erschütternd war.«
Lipotin nickte mehrmals bestätigend wie eine Pagode mit dem Kopf. Es schien mir, als sei ihm die Erinnerung keineswegs angenehm.
Inzwischen hatte die Fürstin ein winziges, blaustählernes Schlüsselbund hervorgeholt und öffnete damit den Glasschrein. Sie hob die auf altes, schon stark vergilbtes und versportes Papier gedruckte Legende heraus und begann mir vorzulesen:
»Sammlungsnummer 793 b: Speerspitze aus nicht genau zu bestimmender Metallegierung (Manganerze mit Meteoreisen und Goldbeimischung?). In späterer Zeit zur Klinge eines Dolches verarbeitet in nicht ganz entsprechender Weise und umgearbeitet. Dolchheft: spätkarolingische, vermutlich aber spanisch-maurische Arbeit, nicht nach Mitte des 10. Jahrhunderts. Reich besetzt mit orientalischen Alexandriten, Kalaiten, Beryllen und drei persischen Saphiren. Erworben von Piotr Chotokalungin – nämlich meinem Großvater – als Geschenk Kaiserin Katharinas. Aus einer Sammlung westeuropäischer Seltenheiten stammend, die Seine Majestät Zar Iwan der Schreckliche angeblich aus dem Raritätenkabinett des damaligen Königs von England erhalten hat. – Der Dolch befand sich darin, wie es heißt, schon zu Zeiten der großen Elisabeth, Königin von England. Folgendes ist davon überliefert:
Dieses köstliche Erz zierte vor Zeiten den unbesieglichen Speer des alten Helden und Fürsten von Wales: Hoël, – ‹Dhat‹ genannt, was soviel heißt wie: ›Der Gute‹. – Es soll aber besagter Hoël Dhat diese Waffe auf ganz

besondere Weise erlangt haben, nämlich mit Hilfe und Zauber der Weiß-Alben, die die Diener einer unsichtbaren, die Geschicke der Menschheit leitenden Brüderschaft, genannt ›Die Gärtner‹, sind. Diesen Weiß-Alben, die in Wales als mächtiges Geistervolk gelten, soll einst der Fürst Hoël Dhat einen großen Dienst erwiesen haben, weshalb ihn der König der Weiß-Alben unterwies, wie er aus einem sonders erfundenen Stein, so zuerst zu Mehl zerrieben wurde, unter Beimengung eigenen Blutes solle eine Lanze formen mit Aufsagung geheimer Segensworte und Weihungen, daraus die neue Waffe alsbald mit der Farbe des Blutsteins erstarrte und nun härter als jegliches Erz, ja selbst als der härteste Diamant, seinen Besitzer unbesieglich und gefeit auf alle Zeiten und würdig zum höchsten Königtum machte. Und nicht nur das, sondern auch unüberwindlich gegen den saugenden Tod, so vom Weibe kommt. Die Kunde davon ist in der Familie der Hoël Dhats durch viele Jahrhunderte lebendig geblieben, der Speer sorgsam bewahrt, die Hoffnung genährt und der stolze Emporstieg der Roderichenkel immer neu bestätigt worden. Einer von den Dhats – oder Dees, wie sie später genannt waren – hat aber den köstlichen Dolch verloren auf schmähliche Art, des Segens der Weiß-Alben uneingedenk und auf bösem Pfade beflissen, die Krone des irdischen England auf teuflischem Buhlbett zu erlisten; und ist ihm dabei mit dem Dolch auch die Kraft und das Erbe und der Segen des Blutes abhanden gekommen und ein Fluch auf den Speer gefallen, davon ihn kaum noch der Letzte aus dem verlorenen Geschlechte der Hoël Dhats freimachen und den Dolch zurückbringen wird in die Gewalt der alten Hoffnung. Denn ehe nicht Hoël Dhats Speer von dem Blut reingespült ist, das Hoël Dhats Speer einst befleckte, ist keine Hoffnung

auf Hoël Dhats Erlösung aus der Kette, die im schwarzen Untergang endet.«
Hier unterbrach Lipotin die Fürstin und sagte schnell, zu mir gewendet: »Außerdem lautet eine Sage, daß, wenn ein Russe in den Besitz der Lanzenspitze käme, Rußland einst der Herr der Welt würde; käme ein Engländer in den Besitz, so würde England das russische Reich überwinden. Doch das greift in Politik ein, und wer von uns« — schloß er mit anscheinend gleichgültiger Miene — »interessiert sich für so entlegene Themen!«
Die Fürstin hatte offenbar seine Worte überhört; sie legte die verblichene Legende wieder an ihren Platz zurück. Sie hob einen müden, geistesabwesenden Blick zu mir auf, und es war mir, als knirschten ihre Zähne leise gegeneinander, ehe sie fortfuhr:
»Nun, mein Freund, werden Sie vielleicht begreifen, wie sehr ich jeder Spur nachjage, die mir verspricht, den Speer des Hoël Dhat, wie ihn die Märchenurkunde meiner Ahnen nennt, wieder zurückzugewinnen, denn was ist für den Enthusiasmus eines Sammlers aufreizender, spannender und befriedigender, als eine Sache in seiner wohlbehüteten Vitrine für immer eingesperrt zu halten, die für einen andern da draußen in der Welt alles Glück, Leben und ewige Seligkeit bedeuten würde, wenn er erlangen könnte, was — — ich in Obhut genommen habe und — besitze!«
Im ersten Augenblick war ich kaum imstande, den wild mit Sturm und Gegensturm in mir sich bekämpfenden Widerstreit der Gedanken und Gefühle vor den beiden Anwesenden zu verbergen; und daß dies unter allen Umständen das nächst Nötige war, begriff ich auf der Stelle. Mir zerrissen, so schien es mir, alle Schleier, die sich noch vor das Schicksalsgeheimnis meines Ahnen, John Dee,

meines Vetters Roger und vor mein eigenes zu ziehen suchten. Eine wilde Freude und Ungeduld, ein zielloses, darum gefährliches und schwatzhaftes Heraussprudeln aller meiner Gedanken, Mutmaßungen und Absichten drängte sich mir auf die Zunge, und nur mit Mühe konnte ich die Miene des höflich interessierten Gastes bewahren, der Gefallen heuchelt an verblaßten Märchen früherer abergläubischer Jahrhunderte.
Zugleich erschreckte mich aber auch der geradezu satanisch höhnische Ausdruck im Gesichte der Fürstin, wie sie von den sadistischen Genüssen der Sammlerin sprach, die ihre höchste Wollust darin zu finden vorgab, ein Ding in Unfruchtbarkeit und Hoffnungslosigkeit zu verschließen, das irgendwo sonst in der Welt Schicksale entscheiden, Leben retten, Seelen erlösen könnte, wenn es seiner Bestimmung gehorchen dürfte; ja noch abscheulicher: daß erst das Wissen um solche Möglichkeiten der Sammlerfreude die rechte Würze geben solle und daß recht eigentlich das Kastrieren von zeugenden Schicksalsmächten, das Fruchtabtreiben von zukunftsschwangeren Lebensverheißungen, das für immer Sterilmachen des magisch noch fruchtbar, dämonisch Fortzeugenden die Lust und die Wonne einer Sammlergesinnung ist, wie sie soeben die Fürstin zynisch als die ihrige verraten hatte.
Es war, als hätte Assja Chotokalungin den begangenen Fehler selbst gefühlt. Sie brach plötzlich verstimmt ab, schloß die Vitrine und drängte mit ein paar nichtssagenden Worten zum Verlassen des Sammlungssaals. Kaum daß sie noch die halbernst hingeworfenen Worte Lipotins mit abgewandtem Gesicht entgegennahm, der ihr auf einmal zurief:
»Unser verehrter Freund, was soll er nun von mir halten? Daß ich Ihnen, teure Fürstin, einmal nur so andeutungs-

weise berichtete, einen gewissermaßen Erbberechtigten an den Hinterlassenschaften der höchst respektabeln Familie der Hoël Dhats, oder Dees, entdeckt zu haben, wird er mir nun dahin deuten, ich hätte geplant, ihn eines mutmaßlichen Familienerbstücks zu berauben, das zu ihm zurückgekehrt sein müßte nach Art des Heckgroschens im Märchen! – Ich bin aber daran völlig unschuldig, mein verehrter Gönner, obschon mich die fürstliche Familie der Chotokalungins seit nun bald vierzig Jahren mit dem ehrenvollen Auftrag bedrängt, das abhanden gekommene Erbsammelstück auf der ganzen bewohnten Erde zu suchen und wieder herbeizuschaffen, koste es, was es wolle. Ganz abgesehen davon, daß schon meine Vorfahren bereits in den Zeiten Iwans des Schrecklichen in ähnlicher Weise für die Ahnen der Frau des Hauses dienstbar gewesen sind! – – Aber alles das hat natürlich mit meiner hohen Schätzung Ihrer Person, achtbarster Gönner, nicht das geringste zu tun. Übrigens: damit ich mich nicht verplaudere, wo ich doch sehe, daß unsere gütige Wirtin ein wenig angegriffen ist durch das Zeigen der Sammlung, so möchte ich Ihnen, Fürstin, nur kurz bemerken, daß meine Nase mich alten Antiquar, was instinktives Wittern anbelangt, noch nie betrogen hat. Als ich vorhin das Etui, das einst den Dolch enthielt, wieder nach Jahren zu Gesicht bekam, da sagte mir ein so deutliches Vorgefühl, wir würden in der allernächsten Zeit die Waffe wieder aufstöbern, daß ich Ihnen beinahe ins Wort gefallen wäre« – er wandte sich an mich: – »Sie müssen nämlich wissen, Verehrtester, es ist eine Schrulle von mir, ein Aberglaube, den mein Beruf mit sich bringt, es ist eins der Geheimnisse der Vererbung durch eine kaum abzusehende Kette meiner Ahnen und Urahnen hindurch, – alle damit beschäftigt gewesen, Kuriositäten,

Altertümer, Überbleibsel alter Segnungen und Flüche aufzustöbern –, die mich befähigt, wie ein Trüffelhund zu wittern, wenn etwas von mir Gesuchtes in der Nähe ist, sei es nun räumlich nahe, sei es zeitlich in die Nähe gerückt. Ob nun ich in die Nähe des gesuchten Dinges komme, oder ob die Dinge, von mir angezogen durch Wunsch, oder wie Sie es nennen wollen, mir zureisen? – Mir ists gleich: ich spüre, ich rieche, wenn sie und ich zusammentreffen werden. Und ich, teuerste Fürstin, ich – möge mich doch Mascee, der Magister des Zaren, bei lebendigem Leibe strafen! – ich – rieche den Dolch, die Lanzenspitze Ihrer Väter . . . Ihrer beiderseitigen Väter, meine Herrschaften, wenn ich so zu sagen mir erlauben darf . . . ich rieche . . . ich wittere in der Nähe . . .«
Mit diesem Geschwätz Lipotins, dessen ironische und auch, wie mir schien, ein wenig plumpe zweideutige Anspielung für mich etwas Peinliches, Beklemmendes hatte, waren mir aus dem Saal und wieder im Vorzimmer des Hauses angelangt, und dort machte es sehr den Eindruck, als wünschte die Fürstin, uns zu entlassen.
Das ensprach durchaus meinen Wünschen; ich wollte soeben mit meinen Danksagungen zugleich auch meine Absicht, zu gehen, aussprechen, da begann die Fürstin lebhafter, als nach dem unverhofft raschen Abbruch im Sammlungssaal zu erwarten gewesen war, sich zu entschuldigen wegen ihres launischen Betragens; nur sei sie selbst jetzt von unbegreiflicher Müdigkeit befallen worden und eine unpassende Schläfrigkeit strafe sie für begangene Neckerei. Sie erkläre sich ihrem Zustand als Folge der dumpfen Kampferluft, die in selten gelüfteten Museen unvermeidlich ist; sie wies den naheliegenden Rat, sich zur Ruhe zurückzuziehen, jedoch fast unwillig zurück und rief:

»Was ich brauche, ist frische Luft! Ich glaube, es geht Ihnen nicht viel anders als mir? Was macht Ihr Kopfweh, mein Freund? – Wenn ich nur wüßte, wohin ich Sie bitten dürfte; mein Auto steht jeden Augenblick bereit...«
Da unterbrach sie Lipotin, klatschte in die Hände und jubelte:
»Warum fahren denn die Herrschaften nicht hinauf zu den Geisern, wenn Sie schon einen Lincoln haben?«
»Geiser? Was für Geiser? Hier bei uns? Leben wir denn in Island?« fragte ich verblüfft. Lipotin lachte:
»Sie haben noch nicht gehört, daß vor einigen Tagen draußen am Fuße des Gebirges plötzlich heiße Quellen aus der Erde hervorgebrochen sind? Ganz in der Nähe der Ruine Elsbethstein. – Die Bevölkerung bekreuzigt sich, denn eine alte Prophezeiung soll damit in Erfüllung gegangen sein. Wie sie lautet, weiß ich nicht. Merkwürdig jedenfalls, daß diese heißen Springbrunnen mitten im Burghof von Schloß Elsbethstein emporrauschen, wo einst die sogenannte englische Elsbeth, die Herrin der Burg, wie es heißt, vom Wasser des Lebens getrunken hat. Eine gute Vorbedeutung übrigens für die Heilbäder, die dort natürlich bald entstehen werden.«
Lipotins nur so obenhin gescherzte Worte erregten in mir ein wirres Echo von halb verwischten Einfällen; ich wollte ihn fragen, was er denn von einer »englischen Elsbeth« wisse, da mir, einem Hiergeborenen, durchaus nichts bekannt sei von einer so oder ähnlich klingenden Sage, die mit Ruine Elsbethstein sich verknüpfe, – aber es ging alles viel zu schnell, und zudem spürte ich immer noch eine unverkennbare Müdigkeit und Denkträgheit, wie sie eine überstandene Ohnmacht, ich möchte beinahe sagen: »Vergiftung« mit sich zu bringen pflegt. Das rasche Hin und Her der Rede ging über mich hinweg, und erst

die lebhafte Bitte der Fürstin, ob ich nicht Lust hätte, in ihrem Wagen eine Nachmittagsfahrt hinaus nach Ruine Elsbethstein mitzumachen, bei welcher Gelegenheit am besten ein dumpfer Kopf ausgelüftet würde, riß mich wieder ins Gespräch.

Das einzige, was mich zögern ließ, war der Gedanke an Jane, da ich ihr meine Rücklehr zu ungefähr ebenderselben Stunde versprochen hatte. Der Gedanke an sie überfiel mich in dieser Minute überhaupt mit ganz eigentümlicher Gewalt, und jählings schien mir Zeit und Notwendigkeit gekommen, zum erstenmal offenkundig auszusprechen, was eigentlich doch das natürliche Ergebnis meiner jüngsten Erlebnisse und neu gewonnenen Überzeugungen war. Ich überlegte daher kaum, sondern sagte unvermittelt:

»Diese Einladung zu einer Fahrt ins Freie, Gnädigste, kommt mir in der Tat wie gerufen, denn sie wird meinen beschämend ungehorsamen Nerven gewiß ungemein wohl tun; dennoch muß sich meine Unbescheidenheit Ihrer Nachsicht anvertrauen, Fürstin, wenn ich Sie bitte, mich entweder zu entschuldigen, oder zu dieser Fahrt auch meine . . . Braut mitzunehmen, die mich zu dieser Stunde erwartet.«

Ich ließ das leichte Staunen der Fürstin und Lipotins nicht erst zu Worte kommen und fuhr rasch fort:

»Sie beide kennen übrigens meine Braut schon: es ist Frau Doktor Fromm, die Dame, die . . .«

»Ah, Ihre Hausdame!?« rief Lipotin, aufrichtig verwundert.

»Ja, meine Haushälterin, wenn Sie so wollen«, bekräftigte ich mit einer gewissen Erleichterung. Heimlich beobachtete ich dabei die Fürstin. Assja Chotokalungin reichte mir die Hand, rasch und leise auflachend, wie

einem alten Kameraden und sagte mit einem Anflug von Spott:
»Wie mich das freut, wertester Freund! – Also doch nur ein Komma?! Und beileibe nicht so was wie ein Schlußpunkt!«
Ich verstand nicht sogleich den Sinn dieser sonderbaren Bemerkung; ich vermutete einen Scherz und antwortete mit einem Lachen. Sogleich empfand ich dieses Lachen als falsch und wie einen feigen Verrat an Jane, aber wieder ging das rasche Rad der Worte und Entschlüsse über mich hinweg, und schnell fuhr die Fürstin fort:
»Nichts schöner, als das Glück der Glücklichen auf einige Stunden teilen zu dürfen! Ich danke Ihnen, mein Freund, für diesen Vorschlag. Wir werden einen entzückenden Nachmittag haben.«
Mit fast unbegreiflicher Schnelligkeit rollte sich die nächste Stunde ab. – Wir bestiegen den schon vor der Gartentür leise surrenden Wagen.
Ein elektrischer Schlag durchfuhr mich beim Einsteigen: der Chauffeur vorn am Steuer war ... John Roger. – Natürlich nicht John Roger. Unsinn! Ich meine: derselbe Diener der Fürstin, der mir wegen seiner Größe und seines westeuropäischen Typus unter der asiatischen Kanaille so ganz besonders aufgefallen war. Selbstverständlich, daß sich die Fürstin keinen Kalmücken als Chauffeur wählte!
Im Nu hielten wir vor meiner Haustür. Jane schien mich erwartet zu haben. Zu meiner heimlichen Überraschung zeigte sie gar keine Verwunderung oder Bedenken, als ich sie von der Absicht der unten wartenden Gäste verständigte, uns gemeinsam an die entfernteren Ufer des Stromes hinauszufahren. Sie war sogar sehr angeregt von dem Vorschlag und erstaunlich rasch angezogen und bereit.

Sodann begann jene denkwürdige Fahrt nach Elsbethstein.

Schon die Begegnung der beiden Frauen drunten auf der Straße, als Jane das Automobil bestieg, war anders, als ich irgend hätte erwarten können. Die Fürstin lebhaft, liebenswürdig, mit einem leisen Unterton von Spott in der Stimme wie immer; aber Jane durchaus nicht, wie ich vielleicht ein wenig befürchtet hatte, befangen, oder der sonderbar plötzlichen Situation irgendwie nicht ganz gewachsen ... im Gegenteil. Sie begrüßte die Fürstin mit gemessener und recht wortkarger Höflichkeit, wobei ihre Augen merkwürdig froh leuchteten. Ihr Dank an die Herrin des Wagens klang fast wie die gelassene Annahme einer Herausforderung.
Das erste, was mir auffiel, als wir uns in dem breiten und bequemen Luxusauto zurechtrückten, war ein gewisser nervöser Klang in dem Lachen der Fürstin, den ich bisher noch nicht bei ihr vernommen hatte. Wie sie so ihren Schal um die Schultern zog, sah es fast aus, als fröstelte sie leicht.
Gleich darauf lenkte sich meine Aufmerksamkeit auf den Chauffeur und das Tempo, das er sofort anschlug, kaum daß wir die belebteren Vorstadtstraßen hinter uns hatten. Es schien bald kein Fahren mehr zu sein, sondern eine Art von Gleitflug, sanft, geräuschlos und so gut wie völlig frei von Achsenstößen über die auffallend holprige Landstraße hin. Ein Blick auf den immer weiterstrebenden Geschwindigkeitsmesser ergab hundertvierzig Kilometer. Die Fürstin schien das nicht zu bemerken; jedenfalls traf sie keine Anstalten, den wie leblos am Steuer sitzenden Chauffeur zu mahnen. Ich sah auf Jane; sie schaute küh-

len Blickes ins Land hinaus. Ihre Hand lag unbewegt und lässig in der meinen; auch sie wunderte sich offenbar nicht im geringsten über die wahnsinnige Geschwindigkeit der Fahrt.
Bald stieg der Zeiger auf hundertfünfzig und schwankte zum nächsten Zählstrich hinüber. Dann überkam auch mich eine tiefe Gleichgültigkeit gegen die äußerlichen Sinneseindrücke dieser Fahrt: das messerklingenscharfe Vorüberpfeifen der Alleebäume, der schwindelerregende Vorbeitanz vereinzelter Fußgänger, Fuhrwerke und mit fliehendem Hupenschrei überholter Kraftwagen.
Allmählich versank ich schweigsam in die Rückerinnerung der Erlebnisse der verflossenen Stunden. Ich sah die hochmütig mit ihren Blicken der rasenden Fahrt vorauschauende Fürstin an. Sie saß wie ein bronzefarbenes Götterbild; ihr Gesicht hatte den Ausdruck einer Pantherkatze, die geduldig über ihrer heranspielenden Beute hängt. Geschmeidig, mit glattem Fell ... nackt. — Ich mußte die Augen zudrücken; mußte Schleier um Schleier mir vom Gesicht wischen: vergebens; immer wieder sah ich die nackte Predigerin des wollüstigen Geheimkults der Isaïspriester vor mir, die Verkünderin des Liebesgenusses, den der unergründliche, der weißglühende Haß gewährt ... Wieder verspürte ich das Verlangen, mit meinen Händen den Hals dieser dämonischen Halbkatze zu umkrallen und Orgien von Haß, Haß, Haß und Wut in den mordenden Muskeln meiner Fäuste zu genießen; wieder glomm und kroch die Angst durch meine Adern, und ich sandte Stoßgebet um Stoßgebet zu ... zu Jane hinüber, als säße sie nicht Hand in Hand mit mir, dicht neben mir in einem sausenden Wagen, sondern hoch und fern entrückt wie eine Göttin über den Sternen, — wie eine Mutter im unerreichbaren Himmel.

In diesem Augenblick ein elementarer, das ganze Körpergewicht im Flug ergreifender Schreckensruck: Langholzfuhrwerk vor uns! Zwei Automobile vor uns! In entgegengesetzter Fahrt sich begegnend und wir mit hundertsechzig Kilometer Geschwindigkeit auf sie zu sausend! Kein Bremsen mehr möglich: viel zu schmal die Straße!! Daneben, am Wegesrand, rechts und links Abgründe!
Unbeweglich sitzt der Chauffeur am Rad. Ist er wahnsinnig geworden? Er steigert die Geschwindigkeit auf hundertachtzig Kilometer. Links überholen? Unmöglich: der Knäuel der drei Wagen besetzt die ganze Straße. Da biegt der Chauffeur in leiser Kurve nach – rechts! »Er fährt in den Abgrund, er ist irrsinnig geworden«, sage ich mir. Noch eine Sekunde, dann sind wir gepfählt von dem Baumholz des Fuhrwerks: lieber im Abgrund zerschellen! Da!: die rechte Hälfte unseres Autos schwebt frei über der gähnenden Tiefe, in der schäumend der Strom rauscht zwischen Felsen dahin. Kaum einen Meter breit das Wegstück neben dem Holzfuhrwerk, an dem wir vorüberhuschen auf den beiden linken Rädern nur: die furchtbare Geschwindigkeit hält das Auto aufrecht und bewahrt es vor dem Sturz.
Ein schneller Blick nach rückwärts: der Wagenknäuel weit, weit hinter uns, fast nicht mehr sichtbar, in dichten weißen Staub gehüllt. Regungslos sitzt »John Roger« am Rad, als sei alles ein Kinderspiel gewesen. »So kann nur der Teufel fahren«, sage ich mir, »oder ein lebendiger Leichnam.« Und wieder surren wir an sichelnden meterdicken Ahornbäumen vorbei. – – –
Lipotin lacht:
»Tüchtige Fahrt, was? Wenn die brave Zentrifugalkraft nicht wieder mal geschlafen hätte, dann ...«
Langsam, mit tausend Nadelstichen, kehrt das Blut in

meine schreckgelähmten Glieder zurück. Ich muß wohl mit ein wenig verzerrtem Gesicht geantwortet haben:
»Fast ein bißchen zu tüchtig für gewöhnliches Knochenmaterial wie das meinige.«
Ein fatales Mißtrauen gegen meine Fahrtgenossen bohrt wieder hartnäckig in mir trotz dem deutlichen Augenschein, daß diese Fahrt durch eine mir wohlvertraute Gegend nur allzu wirklich ist. Das Mißtrauen macht, so sehr ichs mir ausrede, selbst vor Jane nicht halt: sind das wirklich Lebende, neben denen ich sitze? Sind es nicht vielleicht Tote? Schemen aus einer Welt, die längst nicht mehr gegenwärtig ist? — —
Das Gesicht der Fürstin ist spöttisch verzogen:
»Fürchten Sie sich?«
Ich suche nach Worten. Es ist mir nicht entgangen, daß Assja Chotokalungin seit Beginn der Fahrt mehrmals mit einem Ausdruck von sonderbarer Besorgnis, ja, fast von Angst die ihr zur Seite sitzende Jane beobachtet hat. Dieser Zug an ihr ist mir neu. Es reizt mich, in der Richtung zu tasten, und ich antworte darum, gleichfalls lächelnd:
»Nicht, daß ich eigentlich wüßte! Es müßte denn ein solches Gefühl unter Freunden ansteckend sein. Soviel ich sehen kann, geben Sie sich selbst ein wenig Mühe, ein Unbehagen zu verbergen.«
Die Fürstin zuckt merklich zusammen. Vorbeidonnernder Lärm einer Unterführung enthebt sie einer Antwort. Statt ihrer ruft Lipotin gegen den Wind:
»Hätte nicht gedacht, daß die Herrschaften sich um den Vorrang in der Todesfurcht streiten würden, anstatt sich im Flug dieser Minuten gesund zu baden! — Übrigens: keine Besorgnis, wo ich mitfahre! In meiner Familie ist das undramatische Verschwinden und Erscheinen auf der Lebensbühne erblich!«

Nach einer Weile sagt Jane ganz still:
»Wer seinem Weg gehorcht, wie kann der erschrecken? Angst fühlen kann doch nur einer, der sich seinem Schicksal entgegenstemmt.«
Die Fürstin schweigt. Über ihr lächelndes Gesicht laufen blitzschnelle Schatten, nur mir erkennbar als der Widerschein inneren Gewitters. Dann tippt sie leicht den Chauffeur auf die Schulter.
»Warum fahren Sie so träge, Roger?«
Es gibt mir einen Stich: Roger heißt der Chauffeur!? Welch ein unheimlicher Zufall!
Der Mann vorn am Rad nickt. Ein singender Ton dringt aus der Maschine. Der Geschwindigkeitszeiger springt wieder auf hundertachtzig, schlägt ein paarmal wild hin und her, bis er irgendwo festklebt. – Ich blicke Jane an und wünsche in ihrem Arm zu sterben.
Wie wir nach Ablauf weniger Minuten dennoch heil den steilen, über alle Begriffe holprigen Steig hinaufgekommen sind zur Ruine Elsbethstein, wird mir immer ein Rätsel bleiben. Es gibt kaum eine andere Erklärung als: wir sind hinauf geflogen. Der ungeheure Schwung und die über jede Vorstellung gediegene Konstruktion des Wagens machte das Wunder möglich. – Da droben hat jedenfalls vor uns noch nie ein Automobil gestanden.
Arbeiter staunten uns an wie ein Wunder, die triefend von der Nässe der aus dem Boden quellenden heißen Wasserdämpfe und umwallt vom weißen Dunst, Wesen der Unterwelt gleich, auf Spaten und Kreuzhauen gestützt, umherstanden vor einem zitternden Hintergrund himmelhoch aufsprudelnder Geysirs. Wir wanderten stumm durch die schön umlaubten Gemäuer der Burg, und es fiel mir auf, wieviel Plan und fast gärtnerisch gedachte Verteilung in dem Wuchs der Gebüsche war, zwi-

schen denen immer neue Ausblicke in die Taltiefe sich mit bezaubernder Grazie öffnete. Ein seltsamer, fast romantischer Kontrast: diese überallhin verstreuten halb verwilderten Blumenbeete mitten unter zerfallenem ragendem Gemäuer! Man glaubte durch einen verzauberten Park zu irren, in dem Steinstatuen ohne Kopf oder Arme, moosbewachsen, plötzlich vor einem auftauchten, als hätte eine Fee sie unversehens, um zu erschrecken oder zu necken, hingestellt. Dann wieder ein Spalt wie ein Riß durchs Gestein, und von tief unten herauf glitzerte der silbergleißende schäumende Strom.
Irgend jemand von uns fragte:
»Wer wohl all diese sinnverwirrend schöne Unordnung so instand hält?«
Niemand wußte Antwort.
»Haben Sie nicht von einer Sage erzählt, Lipotin, die auf Burg Elsbethstein Bezug hat? Von einer Burgherrin mit Namen Elsbeth, die hier das Lebenswasser trank, oder so?«
»Irgendwer hat mir einmal etwas Verworrenes davon erzählt, ja«, sagte Lipotin wegwerfend; »ich könnte das nicht mehr zusammenhängend wiedergeben. Heute nachmittag kam es mir eben nur spaßhaft auf die Zunge.«
»Man kann ja einen der Arbeiter im Burghof fragen!« meinte die Fürstin lässig.
»Ein Gedanke!«
So kamen wir langsam in den Schloßhof zurück.
Lipotin zog seine elfenbeinerne Zigarettendose hervor und reichte sie geöffnet einem der Erdarbeiter hin.
»Wem gehört die Ruine eigentlich?«
»Niemand.«
»Aber irgendwem muß sie doch gehören!«
»Niemand. Fragen S' halt den alten Gärtner drin!«

brummte einer aus der Schar und putzte mit einer Holzspachtel seine Schaufel so sorgfältig, als sei sie ein chirurgisches Instrument. Die andern lachten und warfen sich bedeutsame Blicke zu.

Ein junger Bursche spähte begierig auf die Zigarettendose, und als sie Lipotin ihm bereitwillig hinhielt, entschloß er sich zu einer Auskunft:

»Er ist net recht im Kopf, der Alte. Er spielt den Kastellan hier heroben, aber niemand zahlt ihn dafür. Er ist halt net recht im Kopf. Ich glaub, er is ein Gärtner, oder so. Immerfort grabt er im Boden. Ein Fremder ist er oder so. Hundert Jahr vielleicht is er. Uralt. Schon mein Großvater hat ihn kennt. Niemand weiß, wo er her ist. Fragen S' ihn halt selber.« – Der Redefluß des Arbeiters versiegte jäh; die Kreuzpickel sausten wieder hernieder; Schaufeln warfen die Erdschollen aus den Wasserlaufgräben. Kein Wort mehr war aus den Leuten herauszukriegen.

Wir schritten dem Bergfried zu; Lipotin machte den Führer. Eine halb vermorschte, mit rostigen alten schmiedeeisernen Bändern versehene Tür wies auf den Eingang hin. Sie schrie kreischend auf, als wir sie öffneten, wie ein aus tiefem Schlaf aufgeschrecktes Tier. Eine verfallene modrige, einst anscheinend mit reichen Schnitzereien verziert gewesene Eichentreppe führte empor in Dunkelheit, die durch schräg hereinfallendes Licht streifenweise durchbrochen wurde.

Durch einen offenen bogenförmigen Einlaß, in dem eine dicke Bohlentüre halb in den Angeln hing, zwängte sich Lipotin voraus in eine Art von Küche. Wir ihm nach.

Ich fuhr zurück:

Dort, in einem Gerippe aus Holzteilen, die einst einen Lehnstuhl gebildet haben mochten, wie aus herabhängenden Lederfetzen zu schließen war, lag halb, saß halb die Leiche eines weißhaarigen Greises. Auf dem verfallenen Herd daneben stand ein tönerner Scherben, in dem ein Rest von Milch zu schwimmen schien. Eine schimmlige Brotrinde dabei.

Plötzlich schlug der Alte, den ich für tot gehalten, die Augen auf und starrte uns an.

Im ersten Augenblick glaubte ich, es sei eine Sinnestäuschung gewesen, denn der Greis war in Lumpen gehüllt, die, mit Wappenknöpfen versehen, einer Livree oder einer mit Resten von Goldfäden durchzogenen Uniform vergangener Jahrhunderte anzugehören schienen, dazu das mumienhafte gelbe Gesicht: alles hatte in mir den Eindruck erweckt, ein Toter säße hier, seit langer Zeit vergessen und vermodert.

»Ist es erlaubt, Herr Kastellan, auf diesen Turm hinaufzusteigen und die Aussicht von droben ein wenig zu genießen?« fragte Lipotin kaltblütig.

Die Antwort, die er endlich auf seine höflich nochmals wiederholte Frage erhielt, war merkwürdig genug:

»Es ist heut nicht mehr nötig. Es ist schon alles besorgt.«

Dabei schüttelte der Alte immerzu mit dem Kopf. Man konnte im Zweifel sein, ob aus Schwäche oder um seine Verneinung zu bekräftigen.

»Was ist nicht mehr nötig?« schrie ihm Lipotin ins Ohr.

»Daß Ihr hinauf geht und Ausschau haltet. Sie kommt heute nicht mehr.«

Wir verstanden: der Greis erwartete irgend jemand. Er dachte wahrscheinlich im Dämmer seines Begreifens, wir wollten ihm helfen, den Gast zu erspähen, der ihm im Sinn lag. Vermutlich ein Bote, der ihm die kümmerliche Nahrung heraufzutragen pflegte.

Die Fürstin zog ihre Börse, reichte hastig Lipotin ein Goldstück hin:
»Geben Sie das dem armen Teufel. Er ist geisteskrank offenbar. Wollen wir doch gehen!«
Auf einmal schaute der Greis uns der Reihe nach mit weit offenen Augen an, aber nicht ins Gesicht, eher über unsere Köpfe hin. – »Es ist schon recht«, murmelte er, »es ist schon recht. Geht nur hinauf. Vielleicht ist die Herrin doch unterwegs.«
»Welche Herrin?« – Lipotin reichte dem Alten das Geschenk der Fürstin hin, der aber wies das Geld mit hastiger Bewegung zurück:
»Der Garten ist besorgt; es braucht keinen Lohn. Die Herrin wird zufrieden sein. Wenn sie nur nicht solange ausbliebe! – Wenn der Winter kommt, kann ich die Blumen nicht mehr begießen. Ich warte seit ... seit ...«
»Nun, wie lange wartet Ihr schon, alter Mann?«
»Alter – Mann? Ich bin doch gar nicht alt! Nein, nein, ich bin gar nicht alt. Das Warten erhält jung. Ich bin jung, das seht Ihr doch.«
Die Worte hatten fast komisch geklungen, aber sie verschlugen uns das Lachen.
»Und wie lang seid Ihr schon hier, guter Mann?« fragte Lipotin unbeirrt fort.
»Wie ... lang ... ich schon hier bin? Wie soll ich das wissen?« – der Greis schüttelte den Kopf.
»Nun, einmal müßt Ihr doch hierherauf gekommen sein! Denkt nach! Oder seid ihr vielleicht hier oben geboren?«
»Ja, heraufgekommen bin ich. Das ist schon wahr. Heraufgekommen bin ich, Gott sei Dank. Und wann? Man kann doch die Zeit nicht zählen.«
»Könnt Ihr Euch nicht erinnern, wo Ihr früher gewesen seid?«

»Früher? Früher war ich doch nirgends.«
»Mann! Wo seid Ihr denn geboren, wenn nicht hier oben?«
»Geboren? Ich bin nicht geboren; ich bin ertrunken.«
Je zusammenhangloser die Antworten des irrsinnigen Alten zu werden begannen, desto unheimlicher klangen sie mir, und immer hartnäckiger und quälender empfand ich die Neugier, das vielleicht recht triviale Geheimnis dieses verschollenen Lebens enthüllt zu sehen. — Die Worte des Arbeiters: »Er gräbt immerwährend in der Erde«, fielen mir wieder ein. Suchte der Greis vielleicht seit jeher nach einem Schatz in der Ruine und war er darüber möglicherweise wahnsinnig geworden?
Von ähnlicher Neugier schienen auch Jane und Lipotin ergriffen zu sein. Nur die Fürstin stand beiseite mit einer hochmütigen Ablehnung, die mir neu und fremd an ihr war, und machte mehrere vergebliche Versuche, uns zum Gehen zu bestimmen.
Lipotin, der sich aus der letzten Antwort des Irren offenbar auch keinen Reim zurechtmachen konnte, zog wichtig die Augenbrauen hoch und schickte sich soeben zu einer neuen, klug vorwärtstastenden Frage an, da fing der Greis von selber an zu reden, hastig, unvermittelt, wie angetrieben und fast automatenhaft; unversehens mußte da ein Erinnerungsrädchen in seinem Hirn berührt worden sein, das jetzt von selbst losschnurrte:
»Ja, ja; dann bin ich aus dem grünen Wasser wieder aufgetaucht. Ja, ja; senkrecht aufgetaucht. Ich bin gewandert, gewandert, gewandert, bis ich von der Königin auf dem Elsbethstein gehört hab. Ja, ja; hierher bin ich gekommen, Gott sei Dank. Ich bin doch Gärtner, ja, ja. Da hab ich dann gegraben ... bis ich ... Gott sei Dank. Und jetzt halt ich den Garten wieder in Ordnung für die Kö-

nigin, wie's mir gesagt worden ist. Damit sie sich freut, wenn sie kommt, versteht Ihr? Das ist doch leicht zu verstehen, nicht wahr? Da braucht sich doch niemand zu wundern, nicht wahr?«

Ein unerklärlicher Schauder überlief mich bei diesen Worten des Alten. Unwillkürlich ergriff ich Janes Hand, als könnte ihr Gegendruck mich in Abwehr oder Bestätigung unterstützen. Lipotins spöttische Mienen verzerrten sich, so schien es mir wenigstens, zu einem fanatischen Ausdruck von blinder Lust, wie man sie den Tierquälern und Inquisitoren nachsagt. Er drängte:

»Und wollt Ihr uns nicht endlich sagen, wer Eure Herrin ist? Vielleicht können wir Euch Nachricht von ihr bringen.«

Der alte Mann schüttelte heftig den Kopf, doch wackelte der weißbesträhnte Schädel ihm dermaßen haltlos nach allen Seiten, daß man nicht mehr unterscheiden konnte, ob sein heftiges Nicken Verneinung oder eifrige Zustimmung ausdrücken wollte. Sein heiseres Krächzen konnte ebensogut Ablehnung bedeuten, wie der Ausbruch eines wilden Gelächters sein.

»Meine Herrin? Wer kennt meine Herrin?! Ich meine, Ihr, lieber Herr«, – er wandte sich zu mir und dann zu Jane –, »Ihr kennt sie, und Ihr, junge Frau, kennt sie gewiß ganz gut, das seh ich Euch an. Ja, das kann ich Euch ansehen. Ihr, junge Frau, Ihr . . .«

Er verlor sich in ein unverständliches Gebrummel, indessen sein Blick sich mit dem Ausdruck eines Menschen, der krampfhaft bemüht ist, eine Erinnerung wachzurufen, mit ganz eigentümlicher Schärfe in Janes Augen einzubohren versuchte.

Sie trat unwillkürlich rasch einen Schritt auf den irrsinnigen alten Gärtner zu, oder was er sonst sein mochte, und sofort haschte dieser mit unsicherer Hand nach ihrem Kleid, bekam aber nur den lose umgehängten Mantel zu fassen. Er hielt ihn mit Inbrunst fest, und es schien einen Augenblick, als wolle Klarheit in sein Inneres dringen, derart hellten sich seine Mienen auf. Doch sofort erlosch der lichte Moment, und der Ausdruck unbeschreiblicher Leere breitete sich wieder über sein Gesicht.

Ich sah Jane an, daß sie sich innerlich mit aller Macht anstrengte, irgendeine Erinnerung, die in ihr schlafen mochte, zu erwecken, aber anscheinend gelang es auch ihr nicht. Ich glaube, sie fragte nur aus Verlegenheit, denn ihre Stimme klang unsicher:

»Wen meinen Sie mit Ihrer Herrin, lieber Freund? Sie irren, wenn Sie glauben, ich kenne sie. Auch Sie habe ich heute bestimmt das erstemal gesehen.«

Der Greis stammelte unter beständigem Kopfschütteln vor sich hin:

»Nein, nein, nein, das wäre! Ich irre mich nicht. Nein, nein, ich weiß das besser, Ihr wißt doch, junge Frau ...« – seine Stimme wurde rasch und geheimnisvoll eindringlich, und sein Blick schaute in die leere Luft, als sähe er dort und nicht vor sich das Gesicht Janes –, »Ihr wißt doch: Königin Elsbeth ist auf Brautschau geritten, als sie alle glaubten, sie sei gestorben. Königin Elsbeth hat doch hier vom Brunnen des Lebens getrunken! Ich warte hier auf sie, wie ... man mir gesagt hat, seit ... Ich habe sie fortreiten sehen von Westen, wo das Wasser grün ist, um den Bräutigam einzuholen. Eines Tages wird sie aus der Erde auftauchen, wenn die Wasser rauschen. Aus dem grünen Wasser wird sie auftauchen, wie ich, wie Ihr, junge Frau, wie ... ja, ja, wie wir alle – –. Ihr wißt so gut wie ich: es ist doch die Feindin der Herrin da! Ja, ja, das ist mir wohl zu Ohren gekommen! Wir Gärtner fin-

den so manches, hi, hi, wenn wir graben. Ja, ja, ich weiß, die Feindin will der Königin Elisabeth die Hochzeit verstellen. Und davon kommt es auch, daß ich solange warten muß, bis ich den Brautkranz flechten darf. Aber das macht nichts: ich kann warten; ich bin doch noch jung. Ihr seid auch noch jung, Frau, und Ihr kennt unsere Feindin; Ihr ja! Oder ich müßt mich sehr täuschen. Nein, nein, ich ... ich täusch mich nicht. Ich nicht, junge Frau!«
Das traurige Abenteuer mit dem irrsinnigen greisen Gärtner auf Ruine Elsbethstein fing an, unbehaglich zu werden. Wohl klang aus dem verworrenen Unsinn des Alten, wenigstens für meine befangenen Ohren, ein zerbrochener Sinn hervor, den ich in dieser phantastischen Situation geneigt war, auf meine eigenen Erlebnisse und Geheimnisse zu beziehen; aber was sieht man nicht alles, was hört man nicht alles da und dort wie geraunte Enthüllung der sprachbegabten und schaffenskundigen Natur, wenn das Herz voll ist und begierig lauscht! – Was lag näher, als daß der arme Irre Erlebnisse, die er gehabt haben mochte und die vielleicht einst sein Hirn verbrannt hatten, mit den Sagen, die Elsbethstein umgaben im Volksmund, verflocht zu wirrem, halb totem, halb lebendigem Gestrüpp.
Plötzlich griff der alte Mann aus irgendeinem der dunkeln Winkel seines Herdes einen im letzten Licht der Sonne feurig auffunkelnden Gegenstand und hielt ihn Jane hin. – Lipotins Kopf fuhr vor wie der eines Geiers. Auch mich durchzuckte es heiß:
In seinen krallenartigen Fingern hielt der Alte einen Dolch mit langem Heft; eine überaus edel gearbeitete Waffe mit kurzer und breiter, offenbar gefährlich scharfer Klinge, die, seltsam bläulichweiß – ein mir unbekanntes Metall –, die ungefähre Form einer Speerspitze hatte. Der Griff schien mit persischen Kalaiten besetzt zu sein, doch konnte

ich es nicht genau unterscheiden, denn der Alte fuchtelte unruhig mit dem Dolch in der Luft herum, und das Tageslicht in der Turmküche war schon halb in Dämmerung übergegangen.
In diesem Augenblick – sie konnte die Waffe noch gar nicht gesehen haben – drehte sich die Fürstin, wie von Instinkt erfaßt, jäh um und wandte sich uns zu. Sie hatte bis dahin halb abseits gestanden und gelangweilt und nervös mit der Spitze ihres Schirmes Runen in den mulmigen Backsteinestrich gegraben. Fast rücksichtslos durchbrach sie unsern Kreis und griff mit rasch zufahrender Hand nach der Waffe. Ihre Sammelgier schreckte in diesem Moment selbst vor Taktlosigkeit nicht zurück.
Blitzschnell jedoch zog der Wahnsinnige seinen Arm an sich.
Aus dem Munde der Fürstin kam ein sonderbarer Laut. Wenn ich Ähnliches überhaupt je gehört habe, oder mit Gehörtem vergleichen soll, so kann ich es nur mit dem Fauchen einer Katze bezeichnen, die sich zum Kampfe stellt. Alles ging so schnell vor sich, daß es wie Unwirklichkeit an mir vorüberhuschte. Dann hörte ich den Alten meckern:
»Nein, nein; nicht für Euch, alte ... alte Frau! – Da, nehmt Ihr, junge Frau! Für Euch ist der Dolch. Hab ihn lang genug aufgehoben für Euch. Hab doch gewußt, daß Ihr kommen werdet!«
Die Fürstin überhörte offenbar die Beleidigung, die für sie in dem Wort »alte« Frau liegen mußte, zumal sie kaum älter sein konnte als Jane. Vielleicht überhörte sie das Wort absichtlich; jedenfalls streckte sie abermals die Hand aus und bot zugleich in rascher, rücksichtslos sich steigernder Art Summe um Summe für die Waffe, so daß mich diese blinde Erwerbswut und Besessenheit von Sammler-

gier geradezu amüsierte. Ich zweifelte keine Sekunde, daß der alte Armenhäusler, trotzdem er nicht bei Sinnen war, sofort auf den Handel eingehen würde, zumal eine derartige Menge Geld für ihn einen geradezu märchenhaften Reichtum bedeuten mußte. – Aber das Unerwartete geschah. Was es sein mochte, das hier zutage trat, ich kann es nicht enträtseln! War es ein anderer fremder unheimlicher Geist, der die Herrschaft über eine durch Verwirrung des Verstandes getrübte Seele an sich riß, oder wußte der alte Irrsinnige überhaupt nicht mehr, was Reichtum bedeutet, jedenfalls: er hob auf einmal seinen Blick zu der Fürstin auf, und ein grauenhafter Ausdruck wahnwitzigsten Hasses überflackerte seine Züge. Dann schrie er sie mit gebrochener schriller Stimme an:
»Euch nicht, alte ... Frau! Euch nicht, um keinen Katzendreck! Um keinen Katzendreck der Welt. Da, nehmt, junge Frau! Rasch! Die alte Feindin ist da! Seht, wie sie faucht, wie sie miaut, wie sie gähnt. Rasch zugreifen! ... Da ... da ... da ... nehmt den Dolch! Verwahrt ihn gut. Wenn ihn die Feindin kriegt, ist es aus mit der Herrin, ists aus mit der Hochzeit, ists aus mit mir armem weltverbanntem Gärtner. Ich hab ihn verwahrt bis heut. Ich hab die Herrin nie verraten. Hab nie gesagt, wo ich ihn her hab. – Geht jetzt, ihr Leut, geht jetzt!«
Jane, wie im Bann der sonderbaren Worte, hatte den Dolch ergriffen und mit jäher Wendung dem habichtstoßraschen Zugriff der Fürstin unzugänglich gemacht und im nächsten Augenblick in ihrem Kleid geborgen. Dabei traf ein matter, flintsteinartiger Glanz, der von der speerspitzenförmigen Klinge des Dolches ausging, mein Auge. Blitzartig schoß mir der Gedanke durch den Kopf: der Blutstein des Hoël Dhat! Der Dolch des John Dee! – – Aber ich fand nicht die Zeit, es auszusprechen. Ich sah die

Fürstin an; sie hatte ihre Selbstbeherrschung bereits wiedergefunden. Kein Zeichen verriet, was in ihr vorgehen mußte! Ich fühlte: wie Tigerkatzen, die Käfigstäbe zerreißen wollen, tobten Leidenschaften wild in ihr.
Überaus sonderbar hatte sich während dieser Vorgänge Lipotin benommen. Zuerst nur neugierig, war er beim Anblick des Dolches plötzlich wie verrückt geworden. »Es ist ein Irrtum, den Sie da begehen«, hatte er den alten Gärtner angeschrien, »ein ganz blödsinniger Irrtum, ihn nicht der Fürstin zu überlassen! Es ist doch gar kein Dolch! Es ist eine ...« – Der Greis würdigte ihn nicht einmal eines Blickes.
Jane selbst benahm sich in einer mir völlig unverständlichen Weise. Ich hatte vermutet, sie würde in ihren somnambulen Zustand verfallen, aber keine Spur davon zeigte sich in ihren Augen. Sie lächelte vielmehr der Fürstin mit unwiderstehlicher Liebenswürdigkeit ins Gesicht, reichte ihr dann sogar die Hand und sagte:
»Wir werden uns wegen dieser Kleinigkeit nur um so lieber haben, nicht wahr, Assja Chotokalungin?!«
Welche Anrede an die Fürstin! Was führte Jane im Sinn? – Zu meinem noch größeren Erstaunen aber erwiderte die sonst so hochmütige Russin diese ziemlich unvermittelte Zutraulichkeit Janes mit der liebenswürdigsten Miene, umarmte sie und – – küßte sie. – In mir zuckte, ohne daß ich im entferntesten hätte sagen können, warum, der stimmlose Warnungsruf auf: Jane, gib acht auf den Dolch! Ich hatte gehofft, sie würde fühlen, was ich mir dachte, aber fast zu meinem Schrecken sagte sie zu der Fürstin: »Sie werden natürlich den Dolch von mir bekommen, wenn ... sich die richtige festliche Gelegenheit dazu ergibt.«

Der Greis in seinem gerippartigen Lehnstuhl war zu keinem Wort mehr zu bewegen. Er tat, als sei er mit sich und seinem Stück trockenen Brotes ganz allein, und begann, mühsam mit zahnlosem Kiefer daran zu nagen. Er schien gar nicht mehr zu wissen, daß wir noch zugegen waren. Ein erschütternder Narr!

Wir verließen den Turm im letzten Schein der untergehenden Sonne, deren Strahlen sich in Regenbogenglanz vielfarbig in den Dampfsäulen der kochenden Geiser widerspiegelten, ziemlich einsilbig.

Auf der dunklen Holztreppe ergriff ich Janes Hand und flüsterte ihr zu:

»Willst du den Dolch wirklich der Fürstin schenken?«

Zögernd entgegnete sie — und in ihrer Stimme lag etwas, was mich fremdartig berührte:

»Warum nicht, Liebster? Wenn sie so sehr danach verlangt!« — — — —

Als wir uns zum Abstieg von der Ruine anschickten, blickte ich noch einmal zurück; durch eins der Basteitore wie in einen Bildrahmen gefaßt, eröffnete sich mir ein Schauspiel, das ich nie vergessen werde: wie in loderndes Feuer getaucht brannten da im Rot des Sonnenabends mitten unter Mauerschutt der Ruine Elsbethstein Blumenbeete von unsagbarer wilder Pracht. Der Wassernebel der heißen Springbrunnen zog plötzlich, von einem Windstoß getrieben, über den verwahrlosten Park, und mich ergriffs, als bilde sich daraus phantastisch die Gestalt, in fließend silbriges Gewand gehüllt, einer majestätisch einherschreitenden Frau. Die Herrin der Burg? Die sagenhaft an meinen innern Sinnen vorübergleitende Königin Elsbeth des irrsinnigen Turmwärters und »Gärtners«?

Dann saßen wir wieder im Automobil, und ich durchlebte die halsbrecherische Fahrt zu Tal wie in einem Zustand der Benommenheit. Alle schwiegen.
Plötzlich hörte ich die Fürstin sagen:
»Was halten Sie davon, liebste Frau Fromm, wenn wir recht bald den Besuch dieses märchenhaft schönen Ausflugsziels wiederholten?«
Jane lächelte zustimmend und erwiderte:
»Ich wüßte nicht, Fürstin, was mir lieber wäre, als einer solchen Einladung folgen zu dürfen!«
Im stillen freute ich mich, daß die beiden Frauen sich so gut vertrugen, zumal ich sah, daß die Fürstin Janes Hand ergriff und herzlich drückte. Mir war, als nehme dieser Akt beiderseitiger Freundschaft eine böse, unbestimmte Ahnung von mir; ich hätte nicht sagen können, warum. Beruhigt schaute ich aus dem geräuschlos fliegenden Lincoln zum leuchtenden Abendhimmel empor.
Hoch oben in dem türkisblauen Dom glänzte die feine scharfe Sichel des abnehmenden Mondes.

Die zweite Schau

Kaum war ich mit Jane in meiner Wohnung angelangt, da bat ich sie um die Erlaubnis, mir die sonderbare Gabe des irrsinnigen Gärtners genauer betrachten zu dürfen.
Ich untersuchte die dolchartige Waffe auf das sorgfältigste. Schon der erste Blick belehrte mich, daß Klinge und Heft nicht ursprünglich zusammengehört hatten. Die Klinge war offenbar schon in sehr alter Zeit am Senkzapfen abgebrochen und die Spitze einer Lanze gewesen. Etwas Fremdartiges charakterisierte das mir unbekannte Metall; es sah fettig aus – gar nicht wie Stahl –, glänzte

matt, fast wie Flintstein oder graubläulicher andalusischer Feuerstein. – Und dann das edelsteinbesetzte Heft! Es konnte kein Zweifel herrschen: dieses leicht mit Zinn legierte Kupfer zeigte alle Merkmale südwestkarolingischer oder frühmaurischer Metallurgie. Karneole, Kalaite, und da: in verschlungenem, schwer zu deutendem Ornament drachenähnliche Wesen. Drei Fassungsringe. Zwei davon leer, die Steine ausgebrochen. Im dritten Ring ein Saphir . . . Über den Häuptern der Drachen ein krönender Stein. Unwillkürlich mußte ich an einen karfunkelhellen Kristall denken . . .

Ich sagte mir: dieser Dolch paßt zu der Beschreibung in der Vitrine der Fürstin wie nur irgendeiner. Kein Wunder, daß sie so aufgeregt war, als sie ihn erblickte.

Die ganze Zeit über stand Jane hinter mir und schaute mir über die Schulter:

»Was interessiert dich so sehr, Liebster, an diesem alten Brieföffner?«

»Brieföffner?« – Zuerst verstand ich nicht; dann mußte ich laut auflachen über die weibliche Ahnungslosigkeit, eine vielleicht tausendjährige Stoßwaffe kurzweg ein Falzbein zu nennen.

»Du lachst mich aus, Liebster? Warum?«

»Mein Liebling, du irrst ein wenig: das ist kein Brieföffner, sondern ein maurischer Dolch.«

Jane schüttelte den Kopf.

»Du glaubst mir nicht, Jane?«

»Warum soll ich nicht? – Nur ist mir eingefallen, es müsse ein Brieföffner sein.«

»Wie kommst du bloß auf diesen sonderbaren Einfall?«

»Ja, du hast recht, es ist – es ist ein Einfall. Es ist mir eingefallen.«

»Was ist dir eingefallen?«

»Daß es ein Brieföffner ist! Ich habs doch gleich gewußt.«

Ich sah Jane an; sie starrte auf den Dolch. Mich durchzuckte es plötzlich:

»Kennst du den Dolch, ... den ... Brieföffner?«

»Wie sollte ich kennen, was man mir erst heute nachmittag ... aber, laß nur, du hast ganz recht: wenn ich das Ding anschaue ... und je länger ich es anschaue ... je länger ich es anschaue ... desto deutlicher ... meine ich ... daß ich es kenne.« – Mehr war aus Jane nicht herauszubringen.

Die Aufregung, die mich überfiel, war zu stark, als daß ich wagen durfte, mit Jane zu experimentieren. Ich hätte auch kaum gewußt, wie es anfangen. So viele Gedanken und Ahnungen bestürmten mich, daß ich Jane, um allein zu sein, bat, nach ihren Hausfrauenpflichten zu sehen, da ich eine dringende Schreibarbeit hätte, und sie unter Küssen entließ.

Kaum war sie draußen, stürzte ich wie wild über meinen Schreibtisch her und kramte und wühlte in den Papieren John Dees und in dem Stoß meiner Dokumente umher, um zu finden, wo mein Ahnherr etwa den Erbdolch seines Geschlechtes erwähnt haben möchte. Ich fand nichts dergleichen. Endlich fiel mir das grüne Hadernheft in die Hand; ich schlug es aufs Geratewohl auf und las:

> Und in jener Nacht der schwarzen Versuchung habe ich verloren, was mein köstlichstes Erbteil war: meinen Talisman, den Dolch, – die Speerspitze des Ahnen Hoël Dhat. Ich habe es verloren auf der Wiese des Parkes bei der Beschwörung; und mir ist, als hätte ich es noch in der Hand gehalten nach Weisung des Bartlett Green, als das Gespenst auf mich

zukam und ich ihm die Hand reichte. – Nach dem aber nicht mehr! – Also habe ich der schwarzen Isaïs bezahlt, was immer ich hernach von der schwarzen Isaïs empfing. – – – Es dünkt mich fast ein zu hoher Kaufpreis ihrer Betrügerei.

Ich grübelte vor mich hin: was bedeutetet diese Wendung von »dem zu hohen Kaufpreis«? – Keine Möglichkeit, aus den Urkunden einen Fingerzeig zu gewinnen! Plötzlich kam mir ein Einfall: ich griff mit rascher Hand nach dem magischen Kohlespiegel.
Aber es ging mir damit wie damals, als ich zum erstenmal versucht hatte, in seinen schwarzglänzenden Flächen zu lesen. Die Kohle in meiner Hand blieb tote Kohle.
Lipotin! – fiel mir da ein und sein Räucherpulver. Hastig sprang ich auf, fand auch bald nach kurzem Suchen die rote Kugel wieder, aber sie war leer, völlig leer und daher wertlos für mich.
Im selben Augenblick jedoch stieß ich auf die Onyxschale, in der ich damals das Räucherpulver verbrannt hatte. Ob Jane sie mit dem Ordnungssinn der Hausfrau hatte reinigen lassen? – Nein! In der Schale klebte noch mit harter Kruste der dunkelbraune Rückstand des magischen Präparates. Von dieser Minute an handelte ich fast wie unter Zwang; es war kein vernünftiges Überlegen, das mich nach dem Siegellämpchen greifen ließ. Hastig goß ich ein wenig daraus in die Schale. Der Spiritus flammte auf. Flüchtig nur kam mir der Gedanke: vielleicht ist der Unsinn, den ich da anstelle, nicht einmal so groß, vielleicht glimmt nochmals ein Rest nach ...
Die Flamme erlosch schnell. Ein feines Glühen strahlte unter dem Aschenrest hervor. Dünner Rauchfaden stieg auf. –

Rasch neigte ich den Kopf über die Schale und atmete tief ein. Noch beißender als damals drang der Geruch in meine Brust. Widerwärtig! Kaum zu ertragen. Wie wird es mir möglich sein, freiwillig, ohne Hilfe, hinüber zu gelangen über die Schwelle des Erstickungstodes?! – Soll ich Jane rufen? Damit sie mir den Kopf, erbarmungslos wie damals der rotmützige »Lipotin«, über die Schale hält, mich mit eisernem Griff, wenn ich ersticke, festhält? Ich biß die Zähne zusammen vor würgendem Ekel und mit Aufgebot aller Energie. ...»Ich zwings!«: der Wahlspruch meiner Ahnen fiel mir plötzlich ein! Die Devise der Dees!

Dann das furchtbare Rütteln der Todesschauer. Halbe Gedanken kreisen in meinem Blut: es ist ein Ertrinken wie in ganz flachem Wasser! – Ich zwings! – Selbstmord in einer Waschschüssel ... nur hysterische Weiber bringen so was fertig, habe ich einmal – irgendwann – sagen hören oder gelesen ... alle Achtung vor den hysterischen Weibern! Ich bin ein Mann, und mir will das verflucht schwer vorkommen? Verflucht schwer ... ah! Rettung! Hilfe! ... Da ... ganz fern ...: der Rotkappenmönch ... riesengroß ... der Meister der Einweihung ... gar nicht wie Lipotin sieht er aus ... er hebt die Hand ... die linke Hand ... er tritt hinter mich ... blitzartig schnell tauche ich hinab in den Abgrund des Totenreiches. –

Als ich emportaumelte, schwere Schmerzen im Hinterhaupt, durch und durch vergiftet, wie ich fühlte, war die stinkende Schale nur mehr mit lockerer Asche gefüllt. Ich war kaum imstande, meine entflohenen Gedanken wieder einzufangen, dann aber trat immer deutlicher vor mein inneres Gesicht, was ich bezweckt hatte: rasch ergriff ich den Kohlespiegel und starrte hinein. Ich fühlte beruhigt: zum andern Male, aber aus eigener Kraft, hatte ich den Tod durchschritten! – – – –

Dann sah ich mich selbst sitzen in einem rückwärts fahrenden Automobil, das, die Karosserie voraus und Kühler und Motorhaube hinterdrein, mit gespenstischer Geschwindigkeit an unserm Strom dahinraste. Links und rechts neben mir saßen Jane und die Fürstin Chotokalungin. Beide schauten geradeaus; keine Wimper, kein Muskel in ihren Gesichtern bewegte sich.

Ruine Elsbethstein flog vorüber. – Die Quellen des Lebens rauschten, sagte ich zu mir. Wolken feinen weißen Wasserdampfes stiegen aus dem Schloßhof da droben auf. Hoch auf dem Turm stand der alte verrückte Gärtner und winkte uns zu. Er deutete heftig in nordwestlicher Richtung und winkte dann wieder zu sich herauf, als wollte er sagen: Zuerst dorthin! Dann ... zu mir!

»Zu dumm!« raunte eine Stimme in mir: »der Alte weiß nicht, daß ich mich zu meinem wahren Selbst – dem Sir John Dee – zurückgefunden habe!« Aber, wenn dem so ist, fiel mir plötzlich ein, wie ist es dann möglich, daß die Fürstin Assja Chotokalungin neben mir sitzt? Ich warf einen Blick auf sie: neben mir saß ... die dunkelbronzene Göttin der pontischen Isaïsanbeter, lächelnd mir zugeneigt mit Spiegel und Lanze, nackt, nackt und sinnverwirrend in Haltung und Ausdruck, daß mir ein heißer Schauer überlief. – Wieder bohrte der hartnäckige Gedanke in mir: abermals greift die Lüsternheit der Teufelin nach mir! Muß ich denn, ums Himmels willen, muß ich denn, ob ich will oder nicht?! Bin ich nicht mehr Herr meiner Sinne?! Was zwingt mich, die Fürstin immer wieder und wieder in Gedanken so zu sehen, wie sie sich mir doch niemals darbot?! Ich will nicht. Ich will nicht! Ich will das Schicksal meines toten Vetters John Roger nicht teilen. – –

Die straffe, jugendlich schimmernde Göttin warf mir einen

unbeschreiblichen Blick zu. Unnahbare Hoheit der Göttin und lockende anbietende Verheißung des Weibes in einem Streifblick; leises wollüstiges Spannen der Brüste, lustverhaltenes Dehnen der Glieder, abgründigen Hohn in den rätseltiefen Mienen, verderbenglimmernde Augenschlitze, Panthergeruch . . .
Das Automobil ist längst mit schneidendem Flugbootkiel in grüne Wellen hinabgezischt. Wir sausen durch grünes Wasser, nicht zu erkennen wie tief, nicht zu ermessen wie hoch über uns, nicht zu erschauen wo oben, wo unten.
Von den grünen Wassern ist nichts übriggeblieben als ein kleiner kreisrunder See, auf dem mein Blick jetzt mit gespannter Aufmerksamkeit ruht. Immer kleiner und kleiner schrumpft er zusammen, wie der fokusartig sich zusammenziehende Ring bei der Einfahrt in einen Tunnel. Ringsum tiefste Dunkelheit.
Dann habe ich das Gefühl, ich bin emporgetaucht.
Senkrecht emporgetaucht aus einem Brunnenschacht, der, umgeben von einer Brustwehr weißer Steinplatten, vor mir hinuntergähnt in unermeßliche Tiefe. Über dem Brunnenrand verweht wie Hauch das schwarze Bronzebild der nackten pontischen Isaïs. Böse lächelnd deutet sie mit der abgebrochenen Lanzenspitze hinab. Den Spiegel hält sie erhoben, indessen sie zu sinken scheint; und es ist, als sei er der kreisrunde, grün blinkende See tief drunten im Brunnenschacht.
Ist sie, die Göttin selbst, es gewesen, die mich hierher geleitet hat? Hierher? – Wo bin ich?
Die Frage ist noch nicht zu Ende gedacht, da zerschneidet mich ein wahnwitziger Schreck. Da: geradeaus vor mir in dem Halbdunkel – – – mein Weib Jane! Ich sehe ihren flackernden Blick. Sie trägt nach englischer Tracht ein Kleid aus der Zeit der Königin Elisabeth, und ich weiß,

daß sie das Weib John Dees ist, – John Dees, der ich doch selber bin. Es ist der fürchterliche Kellerbrunnen im Hause meines Gastgebers, des Doktors Hajek in Prag, und sie – will sich hinabstürzen. Es ist die Nacht des Befehls des Grünen Engels, und Jane, mein einzig geliebtes Weib Jane, habe ich, meinem Schwur getreu, mit brechendem Herzen dem Edward Kelley als Blutbruder – o welch folternder Hohn! – zu gleichen ehelichen Rechten überlassen müssen. Sie hat es nicht überwunden.

Aber keine Zeit nachzudenken. Ich springe aus zusammenbrechenden Knien auf, will die verzweifelte Jane zurückreißen, gleite aus, schreie auf, sehe den stummen, den entschlossenen, den schon gestorbenen Wahnsinnsblick der geliebten, der geschändeten Frau – – und werde zum erstarrten Zeugen des gräßlichen Sturzes: des nimmermehr aus meiner Seele fortzubrennenden Abschieds meiner Jane von dieser Welt.

In zweiundsiebzig Teile zerschnitten ist mein Herz, geht es mir durch den Sinn. Meine Gedanken sind stumpf, wie bei einem geistig Gestorbenen. Der Schacht, der furchtbare Brunnenschacht! Ich ahne, gelähmt, da unten das kreisrunde grünliche Blinken des Spiegels der Isaïs ...

Mit fühllosen Knien klimme ich die Eisenleiter empor aus dem Keller. Jede Sprosse knirscht: »allein ... allein ... allein ... allein ...« Jemand streckt mir den Kopf durch die Mündung der Kelleröffnung entgegen: ein verzerrtes Gesicht, das Gesicht eines Verbrechers, der unter dem Galgen steht. Das Gesicht Kelleys, des Mannes mit den abgeschnittenen Ohren.

Flüchtig denke ich: er wird sich auf mich stürzen; er wird mich hinabstoßen; er wird mich in den Schacht werfen hinab zu Jane.

Es ist mir gleichgültig, ja, ich sehne mich danach. — — —
Er rührt sich nicht. Läßt mich meinen halsbrecherischen Weg vollenden, läßt mich aus dem Abgrund herauskriechen und festen Boden gewinnen. Schritt vor Schritt weicht er vor mir zurück wie vor einem Gespenst. In mir ist jeder Trieb nach Rache erstorben, vor der er sich so fürchtet, der erbärmliche Feigling.
Er stammelt etwas von Rettenwollen . . . von unsinniger Aufgeregtheit der Weiber . . .
Tonlos sage ich: »Sie ist tot. Sie ist hinuntergegangen in den Abgrund, mir den Weg zu bereiten. Sie wird am dritten Tage wieder auferstehen, aufzufahren gen Himmel und sitzen zur Rechten Gottes, von wannen sie kommen wird, zu richten die Mörder im Diesseits und Jenseits . . .« — da höre ich meine Lippen die irrsinnigen Blasphemien stammeln und verstumme.
Gott, so denke ich mit lahmem Einfall, wird die Lästerungen einer zerstörten Seele nicht zurechnen. Ruhte ich doch schon im Frieden bei . . .
Kelley atmet befreit auf. Wird dreister. Er naht sich mit vorsichtiger, mit schmieriger Vertraulichkeit:
»Bruder, ihr Opfer — und das deinige — — ist nicht umsonst gewesen. Der heilige Grüne Engel . . .«
Ich schaue mit brennenden Augen zu Kelley hinüber; das erste, das wieder weh tut an meinem erstorbenen Körper, sind die Augen. — »Der Engel!« will ich aufschreien, und eine wilde, wahnsinnige Hoffnung gleißt in mir auf: hat er den Stein gegeben? Dann . . . vielleicht . . . bei Gott sind alle Dinge möglich . . . Wunder sind einstens geschehen . . . warum sollen nicht abermals Wunder geschehen . . . Jairi Töchterlein ist vom Tode auferstanden! . . . Der Stein der Verwandlung kann Wunder wirken in der Hand eines, der den lebendigen Glauben bekommt durch ihn! . . . Jane!

Ist sie weniger als Jairi Töchterlein? ... Laut schreie ich: »Hat der Engel den Stein gegeben?«
Kelley wird eifrig:
»Nein, noch nicht den Stein ...«
»Den Schlüssel des Buches?«
»N–nein; auch das noch nicht, aber: Rotes Pulver. Gold. Neues Gold. Und versprochen hat er noch mehr ...«
Ein Schrei würgt sich mir aus gefoltertem Herzen:
»Hab ich um Gold mein Weib verkauft, du Hund?! – Bettelkrämer! Schleimiges Tier!«
Kelley springt zurück. Ich sehe meine geballten Fäuste kraftlos niederfallen. Nichts gehorcht mir mehr. Meine Hände wollen morden, aber sie sind gelähmt. ... Ich finde den Befehl nicht, der sie zum Gehorsam zwingt. Ein gallenbittres Lachen schüttelt mich:
»Keine Sorge, Mann mit den abgeschnittenen Ohren, keine Furcht! Ich töte nicht das Werkzeug ... den Grünen Engel will ich fragen von Angesicht zu Angesicht ...«
Kelley mit Hast:
»Der Grüne Engel, Bruder, der Hochheilige kann alles. – Er kann, wenn er will, mir ... nein, nein: dir, Bruder, dir, wenn du es so lieber hörst, die ... verschwundene Jane wiederbringen.«
Aus tierhaft starken Gelenken heraus springe ich, blindlings, ohne zu denken, vor. Meine Hände umklammern Kelleys Hals:
»Stelle den Grünen Engel vor mich, Verbrecher! Stell ihn vor mein Angesicht, so will ich dich am Leben lassen!«
Kelley knickt in die Knie.
Verwischte, jagende Bilder, deren Zug kein Ende nehmen will. Sie rasen vorbei; kaum, daß ich sie fassen will, sind sie verweht und vergangen. Klar dann wieder:
Kelley, in köstliche Gewänder gehüllt, die mit edelstem

Rauchwerk besetzt sind, stolziert durch Prunkräume im Palais Rosenberg. Er nennt sich den Abgesandten Gottes, der berufen ist, das Geheimnis der dreifachen Verwandlung der Menschheit zu bringen: nicht den Unberufenen, sondern der kleinen Schar der Berufenen. Doch solle von nun an das göttliche Geheimnis einen unzerstörbaren Tempel auf Erden haben, und Rudolf, der Römische Kaiser, und einige wenige seiner Paladine sollen Tempelritter des neuen Grals sein.

Rosenberg führt Kelley an der Hand dem gefährlich erregten Kaiser zu, der in streng geheimgehaltener, abgelegener Kammer des Palais Rosenberg den Propheten erwartet.

Ich bin genötigt, mich der feierlichen Prozession anzuschließen; Kaiser Rudolf läßt nur uns beide und Rosenberg vor sich. Rosenberg, als erster im Kniefall vor dem Kaiser niedergestürzt, netzt ihm die Hände mit dem Strom seiner Freudentränen:

»Majestät, der Engel hat sich geoffenbart; er hat sich wahrhaftig geoffenbart«, schluchzt er.

Der Kaiser vermag seine hohe Erregung kaum zu verbergen. Er hüstelt:

»Wenn dem so ist, Rosenberg, so wöllen wir alle anbeten, denn wir haben ein Leben lang auf den Herrn gewartet.« – Dann, finster und drohend zu uns gewendet:

»Ihr seid euer drei, als wie dereinst die Weisen, die Kunde und Gaben brachten dem neugeborenen Heil. Der da kniet, bringt mir die Kunde. Er sei dafür gesegnet. – Ihr zwei Weisen, wo habet ihr die Gaben?«

Kelley tut einen raschen Schritt vor und beugt nur das Knie:

»Hier, diese Gabe sendet der Engel der Majestät Kaiser Rudolfs!«

Er reicht in goldener Büchse ein mehr als doppelt so reichliches Quantum des roten Pulvers, als wir selbst besaßen, da wir einst in Prag einzogen, Rudolf hin.
Der Kaiser nimmt zögernd das kostbare Geschenk. Enttäuschung entspannt sein Gesicht:
»Das ist eine große Gabe. Aber es ist nicht das Geschenk der ersehnten Wahrheit. Jeder Knecht kann damit Gold machen.« – Er wendet den glühenden Blick auf mich. Von mir erwartet er nun die wahre, die erlösende Gabe der Weisen aus dem Morgenlande. Mich überläuft ein kalter Schauder, indem ich niederknie, denn meine Hände und mein Herz sind leer. – Da hebt neben mir Kelley wiederum die Stimme, und seine freche Sanftmut ist bewunderungswürdig:
»Es ist uns befohlen, der Majestät des Kaisers das ›*glass*‹ des hohen Engels zu zeigen und zur Prüfung zu übergeben, das der Hochheilige seinem Diener John Dee, Esquire, aus dem Schatz seiner Gnaden dargereicht hat in der Nacht der ersten Berufung. Denn alle Einweihung hat ihre Schritte und Grade.«
Ich weiß nicht, woher: plötzlich fühle ich das ›*glass*‹ – den goldgefaßten Kohlekristall des Bartlett Green – in meiner Hand. Ich reiche ihn stumm dem Kaiser hin. Er ergreift ihn hastig, beschaut ihn, läßt die Unterlippe fallen:
»Was solls damit?«
Der kniende Kelley starrt unverwandten Blickes auf die Stirnwurzel des Kaisers.
Rudolf, als er keine Antwort erhält, heftet widerwillig nochmals das Gesicht auf die schwarzspiegelnde Fläche des Kristalls. Kelley bohrt seinen Blick immer fester in des Kaisers Stirn. Die hellen Perlen der Anstrengung tropfen ihm unbeachtet von den Schläfen.
Der Kaiser sitzt wie gebannt, den Kristall in beiden Hän-

den. Seine Pupillen erweitern sich. Sein Ausdruck ist der eines Schauenden. – Plötzlich: Staunen, aufzuckende Anteilnahme, Zorn, heftiges Erschrecken, zitternde Erwartung, banges Aufatmen, Triumph, stolze Freude, müdes Nicken des Geierkopfes und dann – – eine Träne!

Eine Träne im Auge Rudolfs!!

Das alles, in rascher Folge nacheinander, spielt sich auf dem Gesicht des Kaisers ab. – Eine kaum erträgliche Spannung über uns allen. Endlich sagt Rudolf:

»Ich danke euch, ihr Boten der Überwelt. Die Gabe ist in der Tat kostbar, und sie muß dem Geweihten genügen. Denn nicht ein jeder ist dort Kaiser, der hier die Krone trägt. Wir wöllen Uns bestreben.« – Des Kaisers stolzes Haupt neigt sich. Mir können die Tränen nicht mehr im Halse gehorchen, wie ich die Majestät sich so in Demut neigen sehe vor dem Verführer mit den abgeschnittenen Ohren.

Volksgedränge auf dem engen Platz in Prag, genannt »Zum Großprior«, vor der Malteserkirche. Die ganze Kleinseite scheint auf den Beinen zu sein. Blitzende Waffen, gleißender Schmuck auf den Gewändern des hohen Adels, der aus offenen Fenstern der Paläste auf das herannahende Schauspiel niederschaut.

Aus der Malteserkirche hervor tritt ein Zug, der sich stattlich formiert:

Kelley, Freiherr von Böhmen, des Heiligen Römischen Reiches erwählter neuer Paladin, hat soeben Schwertschlag und Stirnölung vor dem Altar der uralten Ritterkirche auf Befehl des Kaisers erhalten.

Jetzt setzt sich der Zug in Bewegung, voran drei schwarzgelbe Herolde, zwei von ihnen mit langgezogenen Trom-

peten vor dem Mund, einer mit dem Pergament des Kaisers. An jeder Straßenecke Fanfarenstöße und Verlesung des kaiserlichen Gnadenbriefes für den neuen Freiherrn des Reiches: »Sir« Edward Kelley aus Engelland.
Von den Altanen und aus den hohen, kühn gekragten Fenstern der Adelsburgen herab: neugierige Gesichter, undurchdringlich verschlossen von bleichem Hochmut, oder durchzuckt von höhnischem Spott, leise vorsichtig bewegt von unhörbaren Bemerkungen mokanter Bosheit.
Ich sehe dem Trubel aus einem Fenster des Nostizschen Palais zu. Trübe Gedanken hängen wie schwerfeuchte Nebel undurchdringlich über meiner Seele. Umsonst, daß mein edler Wirt, zu dem ich mit Doktor Hajek geladen bin, mir Schmeicheleien sagt über den echten Stolz meines alten Adels, der es verschmähte, theatralische Titel aus noch so hohen Händen entgegenzunehmen. Mir ist alles einerlei. Mein Weib Jane ist untergegangen und verloren im grünen Abgrund ...

Ein neues seltsames Bild: der hohe Rabbi Löw steht, wie er gern tut, mit seinem langen Leib an die Wand gelehnt, die Hände flach im Rücken gegen die Mauer gespreizt, in dem kleinen Stübchen in der Alchimistengasse vor Kaiser Rudolf, der im Sessel versunken liegt. Zu Füßen des Rabbis liegt schläfrig und katzenfromm des Kaisers Berberlöwe: der Rabbi und der Katzenkönig sind gute Freunde. Ich sitze an dem kleinen Fenster, vor dem die Bäume kahl zu werden beginnen. Mein streifender Blick sieht drunten durch das entlaubte Gebüsch zwei riesenhafte schwarze Bären, die zottigen Köpfe schnuppernd erhoben, mit rotgesperrten Rachen heraufblinzeln. — —
Rabbi Löw hat ruckartig die eine Hand von der Wand

weg und hinter seinem auf und ab schwankenden Rücken hervorgezogen. Er hat das *»glass«* ergriffen, das ihm der Kaiser hingehalten hat, und schaut lange auf die kristallflächige Kohle. Dann geht sein Kopf in die Höhe, daß unter dem weißen Bart der knöchrige Adamsapfel hervortritt, und sein Mund scheint rund und lautlos zu lachen:
»In einem Spiegel sieht man nichts anderes als sich selbst! Wer sehen will, der sieht, was er will sehen in der Kohle, denn das eigene Leben in ihr ist längst verbrannt.«
Der Kaiser fährt auf:
»Wollet Ihr sagen, Freund, das *›glass‹* sei ein Betrug? Ich selber habe . . .«
Der alte Jude rührt sich nicht von seiner Wand. Er schaut zur nahen Zimmerdecke hinauf und schüttelt den Kopf:
»Ist Rudolf ein Betrug? Rudolf ist geschliffen zur Majestät wie ein *›glass‹*; ringsum hart geschliffen, also kann er spiegeln die ganze Vergangenheit des Heiligen Römischen Reiches. Es hat aber kein Herz: nicht die Majestät und nicht die Kohle.«
Mir geht ein Schnitt durch die Seele. Ich schaue den hohen Rabbi an und fühle das Opfermesser an meiner Kehle . . .

Keine Not herrscht mehr im gastlichen Hause Doktor Hajeks. Gold strömt von allen Seiten zu. Rosenberg sendet für die Gnade, einer Sitzung Kelleys beiwohnen zu dürfen, in der der Grüne Engel erscheinen soll, Geschenke über Geschenke von verschwenderischer Pracht, von unschätzbarem Wert. Der alte Fürst ist bereit, nicht nur seine Güter, sondern sein ganzes armes altes Leben den Offenbarungen des neuen Tempels, der »Loge vom Westlichen Fenster«, zum Opfer darzubringen.
Also darf er mit uns hinab in den Keller des Doktors Hajek steigen. –

Die düstere Sitzung beginnt. Alles ist wie einst. Nur Jane fehlt. Ich ersticke schier vor würgender Erwartung. Nun ist der Augenblick gekommen; nun soll mir der Engel Rede stehen für das Menschenopfer, das ich ihm dargebracht habe!
Rosenberg bebt an allen Gliedern; er betet ununterbrochen leise vor sich hin.
Kelley ist auf seinem Sitz. Er fällt in Verzückung.
Jetzt ist er fort. An seiner Stelle glüht grün der Engel auf. Die Erhabenheit der Erscheinung wirft Rosenberg zu Boden. Sein Schluchzen wird hörbar:
»Ich bin gewürdigt worden ... ich bin ge .. würdigt wo .. worden ...«
Das Schluchzen geht in Wimmern über. Der alte Fürst liegt im Staub und babbelt wie ein kindisch gewordener Greis.
Der Engel wendet sein eisiges Auge auf mich. Ich will zu ihm reden, aber die Zunge klebt mir am Gaumen. Ich kann den Anblick nicht ertragen. Ich nehme alle Kraft zusammen; ich raffe mich auf – einmal – zweimal – – umsonst! Der steinerne Blick lähmt mich ... lähmt ... mich ... vollends.
Der Engel redet aus großer Ferne zu mir:
»Deine Nähe ist mir nicht lieb, John Dee! Deine Unbotmäßigkeit ist nicht weise, dein Löken gegen die Prüfung ist nicht fromm! Wie soll das Werk aller Werke gelingen, wie soll das Heil sich erfüllen, solang der Lehrling Unheilsames im Herzen trägt? Schlüssel und Stein dem Gehorsam! Warten und Verbannung dem Ungehorsam! Harre in Mortlake meiner, John Dee!«

Tierkreiszeichen am Himmel? Was deuten sie mir? Ein drehendes Rad? – Ja, ich begreife: Jahre, Jahre, Jahre

sinds, die da vorübergleiten: Zeit, Zeit! Dann: öde Brandruinen ringsum.
Geschwärzte Mauern durchschreite ich, von denen faule Tapeten herabklatschen. Über ehemalige Turmschwellen stolpert mein Fuß, von denen nicht mehr zu sagen ist, aus welchem Raum in welchen Raum sie mich, den einst fröhlichen Herrn des Schlosses, geleitet haben. Nein: nicht sagen kann ich, daß ich gehe; ich schleiche nur, schlurfe so müde, so müde, so müde.
Ich klettere eine halbverbrannte Holzstiege empor. Splitter und rostige Nägel reißen mir am zerschlissenen alten Rock. Ich betrete eine muffige Küche, — die Küche, in der ich einst Gold gemacht habe! Senkrecht gestellte ausgetretene Backsteine bilden den Fußboden. In der Ecke ein Herd, darauf eine Schüssel, aus der einst meine Hunde getrunken haben, eine trübe Milch darin und daneben ein vertrocknetes Stück Brot. — — Abgedeckt ist der Raum gegen den freien Himmel mit einer schrägen Bretterlage, durch deren Ritzen der kalte Herbstwind hereinwinselt. Das ist Schloß Mortlake, das sie hinter mir verbrannt haben, als ich vor fünf Jahren nach Prag zog zu Kaiser Rudolf.
Die Küche ist der besterhaltene Raum in dem Gemäuer. Ich habe ihn mit eigener Hand notdürftig hergerichtet, daß er mit Eulen und Fledermäusen zusammen zur Wohnung dient.
Ich sehe mich selbst: verwahrlost bis zum Äußersten. Wirre schneeweiße Haarsträhne über der Stirn, wirrer silberfarbener Bart, der ungepflegt aus Nase und Ohren hervorwächst. Zerfallen ... zerfallen das Haus, das steinerne wie das aus Fleisch und Knochen. — — Und keine Krone von Engelland und kein Thron von Grönland — und keine Königin zur Seite auf dem Stuhl und kein Karfunkel über dem Haupte! Froh muß ich sein, meinen Sohn

Arthur geborgen zu wissen fern oben in Schottland bei den Verwandten meiner toten Jane. — — Gehorsam war ich dem Engel vom Westlichen Fenster. Gehorsam dem Ruf und gehorsam dem Urteil . . . der Verwerfung?
Mich friert, obschon mein alter Freund Price mich in mitgebrachte Decken hüllt. Tief von innen heraus friert mich vor Alter. Immer wühlt ein Schmerz tief drinnen in meinem morschen Leib: ein nagendes Etwas, das sich abmüht, die Kanäle des Lebens zu verschütten.
Price beugt sich über mich, horcht mit ärztlich sachtem Andruck seines Ohres an meinem gebeugten Rücken und murmelt:
»Gesund. Reiner Atem. Wohlgemischte Säfte, — — ein ehernes Herz.«
Mich schüttelt ein kicherndes Lachen:
»Ja, ein ehernes Herz!«

Und Königin Elisabeth ist lange, lange tot! Die Liebliche, die Mutige, die Schneidende, die Lockende, die Königliche, die Zerstörende, die Gnädige und die Ungnädige, sie ist tot . . . tot . . . lange tot. Keine Kunde hat sie mir hinterlassen, keine Kunde geschickt, wo ich sie suchen soll. Kein Zeichen, daß sie mich sieht! An meinem Platz am Backsteinherd sitze ich unter dem Bretterdach, von dem polternd von Zeit zu Zeit der Schnee abrutscht, und wühle in Vergangenheit.
Price erscheint auf der Hühnertreppe, der alte Price, mein Arzt und mein letzter Freund. Ich spreche mit ihm von Königin Elisabeth. Immer nur von Königin Elisabeth . . .

Nach langem Zögern sagt er mir Seltsames: Er war an ihrem Krankenbett, als sie im Sterben lag. Sie wollte ihn nicht missen, den Landarzt von Windsor, der ihr in vergangenen Tagen so manchen guten Doktorsrat gegeben hatte. – Sie lag in Fieberphantasien. Er wachte allein bei ihr in der Nacht. Sie sprach von ihrem Aufbruch in ein anderes Land. In ein Land jenseits des Meeres, dort woher sie den Bräutigam ihr Leben lang erwartet habe, – dort, wo die Burg rage mit den Brunnen und dem Wasser des ewigen Lebens! Dorthin wolle sie nun übersiedeln und dort wolle sie wohnen in der Stille eines süß duftenden Gartens und dort erwarten den Bräutigam. Dort werde kein Warten sie grämen und keine Zeit ihr zu lang dünken. Dort werde kein Alter und kein Tod sie berühren. Dort sei doch der Brunnen mit dem Lebenswasser; davon werde sie trinken; das Wasser werde sie jung erhalten – jung, so jung, wie sie nie gewesen sei seit König Edwards Tagen. Und dort werde sie Königin sein in den Gärten der Seligkeit, bis der Gärtner dem Bräutigam winke, daß er sie herabhole aus der verwunschenen Burg der geduldig wartenden Liebe . . . – – so erzählte mir Price.

Wieder das öde Gemach. Ich bin allein. Price ist nicht mehr bei mir; ich weiß nicht: sinds Tage her oder Wochen, daß er fortgegangen ist?

Ich sitze mit dem Gesicht zum Herd und stochere mit zittrigen Händen in der erloschenen Glut. Schräge Sonnenblitze flimmern durch die Lattenritze im Dach über meinem Haupt. Ist also der Schnee verschwunden? Es ist mir einerlei.

An Kelley muß ich plötzlich denken. Das einzige, was ich von ihm weiß, ist: er habe ein schreckliches Ende genommen in Prag; vielleicht war es nur ein Gerücht? Es ist mir einerlei.

Da: ein Geräusch auf der morschen Treppe? Ich wende

mich langsam: aus der Tiefe herauf hakt sich mühsam, Schritt vor Schritt, ein keuchender Mensch! ... Warum muß ich an den Höhlenkeller mit der eisernen Leiter in Doktor Hajeks Haus in Prag so deutlich denken? So, ganz so bin ich selbst einmal aus der Tiefe emporgeklommen, die Sprossen der Leiter ertastend, mit zitternden Knien, weil Jane ...! Und oben, am Ende des Abgrunds, hatte Kelley mich erwartet.

Da! Da: hebt Kelley, wirklich und wahrhaftig Kelley, den Kopf über die Treppenluke zu mir in die Küche. Er taucht empor, schiebt Kopf, Brust, Beine herauf, wankt ... steht, an den Türpfosten gelehnt, vor mir ... Nein: er steht nicht; ich sehe genauer: er schwebt ein wenig, vielleicht handbreit über dem Boden. – – Er könnte auch gar nicht stehen, denn seine beiden Beine sind gebrochen, mehrfach am Oberschenkel gebrochen und an den Waden. Die Knochen dringen da und dort wie Spieße blutig durch die erdbeklebte Hose aus Brabanter Tuch.

Reich gekleidet immer noch ist der Mann mit den abgeschnittenen Ohren! Aber seine Gesichtszüge sind verwüstet, sein Edelmannskleid hängt ihm in Fetzen vom Leib. – Der Mann ist tot. Erloschene Augen stieren mich an. Blaue Lippen bewegen sich lautlos. Ruhig klopft mein Herz. Nichts reißt mich aus der tiefen Ruhe meiner Sinne; ich sehe Kelley an ... Dann:

Bilder, windgewirbelte, wie farbiger Nebel. Wälder gerinnen daraus. Die Wälder Böhmens. Über Wipfeln ein Turmdach mit der schwarzen Wetterfahne, dem Habsburger Doppeladler: Karls Teyn. Hoch im Wehrturm, der nach Nordwesten auf glattriffigem Braunerzfelsen aufgemauert ist, ein aufgebrochenes Kerkerfenster. Und an der schwindeltief abstürzenden Kalkwand kratzt und fingert sich ein Menschenleib zu Tal wie eine kleine schwarze

Spinne; ... unsäglich dünn ist der Faden, an dem sie hängt, ... mühsam wickelt sich das schwache Seil übers Fensterkreuz ab, ... weh dem Krabbelwesen, das dort hinab will! — Bald baumelt es frei in der Luft, denn die Mauer ist mit sanfter Schweifung nach einwärts errichtet; sorgfältig hat der Baumeister dieses ewigen Kerkers an jede Möglichkeit des Entfliehens gedacht! Da ist kein Entkommen, arme Menschenspinne, an deinem dünnen Faden! — Rückwärts nun klimmt der dort hängende, in freier Luft langsam sich drehende Mensch. Da: ein leises Sichneigen des Fensterstocks droben, ein wirbelnder Ablauf des Seiles, ein kaum sichtbarer Ruck. Der bleiche Gast an meiner Türschwelle stöhnt geisterhaft auf, als müsse er wieder, immer wieder und wieder den Augenblick seines einstigen Sturzes von neuem durchleben, des Sturzes in die grüne Tiefe unten bei Karls Teyn, der Feste eines unberechenbar launischen Kaisers.
Ich sehe, wie Kelley, das Gespenst an der Türschwelle, vergeblich sich abmüht, zu mir zu sprechen. Er hat keine Zunge mehr; sie ist ihm in der Erde verfault. Beschwörend hebt er die Hände gegen mich. Ich fühle, er will mich warnen. Wovor? Was hätte ich noch zu fürchten! — Kelleys Mühe ist umsonst. Er kann nicht. Die Augenlider zittern ihm; sie fallen zu. Das Scheinleben der Larve erlischt. Langsam verblaßt das Phantom.

Es ist Sommer in der alten Küche zu Mortlake. Nicht zu sagen, der wievielte seit meiner Heimkehr aus der Verbannung ... Ja, aus der Verbannung! Denn die Verbannung hierher, die der Engel mir auferlegt hat — oh, ich fange an, heimlich zu lachen über die finsteren Befehle des Grünen — die Verbannung hierher, das ist meine Heimkehr gewesen! Hier ist der Boden ... oh, hätte ich ihn doch nie verlassen! ... der Boden, der aus seiner mütterlichen Tiefe Heilkräfte aufsteigen läßt in meinen verbrauchten Leib. Heilkräfte, die vielleicht mir den Weg noch weisen können zu mir selbst. Hier wandelt mein Fuß die Spuren meiner Königin; hier meint meine Seele den verwehten Atem einstiger Hoffnung auf höchstes Glück in dem sanften Hauchen des Abendwindes über Mortlakecastle wieder zu spüren. Hier ist das Grab meines zerstörten Lebens, aber auch der Ort meiner Auferstehung, mag sie so spät kommen, wie sie will. So sitze ich Tag für Tag am kalten Herd und warte. Nichts ist ja mehr zu versäumen, denn Elisabeth hat »Grönland« erreicht, und keine lärmenden Staatsgeschäfte, keine dummen Schnitzeljagden nach den lächerlichen Phantomen der Eitelkeit entführen sie mir mehr.

Wieder Geräusch auf der Treppe! Dann steht ein königlicher Kurier vor mir. Seine Verbeugung ist steif, nachdem er sich befremdet umgesehen hat:

»Ist dies Mortlakecastle?«

»Ja, mein Freund.«

»Und ich stehe vor Sir John Dee, Baronet of Gladhill?«

»So ist es, mein Freund.«

Lächerlich: dies Grausen im Gesicht des Kuriers. Der Tropf kann sich einen englischen Baron nur in Samt und Seide vorstellen. Der Rock macht doch den Adel nicht aus und Lumpen nicht den Proleten.

Hastig übergibt der Kurier ein versiegeltes Paket, verneigt sich nochmals mit der Grazie einer Holzpuppe, der die Gelenke fehlen, und turnt die wacklige Holzstiege, die zu meinem »Empfangssalon« führt, wieder hinab.

In Händen halte ich das Paket, gesiegelt mit dem Wappen des Fürsten Rosenberg, des Burggrafen zu Prag: der Nachlaß des unseligen Kelley rollt mir daraus entgegen

und ein kleineres, sorgfältig verschnürtes Gebinde, mit dem Petschaft des Kaisers gesiegelt.
Die zähe schwarzgelbe Schnur widersteht meinem Zerren. Kein Messer zur Hand? – Unwillkürlich greife ich an meine linke Seite: wo ist mein Brieföffner? durchzuckt es mich; die Stelle, an der ich vor Zeiten den Dolch, das Erbstück der Dees, getragen habe, ist leer. – – Jetzt weiß ich wieder, daß ihn mir das gespenstische Phantom der Elisabeth aus der Hand genommen hat, damals, als sie, von mir beschworen nach Anweisung Bartlett Greens, zu mir nachts in den Park von Mortlake gekommen war! Und daß ich seitdem, gleichsam zum Trotz, eine damals genau nachgebildete Kopie des Kleinods stets bei mir zu tragen pflegte, um das Ding als Brieföffner zu benützen. – – »Damals«, so fährt es mir durch den Sinn, »damals trug ich ihn beständig bei mir, den Brieföffner, statt des verlorenen Dolches. Es muß mir das Falzmesser verlorengegangen sein. Auch die Kopie also! Es ist nicht schade darum.«
Endlich lockert sich die Schnur mit Zuhilfenahme eines alten Nagels, der schließlich noch denselben Dienst tut wie eine Lanzenspitze des Hoël Dhat, und vor mir liegt: der Kohlekristall, den Kaiser Rudolf mir wortlos zurückschickt.

Erinnerungen schleichen trüb vorbei: die letzten Quadratfuß Landes um die Ruine von Mortlakecastle her hat der Ammann versteigert. Schnee weht wieder zu den Ritzen und Löchern meiner Küche herein. Braunes erfrorenes Farnkraut, Bocksklee, Winde und Ackerdistel rings zwischen den Steinfliesen meines Eulenpalastes.
Immer seltener kommt Price, der letzte Freund, von Windsor herüber. Selbst ein zerfahrener, mürrischer Greis,

hockt er bei mir am Herd, stundenlang stumm und mit wackelig auf den derben Landarztstock gestütztem Schädel. Immer, wenn er kommt, muß ich die umständlichen Vorbereitungen zu einer Geistersitzung treffen: lange Gebete, auf die der fromm und schon kindisch gewordene Price den allergrößten Wert legt, – verwickelte und sinnlose Zeremonien. Und inzwischen schläft Price ein, und auch ich dämmere in Vergessenheit hinüber . . ., und wenn wir erwachen, ist alles vergessen, was wir wollten, oder der Abend schwebt kalt herein. Dann erhebt sich Price zitternd und murmelt:
»Das nächste Mal also, John; das nächste Mal!«

Price, den ich erwartet habe, ist ausgeblieben; dafür ist ein furchtbares Wetter am Himmel aufgezogen. Trotz der frühen Abendstunde herrscht fast Dunkelheit im Raum: das Gewitter verfinstert den Himmel. Jetzt ein flackernder Blitz. In seinem gelben Schein lebt mein Herdkamin mit phantastischen Schatten auf. Knatternde Donnerschläge, erneute, nicht enden wollende Blitzesfahnen über Mortlake. – – Wohlige Erbitterung ergreift mein Herz: so soll es mich treffen und erschlagen! Was könnt ich mir Besseres wünschen?! Ich bete um einen Blitz.
Ich bete – – kommt es mir nicht plötzlich zu Sinn: ich bete zu »Il«, dem Grünen Engel vom westlichen Fenster?!
Und wie mir das zu Bewußtsein kommt, flammt plötzlich greller als ein Blitz die Wucht eines maßlosen Zornes in mir auf. Auf einmal wird mir klar: seit jener grauenvollen Sitzung im Höhlenkeller des Doktors Hajek in Prag hat sich der Grüne nicht mehr vor mir blicken lassen, und nichts von allem hat sich erfüllt als das Wunder meiner

unbegreiflichen übermenschlichen Geduld! — Jetzt, im Sprühen eines Blitzstrahls, ist mirs, als grinse aus der rußigen Nacht des alten Kamins hervor das steinerne Angesicht des Engels!

Ich bin aufgesprungen. Verworren fallen mir alte, lang vergessene Beschwörungsformeln ein, die mir der Bartlett Green hinterließ, als er zum Scheiterhaufen des Bischofs Bonner hinwegschritt, Formeln, zu gebrauchen in der dringendsten Gefahr, wenn man die Hilfe der andern Welt verlangt, der man Opfer dargebracht hat, Formeln, die aber auch den Tod bringen können!

Ob ich nun etwas geopfert habe im Leben? Ich dächte: genug! Und von meinen Lippen fallen die lang vergessenen Worte auswendig, automatisch wie Hammerschläge. Meine Seele versteht auch jetzt den Sinn nicht, aber »drüben« werden sie aufgefangen, die Silben, die Worte, von unsichtbaren lauschenden Ohren, und ich fühle es deutlich: die da drüben gehorchen den toten Worten, denn mit Totem zwingt man die Toten! Aus den rohen Verkröpfungen und Simsen des Kamins hervor dämmert da das fahle Gesicht, die Gestalt Edward Kelleys.

Wilder Triumph packt mein Herz an: hab ich dich also gezwungen, alter Kamerad? Mußt du um meinetwillen den fühllos unruhigen Schattenschlaf der Gespenster ein wenig unterbrechen, Teuerster?! Es tut mir leid, aber ich bin genötigt, mich deiner zu bedienen, Herzensbruder! . . . Wie lange ich wohl diese grimmigen, halb blöden Ansprachen an den toten Scharlatan fortgesetzt haben mag? — Endlos schleppende Zeiten zogen vorbei.

Endlich erraffe ich mich wieder, und ich befehle dem Kelley im Namen des getauschten Blutes. Da, zum erstenmal, sehe ich das Phantom sich bewegen: es ist, als durchliefe seine Gestalt ein kalter, lang anhaltender Schauer . . . im

Namen des getauschten Blutes verlange ich von ihm die unverzügliche Beschwörung des Grünen Engels.
Vergeblich Kelleys erschrockene Abwehr, vergebens die Versuche, meinem Bann zu entkommen, vergebens die stummen Ausflüchte, die darauf hinauslaufen, mich auf gelegenere Zeit zu vertrösten! ... Ich beginne, die Formeln des Bartlett Green mit der ingrimmigen Energie eines Henkers, der vom Drang nach Geständnis des Opfers wie von Blutrausch betrunken ist, dem Kelley gleichsam wie Stricke um den Phantomleib zu drehen, daß ihm der Gespensteratem ausgeht. Dabei schwindet, mit dem Ausdruck grausamster Qual, sein Gesicht, und langsam ergreift die steinerne Gestalt des großen Grünen von ihm Besitz.
Es ist, als fresse der Engel den wehrlosen Kelley auf bei lebendiger Gestalt.
Dann steht der Grüne allein im Halbdunkel des Kaminfangs.
Wieder fühle ich den Blick, der erstarren macht. Wieder beginne ich mit jener Abwehr, die das Herzblut als Schutzwall vortreiben möchte, um der Kälte zu begegnen, die den Leib von außen nach innen rasch gefrieren läßt, aber ich fühle mit Staunen, daß diese vom Engel ausstrahlende Kälte auf die Lederhaut meines Greisenkörpers keinen Eindruck mehr zu machen scheint. – Jetzt erst weiß ich, wie kalt ich selber schon geworden bin.
Und eine wohlklingende Stimme vernehme ich, mir lange vertaut, eine Stimme, wie die eines frohen fühllosen Kindes:
»Was willst du?«
»Ich will, daß du Wort hältst!«
»Glaubst du, mich kümmert ein Wort?«
»Was hier auf Erden nach Gottes Satzungen gilt: Treue

gegen Treue, Wort gegen Wort, das muß auch drüben gelten, oder der Himmel stürzt mit der Hölle in ein Chaos zusammen!«
»So nimmst du mich also beim Wort!«
»Ich nehme dich beim Wort!«
Draußen tobt das Gewitter mit unverminderter Heftigkeit fort, aber das betäubende Prasseln der Blitze, wie sie einschlagen rings ums Schloß, das ununterbrochene Knallen und Fortpoltern der Donnerwellen dringt zu meinen Ohren nur wie gedämpfte Begleitmusik zu den schneidend scharfen und klaren Sätzen, die der Engel spricht:
»Ich habe dir immer wohlgewollt, mein Sohn.«
»So gib mir den Schlüssel und den Stein!«
»Das Buch Sankt Dunstans ist verloren. Was nützt dir der Schlüssel dazu?!«
»Ja: Kelley, dein Werkzeug, hat es verloren! Ist der Schlüssel ein unnütz Ding geworden, so wirst du wissen, was mir not tut!«
»Das weiß ich, mein Sohn. Wie aber soll wiedergefunden werden, was für immer verloren ist?«
»Durch den Griff dessen, der weiß!«
»Das steht nicht in meiner Macht. Auch wir gehorchen der Schrift des Schicksals.«
»Und was steht in der Schrift des Schicksals geschrieben?«
»Das weiß ich nicht: der Brief des Schicksals ist versiegelt.«
»So öffne den Brief!«
»Gern mein Sohn! Wo hast du den Brieföffner?«
Blitze der Vernichtung, Donnerschläge der Erkenntnis und der Verzweiflung hauen auf mich ein. Ich breche vor dem Herd in die Knie, als sei er der Altar mit dem Allerheiligsten darüber. Ich flehe den Steinernen an. Unsinniges Beginnen! – Und doch?! Er lächelt. Dann belebt, beseelt ein

mildes, gütiges Lächeln sein blaßgrünes Nephritgesicht:
»Wo hast du den Speerdolch des Hoël Dhat?«
»Verloren ...«
»Und dennoch nimmst du mich beim Wort?«
Aufs neue flackert die Flamme unsinniger Empörung in mir hoch; in knirschender Wut schreie ich:
»Ja, ich nehme dich beim Wort!«
»Mit welchem Mut? Mit welchem Recht?«
»Mit dem Mut des Gemarterten. Mit dem Recht des Geopferten!«
»Und was willst du von mir?«
»Die Erfüllung jahrzehntelanger Verheißung!«
»Du verlangst den Stein?«
»Ich verlange den — Stein!«
»In drei Tagen sollst du ihn haben. Bis dahin: Rüste dich zum Aufbruch und zur neuen Reise. Die Zeit deiner Prüfung ist um. Du bist gerufen!«
Ich bin allein in der Dunkelheit. Der Schein der hereinzuckenden Blitze zeigt mir das schwarz und leer gähnende Loch des Kamins.

Tag bricht an. Mühsam, unsagbar mühsam schleppe ich mich durch die verkohlten Ruinenräume, in denen untergebracht ist, was vom Wohlstand der Dees hier und da noch umherliegt. Mein Rücken, meine Glieder schmerzen, so oft ich mich bücke, als schnitten mir glühende Messer in die Lenden. — Ich packe meine Lumpen in ein Bündel zur befohlenen Reise ...
Price ist auf einmal da. Stumm schaut er meinem Treiben zu:
»Wohin?«
»Weiß nicht. Vielleicht nach Prag.«

»War Er da? Bei dir? Hat er befohlen?«
»Ja, Er war da. Er h ... hat befohlen!« – Ich fühle, wie mir die Sinne schwinden.

Rossewiehern. Das Rollen und Rattern einer Reisekutsche. Ein seltsamer Fuhrmann tritt über meine Küchenschwelle und schaut mich fragend an. – Das ist nicht der Nachbar, der sich zur Fahrt nach Gravesend erboten hat! Gegen ein volles Drittel meines ganzen Reisevermögens. Den Mann kenn ich nicht.
Einerlei! Ich versuche mich zu erheben. Es geht nicht. Schwer wirds sein – zu Fuß – nach Prag zu wandern! Ich winke dem Mann zu, suche mich verständlich zu machen:
»Morgen ... morgen vielleicht, mein Freund ...«
Ich kann doch gar nicht reisen. Ich kann mich kaum von dem Strohlager erheben, auf das sie mich gebettet haben. Dazu sind die Schmerzen in meinen Lenden ... viel ... viel zu ... groß.
Gut, daß Price, der Arzt, bei mir ist. Er beugt sich über mich und flüstert:
»Nur Mut, Johnny, das geht vorüber. Es ist nur die Hinfälligkeit der Kreatur, old boy, nicht wahr? Kranke Galle, kranke Nieren! Es ist der verdammte Stein. Der Stein, guter Freund. Der Stein in dir, der dir solche Schmerzen bereitet!«
»Der Stein –!?« stöhne ich und falle zurück.
»Ja, Johnny, der Stein! Mancher muß sehr leiden am Stein, Johnny, und wir Ärzte haben kein Mittel, wenn wir nicht schneiden dürfen.«
Mit den rasenden Schmerzen zucken Garben von Licht vor meinen inneren Augen auf:

»O weiser Jude von Prag! Hoher Rabbi Löw!!« – der Aufschrei preßt sich mir zusammen mit dem Angstschweiß aus der kalten Brust. Das ist der Stein? Verächtlichster Spott! Mir ist, als höhne mir die Hölle ins Gesicht: »Den Stein des Todes und nicht den Stein des Lebens hat dir der Engel gegeben. Lange schon. Du hast es nicht gewußt?«
Mir wird, als rufe mir der Rabbi aus ferner Zeit herüber zu:
»Gib acht auf den Stein, um den du bittest! Gib acht, daß der Pfeil deines Gebetes nicht abgefangen wird!«
»Wünschest du sonst noch etwas?« höre ich Price fragen.

Allein, in Lumpen und räudiges Pelzwerk verpackt, in meinem alten Lehnstuhl sitze ich. Am Herd. Ich erinnere mich: ich habe Price gebeten, mir den Stuhl so zu rücken, daß ich mit dem Gesicht nach Osten sitze, – daß ich den nächsten Gast, er sei, wer er sei, empfange in der Haltung, die der meines ganzen verflossenen Lebens entgegengesetzt ist: mit dem Rücken gegen den grünen Westen.
So warte ich auf den Tod ...
Price hat mir versprochen, am Abend nach mir zu sehen, um mir das Sterben leicht zu machen.
Ich warte.
Price kommt nicht.
So warte ich seit Stunden zwischen Ohnmachten der Qual und Hoffnung auf Erlösung mit dem Erscheinen des Price. Die Nacht vergeht; ... auch Price, der letzte Mensch, versagt.
An allen Zusagen der Sterblichen wie der Unsterblichen habe ich Schiffbruch erlitten bis zuletzt.
Nirgends ist Hilfe, das hab ich gelernt. Nirgends Erbar-

men. Der liebe Gott schläft, gut und bequem, wie Price, der Arzt! Sie haben alle zusammen nicht den siebenmalsiebenzigfach messerscharf gekanteten und geschliffenen Stein in den Weichen! – Wo bleibt die Hölle, mich in meinen Qualen zu genießen? Verraten! Verloren! Verlassen!

Aus halber Ohnmacht tastet meine Hand im Umkreis des Greifbaren auf den Herdsteinen herum. Sie findet ein Skalpell, das der Arzt zurückgelassen hat, um mir damit die Ader zu schlagen. Gebenedeiter Zufall! Gesegnet seist du, Freund Price! Das kleine Messer ist mir jetzt mehr wert als der stumpfe Speer des Hoël Dhat; es macht mich frei ... endlich frei!

Ich beuge den Kopf zurück und straffe die Kehle. Heb die Klinge zum Hals ... Ein erster Morgenstrahl läßt die Schneide purpurrot aufblinken, als überlaufe sie schon der stockende Saft meines greisen Lebens, da grinst hervor aus der leeren Luft des in dämmriges Licht getauchten Raumes und über die Rasiermesserklinge: das breite Gesicht des Bartlett Green mit dem Birkauge. Er lauert, er nickt, er winkt: »Zieh durch. Zieh durch, durch die Kehle! Das hilft! Das vereinigt dich mit Jane, deinem Weib, der Selbstmörderin; das zieht zu uns hinab; das ist gut!«

Recht hat der Bartlett: zu Jane will ich! – –

Wie friedlich das Messer lockt und der Sonnenschein funkelt zwischen Klinge und Hals!

Da! Ein Druck hinter mir auf meine Schulter! – Nein, ich drehe mich nicht um: kein Blick mehr nach Westen! Der Druck ist warm wie von Menschenhand und durchläuft mich mit heißem Wohlgefühl.

Ich brauche mich nicht mehr umzuwenden: *vor* mir steht Gardener, mein alter vergessener Laborant Gardener, der sich einst im Streit von mir trennte. – Wie kommt der

mit einemmal hierher ins Schloß ... und in diesem Augenblick, wo ich Mortlakecastle und der ganzen betrügerischen und betrogenen Welt den Rücken kehren will?
Sonderbar angetan ist Gardener, mein guter Laborant! Er trägt einen weißen Mantel aus Leinwand, darein in der Höhe der linken Brust eine rotgoldene Rose eingestickt ist. Sie flimmert im Licht des sonnigen Morgens. – Und jung, sehr jung ist das Gesicht Gardeners geblieben! Als seien nicht fünfundzwanzig Jahre vergangen, seit wir uns zum letztenmal gesehen haben.
Lächelnd, mit der Miene des Freundes, des niemals alternden Mannes, tritt er auf mich zu:
»Du bist allein, John Dee? Wo sind deine Freunde?«
Alle Klage quillt in meiner Brust zu einem Strom von Tränen. Aber ich kann nur flüstern, trockenen Tones und matt von Schmerz und Zermürbtheit:
»Sie haben mich verlassen.«
»Recht hast du, John Dee, daß du an den Sterblichen verzagst. Alles Sterbliche ist zweizüngig und der Zweifelnde muß daran verzweifeln.«
»Auch die Unsterblichen haben mich verraten!«
»Recht hast du, John Dee; auch an den Unsterblichen soll der Mensch zweifeln; sie nähren sich von den Opfern und Gebeten der Irdischen und gieren danach wie die Wölfe.«
»So weiß ich nicht mehr, wo Gott ist?!«
»Das geht allen so, die ihn suchen.«
»Und die den Weg verloren haben?«
»Der Weg findet dich, nicht du findest den Weg! Den Weg verloren haben wir alle einmal, denn nicht wandern sollen wir, sondern das Kleinod finden, John Dee!«
»Verirrt und allein, wie du mich hier siehst, wie soll ich da nicht verschmachten auf dem verlorenen Weg?«
»Bist du allein?«

»Nein, du bist ja bei mir!« ...
»Ich bin ...« – schattenhaft schwindet die Gestalt Gardeners.
»So bist auch du nur Betrug?!« röchelt es aus mir.
Kaum vernehmbar mehr meinem Ohr aus weiter Ferne ein Ruf:
»Wer nennt mich Betrüger?«
»Ich!«
»Wer ist Ich?«
»Ich!«
»Wer ists, der mich mit Gewalt zurückzwingt?«
»Ich!«
Wieder steht deutlich Gardener vor mir. Lächelt mir ins Gesicht:
»Jetzt hast du Den gerufen, der dich nie allein läßt, wenn du dich verirrt hast: den unergründlichen Ich. Besinne dich auf den Gestaltlosen vor deinem Blick; auf den Urgestalteten vor deinem Gewissen!«
»Wer bin ich?« stöhnt es aus mir.
»Dein Name ist aufgezeichnet, Ungenannter. – Dein Zeichen, Roderichenkel, hast du verloren. Darum bist du jetzt allein!«
»Mein Zeichen ...?«
»Dieses!« – Gardener zieht aus seinem Mantel den Brieföffner, den verlorenen Dolch, das Kleinod der Dees, Hoël Dhats Lanze!
»So ist es«, höhnt der Laborant, und sein kaltes Lachen schneidet mir ins Herz.
»So ist es, John Dee! – Einst die edelste Männerwaffe des Urahns, dann ein gehegtes, abergläubisch verehrtes Erbkleinod deines Geschlechtes, dann ein schnöder Brieföffner dem herabgekommenen Enkel, und zuletzt ein leichtsinnig mißbrauchtes, leichtsinnig aus der frevelnden Hand ver-

lorenes Werkzeug armseliger Künste der Finsternis! – Götzendienst! Verstehst du, was ich meine? Tief ist der Talisman einer edlen Zeit durch dich herabgekommen; tief, tief bist du gesunken, John Dee!«

Haß birst in mir auf; glühender Haß wie Lavaglut schießt mir zum Halse hinaus: »Her mit dem Dolch, Betrüger!«

Kaum um Haaresbreite weicht der Laborant vor meinem ungestümen Griff zurück.

»Den Dolch gib her, Dieb! Dieb! Du letzter Betrüger, letzter Feind auf Erden! Tod ... feind!«

Das Wort erstickt; mein Atem bricht. Deutlich spüre ich in mir die Nerven wie abgenutzte Stricke aufschwirren, rucken, reißen. Ich fühle mit unheimlicher Hellsicht: es geht mit mir zu Ende.

Ein sanftes Lachen weckt mich aus den Nebeln der Ohnmacht, die dem Zusammenbruch des bebenden Körpers nachfolgt:

»Gott sei Dank, John Dee, daß du nun allen deinen Freunden mißtraust; auch mir! – Endlich hast du zu dir selber zurückgefunden. Endlich, John Dee, sehe ich, daß du zu dir allein Vertrauen hast! Daß du endlich mit Wucht das Deine willst!«

Ich sinke zurück. Wunderlich fühle ich mich besiegt. Ich atme leise und leicht und stammle:

»Gib mir, Freund, mein Eigentum wieder.«

»Nimm!« sagt Gardener und streckt mir den Dolch hin. Hastig greife ich danach, wie – nun, wie ein Sterbender nach dem Sakrament. Greife ins Leere. Gardener steht vor mir. Der Dolch in seiner Hand funkelt in dem klaren Morgenlicht so wirklich, wie meine eigene blutleere zitternde Hand totenbleich aufschimmert in dem Sonnenband vor mir, ... aber ich kann den Dolch nicht fassen. Leise sagt Gardener:

»Du siehst: dein Dolch ist nicht von dieser Welt!«
»Wann ... wo ... kann ich ihn ... greifen?«
»Drüben, wenn du ihn dort suchst. Drüben, wenn du ihn dann nicht vergessen haben wirst!«
»So hilf, Freund, daß ich ... nicht ... ver ... gesse!«

Ich will nicht sterben mit meinem Urahn John Dee, schreit etwas in mir auf, und mit einem heftigen Ruck reiße ich mich empor und sehe im nächsten Augenblick mein Schreibzimmer wieder um mich her; bin wieder der, der ich war, als ich begonnen hatte, den Kohlenspiegel zu befragen. Aber noch will ich ihn nicht aus der Hand legen. Will weiter erfahren, was mit John Dee geschah.
Und sofort bin ich abermals in die zerfallene Küche in Mortlakecastle entrückt. Doch diesmal bin ich nur ein unsichtbarer Zeuge dort und nicht mehr selber John Dee.
Ich sehe meinen Ahnherrn, oder die Larve, der man vierundachtzig Jahre vor seiner Geburt den Namen gab: John Dee, Baronet of Gladhill, auf seinem Lehnstuhl aufrecht gebettet am Backsteinkamin, mit erloschenem Blick nach Osten gewandt wie einen, der jahrhundertelang Zeit hat, zu warten. Ich sehe, wie wieder die Morgenröte aufsteigt über dem vermorschten und gänzlich in sich zusammengebrochenen Notdach über der Ruine jenes einst stattlichen Edelsitzes; sehe, wie die ersten Strahlen der Frühsonne über das heimlich lauschende, kaum tot zu nennende Gesicht huschen, und den Morgenwind mit den silberklaren Haarsträhnen des zurückgelehnten Hauptes spielen. Ich meine, ich spüre ein Aufhorchen; ich meine, ich sehe ein erwartungsvolles Leben in den gebrochenen Augen des Greises, und deutlich scheint mir mit einemmal die ein-

gesunkene Brust sich zu einem erlösten Seufzer zu heben. — Wer möchte da sagen: »Ich täusche mich«?

Da stehen urplötzlich in der elenden Küchenhöhle vier Gestalten. Ich glaube gesehen zu haben: sie sind aus den vier Himmelsrichtungen her zugleich aus der Wand getreten. Hochgewachsen, fast über Menschenmaß, kaum irdischen Wesen vergleichbar. Mag sein: die Gewandung macht den Anblick so gespenstig; sie tragen blauschwarze Mäntel, breite Umhänge verbergen Hals und Schultern. Maskenartige Kapuzen bedecken Gesicht und Haupt. Mittelalterliche Totengräber; verlarvt, wie die beginnende Verwesung.

Sie tragen einen seltsam geformten Sarg. Kreuzesform hat er. Aus blind blinkendem Metall ist er. Zinn oder Blei, so muß ich denken.

Sie heben den Toten aus dem Sessel und legen ihn auf die Erde. Strecken ihn aus. Breiten seine Arme zur Kreuzform.

Dann steht Gardener zu Häupten des Toten.

Er trägt den weißen Mantel. Die goldene Rose auf seiner Brust leuchtet. In seiner ausgestreckten Hand liegt der Dolch der Dees mit der Speerspitze des Hoël Ohat. Die seltsame Waffe glänzt im Sonnenlicht; langsam neigt sich Gardener über den Toten und legt sie in die ausgebreitete Hand John Dees. Einen Augenblick scheint es mir, als zuckten die gelben Totenfinger und krümmten sich um den Dolchgriff.

Da — nicht zu sagen, wie jäh — schießt aus dem Boden auf die riesige Gestalt des Bartlett Green; sein breites Gebiß lacht aus dem rotflammenden Bart.

Mit feistem Behagen beschaut sich der spukhafte Häuptling der Ravenheads seinen toten ehemaligen Kerkergenossen.

Ein abschätzender Metzgerblick, mit dem er sein Schlachtopfer gleichsam auf den Fleischwert prüft.
So oft das weißblinde Birkauge des Bartlett zum Haupte des Toten vorwärts schweift, zwinkert er, als blende ihn unangenehmes Licht. Die Gestalt des weißgewandeten Adepten nimmt er nicht wahr. Lautlos, wie die Gespräche in Träumen sind, sagt der Bartlett Green zum toten John Dee – und ich selber fühle mich dabei angeredet:
»Ists nun endlich vorbei mit dem Warten, alter Gesell? Hast dir die Seele aus dem Leib geharrt und gehofft, du Narr? Bist du jetzt fertig zur Fahrt nach – Grönland? So komm!«
Der Tote rührt sich nicht. Der Bartlett Green stößt mit seinem silbernen Schuh – der schiefrige Aussatz scheint noch dichter geworden – roh gegen die geschlossen ausgestreckten Beine des vor ihm Liegenden, und ein unsicherer Ausdruck überläuft sein Gesicht.
»Verkriech dich nicht in der baufälligen Hütte deines Kadavers, werter Baron! Gib Laut! Wo bist du?«
»Hier bin ich!« antwortet die Stimme Gardeners.
Der Bartlett Green fährt zusammen. Seine zuvor noch geduckte Gestalt richtet sich ruckhaft auf zu ihrer ganzen wuchtigen Größe. Es ist, wie wenn eine mißtrauische Bulldogge, die einen verdächtigen Laut gehört hat, sich mit bösem Blick aufrichtet; knurrend ist die Stimme:
»Wer spricht da?«
»Ich«, antwortets von jenseits des Leichnams.
»Das bist nicht du, Bruder Dee!« murrt der Bartlett. »Jag den Türhüter von deiner Schwelle, den du dir nicht bestellt hast; du nicht, Bruder Dee, das weiß ich.«
»Was willst du von einem, den du nicht siehst?«
»Ich will nichts zu schaffen haben mit Unsichtbaren! Geh du deiner Wege und laß uns die unsrigen gehen!«

»Gut. So geh!«
»Auf da!« schreit der Bartlett und rüttelt den Toten, »auf, im Namen der Herrin, der wir verpflichtet sind, Kamerad! – Auf doch, verdammter Feigling! Es nützt nichts, sich tot zu stellen, wenn man tot ist, mein Liebling. Die Nacht ist vorbei. Der Traum ist ausgeträumt. Die Reise ist befohlen, marsch!« – Mit Gorillaarmen beugt sich der riesige Bartlett Green über den Toten und will ihn vom Estrich aufheben. Es gelingt ihm nicht. Keuchend bellt er ins Leere:
»Albgespenst, laß los! Das ist falsches Spiel!«
Gardener steht regungslos zu Häupten des Leichnams und rührt keinen Finger:
»Nimm ihn. Ich hindere dich nicht.«
Wie ein apokalyptisches Tier stürzt sich der Bartlett über den Toten: er kann ihn nicht heben.
»Teufel, Bursche, was bist du schwer; schwerer als befluchtes Blei! Hast dir größere Müh gegeben, Sündenlast zu häufen, als ich dir zugetraut hätte. – Also: auf damit!«
Aber es ist, als sei der Leichnam mit dem Erdboden verwachsen.
»Schwer von Verbrechen bist du, John Dee!« stöhnt der Rote.
»Schwer von Verdiensten des Leidens ist er!« kommt ein Echo von der andern Seite des Toten herüber.
Graugrüne Wut verzerrt das Gesicht des Bartlett Green:
»Unsichtbarer Betrüger! Albtrud, steig ab, so heb ich ihn leicht.«
»Nicht ich,« – klingts zurück – »nicht ich; ihr habt ihn so schwer gemacht, und jetzt wunderst du dich?«
Giftiger Triumph sprüht plötzlich aus dem fahlen Birkauge des Bartlett:
»So bleib liegen, bis du verfault bist, feige Kanaille! –

Kommst schon von selber dann zum angebrannten Speck, kleine Maus. Haben den Speck, wie du weißt, in gutem Verwahr, mein mutiges Mäuschen. Komm, hol dir die Lanze des Hoël Dhat, hol dir den Dolch, hol dir den Brieföffner, dein Spielzeug, kleiner John Dee!«
»Er hat die Lanze!«
»Wo?« — — Es ist, als werde erst jetzt der Dolch in der Rechten des Toten dem Metzger sichtbar. Er stürzt sich darauf wie ein Habicht.
Deutlich bewegt sich die Hand des Toten. Sie krallt sich um die Waffe und hält sie fest.
Tierische Laute der rasend in ihr Opfer verbissenen Bulldoggenwut ...
Der weiße Adept dreht mit halber Wendung die Brust der steigenden Sonne entgegen; ein Strahl spiegelt und bricht sich in der goldenen Stickerei der Rose; Helle funkelt hinüber auf den gespenstischen Bartlett Green. Lichtwellen spülen ihn fort.
Wieder sind die vermummten Männer da. Sie heben den Toten auf und legen ihn sanft in den Kreuzsarg. Der Adept winkt mit der Hand, geht voraus, dem Glanz der warm hereindringenden Sonne zu. Seine Gestalt gerinnt zu kristallenem Licht, er winkt den Trägern des Sarges; so schreiten sie — ein schwebender stummer Zug — hinaus durch die östliche Wand der elenden Küche.
Ein Garten ist da. Gemäuer schimmert durch hohe Zypressen und breitschattende Eichen. Ist das der Park von Mortlake? — Fast möchte ich es glauben, denn Brandruinen trauern zwischen den leuchtenden Beeten und Rabatten, bepflanzt mit allerlei blühendem Gesträuch und flammenden Sommerblumen; aber in Mortlake sind nie solch trotzige Türme und Wehrmauern gewesen, wie sie hier überall durch das Baumwerk lugen ... Und durch

zerbröckelte Mauerzinnen öffnet sich ein Blick in blaue Taltiefe, gezeichnet vom Band eines Flusses. Ein Beet in Ruinen. Ein Grab ist aufgeworfen. Der Kreuzsarg senkt sich hinab.
Indessen die dunkeln Träger die Gruft mit Erde zuschaufeln, beugt sich der Adept im weißen Mantel hierhin und dorthin zu seltsamem Tun. Er scheint an den Blütensträuchern und Blumen wie ein Gärtner pflegerische Verrichtungen vorzunehmen: er schneidet, er bindet auf, gräbt und begießt, ruhig, stet, als habe er die Zeremonie der Bestattung hinter sich lang schon vergessen.
Das Grab ist gewölbt. Die blauschwarzen Larven sind fort. Gardener, der sonderbare Laborant, hat einen starken, jungen Rosenstamm an neuem, zierlich geschnittenem Pfahl aufgerichtet. Blutrot leuchten die Rosen aus den üppigen Zweigen ...
Mir schwebt eine Frage mit quälendem Verlangen immer deutlicher, immer drängender auf den Lippen. Ehe mein Mund sich zu Worten bequemt, wendet sich der Adept mit halber Drehung des Kopfes mir zu: es ist Theodor Gärtner, mein im pazifischen Ozean ertrunkener Freund.

Ich ließ den Kohlekristall aus der Hand fallen; wütender Kopfschmerz quälte mich. Klar bewußt kam die Überzeugung über mich, daß ich nie mehr etwas in dem schwarzen Spiegel würde sehen können. Eine Wandlung war in mir vorgegangen, daran kann ich nicht zweifeln, und doch wärs mir unmöglich gewesen, genau zu sagen, worin sie bestand. »Ich habe John Dee geerbt mit seinem ganzen Wesen«, so wärs noch am treffendsten ausgedrückt. Ich bin mit ihm verschmolzen; er ist verlöscht nunmehr, und ich bin da statt seiner. Er ist ich und ich bin er für immer.

Ich riß ein Fenster auf; der kalte Gestank, der aus der Onyxschale drang, war unerträglich. Es roch nach Verwesung . . .
Ich hatte kaum meine Sinne ein wenig an der Luft erfrischt und den widerwärtigen Geruch aus meinem Zimmer samt der Räucherschale entfernt, da kam Lipotin.
Als er eintrat, schnüffelte seine Nase so verstohlen wie möglich ein paarmal ins Ungewisse hinein. Doch sagte er nichts.
Dann wurde seine Begrüßung auf einmal sehr laut und beflissen, und sein sonst so langsames und bedachtes Wesen veränderte sich ins Nervöse, Flackrige. Er lachte hier und da grundlos auf, sagte »ja, ja« und setzte sich umständlich. Mit viel zuviel Aufwand an Bewegung schlug er ein Bein übers andere, zündete hastig eine Zigarette an und fuhr los:
»Ich komme natürlich im Auftrag.«
»In wessen Auftrag?« fragte ich mit überflüssiger Höflichkeit.
Er verbeugte sich:
»Natürlich im Auftrag der Fürstin, Verehrtester.«
Ohne es selbst zu wollen, verharrte ich in der komischen Grandezza, mit der dieses Gespräch begonnen hatte, und das sich anließ wie die Verhandlung zweier Theaterdiplomaten.
»Ja, im Auftrag meiner . . . meiner Gönnerin.«
»Nun?«
»Ich bin beauftragt, wenn möglich, diesen . . . . sagen wir: diese stilettartige Waffe Ihnen abzukaufen. Sie gestatten doch?« — Er griff mit spitzen Fingern nach dem Dolch, der vor ihm auf dem Schreibtisch lag, und betrachtete ihn scheinbar eingehend mit den gekniffenen Mienen des Kritikers:

»Es ist eigentlich nicht schwer, die Ware ein wenig schlecht zu machen. Sehen Sie doch, welche Stümperarbeit! Stückelei!«
»Ich habe gleichfalls den Eindruck, daß das Stück keinen allzu großen Altertumswert darstellt«, gab ich zu.
Fast ängstlich unterbrach mich Lipotin. Er fürchtete ein voreilig entscheidendes Wort. Er rekelte sich in seinem Stuhl und fand mühsam in seinen alten Ton zurück:
»Wie gesagt, ich möchte Ihnen das Ding abschmusen. Warum soll ich nicht offen sein? Sie sind ja kein Sammler von dergleichen Dingen. Wohl aber die Fürstin. Und denken Sie bloß: sie ist der Ansicht ... natürlich teile ich diese Ansicht durchaus nicht ... sie ist der Ansicht ...«
»... es sei das fehlende Stück aus der Sammlung ihres Vaters«, ergänzte ich kühl.
»Erraten! ... Erraten!« – Lipotin fuhr aus seinem Stuhl auf und tat, als freue er sich riesig über meinen Scharfsinn.
»Ich bin derselben Ansicht wie die Fürstin!« bemerkte ich.
Lipotin lehnte sich befriedigt zurück:
»Ja? – Nun, dann ist alles gut.« – Er machte ein Gesicht, als sei der Handel bereits abgeschlossen.
Ruhig wie zuvor sagte ich:
»Eben darum ist mir der Dolch sehr wertvoll.«
»Ich verstehe«, unterbrach Lipotin, eifrig zustimmend. »Man muß seine Chancen stets wahrnehmen; ganz meine Ansicht in solchen Dingen!«
Ich überhörte die vielleicht beleidigende Unterstellung:
»Ich wünsche keine Geschäfte zu machen.«
Lipotin rückte unruhig auf seinem Sessel:
»Sehr gut. – Ich soll auch gar keine Angebote machen. Hm. Es wäre nur sehr taktlos von mir, Ihre Gedanken

erraten zu wollen. Natürlich, die Fürstin ist nun mal kapriziert. Kapricen einer schönen Frau sind immer aussichtsreich. Ich dächte, das Opfer wäre zu bringen. – Ich dächte ... kurz: ich bin beauftragt, ein sehr weitgehendes ... ich bitte, mich nicht mißzuverstehen: die Fürstin bietet selbstverständlich kein Geld! Sie überläßt es Ihnen, selbst zu bestimmen. Sie wissen, Verehrtester, wie ungewöhnlich hoch Sie in der Wertschätzung der Fürstin stehen, dieser wahrhaft großgesinnten, wirklich entzückenden Frau! – Ich glaube, sie bietet Ihnen unendlich mehr für das Geschenk dieser Kuriosität ... für das großmütige Erfüllen einer Laune.«

Noch nie hatte ich Lipotin so geschwätzig gefunden. Unruhig suchten seine Augen beständig in meinem Gesicht zu lesen, jeden Moment bereit, vorsichtig sich neuer Situation anzupassen. Ich konnte angesichts dieses Spiels ein flüchtiges Lächeln nicht unterdrücken:

»Leider sind die so verlockenden Angebote der auch von mir überaus verehrten Fürstin verschwendet, denn der Dolch gehört nicht mir.«

»Ge ... hört nicht ...?« – Lipotins Verblüffung war zu komisch.

»Er ist doch meiner Braut geschenkt worden.«

»Ach sooo ...« machte Lipotin.

»So ist es.«

Mit neuer Vorsicht begann der Moskowiter:

»Geschenke tragen die Neigung in sich, Geschenke zu bleiben. Mir scheint es fast so, als sei das Geschenk schon ... oder, als könne es jeden Augenblick, wenn gewünscht, in Ihre umworbene Hand ...«

Nun hatte ichs satt; ich sagte kühl:

»Ganz recht. Die Waffe ist mein. Und sie bleibt mein, denn sie ist sehr wertvoll.«

»Wahrhaftig? Warum?« – ein leiser Spott meldete sich in Lipotins Stimme.
»Vieles an dem Dolch ist mir ungemein wertvoll.«
»Aber Verehrtester, was wissen denn Sie von dem Dolch!«
»Von außen ist ihm freilich wenig von seinem Wert anzusehen, aber wenn man den Kohlekristall darüber befragt – – –«
Lipotin erschrak so sehr, und Blässe überzog so fahl sein Gesicht, daß es zwecklos gewesen wäre, hätte er noch einen Versuch machen wollen, seine Betroffenheit zu verbergen. Er fühlte das offenbar selber, denn er änderte urplötzlich Haltung und Stimme:
»Wieso? Sie können den Kristall doch gar nicht befragen! Dazu gehört das rote Pulver. – Leider kann ich Ihnen nicht nochmals damit dienen.«
»Unnötig, mein Freund«, unterbrach ich. »Ich hatte zum Glück noch einen kleinen Rest davon.« – Ich deutete auf die Aschenschale.
»Und Sie haben ... ohne Hilfe ...? Das ist unmöglich!« Lipotin war vom Sessel aufgesprungen und starrte mich entgeistert an. Angst und Staunen malten sich in seinem Gesicht so offen, daß es auch mich hinriß, alle Maske fallen zu lassen:
»Nun ja: ich habe geräuchert! Ohne die Hilfe des Rotkappenmönchs und ohne die Ihrige.«
»Wer das gewagt hat und getan hat« – staunte Lipotin, »und lebt noch, der ... hat den Tod überwunden.«
»Mag sein. Jedenfalls kenne ich jetzt den Wert und das Wesen und die Herkunft und die Zukunft des Dolches. Glaube sie wenigstens zu ahnen. – Sagen wir mal: ich wäre ebenso abergläubisch wie die Fürstin oder wie ... Sie.«

Lipotin setzte sich langsam wieder neben mich. Er war vollkommen ruhig, aber in seinem Wesen wie von Grund aus verändert. Er nahm die erst halb ausgerauchte Zigarette aus dem Mund, drückte sie in den Aschenbecher, als der die Onyxschale nun wieder zur Verfügung stand, und zündete sich umständlich eine neue an, als wolle er damit gleichsam andeuten, das Vergangene sei beiseite gelegt und ein anderes Spiel habe begonnen. Lange sog er stumm an dem scharf duftenden russischen Kraut. Ich störte ihn nicht in dem Genuß und war entschlossen abzuwarten. Als er es bemerkte, senkte er die Augenlider und hub an:

»Stimmt. Na also: schön. Die Sachlage ist von Grund aus verändert. Sie kennen den Dolch. Sie behalten den Dolch. Sie haben die erste Chance gewonnen.«

»Damit sagen Sie mir nichts Neues«, erwiderte ich mit Seelenruhe. »Wer, wie ich, gelernt hat, den Sinn der Zeit zu erkennen und die Dinge in ihr nicht von außen, sondern von innen zu betrachten, wer von Träumen zu Schicksalen und von Schicksalen zur Allgegenwart der bildgewordenen Wirklichkeit vorgedrungen ist, der weiß auch die Namen im richtigen Augenblick der Beschwörung zu nennen, und die gerufenen Dämonen gehorchen ihm.«

»Ge ... hor ... chen?« – dehnte Lipotin das Wort. »Darf ich mir einen Rat erlauben? Gerufene Dämonen sind die gefährlichsten. Glauben Sie das einem alten, ach ja, schon sehr alten und gewitzten Kenner der Zwischenwelten, die sich so gern an die ... Altertümer heften! Kurz und aufrichtig: Sie sind, wertgeschätzter Gönner, berufen, denn Sie haben sich zum Herrn über den Tod gemacht; so viel kann ich sehen und ich erkenne in Ihnen mit Staunen einen Sieger über mancherlei Anfechtung; aber auserwählt sind Sie darum noch lange nicht. Der ärgste Feind des Siegers ist der Hochmut.«

»Ich danke Ihnen, Lipotin, für dies anständige Wort. Offen gesagt, ich habe Sie bei der Gegenpartei vermutet.«

Lipotin hob die schweren Augenlider mit gewohnter Trägheit:

»Ich, werter Gönner, bin auf gar keiner Seite, denn ich ... mein Gott ... ich bin nur ein ... Mascee: Ich gehe mit dem Stärkeren.«

Unbeschreiblich war der Ausdruck von verzerrter Ironie, Skepsis und unausschöpflicher Trauer, ja von Ekel, in den ausgedörrten Zügen des alten Antiquars.

»Und für den Stärkeren halten Sie ...?« – triumphierte ich.

»... Augenblicklich halte ich für den Stärkeren Sie. Und darum bin ich bereit, Ihnen zu dienen.«

Ich starrte vor mich hin und rührte mich nicht.

Jäh neigte er sich auf:

»Sie wollen also der Fürstin Chotokalungin den Garaus machen! Sie verstehen, wie ich es meine. – Aber das geht nicht, Verehrtester! Zugegeben: sie ist eine Besessene; aber sind Sie vielleicht kein ... Besessener? Wenn Sie's selber nicht wissen, um so schlimmer für Sie. Aus Kolchis stammt sie ohnehin, und ihre Ahnfrau mag Medea geheißen haben.«

»Oder: Isaïs«, unterbrach ich mit Sachlichkeit.

»Isaïs ist ihre geistige Mutter«, antwortete Lipotin ebenso rasch und ebenso unpathetisch. »Sie müssen das gut unterscheiden, wenn Sie hoffen wollen, Herr zu werden.«

»Verlassen Sie sich darauf: ich werde Herr werden!«

»Überschätzen Sie sich nicht, Verehrtester! Seit die Welt steht, hat das Weib noch immer gewonnen.«

»Wo ist das geschrieben?«

»Wärs nicht so, die Welt stünde nicht.«

»Was kümmert mich die Welt! Ich bin der Herr der Lanze?«

»Wer die Lanze verweigert, der verschmäht erst die Hälfte der Welt; und das Fatale dabei, werter Gönner, ist: die Hälfte der Welt ist immer die ganze Welt, mit halbem Willen ergriffen.«

»Was wissen Sie von meinem Willen!«

»Sehr, sehr viel, mein Verehrter. – Haben Sie denn die pontische Isaïs nicht gesehen?«

Es überlief mich heiß unter dem spöttisch lauernden Blick des Russen. Ich vermochte nicht, diesen beißenden Hohn abzuwehren; ich wußte auf einmal mit unentrinnlicher Gewißheit: Lipotin las in meinen Gedanken. Hatte er doch auch in meinem Gehirn gelesen damals im Hause der Fürstin und auf der Fahrt nach Elsbethstein. Ich errötete wie ein ertappter Schuljunge.

»Nicht wahr?« sagte Lipotin mit ärztlichem Wohlwollen.

Ich wandte den Kopf ab und schämte mich.

»Dem ist noch keiner entgangen, mein Freund«, fuhr Lipotin halblaut fort, »und so leicht wird ihm auch keiner entgehen. Nur Geheimnisse pflegt man zu verhüllen. Das Weib, die allgegenwärtige Wirklichkeit, brennt sich uns nackt ins Blut, und wo wir mit ihr kämpfen müssen, da ziehen wir sie am besten erst recht nackt aus, in Tat oder Vorstellung, so gut wir eben können. Anders hat noch kein Held die Welt besiegt.«

Ich suchte auszuweichen: »Sie wissen viel, Lipotin!«

»Sehr viel. Freilich! Sehr viel«, antwortete er, wie vorhin fast automatenhaft, fast im Schlaf.

Das Bedürfnis überkam mich, in der aufsteigenden Beklemmung, die mich zu würgen begann, meine eigene Stimme zu hören:

»Sie glauben, Lipotin, ich verschmähte die Fürstin. Das

ist unrichtig. Ich verschmähe sie nicht. Ich will sie erkennen, verstehen Sie? Erkennen! Wenn es sein muß: in dem nüchternen und unbarmherzigen Sinn des Bibelwortes, denn ich will fertig mit ihr werden!«

»Verehrter Gönner«, krächzte Lipotin und zerbiß seine Zigarette mit dem Augenklappen eines alten Papageis, »Sie unterschätzen das Weib. Gar, wenn es in der Hülle einer Zirkassierin verlarvt ist! Ich ... ich möchte nicht in Ihrer Haut stecken.« – Er wischte sich ein paar Tabaksfäden vom Mund mit der Miene Chidhers, des ewig Wandernden, der sich den Abschaum des Lebens von den Lippen streicht. Jählings fuhr er los: »Und selbst, wenn Sie sie töten könnten, so schöben Sie damit den Kampf nur auf ein anderes Feld, das noch weit gefährlicher für Sie wäre, weil Sie es noch weniger als das irdische überblicken könnten und noch leichter als hier auf dem schlüpfrigen Boden ausrutschen möchten. Weh Ihnen dann, wenn Sie ›drüben‹ ausrutschen!«

»Lipotin!« – rief ich, außer mir vor Ungeduld, da ich spürte, wie mir die Nerven zu versagen begannen, »Lipotin, bei Ihrer Bereitschaft, mir zu dienen: was ist der wahre Weg zum Sieg?«

»Es gibt nur einen Weg.«

Plötzlich kam mir zu Bewußtsein, daß Lipotins Stimme wieder den eintönigen Klang angenommen hatte, der mir mehrmals schon aufgefallen war. Beherrschte ich ihn wirklich? Unterlag er willenlos meinen Befehlen? War er zum Medium geworden, das mir gehorchen mußte, wie ... wie ...? So hatte einst auch Jane vor mir die Augen geschlossen und geantwortet, wenn ich mit der unverständlichen Kraft in mir zu fragen begann! – Ich raffte mich auf und blickte fest zwischen die Augenbrauen des alten Russen:

»Wie finde ich den Weg? Ich ...«
Zurückgelehnt, bleich, antwortete Lipotin:
»Den Weg ... bereitet ... ein Weib. Nur ein Weib überwindet ... unsere Herrin Isaïs ... in denen, die ... ihre ... Geliebtesten ... sind.«
Die Enttäuschung schlug mich zurück:
»Ein Weib??«
»Ein Weib, das die Verdienste des ... Dolches hat.«
Die Dunkelheit seines Ausspruchs betäubte mich fast. Verstört, unsichern Blickes, etwas Unverständliches greisenhaft stotternd und mit verfallener Miene begann Lipotin sein Bewußtsein zurück zu erkämpfen.
Rasch hatte er sich gefaßt, da schrillte draußen die Flurglocke, und gleich darauf stand Jane in der Tür, und hinter ihr tauchte die riesige Gestalt meines Vetters Roger auf ... ich meine natürlich: des Chauffeurs der Fürstin. Es befremdete mich, daß Jane völlig fertig zu einem Ausgang gekleidet war. Sie trat herein und machte dem langen Chauffeur Platz. Er überbrachte Gruß und Auftrag seiner Herrin, uns alle zu der vereinbarten zweiten Fahrt nach Elsbethstein abholen zu dürfen. Der Wagen stehe vor der Tür. Die Fürstin sitze unten und warte.
Jane erklärte sofort eifrigst, sie sei dankbar und bereit; man müsse die Liebenswürdigkeit der Fürstin annehmen und den schönen Tag genießen. Was hätte ich einwenden wollen!?
Mir war der Eintritt des unheimlichen Chauffeurs wie kalter Schreck in die Glieder gefahren; trübe Gedanken, gestaltlos flattrige Ahnungen legten sich mir mit Gewichten auf die Brust. Ich hätte nicht zu sagen gewußt, warum ich Jane bei der Hand nahm und nur langsam und schwer die Worte hervorbrachte:
»Falls es nicht dein aufrichtiger Wille sein sollte, Jane ...«

Sie unterbrach mich mit festem Händedruck und merkwürdig durchstrahltem Gesicht:
»Es ist mein aufrichtiger Wille!«
Das klang wie eine Abrede; den Sinn verstand ich nicht.
Rasch trat Jane an den Schreibtisch und ergriff den fremdartigen Dolch. Steckte ihn, ohne ein Wort zu sprechen, in ihre Handtasche. Stumm schaute ich ihr zu. Endlich riß ich mir gewaltsam die Frage von den Lippen:
»Wozu das, Jane? Was willst du mit der Waffe?«
»Der Fürstin schenken! Ich hab mirs so überlegt.«
»Der . . . der Fürstin?«
Jane lächelte kindlich:
»Wollen wir doch die liebenswürdige Herrin des Wagens nicht länger warten lassen!«
Lipotin stand stumm hinter seinem Stuhl und ließ mit auffallend müdem Blick sein Auge unschlüssig von einem zum andern gleiten. Von Zeit zu Zeit schüttelte er still und wie in eine Art stumpfen Staunens versunken den Kopf.
Es wurde nicht mehr viel gesprochen. Wir nahmen unsere Mäntel und Hüte und machten uns fertig zur Ausfahrt mit einer die Seele wie die körperlichen Gebärden lähmenden Betroffenheit.
So begaben wir uns hinab; vor uns her huschte geschmeidig und lautlos der baumlange Chauffeur.
Wir sahen die Fürstin aus dem Fond des Wagens winken.
Es war eine merkwürdig hölzerne Begrüßung.
Wir stiegen ein.
Mir sträubte sich jedes Härchen auf der Haut, und jede Zelle meines Leibes schien mir zuzuflüstern: Nicht fahren! Nicht fahren!
Dann rückten wir uns alle, willenlos geworden wie gelenkte Puppen, im Wagen zurecht, erstorbenen Herzens

und gelähmten Mundes, zu unserer Vergnügungsfahrt nach Elsbethstein.

Was ich erleben mußte auf jener Fahrt nach Elsbethstein, ist unbewegliche, erstarrte Gegenwart geworden in meiner Seele: Weinberghänge huschen vorbei, deren Kulissen den Strom drunten zu engen, von uns wild umflogenen Halbkreisen zwingen, – sanftgrün wie glattes Tuch dazwischen gelagert: Wiesen, Wiesen in Staub und flitzendem Licht verwehend, hingehastete Dörfer, abflatternd von sausender Fahrt, matte Gedanken wie fortgerissene Schleier; zerfetzte Bangigkeit, in saugenden Wirbeln verschwindend gleich jagendem Herbstlaub, unhörbare Warnungsschreie der Seele; verständnisloses müdes Staunen willensschwach gewordener Sinne.
Das Automobil rast den schrägen Strebemauern der Ruine Elsbethstein zu, dreht sich in verrückt ausschweifender Kurve, die uns alle in den Abgrund des Stromlaufs hinaus zu schleudern droht, und hält mit motorbebenden Flanken vor dem tiefgeschnittenen Portal des äußern Mauernrings.
Wir steigen aus und betreten in Gruppen zu zweien den inneren Schloßhof. Ich gehe mit Lipotin voraus, und langsam in wachsendem Abstand kommen die beiden Frauen hinter uns drein. Ich blicke zurück und sehe Jane in lebhaftem Gespräch mit der Fürstin begriffen, deren eigentümlich perlendes Lachen ich höre. Es beruhigt mich, daß sie harmlos miteinander plaudern und kein Zwist unter ihnen herrscht.
Wenig mehr ist von rauchenden Quellen zu sehen; sie sind gefaßt, und häßliche Bretterbuden hocken über ihnen. Schläfrig hantieren die Arbeiter im Hof herum. Wir inter-

essieren uns für all das, aber ich empfinde eine tiefverdeckte Stimme in meinem Innern, die mir sagen möchte, unser geheucheltes Interesse sei nur ein dürftiger Vorwand für ganz andere Dinge, die uns hierher gelockt haben und auf deren Zutagetreten wir mit heimlich gespannten Nerven warten. Wie auf stillschweigende Verabredung lenken wir unsere Schritte hinüber zu dem Bergfried, an dem, wie neulich, die feste Pforte nur angelehnt steht. Im Geiste eile ich voraus und sehe mich die morsche, steile, finstere Treppe zur Küche des alten schwachsinnigen Gärtners emporklimmen; weiß auch, warum ich hinauf will: ich will ihn fragen, den sonderbaren Alten ... Da bleibt Lipotin stehen, ergreift mich beim Arm:
»Sehen Sie, Verehrtester, dort! Wir können den Besuch sparen. Soeben tritt unser verrückter Ugolino aus seinem Turm. Der Herr des Dolches hat uns bereits gesehen.«
Im selben Augenblick höre ich einen leisen Schrei der Fürstin hinter mir; rasch wenden wir uns beide. Mit halb lachender Abwehr ruft sie uns zu:
»Nein, nicht jetzt zu dem irrsinnigen Alten!« – Sie dreht sich um mit Jane. Unwillkürlich gehen wir den beiden Damen nach; holen sie ein. Jane blickt ernst drein; die Fürstin lacht und sagt:
»Ich will ihm nicht wieder begegnen. Geisteskranke sind mir unheimlich. Und schenken wird er mir ja auch nichts wollen von seinem verwahrlosten – Küchengerät. Nicht wahr?« ... Das sollte scherzhaft klingen, aber ich glaubte den Unterton beleidigter Eitelkeit oder einer gewissen Eifersucht auf Jane daraus zu hören.
Dann steht der alte Gärtner vor der kleinen Turmtür und scheint uns von fern zu beobachten. Er hebt die Hand auf. Es ist, als winke er uns. Die Fürstin sieht es und zieht ihren Staubmantel dichter um den Leib mit der Ge-

bärde, als wolle sie sich gegen einen Kälteschauer schützen. Eine unverständliche Bewegung in dieser spätsommerlichen Wärme!

»Warum sind wir eigentlich wieder in diese unheimliche Ruine heraufgefahren? Es ist ein feindseliges Gemäuer!« fragt sie halblaut und vor sich hin.

»Sie haben es neulich doch selber gewünscht!« entgegne ich arglos. »Die Gelegenheit wäre jetzt günstig, ihn auszuhorchen, woher er jene Waffe hat.«

Fast brüsk wendet sich die Fürstin zu mir:

»Was soll uns das Geschwätz eines alten Narren! – Ich schlage vor, liebe Jane, wir überlassen es den Herren, ihre Neugier zu befriedigen, und betrachten uns indessen die malerischen Reize dieses Spuknestes von angenehmeren Aussichtspunkten her.« – Dabei hängt sich die Fürstin vertraulich in Jane ein und trifft Anstalten, dem Ausgang des Burghofs zuzuschreiten.

»Sie wollen schon wieder gehen?« frage ich erstaunt, und auch Lipotin macht ein verblüfftes Gesicht.

Die Fürstin nickt lebhaft. Jane wendet den Kopf und lächelt mir sonderbar zu:

»Wir haben es so verabredet. Wir wollen zusammen eine Rundfahrt machen. – Eine Rundfahrt, verstehst du, endet immer, wo sie begonnen hat. Also auf ...« – Der Wind verschlingt das letzte Wort.

Voll Verwunderung bleiben Lipotin und ich wie gebannt stehen. Die kurze Zeit hatte genügt, daß die beiden Frauen einen Vorsprung gewannen, so daß unsere Einwände von ihnen nicht mehr gehört wurden.

Wir eilen ihnen nach, aber die Fürstin sitzt bereits im Wagen. Jane ist im Begriff, einzusteigen. Von unerklärlicher Angst plötzlich ergriffen, rufe ich zu ihr hinüber:

»Wohin, Jane? Er hat uns gewinkt. Wir müssen ihn doch

fragen!« In aller Hast schreie ich die Worte hervor, um Jane aufzuhalten; weiß selbst nicht, wie sie sich mir auf die Lippen drängen.

Jane scheint einen Augenblick zu zögern; wendet das Gesicht mir zu und sagt etwas, aber ich verstehe es nicht: der Chauffeur gibt unbegreiflicherweise, noch während der Wagen steht, Vollgas bei Leerlauf, und der Motor brüllt los, wie ein zu Tode getroffenes Ungeheuer der Urwelt; der satanische Lärm verschlingt jedes Wort. Dann startet der Wagen mit einem Ruck so jäh, daß Jane auf den Sitz zurückgeschleudert wird. Mit eigener Hand zieht die Fürstin den Schlag zu. Nochmals schreie ich in das Heulen des Motors hinüber:

»Jane! Nicht fahren! – Was willst du ...« – es ist wie ein wilder Schrei aus meinem tiefsten Herzen heraus. Aber wie unsinnig tobt die Maschine fort; die weit zurückgebeugt lehnende Gestalt des Chauffeurs ist das letzte, was ich sehe.

Rasch verdonnert das Knallen der Auspuffgase in der Ferne, und der Wagen fegt den Steilhang des Berges hinab wie ein Fokker im Gleitflug.

Ich wende mich mit stummer Frage zu Lipotin. Der steht und schaut mit hochgezogenen Augenbrauen dem entschwindenden Automobil nach. Sein gelbes Gesicht erscheint mir geisterhaft erstarrt: eine verblichene Maske, aus vergangenen Jahrhunderten ausgegraben, – eingeklemmt zwischen Ledermütze und Pelzmantel eines Motorsportlers.

Wortlos, in stummem Einverständnis kehren wir in den Schloßhof zurück. Kaum haben wir ihn durchquert, tritt der Alte auf uns zu mit irrem Blick.

»Will Ihnen den Garten zeigen!« flüstert er und schaut über unsere Köpfe hinweg, als sähe er uns nicht. »Alter

Garten. Ein schöner Garten. Und groß. Viel Arbeit, ihn umzugraben!« Seine Worte werden unverständlich zwischen den fort und fort sich bewegenden Lippen.

Er geht uns voraus, und wir folgen ihm wie von selbst; gleichfalls stumm.

Er führt uns durch Mauerlücken und zwischen Wehrgängen hin, bleibt bisweilen bei dieser oder jener Baumgruppe stehen und murmelt undeutlich vor sich hin. Dann berichtet er mit leerem Wortschwall, wann er die Bäume gepflanzt oder die Rabatten angelegt habe, die plötzlich vor uns auftauchen, herrlich gepflegt, aber umgeben von Schutthaufen und niedergebrochenem Gemäuer, auf dem schillernde Eidechsen spielen. Es kommt ihm nicht darauf an, vor einer Gruppe mehrhundertjähriger Eiben uns flüsternd anzuvertrauen, er habe sie in einem harten Winter als junge fingerdicke Stecklinge eingesetzt; er habe sie von »dort drüben« geholt! – Dabei deutet er mit unbestimmter Handbewegung hinaus in die Weite – »von drüben«, um das Grab zu schmücken.

»Welches Grab?« fahre ich auf.

Nach langem Kopfschütteln versteht er endlich die oft wiederholte Frage. Er winkt uns. Wir treten auf die mattrötlichen Stämme der Eiben zu.

Zwischen den mächtigen Bäumen erhebt sich ein kleiner Erdhügel, wie man sie ähnlich sieht in alten versonnenen Parks mit Rundtempeln oder bemoosten Denksäulen. Der grüne Hügel trägt keine solche Bekrönung, dafür ist er bestanden von einem Gewölbe tiefrot in Blüten brennender Rosen. Dahinter schimmert grau die verfallene Wehrmauer hervor, und über einem Riß im Steinwerk hinweg öffnet sich weiter Blick hinaus ins Land und hinab zu dem Silbertal des Stromes.

Wo habe ich diese Landschaft nur gesehen? –

Und auf einmal erlebe ich, was uns Menschen so oft befällt: ich meine, das alles längst zu kennen: die Bäume, die Rosen, die Mauerlücke, den Blick auf den silbernen Fluß! Vertraut ist mir Ort und Stunde, als kehrte ich wieder, wo ich seit je längst zu Hause war. Dann wills mich bedünken, es sei eine Erinnerung an ein Wappenbild; dann: als sei es dieser Ort gewesen, den ich vor kurzem noch als die Ruine in Mortlake gesehen im Spiegel der Deeschen Kohle. Vielleicht wars Mortlake gar nicht, sage ich mir; vielleicht wars dieser Ort hier, den ich im Halbtraum erraten habe und für das Stammschloß meines Ahnen hielt?!
Der greise Gärtner biegt die Rosenhänge auseinander und weist auf eine mit Moos und Farnkraut bedeckte Vertiefung in der Erde. Er lächelt unsicher und murmelt:
»Das Grab. Ja, ja, das Grab! Da drunten ruht jetzt wieder das stille Gesicht mit den offenen Augen und mit den ausgestreckten Armen. Ich hab ihm den Dolch aus der Hand genommen. Nur den Dolch, meine Herren! Sie dürfen mirs glauben! Nur den Dolch! – Ich hab doch gewußt, ich muß ihn der schönen Frau geben, der guten jungen Frau, die Ausschau mit mir hält nach der Herrin!«
Ich muß mich an einer der Eiben festhalten, um nicht zu stürzen; ich will Lipotin ein Wort zurufen, aber meine Zunge versagt. Ich kann nur stammeln:
»Der Dolch? – Hier? – Ein Grab?« –
Der Greis versteht mich auf einmal recht gut. Er nickt eifrig, und ein Lächeln hellt seine zerstörten Züge auf. Rasch, einer plötzlichen Eingebung folgend, frage ich ihn:
»Sag uns, Alter, wem gehört die Burg?«
Der Greis zögert: »Die Burg Elsbethstein? Wem?« – er fällt wieder in sich zusammen, und das von seinen Lippen abgelesene Wort erstirbt, bevor es verständlicher Hauch

geworden ist. Irr schüttelt er den Kopf und winkt uns, ihm zu folgen.
Nur wenige Schritte gehen wir, da öffnet sich eine hohe Mauerpforte, von Holunderstauden und wuchernden Rosen überhangen und verdeckt. Über dem gewölbten Torbogen erkenne ich die untersten Ranken uralter Steinmetzarbeit. Der Greis deutet eifrig hinauf. Mit einem aufgelesenen, halbvermorschten Ast schiebe ich die üppigen Zweige und Blütengehänge beiseite und erblicke ein bemoostes Wappen über dem Türsturz in Stein gehauen. Es ist ein Werk aus dem sechzehnten Jahrhundert und trägt ein schräg gelegtes Kreuz, aus dessen Arm eine Rosenranke emporwächst, besetzt mit drei Blüten: die eine als Knospe, die zweite halbgeöffnet, die dritte voll und prangend mit einem schon zum Fall gelösten Blatt.
Lange betrachte ich sinnend dies geheimnisvolle Wappenbild. Aus dem Grau des alten Torsteins, aus dem verwitterten Grün des flechtendurchzogenen Mooses, aus dem seltsam schwermütigen Anblick des Rosenzweiges mit den drei in ihrer Blüte abgestuften Blumen sprechen mich Erinnerung und ahnendes Gefühl an so stark, daß ich nicht bemerke: meine Gefährten haben mich allein gelassen. Immer deutlicher drängt sich mir ein Traumbild auf und ringt sich zu mählicher Klarheit aus meiner Seele: die Grablegung meines Vorfahren, John Dee, in dem Wundergarten des Adepten Gardener! Mehr und mehr decken sich die Umrisse der einstigen Vision mit den Dingen meiner Umgebung.
Noch stehe ich in wunderlichen Zweifeln und gebe mir Mühe, die Verzauberung mir von Stirn und Augen zu streichen, da erschrecke ich vor einer Erscheinung, die unerwartet aus dem Dunkel des Torgangs rasch auf mich zutritt. Jane ists, es kann kein Zweifel sein. Aber ihr Gang

ist lautlos und schwebend und – wie soll ich mirs deuten?: sie trieft vor Nässe, ihr leichtes Sommerkleid klebt ihr eng und streifig am Leibe. Der Ausdruck ihres Gesichtes ist starr und ernst, fast furchterregend, so durchdringend strahlt aus ihren Zügen eine stumme Mahnung auf mich über.

Fernwirken einer Toten! – so will etwas in mir aufschreien. Dann höre ich Worte, die aus ihrem Munde zu dringen scheinen:

»Vollbracht. – Frei. – Hilf dir! – Sei stark! –«

»Jane!« rufe ich. Betäubung überfällt mich und – da ist es nicht mehr Jane: vor mir steht eine unirdisch mich anblickende Frau von majestätischem Wuchs, eine Krone auf dem Haupt, und ihr Blick durchdringt mich, als komme er aus Jahrhundertferne her und gehe durch mich hindurch und suche mich weit hinter mir in einem gefühlten Äon meiner Zeit und meiner errungenen Vollendung. – –

»Das also bist du, Königin und Herrin im Garten des Adepten! ...« – mehr wissen meine Lippen nicht zu flüstern.

Auge in Auge, unlösbar verbunden, stehe ich der wunderbaren Frau gegenüber, und Stürme von Gedanken, nicht zu schildern, – Erkenntnisse und wütende Entschlüsse stoßen an meinem äußern Sein vorbei in eine geistige Welt, bilden ungeheure Wirbel drüben, rufen Verheerung und Umsturz dort hervor – –, da höre ich mit leiblichem Ohr deutlich, wie Lipotin und der alte verrückte Gärtner wieder zurückkehren. Und mit meinen leiblichen Augen sehe ich: der Greis stutzt, erhebt die Hände und sinkt in die Knie. Dicht neben mir mit verklärtem Gesicht kniet er und unter Weinen und schluchzendem Lachen hebt er den Kopf zu der königlichen Frau empor und stammelt:

»Lob und Dank, Herrin, daß du gekommen bist! In deine

Hände lege ich mein müdes Haupt und meinen langen Dienst. Siehe du, ob ich getreu war!«
Freundlich nickt die frauenhafte Erscheinung dem Alten zu. Er aber fällt vornüber aufs Gesicht und verstummt.
Noch einmal wendet sich das königliche Bild mir zu, und ich glaube eine Stimme zu hören wie Glockenton aus Turmesferne:
»Gegrüßt. – Erwählt. – Erhofft. – Noch nicht erprobt!« – und als vermischten sich im Verklingen die Laute mit der irdischen Stimme meiner Jane und als kehre nochmals ihr angstvoll mahnender Ruf zurück:
»– – hilf dir selbst. – Sei stark!« . . .
Urplötzlich verblaßt die Vision in einem heulenden Lärm, der von jenseits der Mauer, aus dem Bereich des Schloßhofs, herüberschallt.
Ich fahre auf und sehe Lipotin, wie er verständnislos bald mich, bald den regungslos hingestreckten alten Gärtner anstarrt. Wenige Worte genügen mir: er hat nichts gesehen, nichts wahrgenommen von dem, was sich begeben hat! – Ihn beunruhigt scheinbar nur das seltsame Betragen des Greises.
Ehe er Zeit findet, ihn anzurühren, kommen Männer aus dem Schloßhof schreiend auf uns zu. Rasch eilen wir ihnen entgegen. Wie Brandung schlagen Reden an mein Ohr, und gleich darauf erspähen meine Augen: drunten im Strom und mitten darin auf einer Untiefe, – dort, wo eine jähe Kurve der Landstraße hoch über gesprengte Felsen geführt ist, dem Ufer folgend, zeichnet sich, vom hellen Schaumstreifen strömenden Wassers umschimmert, das zertrümmerte Automobil der Fürstin ab. – – –
Langsam kommt mir zu Sinnen, was das Gezeter der Leute bedeutet: »Alle drei tot! Wie in die Luft hinein ist er gefahren, der Chauffeur! Mitten in leere Luft hinein.

Er hat den Verstand verloren, oder der Teufel hat ihn geblendet!« ... Jane! Jane! – mein eigener Schrei weckt mich auf! Ich will Lipotin rufen: er kniet neben dem immer noch regungslos im Grase liegenden alten Gärtner. Er hebt ihm den Kopf und schaut mich mit Augen an, in denen die Seele erblindet ist. Seinen stützenden Händen entgleitet, halb auf die Seite sinkend, der Körper des Greises. Der Alte ist tot.

Geistesabwesend stiert Lipotin mich an. Ich kann nicht reden. Deute nur stumm über die Mauerbrüstung hinab auf den Strom. Er blickt lang ins Tal hinunter, fährt sich gelassen über die Stirn: »Also wieder im grünen Wasser versunken! Steile Ufer. Ich bin müde. ... Da: hören Sie nicht? Man ruft nach mir!«

Eine Hilfskolonne in Booten birgt die Toten aus dem flachhinspülenden Fluß. – – Nur die beiden Frauen; den Chauffeur hat es stromabwärts fortgerissen. »Noch nie hat man Leichen wiedergefunden, die das Wasser mitgenommen hat«, sagt man mir; »sie treiben hinab, ohne aufzutauchen, ins ferne Meer.« – Mir graut bei dem Gedanken, ich hätte meines Vetters John Roger entstellte Totenmaske aus den Fluten mich anstarren sehen müssen. ...

Und dann das Entsetzlichste: wars ein Unglücksfall? – Was? Was? ... eine Frage brennt mir in der Brust: Was hat das zu bedeuten?: Janes Dolch steckt tief in der Brust der Fürstin. Das Herz ist tödlich getroffen!

Die Lanzenspitze hat sich ihr von selbst in den Leib gerannt beim Sturz des Wagens, so will ich mir einreden. ...

Lange, lange betrachte ich, selbst fast eine Leiche, die beiden toten Frauen: Janes Antlitz schlummert in einem Ausdruck unsagbarer Zufriedenheit und Ruhe. Ihre stille, ver-

schlossene Schönheit blüht aus der erloschenen Gestalt hervor mit so rührender Gewalt, daß mir die Tränen versiegen und ich beten möchte: »Heiliger Schutzengel meines Lebens, bitte du für mich, daß ich es tragen kann. . . .«
Auf der Stirn der Fürstin steht eine harte Falte. Ihre streng und schmerzlich geschlossenen Lippen scheinen einen Ausruf zu unterdrücken. Fast ist es, als lebe sie noch und wolle jeden Augenblick wieder erwachen. Schmale Schatten von den Zweigen der Bäume, tanzend im Wind, huschen über ihre Lider. — — Oder hat sie sie plötzlich aufgeschlagen und schnell wieder geschlossen, als sie bemerkte, ich könne es sehen? Nein, nein: sie ist tot! Es steckt doch der Dolch ihr im Herzen!! Dann, wie die Stunden verrinnen, löst sich die Spannung in den Zügen der Toten, und ein katzenhafter, abstoßender Zug verzerrt das Angesicht.
Seit der Bestattung der beiden Frauen habe ich Lipotin nicht mehr wiedergesehen. Aber ich erwarte stündlich seinen Besuch, denn er hat mir beim Abschied vor dem Friedhofsportal gesagt:
»Jetzt fängt es an, Verehrtester! Jetzt wird sich erweisen, wer der Herr des Dolches sein wird. Verlassen Sie sich auf gar nichts als auf sich selbst, wenn Sie das vermögen. — Übrigens bleibe ich Ihr gehorsamer Diener und werde mich erkundigen kommen, wenn es Zeit ist, ob Sie meiner bedürfen. Die roten Dugpas haben mir, nebenbei bemerkt, gekündigt. . . . Das bedeutet . . .«
»Nun?« fragte ich zerstreut, denn die Trauer um Jane erfüllt mich bis zum Ersticken. »Nun?«
»Nun, das bedeutet . . .« Lipotin sprach den Satz nicht aus. Machte nur die Geste des Halsabschneidens.
Als ich ihn erschrocken fragen wollte, was er damit meine, war er im Gewühl der Leute, die eine an- und abfahrende Straßenbahn stürmten, verschwunden.

Oft seitdem wiederhole ich mir innerlich das, was er gesagt und getan hat, aber immer muß ich zweifeln: war es Wirklichkeit? Oder bilde ich es mir nur ein? – Die Vorgänge haften anders in meinem Gedächtnis als die, die ich gleichzeitig erlebte....

Wie lang ists her, daß ich Jane begraben habe und Seite an Seite neben ihr Assja Chotokalungin? – Wie kann ich es wissen! Ich habe die Tage nicht gezählt, nicht die Wochen und Monate; – oder sind es Jahre, die seitdem verflossen sind? Fingerdick liegt der Staub auf all den Dingen und Papieren um mich her; die Fenster sind blind, das ist gut, denn ich will nicht wissen: bin ich in der Stadt meiner Geburt, oder bin ich John Dee, mein Ahnherr, in Mortlake geworden, eingefangen wie eine Fliege in einem Netz stillstehender Zeit? Bisweilen kommt der seltsame Gedanke über mich: bin ich vielleicht längst gestorben und liege, ohne mir dessen bewußt zu sein, im Grab neben den beiden Frauen? Wodurch könnte ich mir Gewißheit verschaffen, daß es nicht so ist? Wohl schaut mir aus dem trüben Spiegel an der Wand Einer entgegen, der Ich sein könnte und dem ein langer Bart gewachsen ist und wirre Haarsträhnen, aber sehen sich Tote vielleicht nicht auch im Spiegel und wähnen, sie seien noch am Leben? Wissen wir, ob sie ihrerseits nicht die Lebendigen für Tote halten?! – Nein: Beweise, daß ich wirklich am Leben bin, habe ich nicht. Wenn ich mein Hirn anstrenge und zurückwandern will in die Zeit, wo ich am Grabe der beiden Frauen stand, da will es mir scheinen, als wäre ich gleich darauf hier in mein Haus zurückgekehrt und hätte meine Dienerschaft entlassen und meiner alten beurlaubten Haushälterin geschrieben, sie brauchte nicht mehr zu kommen, und ich hätte ihr durch meine Bank eine Lebensrente ausgesetzt. – Kann sein, daß ich all das nur träume; es kann aber auch sein: ich bin gestorben, und mein Haus ist leer.

Sicher ist eins: alle meine Uhren stehen still, die eine auf halb zehn, die andere auf zwölf und andere auf Stunden, die mir noch gleichgültiger sind. Und: Spinnweben überall, überall. – Woher die Spinnen zu Tausenden hergekommen sein mögen in dieser kurzen Zeit eines – – sagen wir: eines Jahrhunderts? Oder ist es ein einziges Jahr gewesen im Leben der Menschen da draußen? Ich will es nicht wissen; was geht es mich an!

Wovon nur habe ich gelebt seitdem? Der Gedanke rüttelt mich auf. – Vielleicht: wenn ich mich daran erinnern könnte, hätte ich einen Beweis, ob ich tot bin oder nicht! Ich sinne nach, und da taucht es wie Traumgedächtnis in mir auf, als sei ich oft des Nachts durch die stillen Gassen der Stadt gewandert und habe gegessen in Schenken und öden Spelunken, als sei ich auch Bekannten und Freunden begegnet, die mich angesprochen haben. Ob und was ich ihnen geantwortet habe, weiß ich nicht mehr. Ich glaube, ich bin stumm an ihnen vorbeigegangen, um nicht zu Bewußtsein und zu dem Schmerz um Jane zurückzukommen. – – Ja, ja, so wird es sein: ich habe mich ins Totenreich, in ein einsames Totenreich hineingelebt, oder – mich hineingestorben. Aber, was kümmerts mich, ob ich tot bin oder lebendig! – – –

Ob Lipotin auch schon gestorben ist? – Aber was denke ich da wieder?! Es ist doch gar kein Unterschied, ob man tot ist oder lebt.

Zu mir gekommen, ob so oder so, ist Lipotin seitdem nicht, das ist wohl sicher. Sonst könnte das Bild, in dem ich ihn vor mir sehe, nicht das letzte in meinem Gedächtnis sein: er verlor sich im Gewühl vor dem Friedhof, nachdem er mir kurz vorher etwas von den tibetischen Dugpas gesagt hatte, das ich vergessen habe; und er machte dabei die Geste des Halsabschneidens. Oder war alles das auf Elsbethstein gewesen? — — Was kümmerts mich! Vielleicht ist er nach Asien gegangen und hat sich wieder in den Magister des Zaren, in den Mascee John Dees verwandelt. Bin ja auch aus der Welt gegangen seitdem, sozusagen. Ich weiß nicht,- wohin es weiter ist: nach Asien, oder in das Land der Träume, in das ich mich verkrochen habe! — — Möglich, daß ich jetzt erst so halb und halb aufgewacht bin und meine Umgebung so verwahrlost finde, als ob sich ein Jahrhundert draußen an den Fenstern vorübergeträumt hätte.

Mißbehagen ergreift mich mit einemmal, daß mir meine Wohnung vorkommt wie eine innerlich zerfressene Nuß, von stäubendem Schimmel befallen, in der ich, einem gedankenleeren Wurme gleich, eine Mottenzeit verschlafen habe. Woher so plötzlich kommt dies Mißbehagen? frage ich, und eine jähe Erinnerung quält mich: hat es nicht soeben schrill geläutet? — Im Haus? Nein: nicht im Haus! Wer sollte die Klingel ziehen an einem Haus, das verödet steht? So wird es ein Läuten in meinem Ohr gewesen sein! Der Gehörsinn erwacht erst bei einem, der scheintot gelegen hat und wieder ins Leben zurückkehrt, so habe ich einmal irgendwann gelesen. Plötzlich fällt mir ein, und ich kann es auch zu mir selbst aussprechen: ich habe gewartet, gewartet, gewartet, ich weiß nicht wie unsäglich lange Zeit auf eine Wiederkehr der toten Jane. Ich bin in den Tagen und Nächten hier in meinen Stuben von Ort zu Ort gekrochen und habe auf Knien und Zehenspitzen zum Himmel gebetet um ein Zeichen von ihr, so lange, bis ich darüber den Gang der Zeit zu spüren verlor.

Es gibt kein Ding aus dem Besitz der Geliebten, das ich

nicht zum Fetisch gemacht, dem ich mich nicht in irrsinnigem Flehen anvertraut hätte: es möchte mir helfen, Jane zu mir herabzuzwingen, Jane aus dem Grabe zu rufen – Jane zu meiner Rettung vor dem drohenden Henkerbeil des Schmerzes, das beständig über mir schwebt, zu senden. Ach wie vergebens war das alles: Jane hat sich nicht mehr blicken noch spüren lassen vor mir, der ich seit drei Jahrhunderten ihr rechtmäßiger Gatte bin.

Jane ist nicht gekommen, aber ... Assja Chotokalungin! Jetzt, wo ich aufgewacht bin aus der Lethargie – wie es mir jetzt scheinen mag – aus der Lethargie der Vergessenheit, jetzt weiß ich plötzlich: Assja Chotokalungin ist immer da, ist immer da ...

Anfangs, ja, anfangs, da ist sie durch die Tür gekommen, und ich habe sofort gewußt, es ist vergeblich, die Tür vor ihr abzuschließen. Wo kein Riegel des Grabes wehrt, wo sollte da ein Zimmerschlüssel von Wirkung sein?!

Wenn ich jetzt daran denke, wie mir zumute war, als sie kam, da kann ich mir nicht verhehlen: ihr Besuch war mir – willkommen! Diese Schuld, – du ewiges Gesicht, das du mich anschaust, seit ich so träume, mit doppeltem Antlitz Tag und Nacht, mit dem leuchtenden Karfunkel über dir, daß mich die Augen schmerzen, wenn ich deinen Blick zu erwidern wage – – diese Schuld will ich als Schuld bekennen vor dir und vor mir selbst. Meine einzige Verteidigung ist: ich habe geglaubt, Assja sei eine Botin Janes aus dem Reiche der Toten. Ein unsinniger Tor war ich, daß ich glauben konnte, sie brächte mir Botschaft der Liebe, Botschaften der Seele. ...

Täglich kommt Assja zu mir, das weiß ich jetzt, wo die Erinnerung wieder erwacht ist. Lange schon braucht sie die Tür nicht mehr, um zu mir zu kommen: sie ist einfach da!

Meistens sitzt sie auf dem Sessel an meinem Schreibtisch und ... ach Gott, mein Gott, wie nutzlos ist es, die Wahrheit vor mir selbst verschweigen zu wollen: sie kam, sie kommt immer in demselben Kleid aus Schwarz und Silber, und es gleicht, mit den fließenden Wellenornamenten darauf – dem chinesischen Ewigkeitssymbol auf dem Tulakästchen –, ganz diesem Kleinod der russischen Schmiedekunst.

Beständig muß ich es anschauen, dieses Kleid, und unter meinem begehrlichen Blick ist es alt, uralt und immer – durchsichtiger geworden, so, als wolle es zerfallen, so, als vermorsche es unter der Glut meiner Augen. Immer lockerer ist das Kleid der toten Fürstin geworden, immer schemenhafter wird sein Gewebe zusammengehalten, und seit einiger Zeit zerfällt es, und die Fürstin, oder vielmehr die pontische Isaïs, sitzt nackt und leuchtend in Schönheit vor mir in meinem Stuhl. – – –

In all der Zeit habe ich stundenlang nur den modrigen Zerfall des Gewandes beobachtet. So wenigstens will ich es mir jetzt einreden. Vielleicht habe ich ihn ersehnt! Oder belüge ich mich doch nicht? Es mag sein, denn ich weiß: wir haben über Leidenschaft nicht gesprochen.

Haben wir überhaupt miteinander gesprochen? Nein! Wie hätte ich auch sprechen können beim Anblick dieser langsamen stundendauernden Entblößung der Fürstin!? ...

Und doch, du doppeltes Antlitz über mir, du schrecklicher Wächter meiner Träume, du Baphomet über mir, sei du mein Zeuge vor Gott: kam mir unreines Begehren zu Sinn, oder war es nicht vielmehr eine Zeit des Staunens, des Willens zum Kampf und der haßgeladenen Neugier? Habe ich aufgehört, Jane, die Heilige, aufzurufen wider die Botin der schwarzen Isaïs, die Gesellin des Bartlett Green, die Zerstörerin John Rogers und meines eigenen Blutes?!

Aber, je heißer ich Jane rief, desto rascher, desto sicherer, blühender und triumphierender in ihrer goldbraunen Leibesschönheit kam Assja. Kam sie — — kommt sie noch immer. . . .
Hat es mir Lipotin nicht vorausgesagt? Vorausgesagt, daß der Kampf erst beginnt?
Ich bin gefaßt und bin gerüstet. Aber ich weiß nicht, wie der Kampf begonnen hat; sein feinster Anfang liegt in einer Zeit, die ich vergessen habe. Ich weiß nicht, wie der Kampf geführt wird und wie er gewonnen werden soll. Mir graut vor dem ersten Angriff, den ich tun soll, denn ich will nicht ins Leere stoßen und dabei das Gleichgewicht verlieren! — — Mir graut vor diesem stummen tage- und tagelang lautlos mir Gegenübersitzen und dem Tauschen von Blicken und Nervenfluiden. . . .
Mir graut, unsäglich graut mir. Ich fühle: jede Minute kann die Fürstin mir wieder sichtbar werden.
Abermals schrillt eine Glocke. Ich lausche: nein, nicht in meinem Ohr, wie ich das erstemal geglaubt, klingt ein Läuten! Die Hausglocke ists, die banale Glocke unten im Flur — — und doch packt mich wieder das Grauen. Jetzt reißt mich das Schrillen vom Stuhl; ich drücke auf den elektrischen Türöffner, eile zum Fenster und spähe hinab: unten auf der Gasse zwei dumme Lausbuben suchen eilends das Weite, als sie sich ertappt sehen bei ihrem kindlichen Streich. Lappalie!
Und dennoch läßt mich das Grauen nicht los.
Die Haustür unten steht jetzt offen, sage ich mir, und ein Unbehagen ergreift mich, der frechen Welt preisgegeben zu sein, als habe mit einemmal alle Torheit und Zudringlichkeit der Straße Zutritt in mein sorgfältig verwahrtes Leben und Geheimnis. Ich will hinuntergehen und die Türe verschließen für immer, da höre ich Schritte auf der

Treppe, bekannte Schritte, flüchtige, leis und elastisch aufgesetzte:
Lipotin steht vor mir!
Er begrüßt mich mit dem ironischen Zwinkern seiner von den immer müde überschattenden Lidern halb verdeckten Augen.
Es werden nur wenige Begrüßungsworte gewechselt, als hätten wir uns erst gestern zum letzenmal gesehen. Er bleibt auf der Schwelle meines Studierzimmers stehen und wittert in die Luft wie ein Fuchs, der die Röhre seines Baus von fremden Spuren beschlieft findet.
Ich sage nichts; bin meinerseits beschäftigt, ihn zu betrachten.
Er macht mir einen veränderten Eindruck, schwer zu beschreiben, in welcher Art verändert. Beinahe so, als ob er gar nicht er selber, sondern gewissermaßen sein eigener Doppelgänger sei: wesenlos, schattenhaft und sonderbar eintönig in allen seinen Äußerungen. Sind wir vielleicht beide Tote? durchzuckt mich ein kurioser Gedanke. Wer weiß denn, wie Tote miteinander verkehren? Kann ja sein, daß es nicht viel anders ist als bei Lebenden! Um den Hals trägt er ein rotes Tuch, wie ich das noch nie früher bei ihm bemerkt habe.
Er wendet sich halb nach mir um und flüstert seltsam heiser:
»Es nähert sich an. – Fast schon sind wir hier in der Küche John Dees.«
Mich befällt es kalt vor dieser fremden Stimme, die klingt, als pfeife sie mißtönig durch eine silberne Kanüle. Es ist wie das quälend anzuhörende Sprechen eines Kehlkopfkranken, bevor es mit ihm zu Ende geht.
Lipotin widerholt mit spöttischer Zufriedenheit:
»Es nähert sich an« . . .

Ich höre nicht darauf. Verstehe nicht. Mich hält ein unbeschreibliches Entsetzen in Bann, und ohne zu überlegen, ohne meine eigenen Worte zu wissen, bevor ich sie fremd im Raume höre, stoße ich hervor:
»Sie sind ein Gespenst, Lipotin?«
Er dreht sich scharf um; seine Augen funkeln grünlich zu mir herüber. Er röchelt:
»Sie sind ein Gespenst, Verehrtester, soviel ich sehe. Ich, ich bin immer von derselben Wirklichkeit, die mir angemessen ist. Unter »Gespenst« versteht man zumeist einen wiedergekehrten Toten oder einen Teil von ihm. Da jeder Lebendige nichts anderes ist als ein durch die Geburt wieder auf die Erde Zurückgekehrter, so ist also jeder solcher ein Gespenst. Oder? Durch den Tod geschieht nichts Wesentliches: leider nur durch die Geburt. Das ist das Malheur. — Aber wollen wir nicht von etwas Wichtigerem sprechen als von Leben oder Tod?«
»Sind Sie halsleidend, Lipotin? Seit wann?«
»Ach so; hm, das bedeutet ...« — ein entsetzliches Hüsteln unterbricht seine Rede; dann fährt er fort, sichtlich erschöpft: »Das bedeutet wenig. Sie erinnern sich doch meiner Freunde in Tibet? Nun, dann wissen Sie auch, was ich Ihnen damals sagte!« — wieder macht er, wie damals vor der Friedhofspforte, die unverkennbare Bewegung mit der Hand über den Hals.
Das rote Halstuch! — schießt es mir durch den Sinn.
»Wer hat Ihnen den Hals durchgeschnitten?« stottere ich.
»Wer sonst als der rote Metzgermeister? Ein rücksichtsloser Fallott, das! Wollte mich im Auftrag seiner weitverzweigten Brotgeber umbringen. Hat aber im Rausch seines allzu gering bemessenen Denkvermögens vergessen, daß ich niemals Blut in den Adern gehabt habe. Hat sich darum vergebens, wenn auch nicht umsonst um Anerken-

nung bemüht. Hat mir lediglich einen Schönheitsfehler zugefügt. Pfffiii —« — trocken pfeift der Atem Lipotins durch die Kanüle und macht den Rest seiner Ansprache unverständlich. »Sie entschuldigen diesen Fehlgriff in der Melodie«, sagt er, als er wieder zu Atem gekommen ist, und verneigt sich höflich gegen mich.
Ich bin unfähig zu antworten. Zu all dem ist mir, als sähe ich draußen hinter den blind angelaufenen Fensterscheiben das bleiche Antlitz der Fürstin hereinlauschen, und das eiskalte Entsetzen, das mich von hinten herauf beschleicht, will kaum der gewaltsam aufgebotenen Ruhe und Besonnenheit meiner Nerven gehorchen. Rasch bitte ich Lipotin, in dem Sessel Platz zu nehmen, in dem ich sonst die Fürstin sitzen zu sehen gewohnt bin, und im stillen klammere ich mich an die lächerliche Hoffnung, daß der Besuch Assjas ausbleiben werde, wenn ihr Stuhl besetzt sei. Es scheint mir unmöglich, den Anblick von zwei Gespenstern zu gleicher Zeit aushalten zu können. Nur der Gedanke beruhigt mich ein wenig: also ich wenigstens bin nicht tot, sonst könnte ich nicht so genau unterscheiden, daß diese beiden da keine Lebendigen sind. — Aber Lipotin scheint zu erraten, was ich mir denke, denn er sagt unvermittelt:
»Können Sie wirklich nicht einsehen, Verehrtester, daß weder Sie noch ich so weit fortgeschritten sind, um zu wissen, ob wir gestorben sind oder nicht? Niemand in unserer Lage kann das wissen. Beweise dafür gibt es überhaupt nicht! — Daß wir die Umwelt sehen so wie früher, ist das ein Beweis? Es kann doch Einbildung sein! Woher wissen Sie, daß Sie in früheren Zeiten sich die gleiche Umwelt nicht auch eingebildet haben? Wissen Sie wirklich ganz genau, daß Sie und ich nicht ebenfalls im Automobil in Elsbethstein mitverunglückt sind, und daß Sie sich nur

eingebildet haben, Sie hätten Ihre Braut im Friedhof bestattet? Könnte doch so sein! Oder? Was wissen wir, wer der Urheber einer Einbildung ist? Vielleicht ist die Einbildung der Urheber und der Mensch das Opfer! Nein, nein, das mit dem ›Leben nach dem Tod‹ ist ein wenig anders, als die sagen, die zwar nichts wissen, aber, wenn man ihnen widerspricht, es sogleich ›besser‹ wissen.« – Dabei zündet sich Lipotin rasch eine neue Zigarette an; heimlich beschiele ich seinen Hals von der Seite her, ob nicht Rauch durch das rote Halstuch dringen werde ... Dann krächzt er wieder los:

»Eigentlich, Verehrtester, müßten Sie mit mir zufrieden sein! Das Übel, das ich mir zugezogen habe, ich denke, ich habe es in Ihren Diensten erworben! – Oder täusche ich mich, daß Sie mit dem Giftpulver der tibetanischen Menschenfreunde fertig geworden sind? Es wäre meine Ordenspflicht gewesen, dem vorzubeugen. Nun, wir haben eben beide Narben davongetragen, mein werter Gönner, die verdammt schlecht verheilen. Die Ihrige sitzt zwar nicht am Hals, aber in dem Nervenzentrum, in dem der Gott des Schlafes wohnt. Das Ventil schließt nicht mehr recht, darum wissen Sie nicht, ob Sie tot sind oder nicht. Machen Sie sich nichts daraus: es ist das nicht nur ein Defekt, sondern auch ein Loch ins Freie.«

Ich habe mir ebenfalls eine Zigarette angezündet; es ist eine Wohltat, Tabak zwischen den Zähnen zu fühlen, wenn man das Fieber des Grauens meistern muß . . . Ich höre mich fragen:

»Sagen Sie doch unumwunden, Lipotin, bin ich ein Gespenst, oder nicht?«

Er legt den Kopf schief; seine schweren Augenlider fallen ihm fast zu; dann hebt er den Oberkörper wieder ruckartig:

»Ein Gespenst ist nur der nicht, der das ewige Leben hat. Haben Sie das ewige Leben? Nein, Sie haben nur, wie alle Menschen, das unendliche Leben; das ist doch etwas ganz anderes! – Aber fragen Sie mich lieber nicht Dinge, die Sie nicht verstehen können, bevor Sie sie nicht besitzen. Verstehen kann man nur etwas, was man bereits hat. Durch Fragen ist noch nie einer reich geworden. Das, worauf Sie abzielen, ist doch: Sie wollen wissen, wieso Sie mit Phantomen verkehren!« – dabei schielt er über die Schulter zum Fenster hin, macht eine im Kreis herumfahrende Armbewegung. Ein Luftzug entsteht davon, und eine Wolke von Staub erhebt sich aus den Papieren meines Schreibtisches und mit ihr ein uralt dumpfer Hauch, daß mir wird, als höre ich das Krächzen aufgescheuchter Krähen und das Knappen von eisgrauen Turmkäuzchen.
»Ja, es ist wahr, Lipotin«, fahre ich auf, »Sie wissen es ohnehin: ich verkehre mit Gespenstern ... das heißt: – ich sehe ... hier ... in diesem Stuhl, in dem Sie jetzt sitzen, ... täglich sehe ich da eine Gestalt ... ich sehe die Fürstin! – Sie kommt zu mir! Sie ist da, wann sie will ... sie verfolgt mich mit ihren Augen, mit ihrem Leib, mit ihrem ganzen, ganzen unentrinnbaren Wesen. Sie wird mich einfangen, wie die tausend Spinnen hier die Stubenfliegen. – Helfen Sie, Lipotin! Helfen Sie mir, helfen Sie mir, daß ich nicht ... daß ich nicht ...«
Der Ausbruch, so plötzlich, wie er über mich gekommen ist, einem unvorhergeahnten, ungewollten Dammbruch gleich, erschüttert mich derart, daß ich neben Lipotins Stuhl am Schreibtisch niedersinke und den alten Antiquar mit tränenverdunkeltem Blick anstarre wie einen geheimnisvollen märchenmächtigen Zauberer.
Er hebt den linken Augendeckel sehr langsam und holt so tief Rauch in die Lunge, daß ich wieder die Kanüle pfei-

fen höre. Dann, während Rauchwellen unterm Sprechen sein Gesicht in Nebel hüllen, röchelt er leise:
»Ganz zu Ihren Diensten, Verehrtester, denn« — — sein unruhiger Blick streift mich — — »denn Sie besitzen ja noch immer den Dolch! Oder?«
Rasch greife ich nach dem Tulakästchen auf meinem Schreibtisch und lasse die verborgene Feder aufschnappen.
»Aha, aha!« brummt Lipotin und grinst, — »schon gut; ich sehe, wie sorgsam Sie das Erbgut des Hoël Dhat zu bewahren trachten. Aber immerhin möchte ich raten: wählen Sie einen andern Ruheplatz für dieses Familienkleinod! — Ist Ihnen denn nicht selber schon aufgefallen, daß dies Kästchen eine gewisse ... sagen wir nicht: Verwandtschaft! — sagen wir bloß: eine gewisse Ähnlichkeit mit dem irdischen Kleid der von mir einst so hoch geschätzten Fürstin besitzt? Es empfiehlt sich nicht, die Symbole zu vermischen; es vermischen sich dadurch sehr leicht auch die Kräfte, die hinter ihnen stehen.«
Ein Gewitter von halben Erkenntnissen wetterleuchtet mir durch die Seele. Ich reiße den Dolch aus dem Kästchen, als ob ich damit den Bann zerstören könnte, der mich seit Tagen, Wochen — oder Jahren? — gefangenhält. Aber Lipotin zieht die Stirne hoch auf eine Weise, daß mir im selben Augenblick der Mut wieder entsinkt, ihn, das Phantom niederzustechen.
»Wir sind immer noch in den Anfängen der Magie, mein Gönner«, spöttelt Lipotin und lacht dazu mühsam durch den Hals, daß es pfeift — »wir haften noch an den Äußerlichkeiten, obwohl wir sie vernachlässigen; nach Art der ungeübten Bergsteiger, die sich wohl tadellos ausstaffieren, aber die Wetterzeichen nicht beobachten; und inzwischen handelt es sich doch gar nicht um die Besiegung des

Gipfels – damit quälen sich Asketen ab –, sondern um Überfliegung der Welt und ... des Menschentums.«
Da gebe ich alle meine versponnenen Heimlichkeiten und Sorgen preis und sage fest:
»Sie werden mir helfen, Lipotin, ich weiß es. Damit Sie es jetzt erfahren: ich habe nach Jane gerufen mit allen Kräften meiner Seele. Aber sie kommt nicht! Statt ihrer ist die Fürstin gekommen!«
»Es kommt in der Magie immer nur das«, unterbricht Lipotin, »was uns am nächsten ist. Und das uns Nächste ist stets das, was in uns wohnt. Darum ist die Fürstin gekommen.«
»Aber ich will sie nicht!«
»Hilft nichts! Sie wittert das Erotische in Ihnen und in Ihrem Ruf.«
»Um Gottes willen, ich hasse sie doch!«
»Gerade damit geben Sie ihr Nahrung.«
»Ich verfluche sie in den untersten Abgrund der Hölle, der ihre Heimat ist! Ich verabscheue, ich würge, ich morde sie, wenn ich nur könnte, wenn ich nur wüßte, wie ...«
»In diesem Feuer fühlt sie sich geliebt. Nicht ohne Grund, wie mir scheint.«
»Sie glauben, Lipotin, ich könnte die Fürstin lieben?!«
»Sie hassen Sie ja bereits. Ein hoher Grad von Magnetismus. Oder von Zuneigung, wie die Gelehrten übereinstimmend bezeugen.«
»Jane!« schreie ich auf.
»Ein gefährlicher Anruf!« – unterbricht mich Lipotin warnend. »Die Fürstin wird ihn abfangen! Wissen Sie denn nicht, Verehrtester, daß die vitale Energie des Erotischen in Ihnen ›Jane‹ heißt? Ein netter Panzer aus Schießbaumwolle, in den Sie sich da gekleidet haben! Mag sein, er hält warm, aber ziemlich gefährlich ist er auch. Plötzlich kann

er lichterloh brennen.« Ohnmacht flimmert mir vor Augen.
Ich greife nach Lipotins Hand:
»Helfen Sie mir, alter Freund! Sie müssen mir helfen!«
Lipotin schielt nach dem Dolch, der zwischen uns auf dem Tisch liegt, und brummt zögernd:
»Ich glaube, ich werde müssen.«
Ein unbestimmtes Gefühl des Mißtrauens zuckt durch mein Gehirn, und ich lege die Hand auf die Waffe vor mir. Ich ziehe sie zu mir heran und lasse sie nicht mehr aus den Augen. Lipotin scheint es nicht im geringsten zu beachten und zündet sich eine neue Zigarette an. Aus einer Dampfwolke röchelt er hervor:
»Haben Sie einige Kenntnisse von tibetischer Sexualmagie?«
»Ja, ein bißchen.«
»Dann werden Sie vielleicht wissen, daß eine Verwandlung des menschlichen Geschlechtstriebs in eine magische Kraft durch eine asiatische Praxis, die man ›Vajroli Tantra‹ nennt, möglich ist!«
»Vajroli Tantra!« murmle ich vor mich hin. Ich erinnere mich, einmal in einem seltsamen Buche über etwas Derartiges gelesen zu haben; ich weiß nichts Genaues darüber, aber ein inneres Gefühl sagt mir, daß es sich um etwas Schauderhaftes, dem menschlichen Gefühl direkt Entgegenlaufendes handeln müsse. Um ein Geheimnis, das nicht umsonst streng von allen bewahrt wird, die darum wissen.
»Ein Austreibungsritus?« frage ich geistesabwesend.
Lipotin schüttelt langsam den Kopf:
»Das Geschlecht austreiben? Was bliebe da vom Menschen übrig? Nicht einmal die äußere Form eines Heiligen. Elemente kann man nicht vernichten! Auch ist es ganz zwecklos, die Fürstin vertreiben zu wollen.«

»Lipotin, es ist ja gar nicht die Fürstin, muß ich manchmal denken. Es ist ...«
Der gespenstische Antiquar meckert:
»Sie meinen: die pontische Isaïs ists?! Nicht übel! Nicht übel, wertester Freund und Gönner. Gar nicht so weit vom Ziel!«
»Ob pontische Isaïs oder Bartlett Greens schwarze Mutter aus dem schottischen Katzenblut, das gilt mir gleich! – Einmal ist sie ja auch als Lady Sissy zu dem gekommen, der ihr Opfer geworden ist.«
»Sei dem, wie es sei«, lenkt Lipotin ab; »was da vor Ihnen in diesem Lehnstuhl sitzt, den jetzt meine Wenigkeit einnimmt, – das ist mehr als ein Gespenst, mehr als eine lebendige Frau, mehr als eine einst verehrte und nun seit Jahrhunderten vergessene Gottheit: es ist die Herrin des Blutes im Menschen, und wer sie besiegen will, der muß über das Blut hinaus sein!«
Unwillkürlich fasse ich mir mit der Hand an den Hals; deutlich fühle ich, wie die Schlagader stürmisch rast in Fieber, als ob sie mir mit Klopflauten etwas mitteilen wolle; – vielleicht ists ein wildes Frohlocken einer fremden Wesenheit in mir? Dabei blicke ich starr auf das scharlachrote Halstuch meines Gegenübers. Lipotin nickt mir verständnisvoll und freundlich zu.
»Sind Sie über das Blut hinaus?« flüstere ich.
Lipotin sinkt in sich zusammen, grau, uralt, hinfällig mit einemmal, und hüstelt mühsam:
»Über das Blut hinaus, Verehrtester, das ist beinahe dasselbe wie unter dem Blut hindurch. Über dem Leben und nie gelebt haben: sagen Sie selbst, wo ist da zuletzt der Unterschied? Es ist keiner, nicht wahr, – es ist keiner?«
Das klang wie ein Aufschrei, wie eine Frage aus kaum verhüllter Verzweiflung, wie Angst, die mit kalter Grei-

senfaust nach mir griff. — Aber, bevor ich diese unerwartete Frage mit Lipotins sonstiger Art zusammenzureimen vermag, streicht er sich schon durchs Haar, richtet sich in seinem Sessel wieder hoch, und sein unheimliches Lachen aus dem roten Halstuch hervor verwischt alsbald den seltsamen Eindruck in mir. — Er neigt sich zu mir herüber und keucht mit Nachdruck:

»Lassen Sie sich gesagt sein: im Reich der Isaïs und der Assja Chotokalungin ist man mitten im Leben des Blutes, aus dem es kein Entrinnen gibt, hier nicht und drüben nicht, weder bei dem werten Magister John Dee, noch bei John Roger, Esquire, noch auch bei — Ihnen, verehrter Gönner; richten Sie sich, bitte, danach.«

»Und die Rettung?!« rufe ich und springe auf.

»Vajroli Tantra«, antwortet mir, in Zigarettendampf gehüllt, ruhig mein Gast. Mir fällt auf, daß er jedesmal sein Gesicht auf diese Weise verbirgt, wenn er das Wort ausspricht.

»Was ist Vajroli Tantra?« frage ich brüsk.

»Die Gnostiker des Altertums haben es das ›Aufwärtsfließenmachen des Jordans‹ genannt. Was damit gemeint ist, können Sie leicht erraten. Aber es betrifft das nur die äußere Handlung, die obszön genug ist. Wenn Sie das dahinter verborgene Geheimnis nicht selber herausfinden können, bekommen Sie nur eine leere Nuß, falls ich es Ihnen mitzuteilen versuchen würde. — Die äußere Handlung ohne die innere ist eine Praktik der roten Magie; sie erzeugt nur ein Feuer, das man nicht löschen kann. Die Menschheit hat auch davon keine Ahnung; sie faselt nur bisweilen etwas von weißer und schwarzer Magie. Und das innere Geheimnis ...« — plötzlich, fast mitten im Satz geht die Rede Lipotins in ein rasches Geleier über, das, ohne Betonung hervorgestoßen, wie die Gebetsformel eines

lamaistischen Mönches klingt. Es mutet mich an, als spreche mit einemmal nicht Lipotin, sondern ein ferner Unsichtbarer aus seinem Halstuch hervor:
»Lösung des Verbundenen. Zusammenfügen des Getrennten durch Liebe. Liebe besiegt durch Haß. Haß besiegt durch Vorstellung. Vorstellung besiegt durch Wissen. Wissen besiegt durch Nichtmehrwissen: das ist der Stein der demantenen Leere.«
Die Worte rauschen an mir vorüber; ich kann sie nicht haschen und nicht erfassen. Einen Augenblick ist mir, als lausche der Baphomet über mir. Ich senke das Haupt und will hören mit ihm, worauf er lauscht. Aber mein Ohr bleibt taub.
Als ich den Kopf wieder erhebe – mutlos –, da ist Lipotin aus meinem Zimmer verschwunden.
Ob er in Wirklichkeit bei mir gewesen ist?

Wieder ist »Zeit« vergangen, die ich nicht gemessen habe. Wohl habe ich alle meine Uhren aufgezogen, und ich höre sie emsig ticken, aber jede weist eine andere Stunde, denn ich wollte ihre Zeiger nicht richten, und es scheint mir für meinen seltsamen Seelenzustand ganz angemessen, daß jede mir eine andere Zeit zuteilt. – Tage und Nächte wechseln mir seit langem nur noch mit hell und dunkel, und daß ich geschlafen habe, weiß ich immer erst nach dem Aufwachen in irgendeinem Stuhl meiner Wohnung. Dann kann es ebensowohl sein, daß Nacht um mich her ist oder eine trübe, kalte Sonne durch die blinden Scheiben meiner Fenster hereintastet, die, anstatt Licht zu verbreiten, vielmehr die zahllosen bleichen Schatten in meinem Zimmer zu gespenstischem Leben ruft.
Ich weiß, es ist mir kein Beweis, ob ich lebe oder, wie es

die Menschen nennen: gestorben bin, wenn ich jetzt niederschreibe, was ich vor kurzem erlebt habe mit dem Phantom »Lipotin«, und doch tue ich es und will es weiter so halten. Vielleicht bilde ich mir nur ein, ich schriebe es auf Papier, und in Wirklichkeit ätze ich es nur ein in mein Gedächtnis. Worin besteht da im Grunde ein Unterschied?!

Unergründlich ist der Begriff »Wirklichkeit«, aber unergründlicher noch das »Ich«. Wenn ich darüber nachdenke: was für ein Zustand meines Ichs war das, in dem ich mich befand in der Zeit, bevor Lipotin zu mir trat, angekündigt durch das Klingeln zweier Gassenjungen, so kann ich nur sagen: es war Bewußtlosigkeit! Und doch überschleicht mich jetzt das nicht wegzuschiebende Gefühl: Bewußtlosigkeit war es dennoch damals nicht! Ich kann mich nur nicht mehr erinnern, was es gewesen ist und was ich in jenem mir heute so urfremden Zustand erlebt habe. Wäre ich im Zustand des ewigen Lebens gewesen, wie hätte ich aus der Ewigkeit in die Unendlichkeit des Lebens zurückkehren können? Nein, das ist unmöglich: Ewigkeit ist von Unendlichkeit getrennt, und keines kann über den Abgrund, der sie scheidet, hinüber und herüber fliegen. Vielleicht ist Jane in die Ewigkeit eingegangen und hört darum mein Rufen nicht! Ich rufe sie in der Unendlichkeit, und statt ihrer kommt: – Assja Chotokalungin!

Was war der Zustand, in dem ich mich befand? so frage ich mich wieder. Immer deutlicher scheint es mir: ich bin darin von jemand, der weit hinausgelangt ist über das Menschentum, unterrichtet worden in einem geheimen Wissen, für das mir irdische Worte fehlen, in Dingen und Geheimnissen und Mysterien, die mir dereinst vielleicht klar zu Bewußtsein kommen werden. Oh, hätte ich doch einen treuen Berater, wie einst mein Urahn John Dee,

dessen Sein und Wesen ich geerbt habe, ihn in Gardener, seinem »Laboranten«, besessen hat!
Lipotin ist nicht mehr wiedergekommen. Ich vermisse ihn auch nicht. Was er mir zu bringen hatte, das hat er mir gebracht, treulos und treu zugleich – ein sonderbarer Bote des Unbekannten!
Ich habe lange nachgedacht, was er mir geraten hat, und glaube dumpf zu ahnen, was das »Vajroli Tantra« in der Tiefe der Bedeutung besagt, aber wie finde ich den Weg, es in Praxis umzusetzen? Ich will mir Mühe geben, es herauszugrübeln, nur wollen mir die Worte Lipotins nicht aus dem Sinn, es sei unmöglich, fortzugehen aus dem Reich der Geschlechter ...
Weiterschreiben will ich von Tag zu Tag, was mir zustößt, aber kein Datum darübersetzen. Was hätte es für einen Toten für einen Sinn, sich an ein Datum zu halten!? Was geht es mich an, welche Übereinkunft die Menschheit da draußen mit dem Kalender getroffen hat! Ich bin mir in meinem eigenen Hause zum Spuk geworden. – –
Neugier befällt mich und zugleich grenzenlose Müdigkeit. Sind es Vorboten, daß Assja Chotokalungin kommt?

Die erste Nacht, die ich in klarem Bewußtsein durchlebte, liegt hinter mir.
Nein, es war kein Zufall, daß mich so tiefe Müdigkeit überfallen hatte! Aber in dieser Müdigkeit wuchs in mir der eiserne Entschluß hoch, den ersten Angriff zu wagen. Den Schlaf wollte ich überwinden, der da heranschlich, – den Mörder der »Schwerzuweckenden«, – indem ich ihn wie Gift vertriebe durch Gegengift. Darum rief ich das »Gegengift«: die Fürstin Chotokalungin; sie und nicht mehr Jane.

Aber sie kam nicht, wie ich es erwartet hatte. Sie gehorchte mir nicht. Sie blieb hinter dem Vorhang meiner Sinne. – Ich fühlte deutlich ihr Lauern hinter dem Vorhang ...
Am Ende war es gut so. Ganz besonders gut. Denn durch dieses Warten auf die Feindin konzentrierten sich alle meine Kräfte desto mächtiger auf sie; und ich fühlte von Herzschlag zu Herzschlag den Haß in mir wachsen, der den »Drachenblick« schärft, – – wie ich glaubte!
Doch in jener Nacht habe ich eine furchtbare Lehre empfangen dank dem Geschick, das mir diese Lehre rechtzeitig gab: Über sein Ziel hinauswachsender Haß schwindet!
Nur der Haß hielt mich wach in jener Nacht. Und nur zunehmender Haß erneute diese Wirkung des Wachhaltens, genau wie nur verdoppelte Dosis eines Giftes einen erschlafften Körper wieder aufzupeitschen vermag. Dann aber stand ich vor dem Augenblick, wo mir die Kraft zu neuer Verdoppelung des Hasses versagte, und da begann der Haß zu schwinden wie Flugsand zwischen offenen Fingern. Und mit ihm verrann mein Wachsein in immer dichteren, immer näheren Nebeln des geistigen Zerfließens und der unbeschreiblichsten Müdigkeit, die eine Schwester ist allen trägen Verzeihens und Verzichtens und der unterschiedslosen Wollust. – Ob Assja bei mir war? Gesehen habe ich sie nicht!
Die letzte Stunde vor Tagesanbruch bin ich halb besinnungslos von Stube zu Stube getobt. Nichts mehr aus den Geheimnissen und Vorschriften der Willensbeherrschung schien mir vertrauenswürdig und verläßlich genug. Elend und gedemütigt habe ich mich in herzklopfender Angst nur noch dem dumpf mechanischen Trieb überlassen, den Schlaf abzuwehren, der mir jeden Augenblick die Mohnmaske übers Gesicht zu stülpen suchte und mich vor Son-

nenaufgang nicht besiegen durfte, – indem ich in rastloser Unruhe hin und her lief, um die Gewalt über meinen Leib nicht zu verlieren.
So, nur so hab ichs gezwungen, nicht als Wehrloser in die Fallstricke der lauernden Feindin zu fallen. –
Als die Morgenröte sich fahlgelb auf meinen Fensterscheiben malte, brach ich mitten in meiner krampfhaften Unrast zusammen und erwachte erst am späten Nachmittag wieder auf meiner Ottomane, zerschlagen am Leib und mit gebrochenen Kräften meiner allzu übermütig gewesenen Seele. – – Man kann also auch unterliegen und zugrunde gehen an übertriebenem Widerstand, begriff ich.
Ich habe drei Tage Zeit, mir diese Lehre einzuhämmern, kam mir ein inneres Wissen irgendwie zu Gefühl.
Da ich das Werk begonnen habe, muß ich es auch zu Ende führen: so lautete die Anweisung Lipotins . . .
Lipotin! Stundenlang muß ich nachdenken über ihn und seine Absichten. – Ist er je mein Freund gewesen, als er mir so beflissen Ratschläge gab und mich auf Tantrarezepte hinwies? . . . ???

Wann sind diese letzten Worte, die mit dem dreifachen Fragezeichen enden, von mir geschrieben worden? Die Zeit hat keine Statt mehr dort, wo ich bin. Die Menschen auf der besonnten Erde würden vielleicht sagen: es war vor drei, vier Tagen. Möglicherweise sind es ebensoviel Jahre . . .
Für mich hat die Zeit keinen Sinn mehr; und ebenso keinen Sinn mehr hat das Schreiben. Darum sei es nun mit dieser Niederschrift getan, die das Vergangene aufbewahrt und das Vergangene zu seinem Ziel in der ewigen

Gegenwart des *Baphomet* führt. — Und so, in der Klarheit des Endes wohnend, trage ich die Erzählung der letzten Irrtümer und erdhaften Geschehnisse nach:
Am dritten Abend nach jenem Tage des sieglosen Erwachens war ich zum andern Male »bereit«.
Oh, wie gewitzigt kam ich mir vor, diesmal nicht mit dem »feuergefährlichen Panzer des Hasses« angetan, auf die Feindin zu warten. Mit stolzem Selbstvertrauen verließ ich mich auf meinen in Vajroli Yoga gestählten Willen und baute auf die Erkenntnis, die ich wähnte mir erworben zu haben in den letzten »drei Tagen«, was den verborgenen Sinn dieser verhüllten Methode betrifft. Mit klarem Denken alles zu erfassen, das war mir nicht gelungen, aber mit Instinkt und Gefühl es zu durchschauen, glaubte ich, sei mir geglückt. Der Fürstin Assja Chotokalungin in Gleichmut, — ja, nicht ohne Güte zu gedenken, war mein Bemühen. Nicht mit Strenge rief ich sie: ich lud sie ein zu gleichsam billigem Vergleich.
Sie kam — nicht.
Ich wachte; ich suchte sie wie das vorige Mal zu spüren als die hinter dem Vorhang meiner Sinne lauernde Verführerin. Sie war auch dort nicht. Überall in den drei Welten lag ein sanftes Schweigen.
Ich übte Geduld, denn Ungeduld, das fühlte ich bald, wollte mich zum Haß verleiten, und auf diesem Kampfplatz war ich ihr nicht gewachsen.
Nichts geschah. Dennoch wußte ich: in dieser Nacht fällt die Entscheidung!
Wunderliche Bilder und Gedanken beschlichen mein Gehirn um die zweite Stunde nach Mitternacht; als sei meine Seele ein wasserheller Spiegel geworden, sah ich darin mit schmerzendem Mitgefühl Assja Chotokalungins Schicksal und sie selbst als erbarmenswertes Opfer inmitten an mir

vorüberziehen: die einst so fröhliche Gastgeberin, immer zu Scherz und harmlosem Geplänkel geneigt, das verwöhnte Kind aus großem Hause, zur problematischen Frau erst geworden nach nervenzerrüttender Flucht aus den Klauen der bolschewistischen Tscheka, hinausgejagt in das Leben der Vertriebenen und Heimatlosen. Ein Schicksal unter vielen – gewiß! –, aber ein Schicksal mit welchem Wandel doch des Glücks und nach welchen Erlebnissen voll Grauen! Und trotz allem: im Grunde eine tapfere, unverwüstlich dem Leben zugewandte Frau, die eine dunkle Veranlagung – die Erbschaft wilden Blutes – zum beklagenswerten Opfer dämonischer Mächte gemacht und in ein frühes grausames Ende hinabgestoßen hatte! – Gebüßt, gebüßt war doch längst, was da an Erbschuld über sie verhängt gewesen sein mochte! Ein armes Medium war sie gewesen im schlimmsten Fall, so sagte ich mir, ein Medium durch Schicksalsverflechtung, die wir gerechten Menschen hinterdrein so gerne »Schuld« nennen. – – – Groß und gewaltig schoß da der Gedanke in mir auf: erlösen will ich sie durch die Stärke meines Willens, meines zuvor gesicherten Willens! Das soll der Sinn des geheimnisvollen Vajroli Mudra sein: einziehen will ich sie in mich, auf daß sie genese von allem Haß. Nicht hassen werde ich sie, aber auch nicht lieben, damit ich zugleich mit mir eine arme Seele befreien kann. – –

Das war die letzte Vorstellung gewesen, die mir aus dem Denken kam, denn gleich darauf lag Assja Chotokalungin neben mir und schaute aus den Kissen meines Bettes empor zu mir mit den Zügen und Blicken der glücklichen, siebzehnjährigen, jungfräulichen, verwöhnten Prinzessin aus dem Schlosse Jekaderinodar. – Und dies unschuldige Kind umklammerte mich als ihren Retter; – und das Seltsamste war: als ihren Retter vor sich selbst, vor der Assja, die im bösen Bann der pontischen Isaïs als ihre verpflichtete Priesterin stand . . .

Wie sonderbar, daß sie nicht zu wissen schien, sie sei selber jene Assja! Als Hilfesuchende an meiner Brust vor jener anderen gab sie sich ganz hin . . .

Dann war der Sukkubus plötzlich verschwunden. Mein Leib war elend und schwach und entnervt wie nach unvorstellbaren, korybantischen Orgien, die ebensogut ein Jahr wie eine Nacht gewährt haben mochten, aber ich achtete es nicht, denn Melodien umklangen mich mit Äolsharfenton. Worte fanden sich dazu und liefen wie süßes Gift durch mein Blut. Dann, wie ein Lied aus frühen Kindheitstagen, durchzitterte mich plötzlich ein Vers und ließ mich nicht mehr los:

Aus dem abnehmenden Mond –
Aus der silbertauenden Nacht – –
Schau mich an,
Schau mich an,
Die du immer mein gedacht – – –
Die du immer dort gewohnt! . . .

Noch hatte ich diesen Reim auf unermüdlichen Lippen, da stand Lipotin am Fußende meines Lagers, reckte den rotumwundenen Hals wie ein durstiger Storch und lauschte und lächelte und nickte.

Dann sagte er leise, und die Worte klangen in der Kanüle wider gleich Schrotperlen, die auf eine Glasplatte träufeln, und die Luft zischte hörbar zur Seite unterm Halstuch hervor:

»Ehüm, Verehrtester, ehüm – – sind wir also doch der Schwächere gewesen?! Tut mir leid, wertester Gönner, tut mir aufrichtig leid. Aber ich kann nur dem Stärkeren dienen. Sie wissen, es ist das eine meiner Charaktereigen-

tümlichkeiten. Ich kehre mit Bedauern zur Gegenpartei zurück. Ihnen das zu sagen, ist alles, was ich tun kann. Sie werden dieses Maß von treuer Gesinnung zu würdigen verstehen! – Nach landläufigen Begriffen sehe ich Sie – ›verloren‹. Nichtsdestoweniger beglückwünsche ich Sie zu Ihrem Sieg als ... ehüm ... als Kavalier! – Gestatten Sie, daß ich mich hiermit von Ihnen verabschiede; das Geschäft ruft, so glaube ich wenigstens. Wie ich im Kaffeehaus gehört habe, soll ein reicher Fremder aus Chile die Ruine Elsbethstein gekauft haben. Vielleicht sind noch andere altertümliche Dolche dort vergraben. Doktor Theodor Gärtner soll der Herr heißen. Habe den Namen übrigens nie gehört. Also, Verehrtester!« – er winkte mir mit der Hand – »also: sterben Sie wohl!«
Ich war unfähig, mich zu erheben, unfähig zu irgendeiner Antwort. Las noch von seinen Lippen die Worte: »Die Dugpas lassen Sie bestens grüßen«, dann verbeugte er sich zeremoniell an der Türe, und ich glaubte in seinen Augen alles höhnische Triumphleuchten der Hölle gesehen zu haben, das die menschliche Phantasie sich nur auszumalen vermag.
Ich habe Lipotin niemals wiedergesehen.

»Theodor Gärtner!« – Das war das erste Wort, das mich aus meiner Betäubung emporriß. Theodor Gärtner? Er ist doch im Stillen Ozean ertrunken! Oder bin ich wahnsinnig gewesen, als Lipotin seinen Namen nannte? ... Von Schwäche und Schwindel ergriffen, fiel ich immer wieder auf mein Lager zurück, und als ich mich endlich doch mit unsäglicher Mühe erhob, stand in mir die Überzeugung fest, daß das Spiel verloren und ich einem Untergang, unbekannt welcher Art und nur desto grausiger auftau-

chend aus den Tiefen meines Ahnungsgefühls, unrettbar verfallen war. Die Totenmaske meines Vetters John Roger schwebte für eine Sekunde vor meinem innern Blick.
Oh, wie unsäglich leicht, wie lächerlich mühelos hatte mich die dämonische List der schwarzen Isaïs besiegt! — —
Unnötig, den Abgrund der Schmach, der betrogenen Eitelkeit männlichen Kraftgefühls und, schlimmer als das: den Abgrund der eigenen Dummheit zu schildern, der mir entgegengähnte.
Sollte ich Jane rufen? Ich fühlte, wie mein Herz flehte, ich möchte es tun, aber ich überwand mich und schwieg. Ich darf sie nicht stören im Reich des ewigen Lebens, denn vielleicht könnte es doch sein, daß sie mich hört, sagte ich mir. Vielleicht störe ich sie auf in einem Traum, sie sei für ewig dort vereint mit mir, — vielleicht reiße ich sie herab durch meinen Schrei in die Erbarmungslosigkeit des unendlichen Lebens fern von dem ihrigen, herab in den Bannkreis der Erde, wo die Liebe nichts vermag und der Haß alles.
So blieb ich regungslos hingestreckt, zurückgesunken wieder auf mein Bett, und erwartete die Nacht. Heller als sonst schien lange noch die Sonne in mein Zimmer, und ich dachte bei mir: wäre ich doch wie Josua, der sie hat stillstehen gemacht. — — —
Wieder um die zweite Stunde der Finsternis lag Assja bei mir, und alles spielte sich ab genau wie in der Nacht vorher. Auch die Selbstbelügung faßte mich wieder, ich sei ein Erlöser . . . und alles, alles andere! . . .
Von nun an gehörte die Liebe meiner Sinne ganz und gar dem Sukkubus. Und der verzweifelte Kampf meiner Seele und meiner Vernunft mit dem Lockgespenst dieser meiner vergifteten Sinne ließ mich alle Martern und Qualen der Anachoreten und Heiligen, die das entsetzliche Prüfungs-

feuer der Versuchung erlitten haben als immerwährenden Tod des Verdurstens, ohne Barmherzigkeit auskosten bis auf jenen letzten Grund, wo entweder das Gefäß in Scherben geht oder Gott selber den Kerker zerschlägt. Gott ließ mich den Kerker im allerletzten Augenblick zerschlagen; aber ich werde in kurzen Worten aufzeichnen, wie das geschah. Zuvor kam die Hölle.

In allen Gestalten kam Assja Chotokalungin – auch bei Tag – in allen Reizen und betörenden Kräften ihrer wilden und zarten Seele und mit allen Lockungen ihrer einer königlich nackten irdischen Schönheit immer leuchtender entwachsenden Herrlichkeit.

Assja Chotokalungin war allerorten. – Ich fand nach unsäglichen Mühen gewisse Worte der Bannung, und da verließ sie mich mit der Schwermut der unverstandenen Geliebten, ohne Vorwurf, nur Verzeihung erbittende Trauer in den Augen; es kostete mich unbeschreibliche Anstrengungen, mein Herz zu verhärten und diesem Blick um Erlösung standzuhalten ...

Doch bald darauf wurde sie sichtbar in allen Dingen um mich her, die spiegelnd das Licht zurückwarfen: in der Politur der Schränke, in der Wasserfläche meines Trinkbechers, im Glanz einer Messerklinge, in den opalblinden Fensterscheiben, im Schimmer der Karaffen, in den Prismen meines Kronleuchters und in der Glasur der Ofenkacheln. – Verhundertfacht war meine Qual, denn Assja war wie zurückgewichen in eine andere Ebene meiner Sinne und dennoch beständig in sengender Nähe. Hatte ich sie vorher zu vertreiben gesucht mit meinem Willen, so kehrte sich mein Wille jetzt um in mir und – – ich sehnte mich nach ihr: ich wurde zerrissen von zwiespältigen Sehnsüchten, von denen die eine sie wegwünschte, die andere sie herbeiflehte ...

Da trat ich, übermannt von brennender Sinnengier, vor den florentinischen grünen Spiegel Lipotins, den ich bis dahin mit einem Tuch und abgewendeten Gesichtes verdeckt gehabt aus dumpfer Angst, Assja könnte mir daraus leibhaftig entgegentreten, wie einst Theodor Gärtner, — enthüllte ihn und blickte, nicht länger mehr Herr meiner selbst, hinein:
Sie stand darin wie lebend, breitete die nackte Brust nach mir, und ihre Augen flehten um Gnade mit dem süßen Blick der himmlischen Jungfrau. Ich fühlte mit Grauen und Entsetzen: dies muß mein Ende sein! —
Mit letzter Kraft raffte ich mich auf und schlug in wildem Grimm und in Verwirrung zugleich mit geballter Faust in das Glas, daß es in tausend Splitter zerklirrte.
Doch mit den Scherben drang mir ihr Bild vielhundertfach durch Wunden ins Blut und sengte und brannte darin wie Nesselfeuer. Und in den spiegelnden Flächen der zerborstenen Scheibe auf dem Boden verstreut rings um mich her: Assja, Assja, die Nackte, die Saugende, Verzehrende, Gierige, zahllos vervielfacht. Und sie löste sich von den Bildern wie eine Badende, die aus dem Wasser steigt, trat lächelnd von allen Seiten wie ein Sirenenheer der Verführung auf mich zu mit dem wohligen Atem ihrer hundert Leiber ...
Die Luft um mich wurde zum Geruch ihrer Haut, und das war das traumhaft Süßeste, Versengendste und Frühlingslieblichste, was ich mich entsinnen kann, je in meinem Leben eingesogen zu haben. — Ein Kind weiß, wie Gerüche betäuben und selig einschlafen machen ...
Und dann, dann fing Assja-Isaïs an, mich einzuhüllen in ihre Aura, in ihren Astralleib. Unverwandt schaute sie mich an mit dem funkelnden Unschuldsblick des Reptils, das es für die Pflicht seiner Art hält, zu töten ... Sie drang

mir mit der Essenz ihres Wesens unter die Haut und umwuchs mich, durchwuchs mich. – Wo war da noch Rettung, Abwehr, Widerstand!
Abermals sank ich in den Zauberbann der Melodie, die von innen und außen her in mein Ohr drang:

> Aus dem abnehmenden Mond,
> Aus der silbertauenden Nacht
> Schau mich an – – –

Ich fühlte: es ist mein Sterbelied ... da riß ein jäher Gedanke mich vom Rande des Grabes zurück, das die Schwelle der »achten Welt« genannt wird von den Wissenden und vollkommene Zerstörung bedeutet, – der Gedanke: noch habe ich den Dolch meiner Ahnen, der Hoël Dhats! ...
Ob wohl ein Gedanke Feuer erzeugen kann? Feuer schläft rings um die Menschheit her, verborgen, unsichtbar, und doch überall. Ein geheimes Wort vielleicht, und ... im Nu kann es erwachen und die gesamte Welt verschlingen.
Als habe der bloße Gedanke an den Dolch das Feuer gerufen, so schlug urplötzlich aus dem Boden vor mir eine Flamme auf, riesenhaft, zischend wie explodierender Mehlstaub, daß das ganze Zimmer in Glut getaucht war ... Mitten hinein habe ich mich gestürzt: hindurch, nur hindurch, und sollte ich lebendig verbrennen! Hindurch: den Dolch will ich fassen und haben! –
Wie ich hindurch gelangt bin durch diese Mauer von Feuer, ich weiß es nicht, aber hindurch bin ich gekommen in mein Schreibzimmer! Habe den Dolch aus dem Tulakästchen gerissen. Hab seinen Griff umklammert, wie einst John Dee, als er bereits im Sarg gelegen. Habe den Bartlett Green, der vor mir aufschoß und ihn mir entwinden wollte, zurückgestoßen mit einem Hieb, der ihm das

gräßliche Birkauge traf, daß er taumelnd zurücksank ... Bin die Treppe hinabgerast durch ein Funkenmeer und erstickenden, würgenden Rauch. — — Hab mich mit der vollen Wucht meines Körpers gegen die verschlossene Türe geworfen, daß sie krachend aus der Füllung flog ... Kalte, frische Nachtluft wehte mir entgegen. Mein Bart und mein Haupthaar versengt; die Kleider kohlten und glimmten.

Wohin? Wohin soll ich mich wenden? —

Hinter mir höre ich donnernd brennende Balken stürzen, ergriffen von dem übernatürlichen, magisch erweckten unlöschbaren Feuer ... Nur fort, nur fort von hier! Den Dolch halte ich fest in der Hand. Mehr gilt er mir als irgendein Leben in dieser oder in jener Welt — — da: vor mir steht wie eine Vision und will mich aufhalten vor meinem Sprung in die Rettung: die königlich milde Frau, die ich gesehen habe als Erscheinung in den verwilderten Parkgründen von Elsbethstein, und jubeln will ich:

Das ist Elisabeth, die Königin in meinem Blute, die Elisabeth John Dees, die holdselig Wartende und Gesegnete! — — und ich sinke nieder vor ihr in die Knie, unbekümmert, ob das Feuer der Dugpas nach mir greift ... Da, als ginge vom Dolch in meiner Faust ein erkennender, durchschauender Gedanke in mein Hirn über: klar weiß ich und plötzlich kalt bewußt: eine Maske ist es, ein Irrlicht, ein Bild nur, gestohlen von den Trügerischen der Finsternis, vorgestellt, hingespiegelt, um mich zurückzureißen ins Verderben ...

Die Augen geschlossen, habe ich mich durch das Phantom gestürzt. Bin gerannt wie ein Gehetzter von der wilden Jagd; ergriffen und erhellt von einer leuchtenden Ahnung: hin, hin nach Elsbethstein! Gezogen bin ich — Flügel an den strauchelnden Füßen, gehalten, beschirmt von unsicht-

baren Händen, ohne den furchtbaren Lauf meines Körpers zu hemmen, ohne das Bersten der Pulse zu achten, bis ich oben stehe auf der Zinne der Burg ...
Hinter mir: der Himmel wie Blut, als lohe die ganze Stadt unter dem Feueratem der Hölle ...
So zog einst auch John Dee, der Ruhelose, von Mortlake, und hinter ihm brannte seine Vergangenheit mit allen ihren Würden und Werten, mit allen ihren Irrtümern und allen ihren Verdiensten: so zieht es mir durch den Sinn.
Eins aber besitze ich, was er verloren hatte: den Dolch! – Heil ihm, meinem Ahnen John Dee, daß er in mir wieder auferstanden ist und »Ich« sein kann.

Burg Elsbethstein

»Hast du den Dolch?«
»Ja.«
»Das ist gut.«
Theodor Gärtner reicht mir beide Hände hin. Ich ergreife sie, nichts anders, als wie ein Sinkender nach der Hand des Retters faßt. Und sogleich fühle ich den belebenden Strom von Wärme und Güte, der von ihnen auf mich überfließt; und die Angst, die mich eng wie Mumienleinwand umwickelt hält, beginnt sich zu lockern.
Ich sehe einen Schein von Lächeln in den Zügen meines Freundes:
»Nun, hast du die schwarze Isaïs besiegt?« – die Frage kommt wie nebensächlich und ohne jeden beunruhigenden Unterton aus seinem Munde; dennoch umdröhnt sie mein Ohr wie die Posaune des Gerichtes, und ich beuge mich tief.
»Nein.«

»So wird sie auch hierher in unser Reich kommen, denn sie ist beständig da, wo sie noch ein Recht einzufordern hat.«
Die Bänder der Angst ziehen wieder an: –
»Unmenschliches habe ich versucht!«
»Ich kenne deine Versuche.«
»Meine Kraft ist zu Ende.«
»– Und du hast wirklich geglaubt, daß schwarze Kunst die Verwandlung bewirkt?«
»Vajroli Tantra?!« – rufe ich und starre Theodor Gärtner an.
»Ein letzter Gruß der Dugpas, dich zu zerstören! Wenn du wüßtest, welche Kraft dazu gehört, Vajroli Tantra zu üben, ohne zugrunde zu gehen! Nur Asiaten bringen so etwas fertig! – Genug, daß du zweimal gereichtes Gift überstanden hast. Das hast du aus eigener Kraft getan, und darum bist du der Hilfe wert.«
»Hilf mir!«
Theodor Gärtner wendet sich und winkt mir, ihm zu folgen.
Jetzt erst öffnen sich gleichsam meine äußern Sinne langsam der Umgebung, in der ich mich vorfinde.
Das ist ein Turmgemach. In der Ecke ein mächtiger Kamin und davor der große Herd der alchimistischen Laboranten. Ringsum der ganze Raum erfüllt von Regalen, auf denen die Utensilien und Werkzeuge der Meister in dieser Kunst ordentlich und rein umherstehen.
Ist das John Dees Küche? Langsam dämmert mir die Erkenntnis: ich bin »drüben« im jenseitigen Reich der Ursachen. Der Raum hier ist dem irdischen so ähnlich und unähnlich zugleich, wie das Gesicht des Kindes dem des Greises gleicht. – Beklommen frage ich:
»Sag mir offen, Freund, bin ich tot?«

Theodor Gärtner zögert eine Weile, lächelt dann verschmitzt und sagt doppelsinnig:
»Im Gegenteil! Jetzt bist du ein Lebendiger.« – Er ist im Begriff gewesen, den Raum zu verlassen, und lädt mich nun mit einer Bewegung seiner Hand ein, ihn zu begleiten.
Wie ich so an ihm vorüberschreite, derweilen er die Türklinke hält, begegnet mir mit ihm das gleiche, was mir zuvor den Raum so altbekannt und vertraut hat erscheinen lassen: mir ist, als ob ich dieses Gesicht schon früher, viel, viel früher als in diesem Leben gesehen haben müßte. – – Doch lenken mich alsbald andere Eindrücke von erneuten Grübeleien ab. Wir gehen über den Schloßhof der Burg. Nirgends Spuren des Verfalles, nirgends das bekannte Bild der Ruine. Auch nirgends, so scharf ich auch Ausschau halte, Spuren der heißen Sprudel und ihrer gemauerten Fassung. Ich staune und kann einen fragenden Blick auf meinen Führer nicht unterlassen. Er nickt lächelnd und erklärt mir:
»Elsbethstein ist ein uraltes Stigma der Erde. Hier fließen seit Erdäonen die Quellen irdischen Schicksals. Aber die Quellen, die du einst gesehen hast, waren nur Vorzeichen dafür, daß wir wiedergekommen sind und Besitz genommen haben von altem Wohnrecht. Die heißen Wasser, auf die sich schon die blinde Gier der Menschen zu stürzen gedachte, sind wieder versiegt. Was jetzt hier ist, das bleibt den Menschen unsichtbar; sie haben Augen und – sehen nicht.«
Staunend blicke ich umher. Hohe Walmdächer schließen die vertrauten Umrisse der ehemals leeren Mauern der Wohnburg ab. Schöne Hauben krönen die Türme und Warten. Und all das nicht wie neuerbaut und wiederhergestellt, sondern von dem stillen, unberührten Hauch

und der natürlichen Verfärbung des Alters umzogen. »Dies soll die Stätte deines Wirkens werden, wenn ... wir beisammen bleiben«, sagt mit flüchtiger Bewegung der Hand Theodor Gärtner und wendet sich ab. Trotz der scheinbaren Gleichgültigkeit seiner Worte zieht Beklemmung wie eine dunkle Wolke durch meine Brust.
Dann führt mich mein Freund in den alten Garten zwischen Burg und äußerem Mauerkranz.
Weit draußen sehe ich wieder den schönen Strom und das gedehnte, fruchtbar gebreitete sonnige Land, das zwischen seine Hänge friedlich und wie seit Ewigkeit so ruhend gebettet liegt, – aber Garten und Fernsicht gemahnen mich stürmisch an Uraltbekanntes hinter dem Sichtbaren, so, wie uns allen ja das Erlebnis bekannt ist, daß wir plötzlich angesichts irgendeiner Geländelinie, einer gleichgültigen Begebenheit oder irgendeines Gesprächs schmerzlich gewaltsam meinen müssen: das haben wir schon einmal erlebt, schon einmal viel intensiver genossen.
Und plötzlich bleibe ich stehen, fasse Theodor Gärtners Hand und rufe:
»Das ist Mortlakecastle, wie ich es im Kohlestein gesehen habe, und es ist es auch wieder nicht! – Denn es schimmert nur hervor aus Elsbethstein, aus der Ruine über dem Strom, auf der du der Herr bist. – Und du bist auch nicht Theodor Gärtner allein, – sondern ...«
Da legt er mir fröhlich lachend die Hand auf den Mund und führt mich in das Haus zurück.
Dann läßt er mich allein. Wie lang? Ich weiß es nicht zu sagen. Mir ist, wenn ich auf diese Zeit der einsamen Ruhe zurückblicke, als hätte ich auf mir unfaßbare Weise Fuß gefaßt in einer Heimat, die mir fremd geworden war seit Äonen.

Ich weiß von jener Rückschau her nichts zu sagen über den Ablauf von Zeit. Tageslauf unterschied ich später wohl, denn einmal lag Sonne über dem magischen Kreisgang unserer Gespräche und einmal Nacht, und es warfen duftende Wachskerzen große Schatten an hohe, rätselhaft verschwebende Wände. – –
Es mochte wohl zum drittenmal Abend geworden sein oben auf Elsbethstein, da unterbricht Theodor Gärtner ein langes Gespräch über freundliche, im ganzen aber unbedeutende Dinge. Von ungefähr, als handle es sich um die gleichgültigste und unwichtigste Sache der Welt, bemerkt er plötzlich:
»Nun wird es Zeit, daß du dich bereit hältst.«
Ich schrecke auf. Unbestimmte Angst kriecht mich an.
»Du willst sagen ... das heißt ...?« – stottere ich hilflos.
»Drei solche Tage hätten auch Simson genügt, seine abgeschnittenen Haare sich erneuern zu lassen. Schau in dich! Deine Kraft ist bei dir!« – Theodor Gärtners langer, so gänzlich unbesorgter Blick gibt mir fast sofort eine wunderbare Ruhe. Ich folge, ohne zu verstehen, seiner Aufforderung und schließe die Augen zur Sammlung. Kaum habe ich es getan, da erblicke ich mit dem innern Gesicht den Baphomet über mir, und das weiße, kalte Licht des Karfunkels blendet mich.
Von da an bin ich ruhig und mit meinem Schicksal einverstanden, mag es mich nun zu dem erschauten Siege geleiten oder mich vor den Augen der Unbeirrbaren verwerfen.
Ich frage gelassen:
»Was soll ich tun?«
»Tun? – Du sollst können!«
»Wie gelange ich zu diesem Können?«
»Zum Können gelangt man nicht durch Fragen oder Wis-

sen in den Bereichen, in denen man seinem Schicksal begegnet. – Tue – ohne zu wissen.«
»Ohne vorher zu wissen, was ich tun soll? Das ...«
»Das ist das Schwerste.« – Theodor Gärter steht auf; er gibt mir die Hand ... sagt wie zerstreut:
»Der Mond steht über dem Horizont. – Nimm die Waffe, die du dir wiedergewonnen hast. Geh hinunter in den Park. Dort wird dir begegnen, was dich von Elsbethstein vertreiben will. Wenn du die Wallmauer durchschreitest, findest du den Weg nach Elsbethstein nicht mehr zurück, und wir sehen uns nicht wieder. – Doch ich hoffe, daß es nicht so enden wird. Geh jetzt. Das ist alles, was ich dir zu sagen habe.« – – Er wendet sich mit keinem Blick nach mir zurück, als er sodann in die Dunkelheit des Raumes hineinschreitet und hinter flackernden Wandleuchtern verschwindet. Ich glaube, fern eine ins Schloß fallende Tür zu hören. – Dann ist Totenstille um mich her, und ich horche auf den Sturmschlag meines Herzens.
Soeben tauchte der Mond über eines der Burgdächer hervor, das zu dem großen Fenster hereinsieht.
Ich stehe im Burggarten, fest in der Faust den Dolch des Hoël Dhat und dennoch nicht wissend, wozu er mir dienen soll, und schaue in die Sterne. Sie schweben in der stillen Luft ohne jedes Flimmern, und diese unerschütterliche Ruhe im Weltenraum sinkt auf mich nieder mit spürbarer Kraft. Mit nichts ist mein Geist beschäftigt als mit der Abwehr des Fragens.
»Magie ist Tun ohne Wissen.« – Der Sinn dieser Worte meines Freundes durchdringt mich, und auch aus ihnen kommt eine große Ruhe.
Wie wäre es möglich zu sagen, wie lange ich auf der zauberhaft von Mondlicht durchhellten Wiese gestanden bin! – Fern oder nah, schwer in dem smaragdenen Halblicht

zu unterscheiden, steht eine mächtige Baumgruppe, zu schwarzer Masse geballt.
Von dieser Baumgruppe her kommt plötzlich ein schwankender Schein.
Er ist wie durchsichtiger Nebel, dem das Mondlicht lebendig wechselnden Schimmer verleiht. Mein Blick läßt die Erscheinung nicht mehr los: es ist eine Gestalt, leicht und bald zögernd, bald bewegter durchs Gebüsch schreitend, – sie ist dieselbe, die schon einmal, im heißen Mittagslicht, fernvorbei mir ihr sehnsuchtweckendes Bild gezeigt hat! Das ist der königliche Gang, das ist die unbeschreiblich geheimnisvolle Majestät der erwarteten Herrin von Elsbethstein: Königin Elisabeth, die Rätselvolle! – –
Und wie angezogen von meinem aufbrennenden Wunsch, kommt die Erscheinung näher; – vergessen und ausgelöscht ist in mir im Nu jegliche Erinnerung an die Absicht und den Zweck meines Weilens auf der nächtlichen Wiese des Gartens. Mit einem innern Jubelruf, dessen herzzerreißende Stärke mir selbst wohl nicht mehr völlig zum Bewußtsein kommt, eile ich, bald beschleunigten Schrittes, bald wieder zögernd vor Bangigkeit, das allzu holdselige Bild möchte sich vor meiner Annäherung zurückziehen, in Nebel auflösen, sich als Trug meiner Sinne erweisen, – der Erscheinung entgegen.
Aber sie bleibt.
Sie zögert bei meinem Zögern, sie eilt bei meiner Beeilung – und dann steht die Majestätische, die Mutter, die mir übers Blut hinaus Bestimmte, die Göttin John Dees, des Ahnherrn, vor mir und lächelt Verheißung und die Erfüllung uralten Sehnens.
Jetzt breite ich die Arme. Jetzt nickt sie lächelnd, ich möge ihr folgen – – jetzt streift ihre schmale, silberübergossene Hand den Dolch in der meinigen, und meine Fin-

ger wollen sich öffnen, ihr zu geben, was ihr gebührt als Geschenk.
Da blitzt ein anderer Glanz als Mondlicht von oben herein über mich. Ohne Besinnen weiß ich den Baphomet über mir und den Kronkarfunkel: er blendet mich nicht, sondern ergießt sein ruhiges, kaltes, scharfes Licht. Zugleich geht ein Lächeln über die Züge der geheimnisvollen Herrin dicht vor meinem Gesicht, aber ich fühle, wie dies verzehrende, unaussprechliche Wonnen auf die Jahrtausende hinaus verheißende Lächeln einen heimlichen Kampf kämpft mit dem eisklaren Glanz des Karfunkels über mir. – Und an diesem unsäglich winzigen Lächeln der Siegesgewißheit stutzt für die Dauer eines Fittichschlags der Engelboten Gottes mein Geist, und ich wache auf aus Betäubung, – sehe, daß mir die Gabe des raumlosen Blickes verliehen ist, daß ich schauen kann, vorwärts und rückwärts im Raum wie der doppelhäuptige Baphomet. Und ich sehe Frau Welt vor mir mit arglistigem Lächeln und mit dem gestohlenen Antlitz der Heiligen, – sehe sie von rückwärts aufgerissen und vom Nacken bis zu den Fesseln ihrer Füße nackt und als ein wimmelndes Grab von Nattern, Kröten, Lurchen und eklem Ungeziefer. Und während von vorn Wohlgeruch und alle Lieblichkeit und Hoheit der Göttin sich in Gestalt und Zügen abspiegeln, dringt Fäulnisgeruch aus ihrer mir abgekehrten Seite und das unauslöschlich der Seele mit unnennbarem Grauen sich einprägende Geheimnis der hoffnungslosen Verwesung. – – –
Da greift meine Hand den Dolch fester, und mein Auge und mein Herz werden heiter und froh. Freundlich sage ich zu dem Gespenst:
»Gehe, Isaïs, vom Feld der Beschwörung! – Zum zweitenmal betrügst du einen Enkel des Hoël Dhat mit der Ge-

stalt der erwählten Herrin nicht! Gib das Spiel auf und laß dir genügen, daß du einmal im Park von Mortlake Meisterin geblieben bist. Der Irrtum ist gesühnt!«
Und indessen ich noch so spreche, geht ein Heulen und Sausen über die Wiese von einem unversehenen Windstoß, und der Mond tritt bleigrau hinter Wolken. Aus dem Windstoß scheint ein verzerrtes Gesicht in wild verzogenen Umrissen vorbeizuwirbeln, mir in Kniehöhe, einen gräßlichen Wutblick von unten herauf mir ins Gesicht bleckend, – und ein roter Bart fegt mir im Wind um die Haut; ich erkenne den alten Kameraden, Bartlett Green, den ersten Versucher John Dees.
Ein wilder Spuk bricht los. Die schwarze Isaïs wandelt blitzschnell Gestalt um Gestalt, immer verführerischer die eine als die andere, immer nackter, immer schamloser verausgabend ihre letzten Hilfskräfte. Aber immer wirkungsloser, immer elender und armseliger sich hinabwälzend in die jämmerlichen Harlekinaden der Dirne. – –
Dann Friede in der Luft und Stille über mir und das klare unbewegte Leuchten der Sterne. Aber als ich mich umsehe, da finde ich mich kaum einen Schritt von dem kleinen Pförtchen, das in die Mauer gebrochen ist und von wo der Pfad rasch und jäh hinaus und hinab in die Fremde führt.
Da erst kommt mir zum Bewußtsein, wie nahe ich schon der Grenze gewesen bin, die nach Theodor Gärtners Wort auf ewig die Welt von Elsbethstein abscheidet von der Welt der schwarzen Isaïs. Denn indessen ich geglaubt hatte zu stehen, hatte die Dämonin mich gezogen; und es war der allerletzte Augenblick gewesen, daß die Gnade des Baphomet mich zurückhielt und rettete. – Wohl mir, daß ich seiner würdig erachtet bin! – –

Vor mir steht Theodor Gärtner wieder und nennt mich: Bruder.
Ich höre ihn sprechen, und wenn auch viele Worte untergehen in dem Brausen des Jubels, der in mir ist, so verstehe ich doch alles, was er sagt und befiehlt. – Ich fühle: vor mir dehnt sich die güldene Kette von Wesen des Lichts, und ein Glied wird gelöst, um mich, das neue Glied, einzufügen. Ich weiß auch: es ist kein symbolischer Ritus, wie er als Abglanz von den Menschen des irdischen Schattenreichs da und dort in Konventikeln als »Mysterium« vollzogen wird, sondern es ist ein wirkendes, lebendiges, lebenspendendes Begebnis in einer andern Welt. – – »Aufgenommen, berufen, erwählt wirst du sein, John Dee!« – so schlagen im ruhigen Gesang meines Blutes die Pulse. – – –
»Breite die Arme aus, Aufrechtstehender!«
Ich breitete die Arme waagrecht.
Gleich darauf sind Hände da, von rechts und von links, die nach den meinen fassen, und ich spüre mit hohem Glück, wie die sichere Kette sich schließt. Zugleich mit diesem Glücksgefühl erfahre ich tief im innersten Gewissen seinen Grund: wer in dieser Kette steht, ist unverletzbar; ihn trifft kein Hieb, ihn drängt keine Not, daß nicht Ungezählte in der Kette von diesem Hieb und von dieser Not mitgetroffen würden. Und so verteilt sich über tausendfache Kraft, über tausendfach erprobte Wehr – der Hieb, die Not, alles Gift der Dinge und der Dämonen ...
Noch während dies herrliche Wonnegefühl des für immer Geborgenseins und der Verbundenheit mich überrascht und mit noch zunehmenden Schauern mich beglückt, ist eine Stimme im Saal, die sagt:

»Leg ab das Kleid deiner Straße!«
Ich gehorche mit Freuden. Wie Zunder fallen die noch vom Brande meines irdischen Hauses versengten Kleider der Straße. Wie Zunder. – Ein flüchtiges Verwundern und Besinnen in mir: so fallen die Kleider der Straße, einerlei, zu welchem Ziel die Straße geführt hat! Wie Zunder sind einst auch die Kleider der Fürstin Chotokalungin zerfallen ...
In diesem Augenblick trifft ein kurzer Schlag wie von einem leicht geschwungenen Hammer meine Stirn. Er schmerzt nicht; eher wohltuend ist er, denn mit einem Male sprühen Lichtgarben aus meinem Hinterhaupt hervor ... endlose Lichtgarben, die den Himmel mit Sternen füllen ... und der Blick in dieses Sternenmeer von Licht ist Seligkeit ...
Widerwillig nur und zögernd kehrt mir die Besinnung wieder.
Weiße Gewänder umhüllen mich. Ein Lichtstrahl trifft von unten her auf meinen gesenkten Blick: auch mein Gewand trägt auf der Stelle der Brust die golden blitzende Rose.
Freund Gardener ist bei mir, und ringsum in dem geisterhaft hohen Saal ist ein leises Summen wie von Bienenschwärmen.
Weißleuchtende Gestalten umziehen mich, von der Ferne näherdringend. Deutlicher, rhythmischer, tönender wird das Summen und Rauschen im Raum. Dunkler Gesang wird Stimme und Chor:

Die wir vor alten
Zeiten uns trafen,
Dunkle Gewalten
Nicht zu verschlafen,
Rettende Tat –

Die wir geschmiedet,
Bruder, die Lanze,
Daß dir umfriedet
Von ihrem Glanze
In unsern Räumen
Reife die Saat –
Wir, die Verketteten,
Grüßen erneut
Dich, den Geretteten,
Sieger von heut!
Der sich Bezwingende
Löst sich vom Ding.
Der nicht mehr Ringende
Werde zum Ring!

Wie viele Freunde! muß ich denken, geleiteten dich, da du nicht wußtest in der Nacht, wohin dich retten vor der Angst!

Zum erstenmal überkommt mich der Wunsch des Mitteilens und verwebt sich mit der fein schleiernden Schwermut, die nun wieder bei mir ist wie zuvor, und deren in Untiefen wurzelnden Grund ich nicht weiß.

Aber Gardener nimmt mich bei der Hand und führt mich zurück, der ich versunken bin in meine unsicher vorwärtstastenden Gedanken. Mir unbewußt, auf welchen Wegen, haben wir den Garten wieder erreicht und das niedrige Tor, das in den Burghof führt. Da bleibt der Laborant stehen und deutet auf die Blumenbeete, die heißen Duft ausatmen:

»Ich bin Gärtner. Das ist mein Beruf, obschon du in mir den Alchimisten und Chemiker sahst. Dies ist nur eine Rose von vielen, die ich aus dem Scherben gehoben und ins Freiland versetzt habe.« –

Wir schreiten durch die Pforte in der Mauer und stehen vor dem Turm.
Mein Freund fährt fort:
»Du warst immer kundig der goldmachenden Kunst« – und wieder geht ein Lächeln über seine Züge, ebenso gutmütig wie durch leisen Spott sanft tadelnd, daß ich die Augen niederschlage, – »und darum ist dir der Ort deines Wirkens angewiesen, an dem du bald bereiten wirst können, wonach sich seit Anbeginn deiner Geburt deine Seele gesehnt hat.«
Wir ersteigen den Turm . . . es ist der Turm von Elsbethstein und ist es doch ganz und gar nicht mehr. Langsam gewöhnt sich mein Geist an das Ineinanderspiel von Symbolen und einem viel höhern Sinn aller Dinge in diesen Bezirken des Geborgenseins, der Heimat.
Die Wendeltreppe führt breit und über dunkel glänzende Porphyrstufen hinauf zu der vertrauten alchimistischen Küche. Es berührt mich wunderlich, wie hier statt der alten, finstern, verfallenen Holztreppe die steinerne Pracht Platz finden konnte. Da empfängt uns die Küche: ein mächtiges Gewölbe, in dem sich der Blick verliert und an dessen blauen Gewanden die funkelnden Sternbilder kreisen. Der Nachthimmel selber ists über mir und tief drunten auf der Erde brennen die Essen der Arbeit . . .
Der Herd steht in voller Glut des Schaffens. Er scheint mir ein Abglanz der Welt. Zischendes versprüht, Dunkles glüht auf, Farbiges verdampft, Gewölktes lichtet sich, furchtbare Kräfte der Vernichtung, mühsam an Ketten gelegt und von schmiedeeisernen Tiegeln umschlossen, schicken ein dämonisches Brodeln empor, – Weisheit der Retorten und Öfen hält sie in Bann.
»Dies ist dein Arbeitsfeld, daß viel Gold deiner Sehnsucht erstehe, aber Gold, – – das die Sonne ist. Wer das

Licht mehrt, ist ja einer der Vornehmsten unter den Brüdern.«

Große Belehrung wird mir zuteil. Das Wissen um mich her wird hellstrahlende Sonne. Das Leuchten der Sonne zerstört in mir alles zwergenhafte Wissen. Wie ein winziges Irrlichtchen spukt noch eine matte Frage mir durchs Hirn:

»Freund, sag mir, ehe ich für immer aufhören werde zu fragen: wer war, wer ist — — der Engel vom Westlichen Fenster?«

»Ein Echo, sonst nichts! Er hat mit Recht von sich gesagt, er sei unsterblich; weil er nie gelebt hat, war er unsterblich. Was nie gelebt hat, weiß nichts vom Tod. Das Wissen, die Macht, der Segen und der Fluch, der von ihm ausging, ist von euch ausgegangen. Er war die Summe der Fragen, des Wissens und des magischen Könnens, das verborgen in euch gewohnt hat und von dem ihr nicht ahntet, daß es euer war. Weil jeder von euch zu dieser Summe beitrug, hat jeder von euch den »Engel« bestaunt als eine Offenbarung. Er war der Engel vom Westlichen Fenster, denn der Westen ist das grüne Reich der toten Vergangenheit. Es gibt viel solcher Engel im Gefilde des Reichs der Keime und im Reich der Verwesung; besser wärs für die Menschheit, kein solcher Engel käme herüber, aber die Hoffnung hat auch Irrstege. Hinter dem Engel vom Westlichen Fenster hat für dich der Bartlett Green gestanden. Jetzt hat er aufgehört, seit dein Fragen aufgehört hat ...«

Gardener wendet sich wieder den Geräten zu: — »Alles ist nur ein *vinculum*, wie die Alten gesagt haben. Einer der Unsrigen hat dies »alles« ein Gleichnis genannt. — Diese Instrumente scheinen nur zu kochen. Es geschieht nichts, wenn die Werkzeuge toben. — Dieser Globus hier: ein *vinculum*, sonst nichts. Wenn dein Nichtwissen vollkommen geworden sein wird, dann wirst du alle diese Dinge hier zu handhaben verstehen im Sinne des Goldes! – Dann wird dein Finger eine Stelle dieser Erdkugel berühren, und Ströme der Versöhnung werden ausstrahlen von der Wärme deines Fingers an jenem Ort; und Wirbelstürme der Vernichtung werden dort aufbrechen, wie aus geistigem Vulkan geschleudert, von der Kälte deiner läuternden Hand. Darum hüte beizeiten dein Feuer! – Bedenke: die Menschen werden ihrem Gott zur Last legen, was du tust, und Engel aus dem Westen erschaffen. So mancher, der nicht berufen war, aber den Weg ging, ist auf solche Art in die Form eines ›Engels‹ hineingestorben.«

»Das – alles – ist mir – aufgetragen?!« – stammelt aus mir die Furcht und der Schauer der Verantwortung.

Der Adept sagt ruhig:

»Das ist die Größe des Menschen in jeder Menschengeburt, die geschieht: Nicht mehr Wissen, alles Können. Gott hat nie sein Wort gebrochen noch gemindert.«

»Wie soll ich Schicksal zetteln, ohne Kenntnis und Herrschaft des Gewebes?!« – das ist ein letzter Aufschrei des Verzagens, der tief in der Menschenbrust gesäten Saat der Feigheit, der Götzengemahlin des Übermuts ...

Gardener sagt nichts mehr, führt mich die Porphyrtreppe hinab, geleitet mich zu dem Pförtchen in der Mauer. Er deutet zum Garten. Dann verschwindet er ...

Eine Sonnenuhr an der weißen Mauerwand in Mittagsglut und ein Springbrunnen, der mit geruhigem Singen sein unermüdliches Wasserspiel in die Höhe treibt, das sind die Dinge, auf denen jetzt mein Blick ruht. – Das Licht der Sonne treibt aus rostigem Eisenzeiger, der tot in der Mauer ankert, den dunklen Strich seines Schattens hervor. Und der Schatten macht: – Zeit.

Schatten macht Zeit! – Und Klingklang des Springbrunnens begleitet den Zeitschatten mit dem spielerischen Wichtigtun seines Plätscherns. Wassergeplätscher ist alles Tun in der Zeit des Schattens. – *Vincula* ringsum; *vincula* sind alle Dinge; selbst Raum und Zeit sind *vincula,* in denen sich die Zeitbilder bewegen ...
Tief in Gedanken und in nie durchschaute Landschaften des wirkenden Geistes versunken, wende ich mich ab und wandle weiter durch die Blumenbeete dem Eibengewölbe zu, das das verlassene Grab überschattet. – Wieder zaubert die Sonne eine seltsame Tiefe in die so nahe Ferne des Gartenhintergrundes. Wieder ist mir, als flirre von dort her ein leuchtendes Gewand. – – Furcht ist mir fern, Lust ist mir fern, als ich das Leuchtende, Vorüberhuschende verweilen, sich verdeutlichen, sich langsam zu mir wenden sehe – so, wie Spiegelbild dem Gespiegelten folgt, – und dennoch: nichts von Spiegel mehr! Die dort herschreitet, schwebenden Ganges, ist ein Lichtwesen, das den Schatten der Bilder nicht mehr weiß.
Festen Schrittes gehe ich vor mich hin; und sicheren Schrittes naht mir, nicht länger von goldenen Märchengittern verborgen und gehalten, die Königin. Im Näherkommen wird ihr Blick deutlich und unverwandt, klar, heiter, ruhevoll ist er in den meinen verhängt. Ich gehe Elisabeth entgegen, der Kometenkraft auf anderer Bahn durch Jahrtausende, durch Jahrmillionen vielleicht. – – Wie arm sind solche Gedanken, denn sie sprechen in den Gleichnissen des Zeitschattens und des Springbrunnengeplätschers!
Und ich fühle kometenheiß die endliche Berührung der Bahn und ... Elisabeth steht vor mir. Nahe. Jetzt so nahe, daß Auge sich mit Auge zu berühren scheint; so nahe jetzt, daß Elisabeth unsichtbar für mein Sinnenauge geworden ist und unsichtbar auch dem vorübergleitenden Haupte

des Baphomet. — — Alle meine Fibern und Nerven und Gefühle und Gedanken wissen, daß Schnitt und Vermählung der beiden Kometen sich vollzogen haben. — Nirgends mehr suche ich, nirgends mehr finde ich; . . . die Königin ist in mir. In der Königin bin ich: Kind, Gemahl, Vater seit Anbeginn. — — — Das Weib ist nicht mehr! Und der Mann ist nicht mehr, so jubeln in mir Chöre von seligen Gedanken.

Und doch: in einem letzten Winkel dieser unerhört besonnten Landschaft meiner Seele dämmert ein kleiner, kaum fühlbarer Schmerz: Jane! Soll ich sie rufen? Darf ich sie rufen? — Ich kann sie rufen, weiß ich, denn wunderbare geheimnisvolle Kräfte fühle ich in mir keimen, seit Elisabeth in mich eingezogen ist. Und schon sehe ich ein blasses, liebes Gesicht sich aus den Schatten meiner Schwermut heben: — Jane!

Da steht der Laborant Gardener neben mir und sagt mit kaltem Vorwurf:

»Wars dir noch nicht genug an der Qual, die dir der Engel vom Westlichen Fenster bereitet hat? — Dir kann kein Engel mehr schaden, aber störe nicht das Gleichgewicht der Natur!«

»Ist Jane . . . weiß sie von mir? . . . Kann sie mich sehen?«

»Du, Bruder, bist mit rückwärts gekehrtem Gesicht über die Schwelle der Einweihung geschritten, denn du bist bestimmt, ein Helfer der Menschheit zu sein, wie wir alle in der Kette. Darum wirst du bis zum Ende der Zeiten die Erde sehen können, denn durch dich hindurch strahlt alle Kraft aus dem Reiche des ewigen Lebens. Was aber dies Reich des ewigen Lebens ist, das können ›wir aus der Kette‹ nicht erfahren, denn wir stehen mit dem Rücken gegen jenen strahlenden unerforschlichen gebärenden Abgrund: Jane aber hat mit dem Antlitz voraus die Schwelle des ewigen Lichtes überschritten. Ob sie uns sieht? Wer weiß das?!«

»Ist sie glücklich – dort?«

»Dort? – Keine Bezeichnung paßt für jenes Nicht-Etwas, für das wir das beschämend falsche Wort: ›Reich des ewigen Lebens‹ haben! – Und glücklich?« – Gardener lächelt mich an. »Hast du mich wirklich im Ernst gefragt?!«

Ich schäme mich.

»Nicht einmal uns, die wir doch nur ein schwacher Abglanz des ewigen Lebens sind, können die armen Menschenkinder sehen, die da draußen im Ring des unendlichen Lebens irren; wie sollten wir sehen oder auch nur ahnen können, was uns so fern und so nah ist, wie der mathematische, raumentwordene Punkt der Linie, der Fläche und dem dreifältig umgrenzten Körper nah ist und dennoch unfaßbar fern: die Ewigkeit des Reiches des unbekannten, unerkennbaren Gottes?!« fährt Gardener fort. »Jane ist den weiblichen Weg des Opfers gegangen. Er führt dahin, wohin wir ihr nicht folgen können und auch nicht folgen wollen, denn wir sind alle Alchimisten in dem Sinne, daß wir hierbleiben, um zu verwandeln. Sie aber ist auf dem Wege der Weiblichkeit dem Sein und dem Nichtsein entronnen, indem sie deinetwegen alles, was sie war, abgestreift hat. Wäre sie nicht gewesen, du stündest nicht hier!«

»Die Menschen werden ... mich ... nicht mehr sehen können?!« frage ich erstaunt.

Gardener lacht fröhlich: »Willst du wissen, was sie über dich denken?«

Keine Neugier plätschert mit noch so leiser Welle an den seligen Strand von Elsbethstein. Dennoch, da der Freund, fast übermütig wie ein Kind, mir lachenden Auges zunickt,

regt sich auch in mir ein Nachflackern der Teilnahme an den Irrtümern der Welt:
»Nun?«
Theodor Gärtner bückt sich zur Erde, hebt einen Klumpen verrotteten Lehm vom Wegesrand: »Da! Lies!«
»Lesen?« ... Im nächsten Augenblick ist die nasse gelbe Erde in seiner Hand ein ... Zeitungsfetzen geworden. – Ein unbeschreiblich sinnloses Phantom von einem Gegenstand aus unermeßlich ferner Sphäre. Nicht mit Worten zu sagen, wie mich diese Materialisation aus dem Gespensterreich der Menschen lächerlich und traurig und erschütternd zugleich anmutet.
Dann hat sich Gardener den Rosenbeeten wieder zugewandt und schneidet und bindet die Ranken auf.
Ich lese:
»Städtisches Intelligenzblatt«.

Das Spukhaus im XIX. Bezirk

Wie unserer verehrlichen Leserschaft bekannt und sicherlich noch lebhaft in Erinnerung ist, brannte das schöne Haus Nr. 12 in der Elisabethstraße im verwichenen Frühjahr bis auf die Grundmauern nieder. Seltsamerweise war das Feuer damals auf keine Weise zu löschen gewesen. Die Geologen meinen, es könnte sich vielleicht um eine Art vulkanischer Flammen gehandelt haben, da ja auch in Elsbethstein ähnliche unterirdische Ausbrüche beobachtet wurden. Ein schottischer Erdarbeiter, der mit anderen Taglöhnern beim Aufräumen des Schuttes behilflich ist, sagt, dergleichen käme in seiner Heimat häufig vor; man nenne es in Irland und Schottland: Sankt Patricks Loch! Der Brand wich den vereinigten Bemühungen unserer wackeren Feuerwehr nicht im mindesten, blieb tagelang unlöschbar, und Ziegel und Steine glühten wie Zunder und zerfielen hernach in eine bimssteinartige Masse. – Ob der Besitzer zur Zeit des Unglückes das Haus bewohnt und darin geweilt hat, ist bis zur Stunde noch nicht aufgeklärt, wenigstens behauptet der städtische Steuereinnehmer, wochenlang vergeblich am Eingangstor geklopft und geläutet zu haben, um die längst fälligen staatlichen Abgaben einzutreiben. Kinder von der Straße hinwieder behaupten, sie hätten einmal das Gesicht des Besitzers hinter den Fensterscheiben gesehen. – Leider steht zu befürchten, daß der Unglückliche, vertieft in seine allerdings einer ernsthaften Kunstkritik nicht standhaltenden schriftstellerischen Bemühungen, zu spät das ausbrechende Feuer gewahrte und infolgedessen das Opfer eines qualvollen Todes wurde. Wir sind in unserer Mutmaßung um so mehr bestärkt, da unsere Erhebungen ergeben haben, daß, obwohl das Haus sehr hoch versichert war, bisher sich niemand gemeldet hat, um die Versicherungssumme zu beheben. Dazu wäre allerdings zu bemerken, daß der Besitzer des Hauses als nicht recht normal im bürgerlichen Sinne galt. So weit die Tatsachen. – Überaus beklagenswert erscheint es uns, daß auch hier, wie ja zumeist in unaufgeklärten Fällen, die Natter des Aberglaubens ihr widerwärtiges Haupt zischend erhebt! Nicht nur die Straßenjugend, die sich ja leider bis in die Nacht hinein allerorten herumtreibt, sondern auch ehrenwerte Leute, denen man dergleichen nicht zugetraut hätte, behaupten, auf der Brandstätte und immer zur Zeit des abnehmenden Mondes ganz bestimmt beschriebene Gestalten umherspuken gesehen zu haben. Daß es sich dabei natürlich nur, wenn überhaupt nicht Sinnestäuschungen vorliegen, um Neckereien übermütiger Faschingsmaskierter handeln kann, die den Ernst der Zeit nun einmal nicht begreifen oder begreifen wollen, das geht natürlich diesen Leutchen nicht in den Kopf. Man berichtet uns Tag für Tag von der gespenstischen Erscheinung einer schlanken Dame (Sittenpolizei!?) in schwarzsilbernem Gewande, die öfters rasch und wie suchend gewisse Teile des Brandplatzes durchirre. Ein übrigens der christlich-sozialen Partei angehöriger und darum gewiß über den Verdacht der Phantasterei völlig erhabener Hausbesitzer aus der Nachbarschaft, der gerade dieser Erscheinung seine besondere Aufmerksamkeit widmete und ihr öfters nachging, um sie auf die Unschicklichkeit, zu nächtlicher Stunde in so eng anliegender, der Stunde keineswegs angepaßter Kleidung umherzugehen, aufmerksam zu machen, – behauptet, so oft sie verschwunden sei, soll kurz nachher an ihrer Stelle eine splitternackte Frau aufgetaucht sein, die ihn habe umgarnen wollen. Nun, die berufenen Organe des neuen Sittenschutzbundes werden ja Gelegenheit haben, alsbald ihres Amtes zu walten! – Andere Beobachter wissen wieder von einem greulichen Kerl zu berichten, mit einem rohen Lederkoller angetan und von struppigem, feuerrotem Bart umwallt, der mit entsetzlichen Flüchen und Grimassen in der schwarzgebrannten Erde nach irgendwelchen Dingen sucht und wühlt. Schließlich – die einmal wild gewordene Phantasie derer, die nie alle werden, kennt bekanntlich keine Grenzen – soll er zuletzt immer vor das schamlos entblößte Frauenzimmer (Sittenpolizei!!!) hintreten und mit jämmerlichem Getue das Vergebliche seines Bemühens vor ihr darlegen. Begäbe sich das alles nicht zur nachtschlafenden Zeit, man wäre versucht, an eine heimliche Filmaufnahme für Wüstlinge zu glauben! (Die Redaktion.) Ferner will eine alte Frau kürzlich einen älteren Herrn mit rotem Halstuch gesehen haben, der sie angrinste und ihr fraglos einen unmoralischen Antrag machte mit den Worten, er interessiere sich lebhaft für Antiquitäten. — — Ein Umstand, der leider den Aberglauben des Volkes noch unterstützen wird, trotzdem er nur auf das Konto des Zufalls zu buchen ist, ist der, daß sich bei Mondschein zahllose schwarze Katzen auf der ehemaligen Brandstätte umhertreiben. Auch dies läßt sich unschwer erklären als Folge der neu eingeführten Katzensteuer, die angesichts der Geldknappheit so manchen und so manche zwingt, ihren Lieblingen ein Lebewohl zuzurufen. Erfreulich an all dem ist nur, daß, wie unser Spezialberichterstatter uns drahtet, die eminenten Forscher auf dem Gebiete der Hysterie und der damit verbundenen Ruminationsphänomene, die Herren Doktor Rosenburg und Doktor Goliath Wellenbusch, angereist kommen werden, um unserm heimgesuchten XIX. Bezirk und auch der Asche unseres ehemaligen Mitbürgers, des auf so beklagenswerte Weise höchst vermutlich in den Flammen seines Heims hingerafften Barons Müller, der sich als der Sonderling, der er war, gerne *»Baronet of Gladhill«* nennen hörte, die wohlverdiente Ruhe wiederzugeben.

Nachschrift der Redaktion: Soeben stellt uns die verehrliche Polizeidirektion eine Elfenbeinminiatüre zur Verfügung, die sich, erstaunlicherweise durch die Flammen unversehrt, in einem fast zum Klumpen zusammengeschmolzenen Tulakästchen vorfand, das man auf der Brandstätte ausgegraben hat. Wir wollen das Bild unserer geneigten Leserschaft nicht vorenthalten und bringen es hier in Reproduktion. Es stellt den Magister Sir John Dee dar, der zur Zeit der Königin Elisabeth von England im politischen Leben eine bedeutende Rolle gespielt hat. Der unglückliche Baron Müller soll sein später Nachkomme gewesen sein. Eine nicht in Abrede zu stellende Familienähnlichkeit läßt immerhin vermuten, daß Baron Müllers diesbezügliche Annahme keineswegs gänzlich von der Hand zu weisen ist.

Dr. Dee avoucheth his Stone is brought by Angelicall Ministry.

Mein neuer Roman

Gustav Meyrink über
»Der Engel vom westlichen Fenster«

Sir John Dee of Gladhill! Ein Name, den wohl wenige in ihrem Leben gehört haben! Als ich vor ungefähr 25 Jahren seine Lebensgeschichte las – ein Schicksal, so abenteuerlich, phantastisch, ergreifend und furchtbar, daß ich kein ähnliches ihm an die Seite zu stellen wüßte, da fraß sich in mein Gemüt das Gelesene so tief ein, daß ich bisweilen des Nachts hinaufwanderte in die Alchemistengasse Prags auf dem Hradschin als junger Mensch und mich in die romantische Idee hineinträumte, aus einer der verfallenen Türchen des einen oder anderen der kaum mannshohen Häuser könnte mir John Dee leibhaftig entgegentreten in die mondscheinnasse Gasse, mich anreden und mich verwickeln in ein Gespräch über die Geheimnisse der Alchemie; nicht jener Alchemie, die das Rätsel ergründen will, wie aus unedlem Metall Gold gemacht wird, sondern jene verborgene Kunst, wie der Mensch selbst zu verwandeln sei aus Sterblichem in ein Wesen, das das Bewußtsein seiner selbst nimmermehr verliert. Oft vergingen Monate, und John Dees Gestalt schien aus meinem Gedächtnis vertilgt, dann, oft in Träumen, kehrte sie wieder, unvertilgbar, klar und deutlich, selten und dabei doch regelmäßig; etwa wie der 29. Februar in einem Schaltjahr, der sich aus vier Vierteln erst zusammensetzen muß, bis man von ihm sagen kann: er ist ein ganzer Tag geworden. Später, als ich Schriftsteller wurde, wußte ich mit Gewißheit, daß mich jener John Dee nicht mehr loslassen würde, bis ich eines Tages den Entschluß fassen müßte – der Sklave eines Gedankens, wie wir alle ja nur Sklaven unserer Gedanken sind und keineswegs ihre Schöpfer –, sein Schicksal in einem Roman niederzulegen, so gut oder so schlecht ich es eben imstande wäre. Nun sind es fast zwei Jahre, da »beschloß« ich, mit dem Roman zu beginnen. Doch, so oft ich mich an den Schreibtisch setzte, immer wieder verhöhnte mich eine innere Stimme: einen historischen Roman willst du schreiben? Weißt du denn nicht, daß allem Historischen etwas Leichenhaftes anhaftet! Jener widerliche Geruch nach alten Federn, dem der Hauch der lebendigen Gegenwart fehlt! Aber, wenn ich den Plan aufgeben wollte, immer wieder rief mich »John Dee« zur Arbeit auf, so sehr ich mich auch sträubte. Endlich kam mir der befreiende Gedanke, das Schicksal eines heute lebenden Menschen mit dem des »toten« John Dee zu verflechten, – auf diese Weise gewissermaßen einen Doppelroman zu schreiben. – – Ob ich selber jener Lebende bin? Ich könnte bejahen und könnte auch verneinen. Man sagt, wenn ein Maler jemand porträtiert, malt er immer ohne es zu wollen ein wenig seines eigenen Gesichtes in das Bild hinein. Beim Schriftsteller mag es ähnlich gehen.

Wer John Dee war? Nun, es steht ja in dem Buche. So viel soll hier gesagt sein: er war ein Günstling der Königin Elisabeth von England. Er gab ihr den Rat, Grönland und – Nordamerika der englischen Krone zu unterwerfen. Der Plan war genehmigt. Die Generalschaft wartete auf den Befehl, die Eroberung ins Werk zu setzen. In letzter Stunde ließ die launische Königin ihren Entschluß fallen. Die Landkarte sähe heute anders aus, hätte Elisabeth Dees Rat befolgt! – Als John Dee den ehrgeizigen Plan seines Lebens gescheitert sah, beschloß er ein anderes Land als das irdische »Grönland« zu erobern. Ein Land, an dessen Erfliegung heute nur sehr wenige denken. Jenes »andere Land« dessen Vorhandensein heute ebenso verlacht wird wie einst das »Amerika«, von dem Kolumbus träumte. John Dee machte sich auf den Weg in dieses Land, unbeirrt, unbeirrbar wie einst Kulumbus. Seine Fahrt war zermürbender, grausiger, verzehrender als die des Kolumbus. Aber seine Fahrt ging auch weiter, viel weiter als die des Kolumbus. Was wir von Dees Schicksalen wissen, ist ergreifend genug in den dürren überlieferten Tatsachen, wie ergreifender erst müssen die Erlebnisse gewesen sein, die er hatte und von denen wir nicht wissen! – Leibniz hat ihn erwähnt, die Geschichte hat es für besser gehalten, seiner nicht mehr zu erwähnen. Was man nicht begreifen kann, das bezeichnet man gern als »verrückt«. Ich erlaube mir jedoch zu glauben, daß John Dee nichts weniger als »verrückt« war.

Fest steht: John Dee war einer der größten Gelehrten seiner Zeit, kein Herrscher in Europa, der ihn nicht an seinen Hof gebeten hätte. Kaiser Rudolf ließ ihn nach Prag kommen; dort machte er, so berichtet die Historie, Gold aus Blei. Sein heißestes Bestreben war jedoch nicht auf Metallverwandlung gerichtet, wie ich schon angedeutet habe, sondern auf eine – andere Art der Verwandlung. Welche Verwandlung das ist, das habe ich mich bemüht, in meinem Roman auseinanderzusetzen.

(Abgedruckt in: »Der Bücherwurm«, Monatsschrift für Bücherfreunde, Leipzig 1927, Heft 8, S. 236–238)

Auf der Suche nach der verlorenen Wirklichkeit

Zur Logik einer fantastischen Welt

Von Marianne Wünsch

Im Zeitraum zwischen 1900–1930 hat die deutsche Literatur viele heute berühmte Namen aufzuweisen. Der Liebhaber dieser Literatur wird Kafka und Döblin, Musil und Broch, Thomas Mann und andere kennen. Meyrink zu kennen, fühlt sich kaum jemand verpflichtet. Allerorten feierte man 1975 Thomas Manns 100. Geburtstag: wer hätte den Meyrinks gefeiert? Der Kenner des aktuellen Literaturkanons wird freilich fragen, ob man überhaupt Meyrink im Verein mit so illustren Namen nennen darf. Daß einer von der Literaturkritik übergangen wird, bedeutet jedoch nicht, daß er auch zu Recht übergangen würde. Meyrink ist nicht nur ein repräsentativer Autor der fantastischen Literatur dieser Epoche, sondern dieser Literatur schlechthin.

Gustav Meyrink (1868–1932) begann erst relativ spät seine schriftstellerische Tätigkeit: ab 1903 erschienen seine Erzählungen, die er 1913 in *Des deutschen Spießers Wunderhorn* zusammenfaßt. Sein erster Roman, *Der Golem* (1915) macht ihn berühmt; 1916 folgt ihm *Das grüne Gesicht*. 1917 erscheint die *Walpurgisnacht*: in diesem Jahr, immerhin während des Ersten Weltkriegs, somit in einer der Literatur naturgemäß nicht eben günstigen Zeit, überschreitet die Auflage des »Golem« schon das 100. Tausend, während die des »Grünen Gesichts« das 40. Tausend erreicht. 1921 erscheint der vierte Roman,

Der weiße Dominikaner, 1927 schließlich der letzte: *Der Engel vom Westlichen Fenster.* Nebenbei hat sich Meyrink auch als Übersetzer und Herausgeber, vornehmlich fantastischer oder okkultistischer Literatur, betätigt. Auch der Großteil seines eigenen Oeuvres kann als fantastische Literatur klassifiziert werden. Autoren fantastischer Literatur haben es immer schwerer als andere, bis ihnen endlich der gebührende Rang von der Literaturgeschichte konzediert wird: die Wirkungsgeschichte E. T. A. Hoffmanns oder Poes, heute anerkannter Autoren der Weltliteratur, könnte dies belegen. Der eine Leser wird als Flucht vor der Wirklichkeit verdammen, was der andere als Erlösung von ihr feiert: aber ebenso oft wie die realistische Literatur im bloßen Schein der Realität die Realität selbst verfehlen mag, ebenso oft mag die fantastische Literatur im scheinbaren Abweichen von der Realität diese eigentlich adäquat repräsentieren. Kafkas Verfremdungen »normaler« Realität, die ganzen Generationen adäquates Zeichen ihrer Realitätserfahrung wurden, sind Meyrinks Werken weitaus verwandter als jeder realistischen Literatur. Für Meyrinks Oeuvre ist jedenfalls bezeichnend, welche enge Verbindung der fantastische Aspekt seines Werkes mit einem anderen eingeht, der noch kaum entdeckt scheint. Was auf den ersten Blick der Fantastik widerspricht, ist bei Meyrink doch ihre logische Ergänzung: Meyrink ist von Anfang an und zumal am Anfang nicht zuletzt einer der schärfsten Sozial- und Kulturkritiker seiner Zeit. »Des deutschen Spießers Wunderhorn» benannte in der Tat ein Programm: Meyrinks Satire, getragen von Erfindungsreichtum und präzise-polemischer Sprachbeherrschung, vergriff sich an fundamentalen Werten des traditionellen Bürgertums, und nicht zufällig hat er auch den repräsentativ-bürgerlichen und ungemein mit der Welt einverstandenen Autor Gustav Frenssen brillant parodiert. Überhaupt lassen seine sprachlich-stilistischen Fähigkeiten, wovon sich der Leser des »Engels« leicht überzeugen kann, durchaus den Vergleich Meyrinks mit jenen zu, die uns heute die erstrangigen Autoren dieser Epoche scheinen. Opfer seiner Satire werden vor allem ein sattes Bürgertum, das sich zu seiner Rechtfertigung, zu seinem Schutze, zu seiner Zier mit vorgeblichen geistigen Werten wie mit Nippesfiguren umstellt; eine positivistische Wissenschaftsgläubigkeit, zumal der Medizin und Psychologie, die sich im beinahe vollständigen Besitze aller möglichen Erkenntnis wähnt und für die, was sie nicht versteht, nicht existiert; jeglicher Nationalismus, der, wie immer begründet, eine Überlegenheit einer Kultur über die anderen beansprucht; jeder Militarismus schließlich, der für Meyrink geradezu Symbol des Widergeistigen und des Geistlosen wird. Schon 1916 entwirft »Das grüne Gesicht« Bilder eines Weltuntergangs, der als notwendiger und unvermeidlicher erscheint; als einer der ersten diagnostiziert Meyrink die Krise des überkommenen Bürgertums, das, als sich selbst zerstörendes, dem Untergang geweiht scheint: nichts ist an dieser Welt heil, und kein Heil ist in ihr. Kritik der »normalen« Realität und Entwurf abweichender Realität werden bei Meyrink Kehrseiten ein und desselben Sachverhalts und setzen einander wechselseitig voraus. Flucht vor den Problemen der Zeit, Flucht vor dem, was die Kultur als Realität auffaßt, wird man Meyrink kaum unterstellen können.

Die abweichende Realität ist aber in Meyrinks Fantastik, in allen seinen Romanen und in vielen Erzählungen, eine metaphysisch-spiritualistische. Privat hing nun Meyrink zweifellos und unbestreitbar okkulten Theorien an.

In unserer Kultur, wo oftmals noch das Interesse an der Person des Autors größer als das an seinem Werke scheint und häufig noch der Mensch und sein Produkt identifiziert oder verwechselt werden, steht somit sicherlich für viele Leser Meyrinks der Autor selbst seinem Werke im Wege, denn nur die wenigsten werden sich mit der privaten Metaphysik des Autors anfreunden können. Meyrinks Werke als Dokumente okkultistischer Theorien zu lesen, heißt freilich ihren Literaturcharakter verkennen. Nicht nur treibt Meyrink, zumal in den Erzählungen, gern ein geradezu ironisches Spiel mit solchen Theorien: vor allem entwirft jeder Roman eine neue Landkarte des okkult-jenseitigen Gebiets, wenngleich freilich bestimmte Merkmale invariant bleiben, wie denn überhaupt das Gesamtwerk der Romane eine hohe Kohärenz aufweist. Gerade der letzte Roman, der »Engel«, macht deutlich genug, daß alle diese scheinbaren Skizzen eines Jenseits so wörtlich nicht zu nehmen sind. Keiner der Meyrinkschen Romane liefert eine solche eindeutige Interpretation der Beschaffenheit eines außerempirischen Jenseits, keiner dieser Romane liefert überhaupt eindeutig eine solche Interpretation. Die mythologischen Welten Meyrinks sind Zeichen einer unbekannten und gesuchten Realität – nicht anders als bei Kafka spiegeln sie die Erfahrung einer Realität, in der alles anders ist, als es scheint, aber nur der Schein zugänglich ist.

Eine solche nicht-okkultistische Lesemöglichkeit sollen die folgenden Anmerkungen zu Meyrinks letztem Roman demonstrieren. Einem so komplexen Text kann freilich kein Nachwort gerecht werden. Doch mag es ausreichen, den Rang dieses Werkes anzudeuten, das vielleicht nicht zuletzt deshalb so schwierig ist, weil es eine Summe des Meyrinkschen Oeuvres darstellt. Heute, wo doch so vieles an Literatur wiederentdeckt wurde, was nicht Meyrinks Rang hat, wäre es an der Zeit, auch Meyrinks Werk im allgemeinen und den »Engel« im besonderen wieder in ihre Rechte einzusetzen.

Die dargestellte Welt, obschon verwirrend komplex, ist gleichwohl keineswegs chaotisch und ungeordnet. Diese Ordnung zu finden, ist freilich schwer: nicht, weil es zu wenig, sondern weil es zu viele Ordnungen gibt. Verschiedene Ordnungen überlagern einander, wechseln einander ab, scheinen einander zu widersprechen: auch das ein Aspekt des Summencharakters des Werkes. Jede Ordnung ist partiell und gliedert die Realität anders: was aber ist die Ordnung der Ordnungen? Ein zeitgenössischer Rezensent formulierte die vom Text implizierte Frage: »Was ist Wirklichkeit?« Das aber ist eine Frage, die die Autoren der Epoche verbindet.

Schon die Organisation des Figurenensembles spiegelt die Probleme der gesuchten verborgenen Ordnung wieder. Unter verschiedenen Aspekten bilden die Figuren verschiedene Gruppen: jeder Aspekt zerlegt das Figurenensemble in andere Gruppen und alle Gruppen überschneiden sich. Gruppierungen eines bestimmten Momentes lösen sich auf und machen neuen Gruppierungen Platz. Doch die Arten möglicher Beziehungen sind konstant, selbst wenn ihre Träger wechseln. Auffällig häufen sich Beziehungen, die auf einer – mindestens scheinbar – einseitigen Abhängigkeit zwischen zwei untereinander alternativen, aber zugleich auch zueinander komplementären Rollen basieren. Herrschaft, Macht, Besitz, Wissen konstituieren solche Relationen, bei denen der eine Partner jeweils übergeordnet oder überlegen, der andere jeweils untergeordnet oder unterlegen ist: diese Beziehungen sind aber typisch für die Literatur dieses Zeitraumes. Der »Engel« spielt sie in vielen Varianten durch: Diesseitige – geistliche (Bischof, Kardinal) oder weltliche (Elisabeth, Rudolf) – und jenseitige Herrscher stehen neben Beherrschten, Träger real-sozialer oder magischer (z. B. Rabbi Löw, Theodor Gärtner) Macht neben Machtlosen, Besitzer von Gütern verschiedenster Art (Geld, Frau, Dolch) neben Besitzlosen, Repräsentanten irdischen (z. B. John Dee als Gelehrter) oder metaphysischen (Rabbi Löw) Wissens neben Schülern und Uneingeweihten. Wer über den einen Wert verfügt, muß nicht notwendig auch über den anderen verfügen: wer etwa Besitz hat, muß nicht auch Wissen haben. Wer über die irdische Variante eines Wertes verfügt, muß nicht notwendig auch über seine jenseitige verfügen und umgekehrt: so hat etwa Rudolf politische, Rabbi Löw aber magische Macht; so kann John Dee, ohne im Diesseits Herrscher zu sein, es doch prinzipiell im Jenseits werden. Wenn einer über einen Wert verfügt, verfügt niemals zugleich ein zweiter über genau denselben Wert: der Wert ist individuell und unteilbar: weltliche Herrschaft neben Elisabeth bleibt John Dee versagt; der umstrittene Dolch ist ein singuläres Objekt, das immer nur einer besitzen kann; zwei »Herrscher« im Magischen wie Gärtner/Gardener und Rabbi Löw treten niemals gleichzeitig in derselben Welt auf; von zwei konkurrierenden vergleichbaren Mächten ist zum gegebenen Zeitpunkt immer eine eindeutig überlegen (z. B. der Kampf Bartletts und Gardeners um John Dees Leiche); eine Frau (Jane) kann nicht zwei Männern (John Dee und Kelley) gleichzeitig gehören. Kampf, Konkurrenz und Rivalität charakterisieren demnach diese Welt. Signifikant ist hier auch die Häufung von Tiervergleichen. Der Welt der Isais sind Raubkatzen in mancherlei Spielart (Katze, Panther, Löwe) zugeordnet, eine andere Gruppe (Rudolf, Rabbi Löw) ist durch Raubvögel (Adler, Geier) gekennzeichnet; gelegentlich tauchen in anderen Kontexten auch Schlange (Kardinal) und Spinne auf: ausnahmslos jedenfalls Tiere, die von Jagd, Kampf, Beute leben und deren logisches Komplement das Opfer ist. Wenn im übrigen zwar auch die Wahl der Tiergattungen für den Text spezifisch ist, so ist eine Animalisierung der Welt überhaupt recht verbreitet in dieser Epoche: in Thomas Manns »Zauberberg« häufen sich schon die Indizien des Tierischen, in Kafkas »Schloß« charakterisieren sie die Dorfwelt, und in Kubins »Die andere Seite« sind sie die Begleiter des Untergangs. Verschlingen, Auffressen, Aussaugen sind die bevorzugten Formen der Aneignung eines Fremden außerhalb der Person. Grenzfall ist die rein parasitäre Existenz, die ohne eigenes Leben vom dem der anderen vampirartig lebt. Derlei behauptet etwa John Dee über Elisabeth; das ist die Existenzform des Betrügers Kelley; so lebt der Grüne Engel als Produkt der Menschen von denen, die ihn hervorbringen, und »frißt« schließlich sogar Kelley bei lebendigem Leibe auf; hierher gehört wohl auch der »saugende Tod, so vom Weibe kommt.«

Partnerschaft und Gleichgewicht gibt es weder zwischen Menschen noch zwischen Werten: weder existieren zwei durch Besitz desselben Wertes gleichrangige Figuren noch zwei gleichrangige Werte. Hierarchisch-dynamisches Ungleichgewicht und Ungleichwertigkeit herrschen vor. Wer über keinen Wert verfügt, will aber einen erwerben; wer den in seinen Augen niedrigeren Wert besitzt, strebt zum höheren. Helfer und Gegner, seien sie wie Bartlett und Gardener festen metaphysischen Bereichen und Wertwelten zugeordnet oder wie Mascee-Lipotin sich dem jeweils Stärkeren anschließend, stehen den Figuren in ihrem Kampfe zur Seite. Damit jemand einen Wert gewinnen kann, muß ihn ein anderer verlieren: jemandes Gewinn ist jemandes Verlust — auch das ein epochales Merkmal. Um einen Wert zu erhalten, muß man entweder einen besessenen Wert dafür preisgeben (wie etwa John Dee gegenüber Kelley) oder einen anderen berauben. »Wert« und »Opfer« (vgl. auch die Ausführungen des Rabbi Löw!) sind in dieser Welt eng korreliert, ob man das Opfer nun selbst bringt oder einem anderen auferlegt. Im besten Falle ist das Opfer freiwillig: die selbstlose Preisgabe und Entäußerung des Ich bei der einen Figur (Johanna) macht den Gewinn des Ich und die Einverleibung der »Königin« bei der anderen Figur (Ich) möglich.

Diese Welt funktioniert also wie eine geschlossene und begrenzte Welt, eine Welt, in der sich alles ändern kann und zugleich doch die Summe konstant bleibt. Dem Ungleichgewicht und der Transformierbarkeit der je individuellen Beziehung steht das Gleichgewicht und die Konstanz des Systems als ganzen gegenüber: in dieser Welt gilt ein Gesetz der Erhaltung des Wertes, während seine jeweilige Verteilung wechseln kann. Jede Veränderung bei einer Figur bedingt eine komplementäre und umgekehrte bei einer anderen: wenn einer »wächst«, »schwindet« der andere, und umgekehrt. Diese Art der Relation wird in unzähligen Varianten auch in anderen Werken und bei anderen Autoren aktualisiert.

Die Hierarchie der Figuren und Werte ist aber an die Wahrnehmungskategorien und die Perspektive der jeweiligen Figur gebunden. Der höchste Wert ist ein anderer für einen John Dee, ein anderer für einen Kelley. Freilich privilegiert der Text bestimmte Perspektiven: er setzt die »jenseitigen« über die »diesseitigen« Werte, und innerhalb der »jenseitigen« Werte zieht er denen der Isais-Welt die der durch Gardener/Gärtner repräsentierten Gegenwelt vor. Für solche Präferenz wird keine Rechtfertigung geliefert: die Hierarchie der Werte erscheint letztlich als Setzung; und auch diese verschwiegene, aber implizierte Problematik ist epochal.
Eindeutig definiert sind nur die diesseitig-materiellen und begrenzten Werte, etwa soziale Position, finanzieller Besitz, erotische Teilhabe, wie sie ein Kelley anstrebt. Auch das Risiko – der erforderliche Einsatz, der bei Niederlage auf dem Spiele steht – ist bekannt und steht in sozial-juristisch festgelegter und kodifizierter Proportion zu den Mitteln, deren man sich bedient. Kelley, der Verbrecher (abgeschnittene Ohren!), kennt möglichen Gewinn und Einsatz. Problematisch aber ist die Suche nach einem höchsten und absoluten Wert, wie sie John Dee unternimmt. Nichts ist vorgegeben: alles muß erst gefunden werden, und die Suche birgt die Möglichkeit des Irrtums mit unabsehbarem Risiko in sich. So nimmt John Dee Grönland für das grüne Land und England für Engelland. Von der Alchemie der Metalle glaubt er zu der der Seele und des Blutes zu gelangen: an der Verwechslung des Steins des Irrtums und des Todes mit dem Stein der

Weisheit und des Lebens stirbt er schließlich. Jeder als Wert gesetzten Größe entspricht ein Pseudowert: seine bloße Nachäffung und Abbildung, ein wesenlos-uneigentlicher Schein, doch von täuschender Ähnlichkeit. So verhält sich der gesuchte zum erlangten Stein, die Verwandlung des »Blutes« zu der des unbelebten Metalls, die erhoffte jenseitige Offenbarung zum selbst produzierten Engel, der verlorene Dolch Hoël Dhats zu seiner Kopie. Dem unfreiwillig Irrenden entspricht der bewußte Betrüger, der wie Kelley den Besitz eines Wertes nur vortäuscht oder wie Bartlett Green den Suchenden durch sprachliche Zweideutigkeit irreführt. Die immateriell-jenseitigen Werte sind nicht definiert: man weiß nicht, wonach man strebt. Kelley kennt seine Werte, bevor er sie realisiert: John Dee könnte den Wert erst erkennen, wenn er ihn schon hätte. Kelley weiß, was Vereinigung mit dem »Weibe« bedeutet: worin die Hochzeit mit der »Königin« besteht, erfährt erst das Ich, dem sie gelingt. Wenn aber Ziel und Zweck unbekannte und uninterpretierte Größen sind, sind auch Weg und Mittel notwendig ungewiß: »Der Weg findet dich, nicht du findest den Weg!« — so Gardener zu John Dee in dessen Todesstunde, als diesem schon gar keine Wahl der Wege und Mittel mehr bleibt. Die Relation zwischen der Welt der Ursachen und der Welt der Wirkungen ist prekär geworden: »Was ist Wirklichkeit?«

Unter diesen Bedingungen kann in der dargestellten Welt jeder Weg ein Irrweg oder Umweg sein. Der kürzeste, nächste, direkteste Weg erscheint als der fernste und ungangbarste: als gangbar erscheint nur der Umweg. Die Unmöglichkeit des direkten Weges, der Geraden als kür-

zester Verbindung zweier Punkte, ist wiederum nicht nur Charakteristikum des »Engels«, nicht nur Meyrinkscher Welten, vielmehr epochales Merkmal. Thomas Manns Hans Castorp aus dem »Zauberberg«, der nach der Ausbildung ins »Leben« treten will, nimmt den »Umweg« über das Sanatorium. Um vielleicht Landvermesser zu werden, muß Kafkas K. im »Schloß« vorher sonderbare stellvertretende Ziele verfolgen. Statt der direkten erotischen Vereinigung gehen die Heldin und ihr Liebhaber in Güterslohs »Tanzender Törin« die merkwürdigsten Seitenwege, die ihr Ziel verfehlen und in leeren Raum führen. Um den vergangenen juristischen Fall zu klären, darf sich der Held von Wassermanns »Fall Maurizius« niemals direkt seinem Ziel nähern. Die Belege ließen sich vermehren. Die abgebrochene direkt-zielorientierte Kontinuität zwischen Anfang und Ende, die nur auf dem Umweg wiederhergestellt werden kann, ist Merkmal einer Epoche, die den Glauben an vorgegeben-selbstverständliche Teleologie verloren hat.
Alle Wege, die John Dee realisiert, sind Umwege: was aber wäre der potentiell direkte Weg? Der Text häuft die Indizien. Wenn John über Doppelsterne schreibt, wirft ihm Elisabeth vor, er habe fremde Sterne bewundert, statt selbst bewundernswerter Stern zu werden. Alle Inhaber von Werten sind im Diesseits notwendig einsam: erst im Jenseits kann sich eine Kette gleichberechtigter Individuen bilden. Am signifikantesten ist John Dees Todesstunde, eine der faszinierendsten Szenen überhaupt, wenngleich der Roman an solchen nicht arm ist. Erst die Verzweiflung an allem außerhalb seiner führt auf den rechten Weg zurück. Bezeichnend ist auch die in Meyrinks Werk immer wiederkehrende Abfolge: nach der Euphorie des sozial vielfältig gebundenen Helden in der Phase des

geahnten und von außen erhofften Wertes die Depression des isolierten Helden, dem plötzlich jeder Wert gleich und folglich alles wertlos erscheint. Der Held hat sich geirrt, ohne den Irrtum zu erkennen: außerhalb seiner, im Fremden suchte er, was er nur in sich finden kann: »Unergründlich ist der Begriff ›Wirklichkeit‹, aber unergründlicher noch das ›Ich‹«. Keine Regel gilt für jeden, kein nachahmbares Modell garantiert Erfolg. In einer Welt der Wertproblematik und des Zerfalls in Fragmente bleibt nur der Rekurs auf die zwar isolierteste und kleinste, aber diskrete und unteilbare Einheit. Singulär und atomar ist hier jeder Wert: einmalig und unteilbar ist auch das In-dividuum. Nur einer kann helfen und raten: *»der unergründliche Ich«*. Die Gegner des Helden sind dann die, die von diesem Raum des Innen, Hier, Diesseits ablenken und auf das Außen, Dort, Jenseits orientieren; die Helfer sind die, die katalysatorisch das Ich auf das Ich zurückverweisen. Nur radikal praktizierte Immanenz führt dann zur Transzendenz: und hier unterscheidet sich Meyrink von jeder fantastischen Literatur, die einfach aus der realen Welt herausspringt.
An sein Ich wird John Dee verwiesen: das scheinbar Nächste ist aber das Fernste. Wer eben noch die Frage des anderen: »Wer ist Ich?« scheinbar unsinnig mit »Ich« beantwortet hat, der stellt dem anderen im nächsten Moment die Frage: »Wer bin ich?« Das Ich ist sich unbekannt: nur auf dem Umweg über die Außenwelt kann es zu sich finden. Die Außenwelt fungiert als Widerstand, der das Ich auf sich zurückdrängt, und als Spiegel, in dem es sich erkennt. Das Ich ist Problem und Paradoxon. In ihm schlummern Kräfte, von denen es nichts weiß. In die Außenwelt projiziert es und als fremde Macht, von der es sich beherrschen läßt, betet es an, was sein eigen ist, über

das es Herrschaft hätte gewinnen sollen. So wird die tote Assja zum gespenstischen Sukkubus, der von den Kräften des Erzähler-Ichs lebt, So ist »Il«, der grüne Engel, das gemeinschaftliche Produkt der unbewußten Kräfte derer, die ihn beschwören. Als »Er« erscheint, was »Ich« ist — ist es Zufall, daß »Il« das französische Wort für »er« ist? Das Ich — Erfahrung wiederum nicht nur Meyrinks, sondern der Epoche — ist (ebenso wie das Atom!) das unteilbare Ganze nicht: in sich widersprüchlich, führen seine Teile ein gefährliches Eigenleben. Es ist nicht eins: es kann allenfalls eins werden.

Probleme der Identität durchziehen den Roman: die Ähnlichkeit täuscht ebenso wie die Verschiedenheit. Was sich nur ähnelt, ist schon ungleich; was verschieden scheint, kann eins sein oder werden. Die Relation der Welt des John Dee zur Welt des Erzähler-Ich ist eine eindrucksvolle Demonstration dafür. In einer Selbstanzeige des Romans 1927 führt Meyrink aus, die historische Gestalt des John Dee habe ihn fasziniert: da aber »allem Historischen etwas Leichenhaftes« anhafte, habe er sich zu einem »Doppelroman« entschlossen, der »das Schicksal eines heute lebenden Menschen mit dem des ›toten‹ John Dee« verflechte. Auch diese Problematisierung des »Historischen« als der bloß kontingenten Differenz, als einer bloßen Wahrnehmungsform, die die ontologische Realität verschleiert, teilt Meyrink mit der Epoche. Wichtiger aber ist der andere Aspekt der Verdoppelung und des Abbildes: Wiederholung oder Simulation einer Welt in der anderen, aber doch so, daß die vergleichbaren Ordnungen nicht gleich sind. Wie den Werten die Pseudowerte entsprechen, so steht der vergangenen Welt die

heutige, der diesseitigen Welt die jenseitige, der Elisabeth-Welt die Isais-Welt gegenüber.
Aber in keiner Welt wiederholt sich genau, was sich in der anderen abspielt: jede Verdoppelung, jedes Abbild, jede Spiegelung ist zugleich schon Transformation, die einen Unterschied in mindestens einem wesentlichen Merkmal impliziert. Für John Dee ist Jane die zweite Frau, für Jane ist John Dee der erste Gatte; für das Ich ist Johanna die erste Frau, für Johanna ist das Ich der zweite Gatte. Während für John Dee Bartlett eine zentrale, Mascee eine marginale Figur war, ist für das Ich Lipotin eine zentrale und Bartlett eine marginale. Wie manche Figuren aus der Welt des John Dee in der des Ich nicht wiederkehren (z. B. Kelley, Kaiser Rudolf), so gibt es manche Figuren in der Welt des Ich (z. B. Assja, Vetter Roger), die John Dee noch nicht kannte. Nach welchen Regeln sich Konstanz und Variation abspielen, bleibt unbekannt. Auch wer wiederkehrt, kehrt nicht als genau derselbe wieder: zwischen Mascee und Lipotin, zwischen Gardener und Gärtner, zwischen Jane und Johanna, zwischen John Dee und Ich gibt es nicht nur Gemeinsamkeiten, sondern auch Unterschiede. Niemandes Identität mit seiner früheren Erscheinung ist unproblematisch und ungebrochen. Auch variieren Bedingungen und Formen der Wiederkehr für jedes der Paare. Für die jenseitigen Figuren sind ihre irdischen Erscheinungen Masken, die ihre Identität verbergen: der Adept ist weder mit dem alchemistischen Laboranten Gardener noch mit dem Professor der Chemie Gärtner identisch; der zweideutige Helfer ist weder mit dem Magister des Zaren Mascee noch mit dem Antiquar Lipotin identisch.
Beide haben freilich in all ihren sukzessiven Erscheinungen das Bewußtsein ihrer personalen Kontinuität; aller-

dings ist der eine unsterblich, weil er nie gelebt hat (Lipotin), der andere, weil er den Tod überwunden hat (Gardener). Den irdischen Figuren ist ihr jeweiliges Leben ihr eigentliches Selbst, und erst in der Wiederholung können sie zu einem Bewußtsein einer von der Erscheinung unterschiedenen Identität und Kontinuität gelangen. Johanna verhält sich anders zu Jane als das Ich zu John Dee: Johanna *ist* Jane, das Ich *wird* John Dee. Bei jener wiederholt sich eine Identität in zwei verschiedenen Gestalten; bei diesem verschmelzen zwei verschiedene Identitäten in einer Gestalt: denn John Dee ist zugleich Ahne und Vorfahre des Ich. Johanna ist ein Wissen ihrer früheren Existenz von Anfang an gegeben: seltsame Identitätskrisen, die psychopathischer Natur scheinen, suchen sie seit ihrer Kindheit heim. Zustände überkommen sie, in denen sie in einer anderen Welt zu sein glaubt. Seit das Ich die Familienpapiere übersetzt und kopiert (wieder ein Fall von Identität und Nicht-Identität!), treten auch bei ihm befremdlich-unheimliche psychische Zustände auf; Zustände, in denen es sich seiner Identität nicht mehr gewiß ist und sich mit John Dee zu identifizieren beginnt: »ich war ›ich‹ und ein anderer«; Zustände, in denen es Erlebnisse zu haben glaubt, die sich unmöglich in seiner Realität abgespielt haben können: so seine visionären Erlebnisse im Hause Assjas oder vor dem grünen Spiegel mit dem Jugendfreund Gärtner, so seine Begegnungen mit verstorbenen Gestalten. Halluzinationen einer psychisch gefährdeten Person oder tatsächlicher Übertritt in eine andere Welt und Bestätigung der Möglichkeit jenseitiger Erfahrungen? »Was ist Wirklichkeit?«

Psychische Erfahrungen häufen sich allmählich, die in der

als real geltenden Welt als geistige Erkrankung diagnostiziert würden. Zugleich aber verschiebt sich für das erlebende und erzählende Ich die Perspektive der Klassifikation und Bewertung von Sachverhalten. Ein Ordnungs- und Bezugssystem, das sonst in der Welt des Lesers als Standard, als das übliche, vertraute, normale fungiert, wird durch ein solches ausgetauscht, das sonst als Abweichung, als das unübliche, unvertraute, abnorme gilt: der Standard wird zur Abweichung, die Abweichung zum Standard. Solche Vertauschung, bei der nicht mehr das Normale über das Abnorme, das Vernünftige über den Wahnsinn, das sozial Akzeptierte über das Verworfene, der Innenraum über den Außenraum, das Reale über das Fantastische, das Diesseitige über das Jenseitige, das Wirkliche über das Mögliche, das Leben über das Nicht-Leben urteilt, sondern bei der das Umgekehrte eintritt und alle diese Bewertungen ihren Platz wechseln — solche Vertauschung ist wiederum ein epochales Problem: der bis dahin niemals mit solcher Konsequenz betriebene Versuch einer Welt, sich von außen zu betrachten und wenigstens probehalber die Perspektiven zu vertauschen. In Schnitzlers »Flucht in die Finsternis« erscheint sich der wahnsinnige Bruder als der vernünftige, und der vernünftige wird in dieser Sicht zum wahnsinnigen. In Th. Manns »Zauberberg« wird den Sanatoriumsinsassen die abnorme Welt der Krankheit zur normalen und die normale Welt der Gesunden zur fremdartig-abweichenden. In Kafkas »Schloß« gilt die perverse soziale Welt des Dorfes als die normale. In Musils »Der Mann ohne Eigenschaften« wird ein Individuum als Held eingesetzt, dessen Perspektive der kulturellen Wirklichkeit widerspricht: der Mann ohne Eigenschaften ist nicht der Mann des Wirklichen, sondern der Mann der Möglichkeiten.

Soweit diese Literatur, wie etwa bei Thomas Mann, realistischen Literaturnormen verpflichtet bleibt, wird das Fremde letztlich immer als Gefährdung verworfen: potentiell ist aber alle Literatur dieser Zeit fantastische Literatur. Denn gegenüber der wirklichen Welt entwirft sie durch Negation bestimmter Axiome des üblichen und etablierten Ordnungs- und Bezugssystems abweichende mögliche Welten: insofern ist eine fantastische Literatur im engeren Sinne, wie sie etwa Meyrinks Romane ausnahmslos repräsentieren, nur ein Sonder- und Grenzfall, bei dem fundamentale Axiome des kulturellen Realitätsbegriffs außer Kraft gesetzt werden, die sonst meist respektiert bleiben, und bei dem die fremde Welt als metaphysisch-jenseitige interpretiert wird. *Konstruktion* (vgl. Brochs Erzählung »Methodisch konstruiert«), nicht *Reproduktion*, ist Merkmal dieser Literatur, und der Entwurf des Potentiellen, nur vielleicht oder überhaupt nicht Realisierbaren gegenüber dem Realen und Realisierten, des Denkbaren gegenüber dem Faktischen, kann sogar die Syntax ergreifen: die Wenn-Dann-Sätze Musils oder Kafkas sind berühmt.
Die »normale« Realität von einem Standort »außen«, »jenseits« zu betrachten: nicht nur der Text des »Engels« als ganzer unternimmt das, sondern es wiederholt sich in einzelnen Figuren nochmals. Die Welt von außen zu sehen, ist ein Zustand, der sich ganz wörtlich in bestimmten exzeptionellen und exzessiven Situationen für John Dee und das Ich verwirklicht: sie sehen sich gelegentlich selbst räumlich außerhalb ihrer, sei es in einer früheren, gegenwärtigen oder zukünftigen Phase. Das Ich kann gar am Schluß seine Spiegelung im zeitgenössischen Journalisten-Bewußtsein von außen betrachten. Der Entwurf möglicher Welten charakterisiert sowohl den Politiker als

auch den Alchemisten John Dee: er charakterisiert naturgemäß das Ich, insofern es selbst Schriftsteller ist. Die »normale« Realität aus der abnormen Perspektive von außen zu sehen, ist aber vor allem die »normale« Perspektive der von vornherein abnormen Figuren: für diese ist die Umkehrung etablierter Klassifikationen schon nicht mehr nur intellektuelles Experiment möglicher Welten, sondern erlebte reale Welt.

Selbst vor so fundamentalen Denkkategorien wie »Leben« und »Tod« macht die perspektivische Umkehrung nicht halt. Am Ende weiß das Ich nicht mehr, ob es lebend oder tot, wirkliche Realität oder bloß gespenstisches Abbild einer Realität ist. Wenn Lipotin nach seiner »Ermordung« dem Ich erscheint, könnte er in normaler Realitätsklassifikation nur ein Gespenst sein. Aber Lipotin kehrt die »normale« Perspektive um, indem er die Lebenden zu Gespenstern erklärt, da Gespenst sei, was sich nach Ende einer Existenz in einer neuen Existenzform manifestiert: und genau dies stelle den Fall des sich auf Erden durch Geburt manifestierenden Menschen dar. Und wenn das Ich nach seiner Flucht zu Gärtner auf Elsbethstein diesen verwirrt fragt, ob es nun tot sei, erklärt dieser, daß er – im Gegenteil – jetzt lebendig wäre; in der »normalen« Realität gilt er freilich laut Pressemitteilung als tot. Auch dieses Problem des Romans hat schon ein zeitgenössischer Rezensent 1927 benannt: »Was ist Leben? Was ist Tod?«
Je nach Kontext erhalten diese Begriffe verschiedene Bedeutungen: ihre übliche biologische Bedeutung ist nur eine unter vielen. Sie sind Zentralbegriffe wiederum nicht nur des Meyrinkschen Oeuvres, nicht nur des »Engels«, son-

dern der Epoche: ihre wörtliche und ihre metaphorischen Verwendungen überlagern sich zu verwirrenden Kombinationen, sie werden angewandt auf soziale, auf psychisch-intellektuelle, auf spirituelle Zustände, und was im einen Sinne Leben und Tod ist, kann im anderen Tod oder Leben sein. Ewers' »Alraune« wird durch den Untertitel als »lebendes Wesen« benannt; es muß demnach auch nichtlebende Wesen geben, die Leben nur simulieren. Die Orte der physischen oder psychischen Abnormität in Klabunds »Krankheit« oder »Spuk« und in Thomas Manns »Zauberberg« sind durch ein verwirrendes Spiel mit diesen Begriffen gekennzeichnet. Wassermanns »Joseph Kerkhovens dritte Existenz« unterscheidet innerhalb derselben biographischen Einheit mehrere »Leben« der Figur. »Leben« ist jedenfalls immer ein privilegierter Begriff, der eine Norm setzt: »Leben« ist keine Selbstverständlichkeit, sondern ein Wert. Wer im biologischen Sinne lebt, kann gleichwohl Gespenst sein: »Leben« im wörtlichen Sinne gilt nicht notwendig als »Leben« im eigentlichen Sinne.

»Leben« ist im »Engel« etwas, das in vielfältig-verwirrenden Beziehungen zu Abstammung und Familie, zu Sexualität und Vermehrung steht. Deren Oberbegriff ist aber das »Blut« – wiederum ein Begriff epochaler Relevanz. Wo über normales Leben hinaus gesteigertes oder abgeschwächtes Leben dargestellt werden soll, da ist dieses Wort nicht weit. Brünstige Leidenschaft als Beispiel für das erstere wird ebenso mit Hilfe dieses Wortes ausgedrückt wie Krankheit zum Tode als Beispiel für das letztere: der Blutsturz des Tuberkulösen ist dafür eine repräsentative Situation. In Klabunds »Spuk« fallen gar

Höhepunkt sexueller Vereinigung und Blutsturz eines der Partner zusammen (vgl. auch Ewers' »Vampir«).
Wie in alten magisch-mystischen Praktiken ist »Blut« in dieser Kultur die geheimnisvoll-irrationale Essenz des Lebens – noch die Pervertierung dieses Sprach- und Denksystems im faschistischen »Blut und Boden« zeugt davon. Der »Engel« weist geradezu repräsentativ die möglichen Kontexte und Implikationen des »Blutes« auf: wiederum bestätigt sich sein Summencharakter.
»Blut« ist das, was allem Leben zugrunde liegt: Lipotin, der nie gelebt hat und nie gestorben ist, hat kein Blut. »Blut« ist das, was eine Teilgruppe der Lebenden als Familie und Geschlecht verbindet: die Nachfahren John Dees sind »aus John Dees Blute.« »Blut« ist das, was das innerste Wesen und den Charakter einer Person ausmacht: für den Liebeszauber bedarf Mascee u. a. des Blutes von John Dee. Wider besseres biologisches Wissen ist das Blut für diese Kultur nicht nur Repräsentant des Generellen, sondern auch des Kollektiven und gar des Individuellen. Das Leben überwinden, heißt im »Engel« »über das Blut hinaus« sein; nie gelebt haben, heißt »unter dem Blut hindurch« sein. Das Blut ist der Träger der Vererbung und Familie: Blutsverwandtschaft ist hier die höchste Form von Gemeinsamkeit zweier getrennter Wesen. Diese Gemeinschaft schließt aber ihre diesseitige Vereinigung aus: das Nächste ist sich das Fernste. Wenn sich Elisabeth zur Schwester John Dees stilisiert, verweigert sie ihm zugleich die erotische Vereinigung. Erst im Jenseits wird die Inzestschranke aufgehoben: das Ich, das sich mit Elisabeth vereinigt, nennt sich »Kind, Gemahl, Vater« zugleich – Spiel mit einem verbalen Inzest als Zeichen der Außerkraftsetzung irdischer Klassifikationen. Ein bestimmter Grad an optimaler Ge-

meinschaft wird jedenfalls in Verwandtschaftsbeziehungen ausgedrückt: laut Rabbi Löw will sich Gott bestimmte Menschen blutsverwandt machen, John Dee und Kelley gehen Blutsbrüderschaft ein, das Ich wird am Ende von Gärtner als Bruder tituliert.

Das Blut ist aber auch der Träger der Erotik: und Erotik ist allgegenwärtig in der dargestellten Welt, geht es doch von Anfang an um die Vereinigung mit der »Königin«. Freilich: diese erweist sich als außersexueller Akt, der die Geschlechter in eines verschmilzt und ihren Unterschied aufhebt. Das geschlechtslose oder zweigeschlechtliche Wesen ist eine Variante des Modells der hermaphroditischen Ehe, wie es Meyrink im »Golem« und »Grünen Gesicht« entwickelt hat. Auch in sich selbst hat das männliche Individuum schon etwas Weibliches, mit dem es sich (vgl. Bartlett Green) vereinigen kann. Die Vision des Baphomet, wie sie John Dee in den Zweigen eines Baumes, der zum symbolischen Stammbaum wird, erblickt, hat ein weibliches und ein männliches Gesicht. Varianten des Hermaphroditisch-Zweigeschlechtlichen durchziehen wiederum die Literatur der Zeit: bei S. Friedländer (»Die langweilige Brautnacht«) werden tatsächlich ein männliches und ein weibliches Individuum in eins verschmolzen; bei Adolf Paul (»Aus der Chronik des ›Schwarzen Ferkels‹«) wird der platonische Schöpfungsmythos vom ursprünglich zweigeschlechtlichen Menschen wieder aufgenommen; bei A. v. Vestenhof (»Der Mann mit den drei Augen«) hat ein männliches Individuum am Hinterkopf ein zweites, wenn auch verkümmertes, so doch aktives, weibliches Hirnzentrum – eine Art pervertierter Baphomet. Und Kubins »Die andere Seite« endet mit dem Satz: »Der Demiurg ist ein Zwitter«.

Erotik überhaupt: auch das, offen oder verschleiert, ein Zentralthema dieser Kultur, das sie anzieht und abstößt, fasziniert und beängstigt. Der sie feiert und der sie verabscheut: beide stehen ihr gleich ambivalent gegenüber — der Unterschied ist nur einer der Akzentuierung. Die Ambivalenz drückt sich in der Unvereinbarkeit erotischer Werte aus, die auf verschiedene Figuren desselben oder verschiedener Texte verteilt werden. An einem Pol liegt das gefährlich-dämonische, lockende und erfüllende, aber unfruchtbare Weib, dazwischen das lockende und nicht erfüllende Weib (Ewers' »Alraune«, Güterlohs »Tanzende Törin«), am anderen Pol das hausmütterliche, nicht lockende, aber erfüllende, das unbedingt fruchtbare Weib. Die Spuren der Ambivalenz prägen sich den Texten als vertierte oder pervertierte Sexualität ein: tierisch-anwidernde Sexualität in Kafkas »Prozeß« oder »Schloß«, die zur Schuld wird; Inzest in Leonhard Franks »Bruder und Schwester«, in Musils »Mann ohne Eigenschaften«, der akzeptiert wird; gleichgeschlechtliche Neigungen des Mannes oder der Frau in Musils »Zögling Törleß«, Klabunds »Spuk«, Güterslohs »Tanzender Törin«, Döblins »Die zwei Freundinnen und ihr Giftmord«, ja sogar in Th. Manns »Zauberberg«, wo die Beziehung, die der Held zwischen dem früheren Schulfreund und der späteren Geliebten konstruiert, deutlich genug spricht. Diese Anmerkungen sind kein Exkurs: die pervertierte Erotik als Ergebnis der Ambivalenz hat sich dem »Engel« deutlich genug für das Auge einer Zeit nach Freud eingegraben.

Auch die erotischen Beziehungen manifestieren sich im Modell von Herrschern und Beherrschten, solchen, die überlegen sind, und solchen, die sich unterwerfen: gleichwertig sind die Partner nur in der Beziehung des gleichgültigen Nebeneinander, wie es zwischen John Dee und Ellinor besteht. Sadomasochistische Abtretung oder Vermittlung eines erotischen Partners an einen dritten wiederholt sich: Elisabeth zwingt John Dee Ellinor auf; John Dee tritt Jane an Kelley ab; Johanna zwingt dem Ich die Nähe zu Assja auf, die es fürchtet; Johanna opfert sich, um den Platz für Elisabeth frei zu machen. Mehr oder weniger deutlich steht der Abtretende dabei in erotischer Zuneigung zum Empfänger, der immer gleichgeschlechtlich ist. So beschwert sich Ellinor über die jugendliche Elisabeth, »es fasse sie die Prinzessin öfters unterm Spiel dermaßen heiß an, daß sie an ihrem Weiblichen grüne und blaue Mäler davontrage«. Der Empfänger ersetzt den Abtretenden, füllt dessen Platz aus, genießt statt seiner: die Abtretung ist eine erotische Identifikation mit dem Dritten. Im Kulte der pontischen Isais, wie ihn Assja berichtet, nahen die Priester der Göttin »mit der weiblichen Natur ihres Leibes«: der Akt des sexuellen Rollentausches zwischen Mann und Frau ist einer gleichgeschlechtlichen Beziehung äquivalent.

Aufmerksame Textlektüre findet immer wieder eine unmittelbar psychoanalytische Leseebene sexueller Bedeutung, die freilich wiederum ausnehmend komplex und vielschichtig ist. Rabbi Löw spricht von der »Beschneidung«: Theodor Gärtner »beschneidet« Rosenstöcke und bindet sie an einen »zierlich geschnittenen Pfahl«. An einen Pfahl wird Bartlett Green gebunden, um verbrannt zu werden: Feuer wird aber der Sexualität und dem Isais-Bereich, der mit Sexualität eng verbunden ist, zugeordnet. Ein Baum ist es, auf dessen Spitze John Dee den zweigeschlechtlichen Baphomet erblickt. Und schließlich: beim Besuch im Hause Assjas fühlt das Ich, »wie mir ein innerer Halt hinschwand, als brenne ein Rebpfahl mit senkrecht aufstechender Flamme, um den ein traubenschwer reifender Weinstock gerankt ist«. Sonderbar abgelegenes Bild, scheint es: aber mythologisch steht als Pfahl im Weinberg der, der im Gefolge Dionysos' einherzieht: Priap. Wenn aber der Vergleich überhaupt einen Sinn haben soll, muß der Rebpfahl im Ich sein... Phallische Symbolik wird aufgebaut, die auch das geheimnisvolle umkämpfte Objekt, die Lanze, ergreift. In der erotischen Situation bei Assja verspricht diese dem Ich, es werde heute noch an sich erfahren, was die unsichtbare Lanze sei: dann muß sie aber ein Objekt sein, das in irgendeiner Weise auf erotisches Geschehen beziehbar ist. Die Lanze – aus »Blutstein«! – macht würdig zum höchsten Königtum; das aber wird immer als Vereinigung mit der Königin gedacht. Die Lanze schützt zugleich »gegen den saugenden Tod, so vom Weibe kommt«. Assja will sie »für immer eingesperrt« halten, was dem Ich Verschließung in »Unfruchtbarkeit«, »Kastrieren von zeugenden Schicksalsmächten«, »Fruchtabtreiben von zukunftsschwangeren Lebensverheißungen«, »für immer Sterilmachen« scheint: schon die Häufung erotischen Vokabulars spricht für sich. An anderer Stelle, und wiederholt, handelt es sich darum, den »Reif« zur »Lanze« zu gesellen – eine wohl eindeutige Symbolik. Der Sinn dieser erotischen Assoziationen ist freilich schwer greifbar: sicher scheint, daß die Auseinandersetzung der Welten sich mindestens auch irgendwo zwischen unerlaubter Gleichgeschlechtlichkeit und befürchteter Kastration durch das erotische »Weib«, zwischen steril orgiastischer Erotik des sich unterwerfenden Mannes und sieghaftfruchtbarem Phallusstolz bewegt.

Aber zweideutig bleibt auch hier alles: erotisiert ist die Welt der Isais ebenso wie die der Elisabeth. Gefährliche

Täuschung durch Ähnlichkeit, gefährliche Täuschung durch Verschiedenheit charakterisieren auch diese beiden Welten. Um die tote Assja als Repräsentantin der gefährlichen Isais-Welt zu vertreiben, ruft das Ich Jane an: doch Assja erscheint, und zu Recht – das Ich wußte nicht, daß »die vitale Energie des Erotischen« in ihm Jane heißt. Bartlett Green paktiert mit John Dee und rettet ihm das Leben: als Gezeichnete und Berufene jenseitiger Ordnungen sind sie einander nahe, wenngleich ihre Welten in feindlichem Gegensatz stehen. So beschreibt Bartlett Green die Zeichen der innerlichen geistigen Geburt (S. 65) ähnlich wie Gardener (S. 210). Und Bartlett erstrebt ebenso die Vereinigung mit »Mutter Isais« wie John Dee und das Ich die mit »Mutter Elisabeth«: Mütter und Geliebte zugleich – die Vereinigung mit ihnen ist inzestuöse Erotik, d. h. ein erotischer Akt, der zugleich Rückkehr an einen Ursprung (Mutter!) ist. Elisabeth werden Liebhaber zugeschrieben, und dennoch kann sie jungfräulich genannt werden; von Assjas Körper wird gesagt, daß ihn »kaum ein Zeichen erfahrener Liebkosung seiner jungfräulichen Straffheit beraubt zu haben schien«. Unfruchtbar ist Elisabeth, unfruchtbar sind die Repräsentanten der Isais. »Herrin« ist in Verkehrung der kulturellen Geschlechterrollen Elisabeth, »Herrin« ist auch Isais. Die Welt der Isais kann gar in der Gestalt der Elisabeth erscheinen, und es ist nicht Verdienst des Helden, ob er sich, wie John Dee, täuschen läßt oder, wie das Ich, der Täuschung widersteht. Haarscharf ist der Unterschied der beiden Welten: nicht für jeden, nur für den Berufenen und vielleicht Auserwählten, wird er überhaupt als theoretische Ahnung bewußt, die praktischen Irrtum jedoch nicht ausschließt.

Das Blut ist das Geschlecht; das Geschlecht kann man

nicht austreiben: »Was bliebe da vom Menschen übrig?« Repräsentant des Blutes ist das Weib: erotische Versuchung und vererbende Vermehrung werden ihr zugeordnet: der Begehrende lastet sein Begehren dem Objekt der Begierde an. Nur durch das Geschlecht existiert die Welt; Isais aber ist die »Herrin des Blutes im Menschen«. Das »Weib« ist folglich die Welt – und so kann das Ich am Ende Isais in der allegorischen Gestalt der »Frau Welt« wahrnehmen. Daher auch scheint die lebende Elisabeth der Welt der Isais so nahe. Nur mit Hilfe des Weibes überwindet man wiederum die Welt: es bedarf eines Weibes, das sich seiner selbst entäußert. Und so geht denn Jane den »weiblichen Weg des Opfers«. Die in der Welt der Isais als auch der Elisabeth problematisch gewordene kulturelle Verteilung der Geschlechterrollen wird wiederhergestellt. Jenseitiges Wirken ist dem Weibe nur in der Isais-Welt möglich, in der positiven Gegenwelt aber dem Manne vorbehalten. Jane entschwindet in eine unausdenkliche Welt. Auch Elisabeth, auf Erden Herrin, wird schließlich vom Ich amalgamiert. Einverleibung, die in der dargestellten Welt raubgieriges Fressen und Erotik verbindet, beseitigt am Ende auch Elisabeth: auch sie muß letztlich den »weiblichen Weg des Opfers«, der Selbstaufgabe und des Identitätsverzichts, gehen. Weg der Herrschaft (Elisabeth) und Weg des Opfers (Jane), diese alternativen und komplementären Rollen, werden letztlich gleichgesetzt. Zwar sagt der Text: »Die Königin ist in mir. In der Königin bin ich.« Aber gerade daß diese Sätze möglich sind, erweist die Verschmelzung als einseitige Einverleibung, die zwar das Geschlecht neutralisiert, aber das Bewußtsein nicht verändert. Dem Ich bleibt die Identität seines Selbstbewußtseins, während das Weib sie verliert. Der Mann wird autonom: kein erotisches Streben kann ihn mehr als potentielle Selbstentäußerung bedrohen. Diese Art der Vereinigung der Geschlechter zeigt im Nachhinein, worin die Bedrohung des Mannes durch die Isais-Erotik besteht. Denn wenn auch laut Assja der Isais-Kult die Erhaltung des Selbst als Voraussetzung gleichwertigen Kampfes der Geschlechter implizierte, so wird doch schon die Gleichwertigkeit vom Manne als potentielle Niederlage und Unterwerfung erfahren. Die erlangte erotische Autonomie garantiert die Gewißheit der Identität. Nur der, der keines anderen mehr bedarf, kann selbst dem anderen Helfer werden. Nur der, der alles in sich findet, kann selbst tätig nach außen wirken. Die optimale Vereinigung der Geschlechter hebt jedenfalls ihren Unterschied auf, ist asexuell, findet erst im Jenseits statt: der Tendenz zur totalen Erotisierung der Welt entspricht die Tendenz zur totalen Entsexualisierung, die ihr Preis ist.

Um das Nächste und Verwandte zu vereinigen, bedarf es des Umwegs über eine dritte vermittelnde Größe: das Gemeinsame findet nur über das Trennende, das Identische nur über das Nicht-Identische zueinander. Damit das Ich zum Ich kommt, bedarf es des Umwegs über die Außenwelt; damit der Mann zum vorbestimmten Weibe findet, bedarf es des Umwegs über dazwischengeschobene Partnerbeziehungen. Der Baphomet ist das Zeichen dieses Problems: er ist »der Urfremde, der dem Templer näher ist als alles Nahe und gerade deshalb ein unbekannter Gott bleibt«. Wie ein Gesicht des Januskopfes dem anderen ist sich, was sich am nächsten ist, zugleich unzugänglich und unsichtbar. Und umgekehrt: direkt nebeneinander liegt in derselben räumlichen Ebene, was als das

Fremdeste und Fernste unterschieden werden muß. Wie Isais- und Elisabeth-Welt kaum unterscheidbar sind, ist es nur ein Schritt, der in Elsbethstein über das Schicksal des Ich entscheidet: im letzten Moment, genau an der Grenze der Räume, erkennt es Isais in der trügerischen Abbildung der Pseudo-Elisabeth. Wie sich das Nahe fern ist und nicht aneinander grenzt, so ist sich das Ferne nah und grenzt aneinander. Wie das, was vereinigt werden soll, nur mittelbar und vermittelt vereinigt werden kann, so kann man bei dem, was getrennt bleiben soll, unmittelbar und unvermittelt vom einen in das andere übergehen. Jeder Raum ist in sich homogen: es gibt zwischen ihnen keine allmählichen quantitativen Übergänge, keine Zwischenbereiche und Grenzzonen. Jede Transformation ist eine abrupt-diskontinuierliche zwischen zwei qualitativ verschiedenen diskreten Einheiten. Während vor der messerscharfen Grenze viele Schritte bedeutungslos sind, ist plötzlich ein einziger Schritt entscheidend und definitiv.

Das Unvermittelte ist das Gefährliche.

In verschiedener Gestalt finden immer wieder Prozesse der Vermittlung statt, die Getrenntes in Bezug setzen oder doch solchen Bezug wenigstens versprechen. Viele Größen der dargestellten Welt – Objekte und Figuren – können solche Funktionen übernehmen. Manche dienen dieser Funktion nur gelegentlich, manche hauptsächlich oder gar ausschließlich: so Lipotin, der »alte Bote der Geheimnisse«, als privilegierter Mittler der Teilwelten; so Kohlekristall und Spiegel, die Personen, Zeiten, Räume, Welten in Bezug setzen. Manche waren schon längst da, nur in ihrer Funktion unerkannt, und enthüllen sich plötzlich: so die beiden Kugeln, die Mascee John Dee überbringt; so Lipotin gegenüber dem Ich. Manche tauchen plötzlich von irgendwoher auf, unerwartet (so das Manuskript John Dees für das Ich; so der Unbekannte, der John Dee vor der Verhaftung warnt) oder »wie gerufen« (so Kelley für John Dee; so Lipotin in der Welt des Ich, der sich in allen kritischen Momenten einstellt). Manche vermitteln Information und Erkenntnis: so mündliche oder schriftliche Rede, Visionen und Bilder. Manche vermitteln Transformation und Veränderung: so die Stoffe, die Metalle verwandeln; so das Tula-Kästchen, das zu einer räumlichen und existentiellen Umorientierung des Ich zwingt.

Vermittlung durch Figuren und Vermittlung durch Objekte scheinen einander zu bedürfen: man findet nicht selbst zum relevanten Objekt oder man erkennt seine Relevanz nicht aus eigener Kraft oder man bedarf eines Helfers, um den Wert des Objekts zu realisieren. So erhält das Ich durch Lipotin das Pulver; durch Lipotin wird ihm seine Anwendung erklärt; mit Hilfe Lipotins wird die Operation durchgeführt. Informatorische und transformatorische Größen bedürfen einander ebenfalls: Besitz von Wissen ohne Besitz des Mittels (John Dees letztes Gespräch mit dem Engel nach Verlust des Dolches) ist ebenso hilflos wie Besitz des Mittels ohne Besitz des Wissens (Kelley und John Dee vor St. Dunstans Buch). Daher auch beginnt der metaphysische Kampf um die Lanze nicht mit den unmittelbaren Nachfahren Hoel Dhats, sondern erst mit John Dee: denn, wenn auch zu spät, wird doch erst von ihm die Relevanz der Lanze wiedererfahren.

Die Lanze: ein privilegiertes zeichenhaftes Objekt unter den vielen privilegierten Objekten. Anders als andere belebte und unbelebte Vermittler wirkt sie durch ihr bloßes Dasein schon das, wofür sie steht. Keiner Anwendung bedarf sie: bloßer Besitz wirkt schon, vorausgesetzt nur, daß der Besitzer ihre mögliche Wirkung kennt. Bewußter Besitz – Besitz, der weiß, was er besitzt – ist erforderlich: die Lanze ist demnach eine materielle Konkretisierung von Immateriellem, eine Materialisierung und Exteriorisierung von Psychisch-Spirituellem. Sie steht für etwas, das man in sich haben muß, damit es in ihr mächtig wird: sie ist die äußere Repräsentation eines inneren Wertes. Anders als andere Vermittler erfüllt sie denn auch ihre Funktion, ohne sich zu erschöpfen und zu verbrauchen: für alle anderen Vermittler gilt hingegen, obgleich sie nur katalysatorisch wirken, d. h. nichts aus eigener Kraft leisten, aber notwendig sind, um etwas zu leisten –, daß sie sich in der Erfüllung ihrer Funktion wie die magischen Pulver verzehren und verbrauchen: sobald er das Manuskript dem Ich übermittelt hat, kann John Roger sterben; sobald das Ich John Dee in sich selbst gefunden hat, bedarf es des Manuskriptes nicht mehr; sobald das Ich im Kohlekristall Johns Ende erlebt hat, wird es in ihm nichts mehr sehen. Um dem Ich zu Elisabeth zu verhelfen, muß Jane sterben. Gegen Ende seiner Vermittlerfunktion scheint Lipotin, der doch Zeitlose, gealtert, und nach ihrer Erfüllung sieht ihn das Ich nie mehr. Was seine Funktion erfüllt hat, wird auf die eine oder andere Weise vom Text getilgt – es sei Mensch oder Objekt. Was sich in Vermittlung erfüllt, was nur Funktion ist, führt kein eigenes Leben, sondern eine Scheinexistenz: so werden denn Objekte und Menschen einander ähnlich – die einen fast schon belebt, die anderen fast schon unbelebt. Was vermittelt, hat keinen Sinn in sich selbst und ist nicht um seiner selbst willen da: Tod oder Nicht-Leben

oder Verschwinden ist sein Schicksal. »Magie ist Tun ohne Wissen«: wenn das Wissen seine vermittelnde Funktion erfüllt hat, wird es ausgelöscht.
Der Prozeß der Zeugung und Vermehrung, der Weitergabe des Erbes und des Blutes, ist aber eine Vermittlung ohne Ende, deren Ziel und Sinn immer jenseits ihrer selbst liegt und die erst im Letzten des Blutes ein Ziel – und potentiell einen Sinn – findet. Indem John Dee zwischen sich und Elisabeth die ihm einen Sohn gebärende Jane stellt, hat er eine Vermittlungsserie begonnen, die erst ein Ende erreichen muß, damit er wieder selbst ein autonomes Ziel in sich werden kann. Denn die Anfangs- und Endglieder einer linearen Kette sind privilegiert – die Kette der gleichwertigen Glieder des jenseitigen Bundes ist folglich nicht linear, sondern bildet einen Kreis. Die bloß vermittelnden Zwischenglieder können nach Abschluß der Vermittlung zwar getilgt werden: damit die Serie der Generationen aber als Vermittlung erscheinen kann, muß das Endglied nicht nur das letzte Glied, sondern vor allem auch ein dem Ausgangsglied ähnliches sein – nur dann handelt es sich um eine gelungene Vermittlung, die die Vermittler aufhebt. Indem John Dee sich vermehrte, hat er sich vom Letzten des Stammes abhängig gemacht. Nur indem dieser die Bedingung der Ähnlichkeit erfüllt, können beide die Zwischenglieder, die sie verbinden, überspringen und identisch werden: und erst dann kann John Dee wieder seinem Lebensziel zustreben, weil er erst dann wieder nicht-funktionale Person ist, die ihr Ziel in sich hat.
Einleitung von Vermittlungen ist also selbst gefährlich und führt nicht unbedingt zur Vereinigung mit dem Ziel, wie John Dees Geschichte in vielen Varianten belegt. Denn jede vermittelnde Größe verbindet zwar; aber in-

dem sie sich zwischen das zu Vermittelnde schiebt, trennt sie zugleich, wie schon der Zauberspruch der Hexe von Uxbridge formuliert. Das Vermittelnde hat nur eine Funktion: sobald es einen Selbstwert gewinnt, verliert es seine Vermittlungsfunktion und trennt. So trennt John Dees Beziehung zu Jane wie die des Ich zu Johanna von Elisabeth. Sobald das Mittel für das Ziel, das Zeichen für die Sache, genommen wird, wie es John Dee mit der Eroberung Grönlands, mit der Alchemie, mit der Astronomie (vgl. Elisabeths diesbezügliche Äußerung) ergeht, ist der Weg verloren. Jede Vermittlung führt potentiell ins Endlose und somit weg vom Ziel: alle Vermittlung neigt dazu, neue Vermittlung hervorzubringen. So zeugt sich der Stamm der Dees fort; so häufen sich die Vermittlungen, sobald das Ich das Manuskript besitzt. Das Versprechen einer Vermittlungsfunktion kann gar falsch sein: so betrügt Bartlett Green, indem er John Dee nicht zu Elisabeth, sondern nur zu Isais verhilft.

Das Vermittelnde ist das Gefährliche.

Privilegierte Rollen (Herrscher, Besitzer, Wissende) gegenüber unterprivilegierten; privilegierte erotische Beziehungen (John Dee / Ich – Elisabeth) gegenüber unterprivilegierten; privilegierte Objekte (Lanze/Dolch) gegenüber unterprivilegierten; privilegierte Stellen in der Abstammungsserie (Hoël Dhat, John Dee, der Letzte des Stammes) gegenüber unterprivilegierten; privilegierter Stamm (das Geschlecht der Dees) gegenüber unterprivilegierten: eine Relation wiederholt sich. Wie kommen die privilegierten Größen zu ihrem Privileg: was ist Zufall, was Notwendigkeit, was eigenes Verdienst, was Vorbestimmung? Der Text spielt mit den Fragen: aber es dürfte schwer halten, ihm eine eindeutige Antwort abzulocken. Kompliziert ist das System der Verkettung, groß die Anzahl der nacheinander gegebenen Antworten: Was geschieht, geschieht; über die Gründe läßt sich nicht rechten. Erlösung wird angestrebt: wen aber erlösen die möglichen Erlöser? Manche Vermittlungen überwinden Zeit und Raum; die Zentralkategorien »Leben« und »Tod« ereignen sich in Zeit und Raum. Wie sind Zeit und Raum beschaffen?

Zeit und Raum, anderen Epochen selbstverständliche Realitätsbedingungen, werden der Kultur zwischen 1900 und 1930 zum Problem; zu kompliziert sind die Erscheinungsformen dieser Realitätsproblematisierung in der Literatur, als daß sie hier auch nur skizziert werden könnten. Fantastische Literatur erweist sich wiederum nur als repräsentativer Träger und extreme Ausformung dessen, was allgemein kulturelles Problem ist: denn sie neigt immer zur Durchbrechung des normalen Zeit-Raum-Systems. Im »Engel« relativiert Meyrink dieses, das ihn schon seit dem »Golem« beschäftigt, vollends: das normale Zeit-Raum-System wird zur eigentlichen fantastischen Fiktion — abermals Umkehrung etablierter Perspektiven. Vergangene Zeit kann gespeichert und wieder sichtbar gemacht werden; in der Vereinigung eines Ich mit einem zeitlich von ihm getrennten Ich, in der Wiederkehr eines Ich in einer anderen Zeit, in der zeitlosen Konstanz bestimmter Figuren erweist sie sich als überwindbare Oberfläche eines atemporalen Seins. Gleichzeitig kann man in verschiedenen Zeiten sein. Nur die einzelne Zeitphase ist homogen: als Ganzes ist die Zeit diskontinuierlich. Bald scheint sie beschleunigt abzulaufen, bald scheint sie stille zu stehen. Privilegierten Zeitphasen in der Biographie des Individuums oder des Stammes, in denen die Ereignisse sich häufen und zum geahnten Sinnzusammenhang verketten, stehen unterprivilegierte sinnleere Phasen gegenüber. Objektive und subjektive Zeit verschieben sich gegeneinander. Selbst mit einer Umkehrbarkeit der Zeitrichtung wird (wie übrigens auch z. B. in Perutz' »Das Mangobaumwunder« oder in Kubins »Die andere Seite«) gespielt: Rückversetzung in Vergangenheit wird etwa durch das Bild des rückwärtsfahrenden Autos ausgedrückt. Dieses Auto ist überhaupt eine raumzeitliche Singularität: bald wie ein Schiff tauchend, bald wie ein Flugzeug abhebend, trägt es seine eigenen Raumzeitbedingungen in sich, unabhängig von der empirischen Umwelt.

Zeit und Raum sind engstens verknüpft: Zeit kann sich in räumlichen Erscheinungen manifestieren, Raum kann durch zeitliches Verhalten charakterisiert werden: das Reich der Toten, das grüne Reich der Vergangenheit liegt »drüben«, »unter Wasser«, »im Westen«. Räumliche Bewegung an diesen Ort bedeutet Veränderung in der Zeit. Auch der empirische Raum hat zwar wieder seine privilegierten Stellen: jene merkwürdigen sexualsymbolischen Schächte, die in den Leib von »Mutter Gäa« führen und Orte der Verwandlung und des metaphysischen Kontaktes sind. Wie die Zeit ist der empirische Raum darüberhinaus aber bedeutungslos. Schon John Dee befaßt sich mit euklidischer Geometrie und sucht (im übrigen historisch bezeugt!) nach einer vierten Dimension. Die Welt erscheint als *eine*, aber sie hat »Kehrseiten« und »Hinterwelten«: sie ist ein vieldimensionaler Raum, in dem Teilräume mit je verschiedener Anzahl von Dimensionen koexistieren. Diese Teilräume überschneiden und durchdringen einander: Figuren, die einer Teilwelt angehören, können in einer anderen Teilwelt ebenfalls präsent sein

und unter bestimmten Bedingungen in ihr sichtbar werden. Die Räume können sich also ineinander schieben und ineinander transformieren: wie Zeit räumlich fixiert werden kann, kann Raum sich in der Zeit bewegen. Raum und Zeit werden – wie auch andernorts in der Literatur dieser Epoche – fast schon zu autonomen Handlungsträgern, die sich den Figuren gleichberechtigt an die Seite stellen. Hinter dem empirischen Raumzeitsystem und durch seine Negierung konstituiert sich etwas, was den abstrakten und vieldimensionalen topologischen Räumen der Mathematik ähnelt: Figuren und Ereignisse sind nurmehr Knotenpunkte durcheinander laufender und sich kreuzender Vektoren – bloße Funktion dieses abstrakten Raumes, bloße Singularität in ihm, nichts als eine besondere Beschaffenheit einer seiner Stellen. Erst in der Überwindung des empirischen Raumzeitsystems wird die Person tatsächlich identisch und autonom. Die empirischen Kategorien von Zeit und Raum werden folglich im »Engel« zu einer bloßen Sprache, mittels derer anderes als sie selbst ausgedrückt wird.
Auch die Unterscheidung diesseitig-immanenter und jenseitig-transzendenter Welten bedeutet nicht klare Abgrenzung. Es gibt nur einen absolut jenseitigen, unzugänglichen, in sich ruhenden Raum, der sich aller Erkenntnis entzieht und nicht einmal metaphorisch umschreibbar ist: diesen gedachten Ort der Negation aller Denkkategorien, diese mögliche Welt, die alle möglichen Welten negiert, nennt der Text »Gott«. Alle ihm vorgeschalteten jenseitigen Welten teilen sich mit der diesseitigen den abstrakten mathematischen Raum. Die empirischen raumzeitlichen Situierungen wie »oben«, »unten«, »Westen«, »Osten«, »unter Wasser«, »im Innern der Erde«, »vergangen«, »gegenwärtig«, »lebend«, »tot«,

sind für diese Welten hingegen nur uneigentlich-metaphorische Ausdrücke aus der empirischen Welt, deren Wörtlichnehmen den Realitätsstatus dieser Welten völlig verfehlt: John Dees irrige Identifizierung des grünen Landes im Westen mit Grönland ist der eindeutige Beleg. Zur Beschreibung dieser metaphysischen Welten werden wiederum konkurrierende Ordnungen angeboten, die nur schwer untereinander vereinbar und aufeinander beziehbar scheinen. Vom grünen Reich des Westens, von der Welt der Isais, von den drei Welten, von der Zwischenwelt Lipotins, von der Welt Elisabeths und Gardeners ist da die Rede. Mythologeme verschiedenster Herkunft, christliche, jüdisch-kabbalistische, mittelalterlich-alchemistische, griechisch-vorderasiatische, indisch-tibetanisch-chinesische überlagern, überschneiden, widersprechen einander, ganz zu schweigen von Meyrinks eigenen Erfindungen: Meyrink ist der vielleicht bedeutendste Mythenschöpfer dieser Zeit. Viele Ordnungen: aber was ist die Ordnung der Ordnungen?

Auf den ersten Blick ist es eine absonderliche Welt, die der »Engel« darstellt. Aber gerade einige ihrer merkwürdigsten Eigenschaften haben Analoga im philosophischen und wissenschaftlichen Denken der Zeit. Komplexe Beziehungen zwischen Literatur und Wissenschaft charakterisieren zwar überhaupt diese Epoche – nicht wenige Autoren, so Schnitzler, Musil, Broch, Döblin, Benn, sind sogar selbst Wissenschaftler, deren Ausbildung auch die Struktur ihrer Werke beeinflußt. Bei Meyrink aber häufen sich solche Bezüge zu den relevanten Denktendenzen der Zeit, ob sie nun, wie etwa im Falle der Psychoanalyse Freuds oder der Relativitätstheorie Einsteins, auf bewußter Auseinandersetzung Meyrinks mit der Wissenschaft basieren oder nicht bewußte Parallelen darstellen:

auch hier tendiert der »Engel« zur Summe. Teilbarkeit eines Ich, das kaum zu sich selber findet, Identitätsprobleme, pathologische Bewußtseinszustände, Erotisierung der Welt, sexuelle Abweichung: – wem fiele hier nicht Freud ein? Männliches und Weibliches im selben Ich: die Entsprechung zu C. G. Jungs Spekulationen über Animus und Anima ist auffällig. Erstaunlich ist aber vor allem das Ausmaß der Analogien zur neuen Physik der Epoche: diskrete Einheiten, die nicht kontinuierlich, sondern durch Sprung ineinander übergehen (Planck); nicht-euklidische gekrümmte Räume, in denen nicht mehr die Gerade die kürzeste Verbindung zweier Punkte ist; mehrdimensionale Räume, die ungeahnte Eigenschaften entwickeln; Relevanz des Beobachterstandorts und des gewählten Koordinatensystems; Zeit als vierte Dimension des Raumes usw. 1928 erscheint Reichenbachs »Philosophie der Raum-Zeit-Lehre«, die die Veränderungen dieser Begriffe kodifiziert: Meyrinks Fantastik steht diesem Denken näher als mancher realistische Autor der Zeit. Das logisch-mathematische Denken der Epoche von Wittgenstein bis zu Carnap und dem Wiener Kreis, das bewußt mit der Negation bislang anerkannter Axiome experimentiert und den Begriff der »möglichen Welten« in die Logik einführt, ist Meyrink vielleicht verwandter als manche Metaphysik, wenngleich er auch zu solchen, etwa der Bergsons oder Heideggers, vielfältige Beziehungen aufweist. Literatur als intellektuelles Experiment: was der Naturalismus mehr versprochen als eingelöst hatte, wird hier realisiert.

Eine dieser Beziehungen ist aber von ganz besonderer Relevanz für den »Engel«: die analytische Philosophie von Wittgenstein bis Carnap hat ein zentrales Thema, das engstens mit der neuen Physik verknüpft ist. Es ist das Problem der Bildung theoretischer Modelle, in denen die Realität interpretiert wird, und das Problem der Sprache, in der diese formuliert werden. Wie das in den Kategorien der Sprache nicht mehr Denkbare mit den Kategorien der Sprache ausgedrückt werden kann, ist Frage sowohl der neuen Physik als auch des »Engels«.

Wie die Realität, wie das Ich, so werden sich Sprache und Literatur selbst zum Problem: dargestellte Sprach- und Literaturprobleme bilden eine eigenständige Bedeutungsebene des Textes – eigenständig, nicht aber isoliert. Denn die Logik der Erzählung verknüpft nicht nur die verschiedenartigsten Phänomene als einander bedingende Ereignisse: es sind vor allem immer dieselben Prinzipien und Kategorien, die die Organisation aller Phänomene bestimmen. Auch die Sprache ist vom Identitätsproblem ergriffen: alle Rede ist uneigentlich, bildlicher Ausdruck, Metapher. Was nur Sprache scheint, kann doch Realität sein; was Realität scheint, ist vielleicht nur Sprache. Alles – der Text sagt es – ist nur ein Gleichnis: und was sich nur ähnelt, ist schon ungleich. Die Entwertung so fundamentaler Denkkategorien wie Raum und Zeit zur bloßen Sprache, die Häufung heterogener mythologischer Modelle des Jenseits, selbst die scheinbaren Inkonsequenzen des Textes, der immer wieder die an einer Textstelle gesetzten Erwartungen an einer anderen Textstelle durchbricht und enttäuscht – alles ist Zeichen eines doppelten Problems: Wie kann man über das sprechen, was sich der Sprache entzieht? Worüber spricht eine Sprache ohne Gegenstand?

Diese Sprache verknüpft das scheinbar Heterogene. Bartlett Green nennt sich »Fürsten vom schwarzen Stein« und tituliert John Dee als »vom andern Stein«; der Dolch des Hoël Dhat ist aus »Blutstein«; Edelsteine schmücken den grünen Engel; der Kohlekristall ist »Stein der Manifestation«; John Dee sucht den »Stein der Weisen« und erhält den Stein im eigenen Leibe; die Statue der Isais ist aus schwarzem Stein; der asiatische Weg der Überwindung des Blutes heißt »Stein der demantenen Leere«; in Burg »Elsbethstein« findet das Ich zur Erlösung. Äußerungen etwa Kaiser Rudolfs werden von John Dee als zweideutig rezipiert; zweideutige Äußerungen etwa Bartlett Greens rezipiert er als eindeutige. Sprache verbirgt und enthüllt: als Form der Vermittlung ist sie immer auch Umweg. Indem man aber über etwas spricht, transformiert man es schon; während man noch über dasselbe zu sprechen glaubt, hat es sich schon transformiert. Die Sprache des Textes hebt sich permanent selbst als inadäquat auf. Nach Lipotin versteht man nur, was man besitzt: das aber ist als das Nächste das Fernste und somit nicht formulierbar. Was man hat, darüber kann man nicht reden; worüber man redet, das hat man nicht.

Der Komplexität der Welt entspricht die Komplexität der Sprache: mit scheinbar traditionellen erzählerischen Mitteln hat Meyrink Ungewöhnliches in der Komplizierung der Textstruktur geleistet. Wie im Text die Handlung einen nicht dargestellten Außenraum voraussetzt, in der die auch dem Helden unbekannten Verkettungen und Motivationen des metaphysischen Geschehens liegen, der ihm unzugänglich bleibt und dessen er nur durch jenen Abbruch des Fragens, jenen Verzicht, den er am Textende leistet, Herr wird: so verweist die Sprache des Textes in ihrer permanenten Aufhebung durch Selbstwiderspruch auf einen Bedeutungsraum jenseits des Textes, dem gegenüber der Leser seinerseits irgendwann nur durch Abbruch des Fragens zu einem Ende kommt. »Es ist nicht so, wie Sie meinen. Es ist ganz anders«, sagt Johanna zum Ich. In diesem Text ist immer alles anders: zu Recht ist er nach der scheinbar episodischen Figur des Engels benannt, dieses Zeichens getäuschter Hoffnung, des Uneigentlichen, des nur vorgegaukelten Besitzes. Denn daß es den Text überhaupt gibt, ist selbst Dokument eines Nicht-Besitzes: das optimistische Ende des Textes täuscht, und nicht zufällig mündet er in das, was ihm das Fernste schien — in soziale Satire.

Text ist Vermittlung: Vermittlung impliziert einen Adressaten, für den es sie überhaupt gibt. Während aber die tagebuchartigen Notizen des Ich, das zudem Schriftsteller ist, eingangs noch mögliche Leser zulassen, schließt das Textende die Möglichkeit eines Lesers aus. Denn aufgrund der von ihm selbst gesetzten Bedingungen ist der Roman ein »unmöglicher« Text: ein Text, den es nicht geben kann. Die Sprech- und Schreibsituation des fiktiven Ich hebt sich selbst durch Widerspruch auf: die im Diesseits geschriebenen Notizen des Ich müßten verbrannt sein; der logisch notwendig im Jenseits geschriebene Textschluß kann im Diesseits gar nicht existieren. Der existierende Text schließt die Möglichkeit seiner eigenen Existenz aus. Text ist Vermittlung: Vermittlung wird in dieser Welt aber getilgt, wenn sie erfolgreich war. Daß es den Text des Ich als nicht getilgten gibt, impliziert, daß der Weg des Ich nicht erfolgreich gewesen sein kann; da der Weg des Ich vom Text als erfolgreich gesetzt wird, darf es den Text nicht geben. Der Okkultist Meyrink und der Autor Meyrink sind nicht eins: und was der Okkultismus dabei verliert, das gewinnt die Literatur. Denn der

Text stellt zwischen beiden dieselbe komplementäre Beziehung her, wie sie zwischen den Figuren im Text existiert. Der Leser hat die Wahl: läßt er das eine wachsen, schwindet das andere.
Das Verbindende zwischen einer Konzeption der Literatur als (okkulter) Realität und der Realität als (dunkler) Literatur ist aber die Sprache. Was jenseits der »normalen« Realität liegt, kann entweder nur Gedanke und Phantasiegebilde im Inneren einer Person oder aber ungeahnte metaphysische Realität außerhalb ihrer sein. Die Sprache des Textes ist jedoch der Ort, wo der Konflikt dieser beiden Konzeptionen ausgetragen wird: in beiden Fällen ist es dieselbe Sprache, aber im ersten Falle ist sie metaphorisch-uneigentlich, im zweiten wörtlich-eigentlich. Metaphysik ist geglaubte Metapher; Metapher ist ungeglaubte Metaphysik. Schon am Textanfang wird die Zweideutigkeit gesetzt: »Was ist tot? Was ist vergangen? Was einmal gedacht hat und gewirkt, das ist auch heute noch Gedanke und Wirkung: alles Gewaltige lebt.« John Dee lebt in seinen Manuskripten, insofern sie ein anderer liest. Fantastische Literatur: das bedeutet bei Meyrink Spiel damit, daß jeder eigentliche Ausdruck ein metaphorischer oder jeder metaphorische Ausdruck ein eigentlicher sein könnte. Die Poetik des Realismus kannte die Metapher, daß geschaffene Figuren Herr über ihren Schöpfer werden können: schon in seiner Selbstanzeige des »Engels« spielt Meyrink damit, diese Metapher wörtlich zu nehmen: der Denker eines Gedankens kann Sklave dieses Gedankens werden; das Gedachte ist vielleicht Spiegelung eines Realen. Von der Rezeption eines Geschriebenen wird das Ich im »Engel« beherrscht: macht es in dieser Konzeption einen Unterschied, ob das Geschriebene »Realität« oder »Literatur« ist?

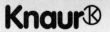

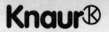

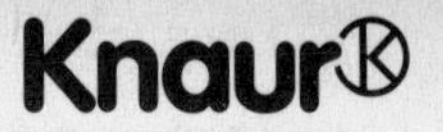

Esoterik

Thomas Sugrue

Edgar Cayce

Die Geschichte eines schicksalhaften Lebens
448 S. Band 4107

Der »Schlafende Prophet« – unter diesem Namen ist Edgar Cayce weithin bekannt. Viele kennen seine medialen Fähigkeiten, wenige jedoch den Menschen, der die Fähigkeit besaß, sich in das Unterbewußtsein anderer einzuschalten und die Akasha-Chronik, das ewige göttliche Gedächtnis, zu lesen.
Cayce, ein Mann ohne höhere Schulbildung und besondere Leseambitionen, machte detaillierte Aussagen über die persönliche Vergangenheit einzelner Menschen und deren Karma, über weit zurückliegende Zeiten, über Atlantis, die ägyptische Pyramidenkultur sowie über die unmittelbare Zukunft bis zum Jahre 2000. Vielen von der Schulmedizin aufgegebenen Menschen konnte er helfen, ohne sie je gesehen zu haben.

Über diese einzige autorisierte Cayce-Biographie schrieb die *Herald Tribune:*
»Keine erfundene Geschichte könnte wunderbarer sein als diese Biographie eines wirklich lebenden Menschen. Kein Romanschreiber würde gewagt haben, einen solchen Phantasiecharakter zu beschreiben, wie es Sugrue hier aufgrund seiner Detailkenntnisse des Lebens von Edgar Cayce getan hat. Diese Biographie zu lesen wird zwangsläufig zu einem Abenteuer.«